Semiótica

Coleção Estudos
Dirigida por J. Guinsburg

Equipe de realização – Tradução: José Teixeira Coelho Neto; Revisão de texto: J. Guinsburg; Revisão de provas: José Bonifácio Caldas; Produção: Ricardo W. Neves, Sergio Kon e Juliana Sergio.

Charles Sanders Peirce

SEMIÓTICA

 PERSPECTIVA

Título do original em inglês:
The Collected Papers of Charles Sanders Peirce

Dados Internacionais de Catalogação na Publicação (CIP)
(Câmara Brasileira do Livro, SP, Brasil)

Peirce, Charles Sanders, 1839-1914
 Semiótica / Charles Sanders Peirce ; [tradução José Teixeira Coelho Neto] São Paulo : Perspectiva,2017–
(Estudos ; 46 / dirigida por J. Guinsburg)

3. reimpr. da 4. ed. de 2010
Título original: The Collected papers
ISBN 978-85-273-0194-7

1. Ciência-Fllosofia 2. Lógica 3. Pragmatismo 4. Semântica (Filosofia) 5. Semiótica 1. Guinsburg, J. II. Título. III. Série.

05-4904   CDD-149.94

Índices para catálogo sistemático:
1. Semiótica : Filosofia   194-94

4ª edição – 3ª reimpressão
[PPD]

Direitos reservados em língua portuguesa à
EDITORA PERSPECTIVA LTDA.
Av. Brigadeiro Luís Antônio, 3025
01401-000 São Paulo SP Brasil
Telefax: (011) 3885-8388
www.editoraperspectiva.com.br
2019

Sumário

NOTA DO TRADUTOR.. XI

PARTE I

A. DE *PRINCÍPIOS DE FILOSOFIA*

   1. ESPÉCIES DE RACIOCÍNIO... 5
   2. TRÍADES.. 9
      1. A tríade no raciocínio... 9
      2. A tríade na metafísica.. 12
      3. A tríade na psicologia.. 13

B. DE *ELEMENTOS DE LÓGICA*

   1. SINOPSE PARCIAL DE UMA PROPOSTA PARA UM TRABALHO SOBRE LÓGICA.. 21
      1. Originalidade, obsistência e transuasão................ 21
      2. Termos, proposições e argumentos........................ 29
      3. Clareza de ideias.. 32
      4. Abdução, Dedução e Indução............................... 32
      5. Retórica especulativa.. 35

   2. A ÉTICA DA TERMINOLOGIA...................................... 39

   3. DIVISÃO DOS SIGNOS.. 45
      1. Fundamento, objeto e interpretante....................... 45
      2. Os signos e seus objetos.. 46

 3. Divisão das relações triádicas 48
 4. Uma tricotomia dos signos 51
 5. Uma segunda tricotomia dos signos 52
 6. Uma terceira tricotomia dos signos 53
 7. Dez classes de signos 55
 8. Signos degenerados 58
 9. A tricotomia dos argumentos 59
 10. Tipos de proposição 60
 11. Representar 61

4. ÍCONE, ÍNDICE E SÍMBOLO 63
 1. Ícones e Hipoícones 63
 2. Índices genuínos e degenerados 66
 3. A natureza dos símbolos 71
 4. Signo 74
 5. Índice 74
 6. Símbolo 76

5. PROPOSIÇÕES 77
 1. As características dos dicissignos 77
 2. Sujeitos e predicados 80
 3. Dicotomias das proposições 86
 4. Uma interpretação pragmática do sujeito lógico 87
 5. A natureza da asserção 89
 6. Proposições e argumentos rudimentares 94
 7. Sujeito 101
 8. Predicado 103
 9. Predicação 104
 10. Quantidade 106
 11. Universal 109
 12. Particular 113
 13. Qualidade 114
 14. Negação 116
 15. Limitativo 118
 16. Modalidade 119

6. TERMOS 127
 1. Que estas concepções não são tão modernas quanto têm sido representadas 127
 2. Dos diferentes termos aplicados às quantidades da extensão e compreensão 129
 3. Dos diferentes sentidos nos quais os termos extensão e compreensão têm sido aceitos 131
 4. Negações da proporcionalidade inversa das duas quantidades e sugestões de uma terceira quantidade ... 134
 5. Três principais sentidos em que compreensão e extensão serão consideradas neste ensaio 136
 6. As concepções de qualidade, relação e representação, aplicadas a este assunto 140

7. Suplemento de 1893 144
   7.1. Significação e aplicação 147

7. A TEORIA GRAMATICAL DO JUÍZO E DA INFERÊNCIA 149
   1. Juízos 149

8. A BASE LÓGICA DA INFERÊNCIA SINTÉTICA 153

9. *O QUE É O SIGNIFICADO?*, DE LADY WELBY 157

C. DE *CORRESPONDÊNCIA*

   1. SIGNOS 167

PARTE II

A. DE *APOLOGIA DO PRAGMATISMO*

   1. GRAFOS E SIGNOS 175

   2. UNIVERSOS E PREDICAMENTOS 179

B. DE *PRAGMATISMO E PRAGMATICISMO*

   1. A CONSTRUÇÃO ARQUITETÔNICA DO PRAGMATISMO 193

   2. OS TRÊS TIPOS DO BEM 197
      1. *As divisões da filosofia* 197
      2. *O bem ético e o bem estético* 201
      3. *O bem da lógica* 204

   3. TRÊS TIPOS DE RACIOCÍNIO 211
      1. *Juízos perceptivos e generalidade* 211
      2. *O plano e os estágios do raciocínio* 214
      3. *Raciocínio indutivo* 218
      4. *Instinto e abdução* 220
      5. *Significado de um argumento* 222

   4. PRAGMATISMO E ABDUÇÃO 225
      1. *As três proposições cotárias* 225
      2. *Abdução e juízos perceptivos* 226
      3. *Pragmatismo – A lógica da abdução* 232
      4. *As duas funções do pragmatismo* 237

   5. QUESTÕES REFERENTES A CERTAS FACULDADES REIVINDICADAS PELO HOMEM 241

6. ALGUMAS CONSEQUÊNCIAS DE QUATRO
   INCAPACIDADES 259
   1. O espírito do cartesianismo 259
   2. Ação Mental 261
   3. Signos-pensamento 269

7. O QUE É O PRAGMATISMO 283
   1. A concepção de asserção dos experimentalistas 283
   2. Nomenclatura filosófica 285
   3. Pragmaticismo 286
   4. Pragmaticismo e o idealismo absoluto hegeliano 297

C. DE *FILOSOFIA DO ESPÍRITO*

1. CONSCIÊNCIA E LINGUAGEM 303

D. DE *RESENHAS*

1. *THE WORKS OF GEORGE BERKELEY*: A EDIÇÃO
   DE FRASER 315
   1. Introdução 315
   2. A formulação do realismo 319
   3. Scotus, Ocam e Hobbes 323
   4. A filosofia de Berkeley 328
   5. Ciência e realismo 335

Nota do Tradutor

Não se pretende aqui, como é costume nestes casos, tentar uma espécie de introdução explicativa da obra do autor traduzido, uma vez que o leitor tem fácil acesso a vários trabalhos, tanto em outras línguas quanto em português, que se dedicam a essa tarefa com maior propriedade e capacidade. É apenas para orientar o leitor que se dirá que na primeira parte deste volume encontram-se textos onde Peirce expõe e discute as bases de sua doutrina dos signos, ou *semiótica*. Como se pode ver da leitura do sumário, a maior parte dos ensaios que compõem esta primeira seção pertence a um tópico mais amplo das obras de Peirce denominado "Elementos de lógica" (devendo lembrar-se o leitor que, para Pierce, Lógica é apenas um outro nome para Semiótica, e vice-versa), onde são analisados os signos, sua divisão triádica básica, suas classes, as noções de significado, de interpretante, etc., bem como as normas e a natureza das combinações dos signos em proposições e juízos.

Na segunda parte, os textos selecionados formulam as questões filosóficas fundamentais em Peirce – se bem que talvez seja insensato dizer que na obra de Peirce existe uma parte que diz respeito à Semiótica ou Lógica e outra que se refere à Filosofia, uma vez que a primeira pervade totalmente a segunda, formando com esta um bloco unitário de pensamento. De qualquer forma, nesta parte, além de expor as bases de seu Pragmatismo (e de explicar as razões do posterior Pragmaticismo), Peirce faz uma resenha crítica daquilo que ele considerava as principais tendências filosóficas de seu tempo, tendo sido escolhido para encerrar esta seção um breve ensaio, "Consciência e linguagem", onde Peirce exercita uma semiótica do homem, demonstrando com isso as possibilidades filosóficas da disciplina de que se tornou um dos mais completos e exaustivos formuladores, e um outro texto, uma análise de uma edição das obras de Berkeley, que Peirce termina por uma apreciação da filosofia em comparação com disciplinas que, como a matemática, supostamente atendem melhor às necessidades tecnológicas de sua época e da atual, e por uma colocação da filosofia em relação à questão indivíduo-sociedade.

A divisão entre estas duas partes, como já se observou, não é estanque, e pode-se ver que, a todo instante, Peirce procede a uma retomada, para aprofundamento, de noções anteriormente abordadas; não se trata portanto de repetições mas, sim, de complementações de uma análise inicial.

O leitor que já conheça outros textos traduzidos de Peirce, ou ensaios sobre sua obra, notará uma divergência na tradução de certos termos. Por exemplo, preferiu-se aqui utilizar as formas Primeiridade, Secundidade e Terceiridade e não, como já se faz, Primariedade, Secundariedade e Terciariedade; embora estas possam ser as construções portuguesas corretas para *Firstness*, *Secondness* e *Thirdness*, o tradutor acredita que as formas aqui adotadas correspondem melhor àquilo que Peirce tinha em mente quando forjou tais termos. Com as formas empregadas, elimina-se qualquer alusão possível às ideias de primário, secundário e terciário (que parece não ser aquilo a que Peirce se refere) restando apenas as noções de primeiro, segundo e terceiro. Tanto em relação a estes termos como a outros de tradução divergente de outras traduções, portanto, isso significa que o tradutor pretendeu uma captação que lhe pareceu mais adequada do sentido original, e não que ele desconheça as traduções existentes – o que não impede menos que ele esteja errado.

Foi mantida a numeração dos parágrafos utilizada na edição que serviu de base para esta tradução (*The Collected Papers of Charles Sanders Peirce*, Charles Hartsforne e Paul Weiss), org. assim como se manteve todas as notas do texto original, quer remetam a trechos aqui publicados ou não; pensou-se com isto facilitar o eventual trabalho do leitor que pretenda recorrer às fontes originais. Ressalte-se que indicações do tipo "2.219" que o leitor encontra nas notas e na parte superior de cada página desta edição devem ser lidas do seguinte modo; volume 2 (da edição americana), parágrafo 219.

Pela colaboração e sugestões dadas, o tradutor expressa seus agradecimentos a J. Guinsburg, Haroldo de Campos e Décio Pignatari – os quais, naturalmente, só são responsáveis pelos eventuais acertos da tradução e não por suas falhas.

J. Teixeira Coelho Netto

Parte I

A. De "Princípios de Filosofia"

1. Espécies de Raciocínio[a]

65. Na ciência, há três espécies fundamentalmente diferentes de raciocínio: Dedução (chamada por Aristóteles de συναγωγή ou αναγωγή), Indução (ἐπαγωγή, para Aristóteles e Platão) e Retrodução (para Aristóteles, ἀπαγωγή, porém mal interpretada em virtude de uma deturpação em seu texto e geralmente traduzida, nesta forma errônea, por *abdução*)[b]. Além destas três, a Analogia (παραδειγμα, para Aristóteles) combina as características da Indução e da Retrodução.

66. *Dedução* é o modo de raciocínio que examina o estado de coisas colocado nas premissas, que elabora um diagrama desse estado de coisas, que percebe, nas partes desse diagrama, relações não explicitamente mencionadas, que se assegura, através de elaborações mentais sobre o diagrama, de que essas relações sempre subsistiriam, ou pelo menos subsistiriam num certo número de casos, e que conclui pela necessária, ou provável, verdade dessas relações. Por exemplo, seja a premissa segundo a qual há quatro pontos assinalados sobre uma linha que não tem extremidades, nem bifurcações. Assim, através de um diagrama podemos concluir que

existem dois pares de pontos tais que, percorrendo-se a linha em qualquer direção de um ponto ao outro de qualquer dos pares, um ponto do se-

---

a. Cf. Vol. 2. Livro III.
b. Geralmente, Peirce utiliza o termo *abdução*: por vezes, usa também *hipótese*.

gundo par será ultrapassado um número ímpar de vezes e o outro ponto, um número par de vezes (ou zero). Isso é *dedução*.

67. *Indução* é o modo de raciocínio que adota uma conclusão como aproximada por resultar ela de um método de inferência que, de modo geral, deve no final conduzir à verdade. Por exemplo, um navio carregado com café entra num porto. Subo a bordo e colho uma amostra do café. Talvez eu não chegue a examinar mais do que cem grãos, mas estes foram tirados da parte superior, do meio e da parte inferior de sacas colocadas nos quatro cantos do porão do navio. Concluo, por indução, que a carga toda tem o mesmo valor, por grão, que os cem grãos de minha amostra. Tudo o que a indução pode fazer é determinar o valor de uma relação.

68. *Retrodução* é a adoção provisória de uma hipótese em virtude de serem passíveis de verificação experimental todas suas possíveis consequências, de tal modo que se pode esperar que a persistência na aplicação do mesmo método acabe por revelar seu desacordo com os fatos, se desacordo houver. Por exemplo, todas as operações químicas fracassam na tentativa de decompor o hidrogênio, lítio, berílio, bório, carbono, oxigênio, flúor, sódio... ouro, mercúrio, tálio, chumbo, bismuto, tório e urânio. A título provisório, supomos que tais elementos são simples pois, caso contrário, experiências similares detectariam sua natureza composta, se é que ela pode ser detectada. A isso chamo *retrodução*.

69. *Analogia* é a inferência de que num conjunto não muito extenso de objetos, se estes estão em concordância sob vários aspectos, podem muito provavelmente estar em concordância também sob um outro aspecto. Por exemplo, a Terra e Marte estão em concordância sob tantos aspectos que não parece improvável que possam concordar também quanto ao fato de serem habitados.

70. Os métodos de raciocínio da ciência têm sido estudados de vários modos e com resultados que diferem em pontos importantes. Os seguidores de Laplace tratam o assunto do ponto de vista da teoria das probabilidades. Após as correções feitas por Boole[a] e outros[b], esse método produz substancialmente os resultados acima indicados. Whewell[c] descreveu o raciocínio tal como este se apresentou a um homem tão profundamente versado em vários ramos da ciência como só um verdadeiro pesquisador pode ser, e que acrescenta a esse conhecimento uma ampla compreensão da história da ciência. Esses resultados, como se poderia esperar, têm o mais alto valor, embora existam importantes distinções e razões por ele negligenciadas. John Stuart Mill empenhou-se na explicação dos raciocínios científicos através da metafísica nominalista de seu pai. A perspicácia superficial desse tipo de metafísica tornou sua lógica extremamente popular junto àqueles que pensam, mas que não pensam profundamente; aqueles que conhecem algo da ciência, porém mais do exterior do que de seu interior, e que por uma ou outra razão se deliciam com as teorias mais simples ainda que estas fracassem na apreensão dos fatos.

    a. *Laws of thought*, Cp. 16-21.
    b. Uncluindo C.S. Peirce. Cf. Ensaio nº 1, vol. 3.
    c. *The Philosophy of the Inductive Sciences*, 1840.

71. Mill nega que tenha havido algum tipo de raciocínio no método de Kepler. Diz que se trata apenas de uma descrição dos fatos[a]. Parece supor que Kepler extraiu das observações de Tycho todas as noções sobre as posições de Marte no espaço, e que tudo o que Kepler fez foi generalizar estes fatos e assim obter, para estes, uma expressão geral. Ainda que tudo se resumisse nisto, sem dúvida aí já haveria inferência. Se Mill tivesse tido um conhecimento prático de astronomia a ponto de poder discutir os movimentos das estrelas duplas, teria percebido isso. Mas, caracterizar assim o trabalho de Kepler é dar mostras de uma ignorância total a respeito do assunto. Mill, sem dúvida, nunca leu o *De Motu* (*Motibus*) *Stellae Martis*, que não é fácil de se ler. A razão desta dificuldade está em que essa obra exige, do começo ao fim da leitura, o mais vigoroso exercício dos poderes do raciocínio.

72. O que Kepler apresentou foi um amplo conjunto de observações das posições aparentes de Marte no espaço em momentos diferentes. Ele também sabia, de um modo geral, que a teoria ptolomaica concorda com as aparências, embora fosse difícil encaixá-la corretamente. Além do mais, estava convicto de que a hipótese de Copérnico tinha de ser aceita. Ora, essa hipótese, tal como o próprio Copérnico entendeu em seu primeiro esboço, simplesmente modifica a teoria de Ptolomeu quanto a atribuir a todos os corpos do sistema solar um movimento comum, apenas o necessário para anular o hipotético movimento do sol. Pareceria assim, à primeira vista, que ela não deveria afetar as aparências de modo algum. Se Mill tivesse chamado o trabalho de Copérnico de mera descrição não teria estado *tão longe* da verdade como estava. Mas Kepler não entendeu a questão da mesma forma como o fez Copérnico. Em virtude de estar o sol tão perto do centro do sistema, e em razão de seu enorme tamanho (mesmo Kepler sabia que seu diâmetro devia ser pelo menos quinze vezes o da Terra). Kepler, assumindo um ponto de vista dinâmico, pensou que isso tivesse algo a ver com o fato de moverem-se os planetas em suas órbitas. Esta retrodução, vaga como era, custou um grande labor intelectual, e exerceu muitas influências sobre todo o trabalho de Kepler. Ora, Kepler observou que as linhas das apsides das órbitas de Marte e da Terra não são paralelas, e da maneira mais engenhosa possível serviu-se de várias observações para inferir que elas provavelmente se intersectam no sol. Por conseguinte, é de supor que uma descrição geral do movimento seria mais simples quando se referisse ao sol como um ponto fixo de referência do que quando se referisse a qualquer outro ponto. Daí seguiu-se que as épocas apropriadas para observar-se Marte a fim de determinar sua órbita eram aquelas em que Marte estava em oposição ao sol – o verdadeiro sol – e não aquelas em que estava em oposição ao sol *hipotético*, como se havia feito até então. Desenvolvendo essa ideia, obteve ele a teoria sobre Marte que satisfazia à perfeição as longitudes em todas as oposições observadas por Tycho e por ele mesmo, em número de treze. Mas, infelizmente, não satisfazia de modo algum as latitudes, e era totalmente irreconciliável com as observações de Marte quando distante de uma posição de oposição.

a. Ibidem, livro III, Cap. 2, § 3.

73. Em cada etapa de sua longa investigação, Kepler tem uma teoria que é aproximadamente verdadeira, uma vez que aproximadamente satisfaz as observações (isto é, com uma margem de 8 polegadas, o que nenhuma outra observação, salvo a de Tycho, poderia indicar como sendo um erro), e chega a modificar sua teoria, após a mais cuidadosa e judiciosa reflexão, de tal maneira a torná-la mais racional ou mais próxima do fato observado. Assim, tendo descoberto que o centro da órbita bissecta a excentricidade, encontra neste fato um indício da falsidade da teoria do equante* e substitui, por causa deste recurso artificial, o princípio da uniforme descrição das áreas. Subsequentemente, descobrindo que o planeta move-se mais depressa a noventa graus de suas apsides do que deveria fazê-lo, a questão passou a ser saber se isto se devia a um erro na lei das áreas ou se a uma compressão da órbita. Engenhosamente, ele demonstra que se trata desta última hipótese.

74. Assim, nunca modificando caprichosamente sua teoria, pelo contrário, tendo sempre um motivo sólido e racional para qualquer modificação que fizesse, tem-se que quando ele finalmente procede a uma modificação – da mais notável simplicidade e racionalidade – que satisfaz exatamente as observações, essa modificação firma-se sobre uma base lógica totalmente diferente da que apresentaria se tivesse sido feita ao acaso, ou de um outro modo que não se sabe qual seja e se tivesse sido encontrada para satisfazer as observações. Kepler demonstra seu aguçado senso lógico no detalhamento do processo total através do qual ele finalmente chega à órbita verdadeira. Este é o maior exemplo de raciocínio retrodutivo jamais visto.

* Do latim *aequans, aequantis* (*de aequare*, igualar): termo da astronomia antiga que indica um círculo imaginário usado para determinar os movimentos dos planetas. (N. do T.)

2. Tríades

1. A TRÍADE NO RACIOCÍNIO[a]

369. Foi Kant, o rei do pensamento moderno, quem primeiro observou a existência, na lógica analítica, das distinções *tricotômicas* ou tripartidas. E realmente assim é; durante muito tempo tentei arduamente me convencer de que isso pertencia mais ao reino da imaginação, porém os fatos realmente não permitem este enfoque do fenômeno. Seja um silogismo ordinário:

> Todos os homens são mortais,
> Eliar era um homem
> Portanto, Eliar era mortal.

Há, aqui, três proposições, a saber, duas premissas e uma conclusão; há também três termos, *homem*, *mortal* e *Eliar*. Se intercambiamos uma das premissas com a conclusão, negando ambas, obtemos aquilo que é chamado de figuras indiretas do silogismo; por exemplo

> Todos os homens são mortais,
> Mas Eliar não era mortal;
> Portanto, Eliar não era um homem.

---

a. De "One, two, three: fundamental categories of Thought and of nature", de 1885 aprox.

Eliar não era mortal,
Mas Eliar era um homem;
Portanto, alguns homens não são mortais.

Assim, há três figuras do silogismo ordinário. É verdade que há outros modos de inferência que não se colocam sob nenhum destes três tópicos; porém isso não anula o fato de que se tem, aqui, uma tricotomia. Com efeito, se examinarmos em si mesmo aquilo que alguns lógicos chamam de quarta figura, descobriremos que ela também tem três variedades relacionadas umas com as outras tal como as três figuras do silogismo ordinário. Existe um modo inteiramente diferente de conceber as relações das figuras do silogismo, a saber, através da conversão das proposições. Mas, também a partir desse ponto de vista preservam-se as mesmas classes. DeMorgan[a] acrescentou um bom número de novos modos silogísticos que não encontram lugar nesta classificação. O raciocínio nestes modos tem um caráter peculiar e introduz o princípio do dilema. Mesmo assim, considerando-se estes raciocínios dilemáticos em si mesmos, entram eles em três classes de um modo exatamente idêntico. Já mostrei[b] que as inferências provável e aproximada da ciência precisam ser classificadas a partir dos mesmos princípios, devendo ser Deduções, Induções ou Hipóteses. Outros exemplos de triplicidade na lógica são os enunciados daquilo que é real, daquilo que é possível e daquilo que é necessário; os três tipos de formas, Nomes[c], Proposições e Inferências[d]; as respostas afirmativa, negativa e incerta a uma pergunta. Uma tríade particularmente importante é a seguinte: descobriu-se que há três tipos de signos indispensáveis ao raciocínio; o primeiro é o signo diagramático ou *ícone*, que ostenta uma semelhança ou analogia com o sujeito do discurso; o segundo é o *índice* que, tal como um pronome demonstrativo ou relativo, atrai a atenção para o objeto particular que estamos visando sem descrevê-lo; o terceiro (ou símbolo) é o nome geral ou descrição que significa seu objeto por meio de uma associação de ideias ou conexão habitual entre o nome e o caráter significado.

370. Contudo, há uma tríade em particular que lança uma poderosa luz sobre a natureza de todas as outras tríades. Isto é, achamos ser necessário reconhecer, em lógica, três tipos de caracteres, três tipos de fatos. Em primeiro lugar, há caracteres *singulares* que são predicáveis de objetos singulares, tal como quando dizemos que algo é branco, grande, etc. Em segundo lugar, há caracteres duplos que se referem a pares de objetos: estes são implicados por todos os termos relativos como "amante", "similar", "outro", etc. Em terceiro lugar, há caracteres plurais, que podem ser reduzidos a caracteres triplos mas não a caracteres duplos. Assim, não podemos exprimir o fato de que A é um benfeitor de B através de uma descrição de A e B separadamente; devemos introduzir um termo relativo. Isto é necessário não apenas em inglês como igual-

---

a. *Formal Logic*, Cap. 8. Ver também 2.568.
b. Ver vol. 2, livro III, Cap. 2 e 5 dos *Collected Papers*.
c. Ou Termos, mas ver 372.
d. Ou Argumentos.

mente em toda língua que se pudesse inventar. Isto é verdadeiro mesmo de um fato como A é mais alto que B. Se dizemos "A é alto, mas B é baixo", a conjugação "mas" tem uma força relativa, e se omitimos esta palavra a simples colocação das duas sentenças é um modo de significação relativo ou dualístico...

371. Consideremos agora um caráter triplo, digamos, o fato de A dar B a C. Isto não é uma simples soma de caracteres duplos. Não basta dizer que A se desfaz de C, e que B recebe C. Cumpre efetuar uma síntese destes dois fatos de modo a torná-los um fato singular; devemos dizer que C, ao sofrer uma rejeição por parte de A, é recebido por B. Se, por outro lado, consideramos um fato quádruplo, é fácil exprimi-lo como sendo um composto de dois fatos triplos... Aqui, somos capazes de exprimir a síntese dos dois fatos em um, porque um caráter triplo envolve a concepção de síntese. A análise envolve as mesmas relações que a síntese, de tal forma que podemos explicar o fato de que todos os fatos plurais podem ser assim reduzidos a fatos triplos. Uma estrada com uma bifurcação é um análogo do fato triplo, porque põe três terminais em relação uns com os outros. Um fato duplo é como uma estrada sem bifurcação; liga apenas dois terminais. Ora, combinação alguma de estradas sem bifurcação pode apresentar mais do que dois terminais; mas, qualquer número de terminais pode ser ligado por estradas que não possuem um cruzamento de mais de três direções. Confronte-se a figura abaixo, na qual desenhei os

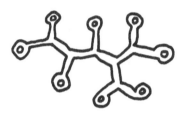

terminais como estradas que automaticamente empreendem meia volta, de modo a não introduzir, na figura, nada além da própria estrada. Assim, os três elementos essenciais de uma rede de estradas são *estrada para um terminal*, *conexão de estradas*, *ramificação*; e, de modo semelhante, as três categorias fundamentais do fato são: fato sobre um objeto, fato sobre dois objetos (relação), fato sobre vários objetos (fato sintético).

372. Vimos que a mera coexistência de dois fatos singulares constitui uma forma degenerada de um fato duplo; e, de modo semelhante, há duas ordens de degenerescência nos fatos plurais, pois estes podem consistir ou numa mera síntese de fatos dos quais o de ordem mais elevada é duplo, ou podem consistir numa mera síntese de fatos singulares. Isto explica por que deveria haver três classes de *signos*, pois há uma conexão tripla de *signo, coisa significada, cognição produzida na mente*. Pode haver apenas uma relação de razão entre o signo e a coisa significada; neste caso, o signo é um *ícone*. Ou pode haver uma ligação física direta; neste caso, o signo é um *índice*. Ou pode haver uma relação que consiste no fato de a mente associar o signo com seu objeto; neste caso, o signo é

um *nome*[a] (ou *símbolo*). Considere-se, agora, a diferença entre um *termo* lógico, uma *proposição* e uma *inferência*. Um termo é uma simples descrição geral, e como nem o *ícone*, nem o *índice* têm generalidade, deve ser um nome; e não é nada mais do que isso. Uma proposição também é uma descrição geral, mas difere de um termo pelo fato de ter a intenção de estar numa relação real com o fato, de ser por ele realmente determinado; destarte, uma proposição só pode ser formada pela conjunção de um nome com um índice. Também uma inferência contém uma descrição geral...

2. A TRÍADE NA METAFÍSICA

373. Passarei rapidamente pelas concepções que representaram um papel importante na filosofia pré-socrática e tentarei ver até que ponto podem ser expressas em termos de um, dois, três.

1. A primeira de todas as concepções da filosofia é a de uma matéria primeira a partir da qual é feito o mundo. Tales e os primeiros filósofos jônicos ocuparam-se principalmente com esta noção. Chamaram-na de ’αρχή, o princípio, de tal modo que a concepção de primeiro é a quintessência dessa noção. A natureza era um enigma para eles, e procuraram explicá-la: de onde surgiu ela? Essa era uma boa pergunta mas era tolice supor que iam aprender muita coisa mesmo que pudessem descobrir de que tipo de matéria ela era feita. Mas indagar sobre como ela se havia formado, como eles sem dúvida fizeram, não constituía uma questão exaustiva; só os levaria um pouco mais para trás. Eles pretendiam chegar de imediato ao princípio mesmo, e no princípio deve ter havido algo homogêneo, pois supunham que, onde há variedade, deve sempre haver uma explicação a ser buscada. O primeiro deve ser indeterminado, e o primeiro indeterminado de alguma coisa é o material de que ele é formado. Além do mais, a ideia deles era que não podiam dizer como era formado o mundo a menos que soubessem onde começar sua explicação. O método indutivo de explicação dos fenômenos que consiste em segui-los passo a passo até suas causas não era conhecido não apenas por eles como por toda a filosofia antiga e medieval; essa é uma ideia baconiana. A indeterminação é realmente o caráter do primeiro. Mas não a indeterminação da homogeneidade. O primeiro está cheio de vida e variedade. Todavia, essa variedade é apenas potencial, não está ali presente definidamente. Mesmo assim, a noção de explicar a variedade do mundo, que era aquilo com que eles principalmente se preocupavam, pela não-variedade era completamente absurda. Como é que a variedade pode surgir do útero da homogeneidade? Somente por um princípio da espontaneidade, que é exatamente aquela variedade virtual que é o primeiro[b].

a. Cf. 369
b. A continuação desta seção não parece ter sido escrita; mas ver. vol. 6 dos *Collected Papers*.

3. A TRÍADE NA PSICOLOGIA[a]

374. A linha de raciocínio que me proponho desenvolver é peculiar e requererá algum estudo cuidadoso para avaliar sua força. Deverei submetê-la a uma revisão na última seção, mas, enquanto isso, desejo observar que o passo que vou dar, que é análogo a outros que se seguirão, não pertence, de modo puro, à natureza da suposição, tal como algumas pessoas peritas na avaliação da evidência científica poderiam supor. Vimos que as ideias de um, dois e três são-nos impostas pela lógica, e realmente não podem ser postas de lado. Deparamo-nos com elas não de vez em quando mas, sim, a todo momento, E encontramos algumas razões para pensar que elas são igualmente importantes na metafísica. Como se explica a extraordinária importância destas concepções? Não seria pelo fato de terem elas sua origem na natureza da mente? Esta é a forma kantiana da inferência, que foi considerada tão irrefutável por esse herói da filosofia; e tanto quanto sei, nenhum estudo moderno fez algo que tenha jogado essa colocação no descrédito. É verdade que não mais consideramos uma tal explicação psicológica de uma concepção como sendo a versão final do pensamento de Kant. Em relação a essa explicação, há muitas questões a serem colocadas mas, com o alcance a que se propõe, parece ser satisfatória. Descobrimos que as ideias de primeiro, segundo e terceiro são ingredientes constantes de nosso conhecimento. Portanto, isto se deve ou ao fato de nos serem elas dadas continuamente pelas colocações do sentido ou ao fato de que faz parte da natureza peculiar da mente combiná-las com nossos pensamentos. Ora, certamente não podemos pensar que estas ideias nos são dadas pelos sentidos. Primeiro, segundo e terceiro não são sensações. Só podem apresentar-se nos sentidos através de coisas que surgem rotuladas de primeiras, segundas e terceiras, e as coisas geralmente não trazem esses rótulos. Portanto, devem ter uma origem psicológica. Uma pessoa deve ser um adepto muito teimoso da teoria da *tabula rasa* para negar que as ideias de primeiro, segundo e terceiro devem-se às tendências congênitas da mente. Até aqui, nada existe em minha argumentação que a distinga da de muitos kantianos. O fato notável é que não me detenho aqui mas, sim, procuro pôr a conclusão a prova, através de um exame independente dos fatos da psicologia a fim de determinar se é possível encontrar vestígios da existência de três partes ou faculdades da alma ou modos da consciência que poderiam confirmar os resultados obtidos.

375. Ora, três departamentos da mente são geralmente reconhecidos desde Kant: Sentimento (de prazer ou dor), Conhecimento e Vontade. A unanimidade com que tem sido recebido este trisseccionamento da mente é, de fato, bastante surpreendente. Esta divisão não teve sua origem nas ideias peculiares de Kant. Pelo contrário, foi por ele tomada aos filósofos dogmáticos, e sua aceitação deste fato foi, como já se observou, uma con-

a. Cf. *Collected Papers*, vol. 8

cessão ao dogmatismo. Tem sido admitida mesmo por psicólogos, a cujas doutrinas gerais essa divisão parece positivamente hostil[a].

376. A doutrina ordinária está aberta a uma variedade de objeções a começar do próprio ponto de vista sobre o qual ela foi inicialmente delineada. Em primeiro lugar, o desejo certamente inclui um elemento de prazer bem como um elemento da vontade. Desejar não é querer; é uma variação especulativa do querer misturado com uma sensação especulativa e antecipatória de prazer. A noção de desejo deveria, portanto, ser extraída da definição da terceira faculdade, o que dele faria uma mera volição. Mas volição sem desejo não é voluntária; é mera atividade. Por conseguinte, toda atividade, voluntária ou não, deveria ser colocada sob a capa da terceira faculdade. Assim, a atenção é um tipo de atividade que às vezes é voluntária e às vezes não. Em segundo lugar, o prazer e a dor só podem ser reconhecidos como tais num juízo; são predicados gerais atribuídos mais a sentimentos do que a sentimentos verdadeiros. Mas um sentir meramente passivo, que não atua e não julga, que tem todas as espécies de qualidades mas que, ele mesmo, não reconhece essas qualidades porque não procede nem a uma análise nem a uma comparação – eis um elemento de toda consciência à qual se devesse atribuir um título distinto. Em terceiro lugar, todo fenômeno de nossa vida mental é mais ou menos como a cognição. Toda emoção, toda explosão de paixão, todo exercício da vontade é como a cognição. Mas modificações da consciência que são semelhantes possuem algum elemento em comum. A cognição, portanto, nada tem, em si, de distinto, e não pode ser considerada uma faculdade fundamental. Entretanto, se nos perguntássemos se não existiria um elemento na cognição que não é nem sentimento, sensação ou atividade, descobriremos que algo existe, a faculdade de aprendizado, de aquisição, memória e inferência, síntese. Em quarto lugar, debruçando-nos mais uma vez sobre a atividade, observamos que a única consciência que dela temos é o sentido de resistência. Temos consciência de atingir ou de sermos atingidos, de nos depararmos com um *fato*. Mas só ficamos sabendo se a atividade é interna ou externa através de signos secundários e não através de nossa faculdade original de reconhecer os fatos.

377. Parece, portanto, que as verdadeiras categorias da consciência são: primeira, sentimento, a consciência que pode ser compreendida como um instante do tempo, consciência passiva da qualidade, sem reconhecimento ou análise; segunda, consciência de uma interrupção no campo da consciência, sentido de resistência, de um fato externo ou outra coisa; terceira, consciência sintética, reunindo tempo, sentido de aprendizado, pensamento.

378. Se aceitamos estes modos como os modos elementares fundamentais da consciência, permitem-nos eles uma explicação psicológica das três concepções lógicas da qualidade, relação e síntese ou mediação. A concepção da qualidade, que é absolutamente simples em si mesma e, no entanto, quando encarada em suas relações percebe-se que possui uma ampla variedade de elementos, surgiria toda vez que o

---

a. Tem-se a impressão de que faltam, aqui, algumas páginas manuscritas. Substituíram-nas, de 376 a 378, "One, two, three: fundamental categories of Thought and nature".

sentimento ou a consciência singular se tornasse preponderante. A concepção de relação procede da consciência dupla ou sentido de ação e reação. A concepção de mediação origina-se da consciência plural ou sentido de aprendizado.

379. ... Lembramo-nos da sensação; isto é, temos uma outra cognição que declara reproduzi-la; mas sabemos que não existe nenhuma semelhança entre a memória e a sensação porque, em primeiro lugar, nada pode assemelhar-se a um sentimento imediato, pois a semelhança pressupõe um desmembramento e recomposição que são totalmente estranhos ao imediato e, em segundo lugar, a memória é um complexo articulado e um produto acabado que se distingue infinitamente e incomensuravelmente do sentimento. Olhe para uma superfície vermelha e tente sentir a sensação correspondente, e a seguir feche os olhos e recorde-a. Não há dúvida de que pessoas diferentes se manifestam diferentemente sobre isto; para algumas, a experiência parecerá produzir um resultado oposto, mas eu me convenci de que nada há em minha memória que seja, ainda que minimamente, tal como a visão do vermelho. Quando o vermelho não está diante de meus olhos, não consigo vê-lo de modo algum. Algumas pessoas me dizem que o veem de um modo esmaecido – o que é um tipo bastante inconveniente de memória, que levaria alguém a lembrar-se do vermelho vivo como sendo vermelho pálido ou desbotado. Recordo cores com uma precisão incomum porque fui muito treinado para observá-las; porém, minha memória não consiste numa visão de alguma espécie, mas sim num hábito por força do qual posso reconhecer uma cor que me é apresentada como sendo parecida ou não com outra cor que vi antes. Mas, mesmo que a memória de algumas pessoas tenha a natureza de uma alucinação, sobram ainda argumentos suficientes para mostrar que a consciência imediata ou sentimento não se assemelha absolutamente a qualquer outra coisa.

380. Há sérias objeções quanto a fazer apenas da vontade toda a terceira parte da mente. Um grande psicólogo disse que a vontade não é mais do que o mais forte dos desejos. Não posso admitir que assim seja; parece-me que essa colocação deixa de lado aquele fato que, dentre todos os que observamos, é o que mais exige atenção, a saber, a diferença entre sonhar e fazer. Não é uma questão de definir, mas de observar o que experimentamos; e, seguramente, aquele que consegue confundir o desejar com o fazer deve ser um sonhador de olhos abertos. No entanto, parece ser muito acentuada a evidência de que a consciência do querer não difere, pelo menos não muito, da sensação. A sensação de atingir e de ser atingido é quase a mesma, e deveriam ser classificadas num mesmo todo. O elemento comum é a sensação de um evento real, ou ação real e reação. Há uma intensa realidade sobre este tipo de experiência, uma aguda separação entre sujeito e objeto. Estou sentado calmamente no escuro, e de repente acendem-se as luzes; nesse momento tenho consciência não de um processo de mudança mas, todavia, de algo mais do que pode ser contido num instante. Tenho a sensação de um salto, de existirem dois lados do mesmo instante. Consciência de polaridade poderia ser uma frase toleravelmente boa para descrever o que ocorre. A vontade, assim,

como um dos grandes tipos da consciência, deveria ser por nós substituída pelo sentido de polaridade.

381. Mas, aquele que é de longe o mais confuso dos três membros da divisão, em sua enunciação comum, é a Cognição. Em primeiro lugar, todos os tipos de consciência entram na cognição. Os sentimentos, no único sentido em que podem ser admitidos como um grande ramo do fenômeno mental, formam a tessitura da cognição, e mesmo no sentido objetável de prazer e dor, são elementos constituintes da cognição. A vontade, sob a forma da atenção, constantemente entra, junto com o sentido de realidade ou objetividade que, como vimos, é aquilo que deveria tomar o lugar da vontade, na divisão da consciência, e todavia é ainda mais essencial, se isto é possível. Mas aquele elemento da cognição que não é nem sentimento nem o sentido de polaridade, é a consciência de um processo, e isto, na forma do sentido de aprendizado, de aquisição de desenvolvimento mental, é eminentemente característico da cognição. Este é um tipo de consciência que não pode ser imediato porque cobre um certo tempo, e isso não apenas porque continua através de cada instante desse tempo mas porque não pode ser contraído para caber num instante. Difere da consciência imediata tal como uma melodia difere de uma nota prolongada. Tampouco pode a consciência dos dois lados de um instante, de um evento súbito, em sua realidade individual, abarcar a consciência de um processo. Esta é a consciência que une os momentos de nossa vida. É a consciência da síntese.

382. Aqui, portanto, temos indubitavelmente três elementos radicalmente diferentes da consciência, só estes e nenhum outro. E eles estão evidentemente ligados às ideias de um-dois-três. Sentimento imediato é a consciência do primeiro; o sentido da polaridade é a consciência do segundo; e consciência sintética é a consciência do terceiro ou meio.

383. Observar, também, que assim como vimos que há duas ordens de Secundidade, da mesma forma o sentido de polaridade divide-se em dois, e isto de dois modos, pois, primeiramente, existe um tipo passivo e um tipo ativo, ou vontade e sentido e, em segundo lugar, existe uma vontade e sentido externos, em oposição à vontade interna (autocontrole, vontade inibitória) e sentido interno (introspecção). De modo semelhante, assim como há três ordens de Terceiridade, há também três tipos de consciência sintética. A forma típica e não degenerada não nos é tão familiar como as outras, que foram mais completamente estudadas pelos psicólogos; mencionarei, portanto, essa última. A consciência sintética degenerada em primeiro grau, correspondente à Terceiridade acidental, é aquela em que existe uma compulsão externa sobre nós que nos faz pensar as coisas juntas. A associação por contiguidade é um caso deste tipo; mas um caso ainda melhor é que em nossa primeira apreensão de nossas experiências, não podemos escolher como vamos dispor nossas ideias com referência ao tempo e ao espaço, mas somos compelidos a pensar certas coisas como estando mais próximas entre si do que outras. Dizer que somos compelidos a pensar certas coisas juntas porque elas estão juntas no tempo e no espaço seria colocar o carro na frente dos bois; o modo correto de enunciá-lo é dizer que existe uma compulsão exterior sobre nós levando-nos a juntá-las em nossa construção do tempo e do

espaço, em nossa perspectiva. A consciência sintética, degenerada em segundo grau, correspondente a terceiros intermediários, é aquela em que pensamos sentimentos diferentes como sendo semelhantes ou diferentes, o que, uma vez que os sentimentos em si mesmos não podem ser comparados e portanto não podem ser semelhantes, de tal forma que dizer que são semelhantes significa apenas dizer que a consciência sintética encara-os dessa forma, equivale a dizer que somos internamente compelidos a sintetizá-los ou separá-los. Este tipo de síntese aparece numa forma secundária na associação por semelhança. Contudo, o tipo mais elevado de síntese é aquele que a mente é compelida a realizar não pelas atrações interiores dos próprios sentimentos ou representações, nem por uma força transcendental de necessidade, mas, sim, no interesse da inteligibilidade, isto é, no interesse do próprio "Eu penso" sintetizador; e isto a mente faz através da introdução de uma ideia que não está contida nos dados e que produz conexões que estes dados, de outro modo, não teriam. Este tipo de síntese não tem sido suficientemente estudado, e de modo especial o relacionamento íntimo de suas diferentes variedades não tem sido devidamente considerado. O trabalho do poeta ou novelista não é tão profundamente diferente do trabalho do homem de ciência. O artista introduz uma ficção, porém não uma ficção arbitrária; essa ficção demonstra certas afinidades às quais a mente atribui uma certa aprovação ao declará-las belas, o que, se não corresponde exatamente a dizer que a síntese é verdadeira, é algo do mesmo tipo geral. O geômetra desenha um diagrama, que não é exatamente uma ficção, mas que é, pelo menos, uma criação, e através da observação desse diagrama ele é capaz de sintetizar e mostrar relações entre elementos que antes pareciam não ter nenhuma conexão necessária. As realidades compelem-nos a colocar algumas coisas num relacionamento estrito, e outras num relacionamento não tão estrito, de um modo altamente complicado e ininteligível no [para?] o próprio sentido; mas é a habilidade da mente que apanha todas essas sugestões de sentido, acrescenta muita coisa a elas, torna-as precisas e as exibe numa forma inteligível nas intuições do espaço e do tempo. Intuição é a consideração do abstrato numa forma concreta, através da hipostatização realística das relações; esse é o único método do pensamento válido. Muito superficial é a noção, que predomina, segundo a qual isto é algo a ser evitado. Seria possível dizer, da mesma forma, que o raciocínio deve ser evitado porque tem levado à elaboração de tantos erros; isso estaria quase que na mesma linha filistina de pensamento, e tão de acordo com o espírito do nominalismo que me surpreendo por alguém não levá-lo adiante. O preceito verdadeiro não é abster-se da hipostatização, mas sim realizá-la inteligentemente...[a]

384. Kant oferece-nos a visão errônea de que as ideias se apresentam separadamente e são, posteriormente, juntadas pela mente. Esta é a doutrina segundo a qual uma síntese mental precede toda análise. O que na verdade acontece é que se apresenta algo que, em si mesmo, não tem partes mas que, não obstante, é analisado pela mente, isto é, o fato de ter

---

a. Algumas páginas do manuscrito parecem estar, aqui, faltando.

ele partes consiste no fato de a mente, posteriormente, nele reconhecer essas partes. Aquelas ideias parciais não estão, realmente, na primeira ideia, em si mesma, apesar de serem dela extraídas. É um caso de destilação destrutiva. Quando, tendo-as assim separado, pensamos sobre elas, somos conduzidos, a despeito de nós mesmos, de um pensamento para outro, e nisto reside a primeira síntese real. Uma síntese anterior a isso é uma ficção. Toda a concepção de tempo pertence à síntese genuína, e não deve ser considerada neste tópico.

B. De "Elementos de Lógica"

1. Sinopse Parcial de uma Proposta para um Trabalho sobre Lógica[a]

1. ORIGINALIDADE, OBSISTÊNCIA E TRANSUASÃO

79. A principal utilidade deste capítulo é dar, ao leitor, uma ideia do que deverá ser este livro[b]. Pode-se perceber que sua concepção é incomum. Encontramo-nos no vestíbulo do labirinto. Sim, o Labirinto no Vestíbulo apenas, porém, já nesse tremendo e singular Labirinto. Treze portas, ainda não abertas, estão à nossa frente. Escolhemos a mais estreita, a menos importante, a mais raramente aberta de todas...

80. O fato de um leitor deliberadamente procurar instruir-se num tratado de lógica é a prova de que ele já fez algumas observações e reflexões, e de que já adquiriu certas concepções. Proponho-me, de início, a convidar o leitor a considerar mais uma vez, talvez de um modo um pouco mais cuidadoso do que ele o fez até aqui, estas Idemias Pré-Lógicas, a fim de ver como têm elas suas raízes solidamente implantadas, e a fim de, talvez, desenvolvê-las um pouco mais e penetrar em sua significação real, tão profundamente quanto seja possível fazê-lo nesta etapa da investigação,

81. Alguns matemáticos, importantes pelos êxitos que obtiveram em sua ciência, e que atentaram de modo particular para a filosofia dessa mesma ciência, consideram a Matemática como um ramo da Lógica[c]. Isto merece bem a atenção porque se poderia sustentar, com muita justiça, que a matemática é quase a única, senão a única ciência que não necessita de auxílio algum de uma ciência da lógica. Além do mais, segundo a po-

a. O restante do Cap. 1 de "Minute Logic".
b. Não apenas este livro nunca chegou a ser completado, como também muitas das discussões propostas aqui esboçadas nunca foram iniciadas.
c. Por exemplo, Dedekind e Whitehead.

sição defendida neste tratado, a verdade lógica está baseada numa espécie de observação do mesmo tipo daquela sobre a qual se baseia a matemática. Por estas razões, é desejável, de imediato, examinar perfunctoriamente a natureza do procedimento dos matemáticos. Tenho motivos para estar confiante quanto ao fato de que este estudo será de ajuda para alguns daqueles que não têm uma inclinação natural para a matemática. Ao mesmo tempo, sou forçado a dizer que a matemática requer um certo vigor do pensamento, o poder de concentração da atenção de forma a manter na mente uma imagem altamente complexa, e mantê-la assim o bastante para ser observada; e apesar de um treinamento poder efetuar maravilhas em pouco tempo quanto a aumentar esse vigor, mesmo assim não se fará um pensador vigoroso a partir de uma mente fraca, ou de uma mente que tiver sido profundamente enfraquecida pela preguiça mental.

82. Há uma outra ciência normativa que tem uma conexão vital com a lógica e que, estranhamente, tem sido posta de lado por quase todos os lógicos. Refiro-me a Ética. Não é necessário ser um pensador profundo a fim de desenvolver as concepções morais mais verdadeiras; mas eu afirmo, e provarei sem contestação, que a fim de bem raciocinar, a não ser num modo meramente matemático, é absolutamente necessário possuir não apenas virtudes como as da honestidade intelectual, da sinceridade e um real amor pela verdade, mas sim as concepções morais mais altas.[a] Não vou dizer que o estudo da ética é mais diretamente útil para a boa moral do que, digamos, a leitura de uma boa poesia é útil para escrever-se uma boa prosa. Mas direi que ele permite uma ajuda dê' todo indispensável para a compreensão da lógica. Além do mais, é um estudo sutil, do tipo que as pessoas que gostam de lógica não podem deixar de apreciar...

83. Só depois de ultrapassados estes tópicos é que será útil considerar aquela propedêutica à própria lógica, essa *Erkenntnisslehre* à qual aludi. Chamo-a de *Gramática Especulativa*, a partir do título de um trabalho de Duns Scotus que visa ao mesmo objetivo.

84. Ao anunciar o que vou dizer nesta parte do livro, tenho de escolher entre uma total ininteligibilidade e uma exaustiva antecipação do que vai ser provado, mas que, aqui, só pode ser afirmado. Sem hesitação, tomo o último caminho, uma vez que as ideias estão colocadas em formas tão estranhas que uma dupla exposição ajudará o leitor. Princípio por tentar tocar a nota dominante do livro com tanta força e clareza quanto sou capaz de fazê-lo, pois esta não é apenas a nota principal mas sim a chave de toda a lógica. Tento uma análise do que aparece no mundo. Aquilo com que estamos lidando não é metafísica: é lógica, apenas. Portanto, não perguntamos o que realmente existe, apenas o que aparece a cada um de nós em todos os momentos de nossas vidas. Analiso a experiência, que é a resultante cognitiva de nossas vidas passadas, e nela encontro três elementos. Denomino-os *Categorias*[b]. Pudesse eu transmiti-las ao leitor do modo tão vivido, claro e racional como se me apresentam! Mas elas assim se tornarão para o leitor se este lhes dedicar suficiente

---

a. Ver o Cap. 4 de "Minute Logic" publicado no vol. 1, livro IV (sob a indicação Cap. 2) das obras de Peirce.

b. O vol. 1, livro III dos *Collected Papers* contém um estudo detalhado das categorias.

atenção e meditação. Surgem numa miríade de formas das quais, com o objetivo de introduzir o leitor no assunto, tomo a primeira que se apresenta. Acontece que uma definição de experiência acabou de sair de minha caneta. Uma definição muito boa, creio: suponhamos que a tomemos como ponto de partida. Falando de um modo lacônico, a experiência é *esse in praeterito*. Lembre-se, apenas, mais uma vez e de uma vez por todas, que não pretendemos significar qual seja a natureza secreta do fato mas, simplesmente, aquilo que pensamos que ela é. Algum fato existe. Toda experiência compele o conhecimento do leitor. Qual é, então, o fato que se apresenta a você? Pergunte a si mesmo: é o passado. Um fato é um *fait accompli*; o seu *esse* está no *praeterito*. O passado compele o presente, em alguma medida, no mínimo. Se você se queixar ao Passado de que ele é errado e não razoável, ele se rirá. Ele não dá a mínima importância à Razão. Sua força é a força bruta. Desta forma, você é compelido, brutalmente compelido, a admitir que, no mundo da experiência, há um elemento que é a força bruta. Neste caso, o que é a força bruta, o que parece ser? Deveríamos encontrar pouca dificuldade para responder a isso, uma vez que estamos plenamente cônscios (ou parecemos estar, o que é tudo o que aqui nos interessa) de exercê-la nós mesmos. Pois, não importa quão boa possa ser a justificativa que demos para um ato da vontade, quando passamos para sua execução a razão não faz parte do trabalho: o que se tem é ação bruta. Não podemos fazer esforço algum onde não sentimos resistência alguma, nenhuma reação. O sentido de esforço é um sentido de dois lados, revelando ao mesmo tempo algo interior e algo exterior. Há uma binariedade na ideia de força bruta; é seu principal ingrediente. Pois a ideia de força bruta é pouco mais do que a de reação, e esta é pura binariedade. Imaginemos dois objetos que não são apenas *pensados* como sendo dois, mas dos quais algo é verdadeiro de tal forma que nenhum deles poderia ser removido sem destruir o fato que se supõe ser verdadeiro quanto ao outro. Seja, por exemplo, marido e mulher. Aqui nada há além de uma dualidade; mas isso constitui uma reação, no sentido em que o marido faz a mulher uma mulher de fato (e não apenas na forma de algum pensamento comparativo); enquanto a mulher faz do marido um marido. Uma força bruta é apenas uma complicação de binariedades. Supõe não apenas dois objetos relacionados, mas sim que, além deste estado de coisas, somando-se a este, existe um *segundo* estado subsequente. Supõe, além do mais, duas tendências, uma, de um dos relatos, tendendo a mudar a primeira relação em um sentido no segundo estado; a outra, do outro relato, tendendo a mudar a mesma relação num segundo sentido. Ambas essas mudanças de alguma forma se combinam, de tal modo que cada tendência é em algum grau seguida e em algum grau modificada. Isto é o que queremos dizer por *força*. É quase binariedade pura. A *brutalidade* consistirá na ausência de qualquer razão, regularidade ou norma que poderia tomar parte na ação como elemento terceiro ou mediador. A binariedade é uma de minhas categorias. Não a chamo de concepção, pois pode ser dada através da percepção direta anterior ao pensamento. Ela penetra cada parte de nosso mundo interior, assim como cada parte do universo. A sensação dela torna-se semelhante à da força bruta em proporção ao desenvolvimento deste elemento de binariedade. Entre as formas mais profundas que a binariedade assume estão as das *dúvidas* que são impostas a nossas mentes. A própria palavra "dúvida", ou "dubito", é um frequentativo de "duhibeo" – *i.e.*, *duo habeo*, e com isto demonstra sua binariedade. Se não lutássemos contra a dúvida, não procuraríamos a verdade. A binariedade surge também na negação, e nos termos relativos comuns, mesmo na similaridade e, de um modo mais real, na identidade. Este texto[a] mostrará por que a existência individual é uma concepção marcadamente dualística. Enquanto isso, é fácil ver que apenas os existentes individuais podem reagir uns contra outros.

85. Consideremos agora o que poderia surgir como existindo no instante presente se estivesse completamente separado do passado e no futuro. Só podemos adivinhar, pois nada é mais oculto do que o presente absoluto. Claramente, não poderia haver ação alguma; e sem a possibilidade de ação, falar em binariedade seria proferir palavras sem significado. Poderia haver uma espécie de consciência, ou ato de sentir, sem nenhum "eu"; e este sentir poderia ter seu tom próprio. Não obstante o que disse William James, não creio que poderia haver uma continuidade como o espaço, a qual, embora possa talvez aparecer por um instante numa mente bem educada, não me seja possível pensar que pudesse fazê-lo assim se não tivesse tempo algum; e sem continuidade, as partes desse ato de sentir não poderiam ser sintetizadas e, portanto, não haveria partes reconhecíveis. Não poderia nem mesmo haver um grau de nitidez desse sentir, pois tal grau é o montante comparativo de distúrbio da consciência geral por um sentimento[b]. De qualquer forma, esta será nossa hipótese, e não tem nenhuma importância que ela seja ou não psicologicamente verdadeira. O mundo seria reduzido a uma qualidade de sentimento não analisado. Haveria, aqui, uma total ausência de binariedade. Não posso chamá-la de unidade, pois mesmo a unidade supõe a pluralidade. Posso denominar sua forma de Primeiridade, Oriência ou Originalidade. Seria algo *que é aquilo que é sem referência a qualquer outra coisa* dentro dele, ou fora dele, independentemente de toda força e de toda razão. Ora, o mundo está cheio deste elemento de Originalidade irresponsável, livre. Por que a parte central do espectro deve parecer verde e não violeta? Não há razão concebível para isso, nem existe, aí, qualquer compulsão. Por que nasci eu na Terra, no século XIX e não em Marte há mil anos atrás? Por que espirrei hoje exatamente cinco horas, quarenta e três minutos e vinte e um segundos depois que um certo homem na China assobiou (supondo-se que isto realmente aconteceu)? Sabemos, talvez, porque um meteorito cairia na Terra, se entrasse em seu caminho; mas, qual a razão para os arranjos da natureza estarem feitos de tal modo que este meteorito em particular se achasse no caminho da Terra? Todos estes são fatos que são o que são, simplesmente porque acontece que são assim. Na maior parte das vezes, negligenciamos tais fatos; mas há casos, como nas qualidades do sentir, autoconsciência, etc., nos quais esses lampejos isolados vêm para o primeiro plano. A Originalidade, ou Primeiridade, é outra de minhas categorias.

a. Cf. 3.93; 3.611; 6.6
b. Cf. 1.322.

86. Consideremos agora o ser *in futuro*. Tal como nos outros casos, isto é meramente uma avenida que leva a uma apreensão mais pura do elemento que ela contém. Uma concepção absolutamente pura de uma Categoria está fora de questão. O ser *in futuro* aparece em formas mentais, intenções e expectativas. A memória fornece-nos um conhecimento do passado através de uma espécie de força bruta, uma ação bem binaria, sem nenhum raciocinar. Mas, todo nosso conhecimento do futuro é obtido através de alguma outra coisa. Dizer que o futuro não influencia o presente constitui doutrina insustentável. Equivale a dizer que não existem causas finais, ou fins. O mundo orgânico está cheio de refutações dessa posição. Uma tal ação (por causação final) constitui a evolução. Mas é verdade que o futuro não influencia o presente do modo direto, dualístico pelo qual o passado influencia o presente. Requer-se um instrumental, um meio. Todavia, qual pode ser esse instrumental, de que tipo? Pode o futuro afetar o passado através de um instrumental qualquer que, novamente, não envolve alguma ação do futuro sobre o passado? Todo nosso conhecimento das leis da natureza é análogo ao conhecimento do futuro, na medida em que não há nenhum modo direto pelo qual as leis tornam-se por nós conhecidas. Procedemos, aqui, por experimentação. Isto é, adivinhamos quais sejam as leis pedaço por pedaço. Perguntamos: E se variássemos um pouco nosso procedimento? O resultado seria o mesmo? Tentamos fazê-lo. Se estamos no caminho errado, uma negativa enfática é logo colocada sobre a conjetura inicial, e desta forma nossas concepções tornam-se, gradualmente, cada vez mais corretas. Os melhoramentos em nossas invenções são feitos do mesmo modo. A teoria da seleção natural é que a natureza procede, por meio de uma experimentação similar, a adaptação precisa de um conjunto de animais e plantas ao meio e à manutenção desse conjunto em adaptação a esse meio que lentamente se transforma. Mas, todo procedimento desse tipo, quer seja o da mente humana ou o das espécies orgânicas, pressupõe que os efeitos se seguirão às causas com base num princípio com o qual as conjeturas hão de ter algum grau de analogia, e num princípio que não mude depressa demais. No caso da seleção natural, se for necessário uma dúzia de gerações para adaptar suficientemente um conjunto a uma dada mudança do meio, esta mudança não deve ocorrer mais rapidamente, caso contrário esse conjunto será extirpado ao invés de ser adaptado. Não constitui uma questão fácil saber como é que um conjunto num certo grau de desajustamento com seu meio ambiente começa, imediatamente, a sofrer uma mutação, e isto não de um modo desordenado mas sim de uma forma que guarda alguma espécie de relação com a mudança necessária. Ainda mais notável é o fato de que um homem a quem se propõe um problema científico imediatamente se põe a levantar conjeturas que não estão tão absurdamente afastadas da conjetura verdadeira. O físico que observa um estranho fenômeno em seu laboratório, por exemplo, não principia por se perguntar se o aspecto particular dos planetas naquele momento teve algo a ver com o caso – tal como Ernst Mach[a] praticamente supõe serem as estrelas fixas que mantém um corpo em movimento numa linha reta

a. Ver, por exemplo, *Die Mechanik*, cap. II, vi, 6 e 9.

a uma velocidade uniforme – ele procura alguma circunstância próxima, à mão, que possa explicá-lo. Como é que se pode explicar este acentuado, embora excessivamente imperfeito, poder adivinhatório de fazer suposições corretas por parte do homem e por parte das espécies orgânicas? Apresentam-se apenas duas alternativas. Por um lado, podemos dizer que existe um poder direto da Razão para saber como a Razão irá agir; e que a Natureza é governada por um Poder Razoável. Por outro lado, podemos dizer que a tendência para fazer suposições quase certas é, em si mesma, o resultado de um procedimento experimental similar. Isto envolve uma dificuldade profundamente interessante (que não é um mero tropeço com um *regressus ad infinitum*) que será abordada antes do fim deste volume. Quanto às outras hipóteses, elas só me dizem respeito no sentido em que devo dizer que, assim como aqueles povos que acreditam em profetas procuram esse dom especialmente entre os insanos, da mesma forma o poder aqui suposto seria igualmente diferente da operação de raciocinar. Consideremos o raciocínio experimental, por exemplo. Temos, aqui, uma paridade entre os experimentos e os resultados dos experimentos, e que consiste no fato de os resultados seguirem os experimentos de acordo com uma hipótese prévia; e a natureza desta paridade é tal que eles não poderiam ter existido se uma terceira coisa, a predição, não houvesse sido feita. Assim como uma paridade real consiste em um fato ser verdadeiro quanto a A o qual seria absurdo se B ali não estivesse, da mesma maneira, agora nos deparamos com uma Triplicidade Racional que consiste em A e B formarem realmente um par por força de um terceiro objeto, C. Digo a meu cão que suba e me traga meu livro, o que ele faz. Eis um fato a respeito de três coisas, eu mesmo, o cão e o livro, que não é uma simples soma de fatos relacionados com pares, nem mesmo uma comparação de tais pares. Falo ao cachorro. Menciono o livro. Faço essas coisas juntas. O cão traz o livro. Ele o faz em consequência do que eu fiz. Esta não é toda a história. Eu não apenas falei simultaneamente ao cão e mencionei o livro como também mencionei o livro ao cão; isto é, fiz com que ele pensasse no livro e o trouxesse. Minha relação com o livro foi que pronunciei certos sons que foram compreendidos pelo cão como tendo referência com o livro. O que fiz com o cão, além de excitar seu nervo auditivo, foi, simplesmente, induzi-lo a trazer-me o livro. A relação do cão com o livro foi mais manifestamente dualística; todavia, a significação e a intenção total do seu ato de trazer o livro foi a de obedecer-me. Em toda a ação governada pela razão será encontrada uma triplicidade genuína desse tipo, enquanto que entre pares de partículas ocorrem apenas ações puramente mecânicas. Um homem dá um broche a sua mulher. A parte meramente mecânica deste ato consiste em o homem entregar o broche ao mesmo tempo em que emite certos sons, e consiste também em ser o broche pego pela mulher. Não há, aqui, uma triplicidade genuína; mas também não há a dação. A dação consiste em concordar o homem em que um certo princípio intelectual governará as relações do broche com sua mulher. O mercador das *Mil e Uma Noites* jogou fora um caroço de tâmara que feriu o olho de um demônio. Este ato foi puramente mecânico, e não houve uma triplicidade genuína. O ato de jogar e o de ferir foram independentes um do outro. Mas, se ele houvesse feito mira no olho do demônio, teria havido algo mais do que o simples jogar de caroço. Teria havido uma genuína triplicidade, com o caroço não sendo simplesmente jogado, mas sim jogado *no* olho. Aqui teria intervindo a *intenção*, a ação da mente. A triplicidade intelectual, ou Mediação, é minha terceira categoria.

87. Não há uma quarta categoria, como se provará[a]. Esta lista de categorias pode ser distinguida de outras listas como sendo as *Categorias Ceno-Pitagóricas*, em virtude de sua conexão com os números. Concordam, substancialmente, com os três momentos de Hegel. Pudessem elas ser atribuídas a qualquer pensador da história e isso seria quase suficiente para refutar seus reclamos de primeiros no assunto. Ocorreu-me que talvez Pitágoras as tivesse trazido da Média ou de Ária, mas um exame cuidadoso convenceu-me de que, entre os pitagóricos, não havia a menor abordagem de nada semelhante a estas categorias.

88. É desejável que haja termos técnicos para as categorias. Deveriam ser expressivos e não passíveis de serem usados em sentidos especiais na filosofia. A simplicidade e a universalidade das categorias tornam as designações metafóricas quase impossíveis, uma vez que um termo assim, se fosse apropriado, conteria a própria categoria. Não pode haver *semelhança* alguma com uma categoria. Um nome metafórico provavelmente conteria a categoria em sua primeira sílaba, e o resto da palavra seria apenas estofo. Portanto, prefiro tomar emprestado uma palavra, ou melhor, compor uma palavra, a qual, etimologicamente, se for possível, mas por similaridade com palavras familiares, indispensavelmente, há de sugerir um certo número de formas nas quais a categoria é proeminente. Proponho submeter à prova os seguintes termos:

89. *Originalidade* é ser tal como aquele ser é, independentemente de qualquer outra coisa.

Obsistência (sugerindo *obviar*, *objeto*, *obstinado*, *obstáculo*, *insistência*, *resistência*, etc.) é aquilo no que a secundidade difere da primeiridade; ou é aquele elemento que, tomado em conexão com a Originalidade, faz de uma coisa aquilo que uma outra a obriga a ser.

Transuasão (sugerindo *translação*, *transação*, *transfusão*, *transcendental*, etc.) é mediação, ou a modificação da primeiridade e da secundidade pela terceiridade, tomada à parte da secundidade e da primeiridade; ou, é ser enquanto cria Obsistência.

90. Embora a Originalidade seja a mais primitiva, simples e original das categorias, não é a mais óbvia e familiar. Até aqui, consideramos as categorias sob seu aspecto original. Passamos agora a um estudo mais fácil de suas formas obsistenciais.

91. No aspecto Obsistencial, a Originalidade apresenta-se como uma Qualidade, que é algo que é tal como é, e que está de tal modo livre da Obsistência que não é nem mesmo auto idêntico, ou individual. Duas Qualidades semelhantes, como o são todas as Qualidades, são, até aqui, a mesma Qualidade. A Obsistência apresenta-se como uma relação, que é um fato referente a um conjunto de objetos, os Relatos. Uma relação é *Genuína* ou *Degenerada*. Uma Relação Degenerada é um fato concernente

[a]. Ver, por ex., 1.298, 1.347.

a um conjunto de objetos que consiste meramente num aspecto parcial do fato de cada um dos Relatos ter sua Qualidade. E uma Relação de Qualidades; tal como A é maior do que B. Seus relatos podem ser qualidades ou objetos dotados de qualidades. Pode ser uma Similaridade, que é uma forma mais Degenerada, ou uma Diferença, que é uma forma menos Degenerada, ou pode ser uma mistura. Uma Relação Genuína é aquela que não está necessariamente envolvida no fato de seus Relatos terem quaisquer Qualidades independentes uma das outras. Cada relato é necessariamente individual, ou auto idêntico. Serão feitas várias outras divisões das relações, e serão especialmente consideradas a natureza da identidade, da outridade, da coexistência e da incompossibilidade[a].

92. A transuasão em seu aspecto obsistente, ou *Mediação*, como se mostrará, está sujeita a dois graus de degenerescência. A mediação genuína é o caráter de um *Signo*. Um *Signo* é tudo aquilo que está relacionado com uma Segunda coisa, seu *Objeto*, com respeito a uma Qualidade, de modo tal a trazer uma Terceira coisa, seu *Interpretante*, para uma relação com o mesmo Objeto, e de modo tal a trazer uma Quarta para uma relação com aquele Objeto na mesma forma, *ad infinitum*. Se a série é interrompida, o Signo, por enquanto, não corresponde ao caráter significante perfeito. Não é necessário que o Interpretante realmente exista. É suficiente um ser *in futuro*. Os Signos têm dois graus de Degenerescência. Um Signo degenerado no menor grau é um Signo Obsistente, ou *Índice*, que é um Signo cuja significação de seu Objeto se deve ao fato de ter ele uma Relação genuína com aquele Objeto, sem se levar em consideração o Interpretante. É o caso, por exemplo, da exclamação "Eh!" como *indicativa* de perigo iminente, ou uma batida na porta como indicativa de uma visita. Um Signo degenerado no maior grau é um Signo Originaliano, ou *ícone*, que é um Signo cuja virtude significante se deve apenas à sua Qualidade. É o caso, por exemplo, das suposições de como agiria eu sob determinadas circunstâncias, enquanto me mostram como um outro homem provavelmente agiria. Dizemos que um retrato de uma pessoa que não vimos é *convincente*. Na medida em que, apenas com base no que vejo nele, sou levado a formar uma ideia da pessoa que ele representa, o retrato é um ícone. Mas, de fato, não é um ícone puro, porque eu sou grandemente influenciado pelo fato de saber que ele é um *efeito*, através do artista, causado pelo aspecto do original, e está, assim, numa genuína relação Obsistente com aquele original. Além do mais, sei que os retratos têm apenas a mais leve das semelhanças com o original, a não ser sob certos aspectos convencionais e segundo uma escala convencional de valores, etc. Um Signo Genuíno é um Signo Transuasional, ou *Símbolo*, que é um signo cuja virtude significante se deve a um caráter que só pode ser compreendido com a ajuda de seu Interpretante. Toda emissão de um discurso é exemplo disto. Se os sons foram, originalmente, em parte icônicos, em parte indiciais, esses caracteres há muito tempo perderam sua importância. As palavras apenas representam os objetos que representam, e significam as qualidades que significam, porque vão determinar, na mente do ouvinte, signos correspondentes. A importância das divisões

---

a. Ver. por ex., *Nomenclature and Divisions of Dyadic Relations*, ensaio XVIII. vol. 3 dos *Collected Papers* quanto a um tratamento mais extenso das Díades.

acima, embora sejam novas, tem sido reconhecida por todos os lógicos que as avaliaram seriamente...

93. A lógica é a ciência das leis necessárias gerais dos Signos e, especialmente, dos Símbolos. Como tal, tem três departamentos. Lógica obsistente, lógica em sentido estrito, ou *Lógica Crítica*, é a teoria das condições gerais da referência dos Símbolos e outros Signos aos seus Objetos manifestos, ou seja, é a teoria das condições da verdade. Lógica Originaliana, ou *Gramática Especulativa*, é a doutrina das condições gerais dos símbolos e outros signos que têm o caráter significante. É deste departamento da lógica geral que nós estamos agora ocupando. Lógica Transuasional, que denomino de *Retórica Especulativa* é, substancialmente, aquilo que é conhecido pelo nome de metodologia ou, melhor, *metodêutica*. E a doutrina das condições gerais da referência dos Símbolos e outros Signos aos Interpretantes que pretendem determinar...

94. Em consequência do fato de todo signo determinar um Interpretante, que também é um signo, temos signos justapondo-se a signos. A consequência deste fato, por sua vez, é que um signo pode, em seu exterior imediato, pertencer a uma das três classes, mas pode também determinar um signo de outra classe. Contudo, isto, por sua vez, determina um signo cujo caráter precisa ser considerado. Este assunto precisa ser cuidadosamente considerado, e deve-se estabelecer uma ordem nas relações dos estratos de signos, se me é lícito assim chamá-los, antes que se possa tornar claro o que se segue.

2.TERMOS, PROPOSIÇÕES E ARGUMENTOS

95. Os símbolos, e de alguma maneira outros Signos, podem ser *Termos*, *Proposições* ou *Argumentos*[a]. Um *Termo* é um signo que deixa seu Objeto, e *a fortiori* seu Interpretante, ser aquilo que ele pode ser. Uma *Proposição* é um signo que indica distintamente o Objeto que denota, denominado de seu *Sujeito*, mas que deixa seu Interpretante ser aquilo que pode ser. Um *Argumento* é um signo que representa distintamente o interpretante, denominado de sua *Conclusão*, que ele deve determinar. Aquilo que resta de uma Proposição depois de seu Sujeito ter sido removido é um Termo (um rema), denominado de seu Predicado.[b] Aquilo que resta de um Argumento quando sua Conclusão é removida é uma Proposição que se denomina sua Premissa ou (dado que ela é, normalmente, copulativa), mais frequentemente, suas Premissas...

96. O argumento é de três tipos: *Dedução*, *Indução* e *Abdução* (geralmente denominado de adoção de uma hipótese). Um Argumento Obsistente, ou *Dedução*, é um argumento que representa fatos nas Premissas, de tal modo que, se vamos representá-los num Diagrama, somos compelidos a representar o fato declarado na Conclusão; destarte, a Conclusão é levada a reconhecer que, independentemente de ser ela reconhecida ou

---

a. Os ícones só podem ser termos; índices só podem ser termos ou proposições (dicissignos), enquanto os símbolos podem ser todos os três.

b. Atualmente, o rema, ou reme, é convencionalmente simbolizado por $\varphi\hat{\chi}$ e é chamado de função proposicional.

não, os fatos enunciados nas premissas são tais como não poderiam ser se o fato enunciado na conclusão ali não estivesse; quer dizer, a Conclusão é sacada com reconhecimento de que os fatos enunciados nas Premissas constituem um índice do fato cujo reconhecimento é assim compelido[a]. Todas as demonstrações de Euclides são deste tipo. A Dedução é Obsistente quanto ao fato de ser o único tipo de argumento que é compulsório. Um Argumento originário, ou *Abdução*, é um argumento que apresenta fatos em suas Premissas que apresentam uma similaridade com o fato enunciado na Conclusão, mas que poderiam perfeitamente ser verdadeiras sem que esta última também o fosse, mais ainda sem ser reconhecida; de tal forma que não somos levados a afirmar positivamente a Conclusão, mas apenas inclinados a admiti-la como representando um fato do qual os fatos da Premissa constituem um *ícone*. Por exemplo, num certo estágio que constitui o eterno exemplo de raciocínio científico de Kepler, este descobriu que as longitudes observadas de Marte, que durante muito tempo ele tentara inutilmente ajustar a uma órbita, eram tais (dentro dos limites possíveis de erro nas observações) como seriam se Marte se movesse numa elipse. Os fatos apresentavam assim, nesta medida, uma *semelhança* com os fatos do movimento numa órbita elíptica. Daqui Kepler não partiu para a conclusão de que a órbita era realmente uma elipse, mas isto o levou a inclinar-se para a ideia, de modo a decidi-lo à tentativa de determinar se as predições virtuais sobre as latitudes e paralaxes baseadas nesta hipótese se verificariam ou não. Esta adoção probatória da hipótese era uma Abdução. Uma Abdução é Originária quanto ao fato de ser o único tipo de argumento que começa uma nova ideia. Um Argumento Transuasivo, ou *Indução*, é um Argumento que emerge de uma hipótese, resultante de uma Abdução anterior, e de predições virtuais, sacadas por Dedução, dos resultados de possíveis experimentos, e tendo realizado os experimentos, conclui que a hipótese é verdadeira na medida em que aquelas predições se verificam, mantendo-se esta conclusão, no entanto, sujeita a prováveis modificações que se seguiriam a futuros experimentos. Visto que a importância dos fatos enunciados nas premissas depende do caráter de predicibilidade dos referidos fatos, que eles não poderiam ter se a conclusão não houvesse sido hipoteticamente sustentada, eles satisfazem a definição de um Símbolo do fato enunciado na conclusão. Este Argumento é Transuasivo, também, quanto ao fato de só por si nos propiciar uma razoável certeza de uma ampliação de nosso conhecimento positivo. Pelo termo "predição virtual" entendo uma consequência experimental deduzida da hipótese, e escolhida entre possíveis consequências, independentemente do fato de ser conhecida, ou acreditada, de ser verdadeira ou não; de tal forma que no momento em que é escolhida como verificação da hipótese, encontramo-nos em estado de ignorância quanto a se irá comprovar ou refutar a hipótese ou, pelo menos, não escolhemos uma verificação que não deveríamos ter escolhido se fôssemos assim ignorantes.

97. Quando Kepler descobriu que a órbita elíptica colocou o planeta Marte em suas longitudes corretas, passou à verificação da hipótese de

---

a. O leitor deve remeter-se às definições de índice, ícone e Símbolo em 92.

duas formas. Em primeiro lugar, sempre, fora comparativamente fácil encontrar hipóteses que representassem aproximadamente as longitudes, embora não com a precisão das observações de Tycho Brahe. Mas, quando estas hipóteses eram aplicadas às latitudes, sempre se percebeu que as hipóteses adicionais, das librações ou oscilações da órbita de um tipo complicado, que tinham pouca verossimilhança, faziam-se necessárias para que se chegasse próximo de uma representação das latitudes. Kepler empreendeu o cálculo das latitudes a partir de sua teoria elíptica sem saber se o cálculo iria ou não concordar com a observação; mas verificou-se que havia essa concordância, e de um modo notável. Ele se voltou, então, para as longitudes, e aplicou outro teste, a respeito de cujo êxito nada podia saber de antemão. O que ele havia constatado até então era que o planeta sempre estava, no momento da observação, na direção em que deveria estar. Mas estaria na distância certa? Isto não era possível afirmar positivamente. Mas Kepler podia tomar dois momentos em que Marte fora observado e em que, de acordo com a teoria elíptica (que, neste particular, dificilmente estaria errada), o planeta estava no mesmo ponto de sua órbita, mas nos quais era certo que a Terra se achava em pontos completamente diferentes em sua órbita. A órbita é quase tão perfeitamente circular que não podia haver dúvidas quanto à posição em que ela se achava nessas ocasiões. Estas duas posições e a posição de Marte (que supostamente era a mesma nas duas ocasiões) deram um triângulo do qual dois ângulos e o lado intermediário (a distância entre as duas posições da Terra) eram conhecidos (sendo tomada como unidade de distância e distância média entre o Sol e a Terra). A partir daí, poderia calcular a distância entre Marte e o Sol, sem nenhuma outra hipótese exceto a de que Marte realmente estava no mesmo ponto de sua órbita, fato a cujo respeito (por uma razão demasiado longa para ser aqui exposta) dificilmente poderia existir a menor dúvida, quer a órbita elíptica estivesse correta ou não. Tentando isto nas ocasiões em que Marte se encontrava nos dois extremos de sua órbita e quando se encontrava em posições intermediárias, Kepler poderia obter uma verificação das mais rígidas quanto ao fato de a teoria elíptica realmente achatar a órbita no índice certo ou não. No caso dos poucos, porém bem situados, pares de observações que era possível encontrar como sendo adequados para este teste, a concordância entre a observação e a teoria era tudo o que se podia desejar, e fixava o argumento na mente de toda pessoa raciocinante. Cumpre observar que o argumento era bem diferente do que teria sido se Kepler houvesse apenas tomado todas as observações de longitude, latitude e paralaxe e se houvesse elaborado, a partir delas, uma teoria que se adaptasse a todas. Isso poderia não mostrar nada além do que o fez a extraordinária engenhosidade de Kepler. Tampouco esta última verificação foi a que teria sido se Kepler, estudando as observações e procurando traços destas que se adequassem à teoria, os tivesse encontrado. Isso somente poderia demonstrar que dentre os muitos traços das observações, alguns se adequavam à teoria. Mas o caminho que ele tomou foi muito diferente. Não escolheu esta verificação pelo fato de ela proporcionar um resultado favorável. Kepler não sabia que o resultado seria favorável. Escolheu-a porque era a verificação que a Razão exigia que fosse aplicada. Se este caminho for seguido, só permanecerão de pé aquelas teorias que são verdadeiras. Mas a discussão quanto à força do argumento pertence à Lógica Crítica, e não à Gramática Especulativa.

3. CLAREZA DE IDEIAS

98. A divisão de toda inferência em Abdução, Dedução e Indução, quase pode ser apresentada como sendo a Chave da Lógica.

99. Após a discussão completa e cuidadosa dos assuntos acima, envolvendo muitas boas questões, inclusive aquela a respeito da qual, dentre todas as outras, os lógicos mais estão em discordância, tendo-lhe sido já dedicados vários volumes (refiro-me à questão sobre a natureza da proposição), e depois de devidamente ouvidas todas as opiniões, chegamos, por fim, ao problema da Clareza que, mais do que qualquer outro na lógica, é mais praticamente vital. Tratei deste assunto em 1877[a], e formulei uma máxima, cuja aceitação constitui a posição denominada Pragmatismo, uma questão da qual os filósofos se ocuparam amplamente, nos últimos anos. Minha opinião atual continua a ser, substancialmente, a mesma de então[b], mas todos esses anos não se passaram sem que eu aprendesse algo de novo. Posso, agora, definir a proposição de uma forma mais precisa, de modo a fechar a porta àqueles que pudessem pretender levar esta doutrina mais adiante do que eu jamais pretendi; e posso enunciar as razões do método de um modo que, deve-se conceder, é mais científico, mais convincente e mais definidor do que antes.

4. ABDUÇÃO, DEDUÇÃO E INDUÇÃO

100. É preciso, então, considerar a Lógica Crítica[c]. Principio pela Dedução necessária, abordando-a da forma mais completa que for possível. Todavia, evitarei desperdiçar páginas com meros formalismos, exceto na medida em que o fato de serem muito familiares lhes dá direito à menção. Tentarei incluir toda forma de raciocínio necessário que conheço. Constituirá algo de novo a utilidade das Abstrações no raciocínio, que eu aqui trarei à luz. Quase não preciso dizer que a silogística ordinária não constituirá mais do que uma pequena fração de minha doutrina. Sua substância básica mal precisa de uma página para ser exposta.

101. A seguir, tomo em consideração[d] o mais importante ramo da lógica dedutiva, a doutrina das probabilidades, que tem sido chamada, com um pouco de exagero, de lógica das ciências exatas. Isto envolve inúmeras questões difíceis, das quais as duas principais são, de um lado, a base da doutrina, junto com a natureza da probabilidade e, de outro, a

---

a. "The Fixation of Belief" (1977) e "How to make our ideas clear" (1878), Cap. 4 e 5 do livro II, vol. 5 dos *Collected Papers*. A máxima referida está enunciada no segundo desses ensaios.

b. *i.e..* em 1902-1903.

c. No livro III.

d. Livro III.B.

admissibilidade das probabilidades inversas. Ambas constituem assunto de importância prática para todos nós, pois embora poucos tenham o ensejo de realizar computações numéricas das probabilidades, o uso das ideias e proposições do cálculo está amplamente difundido, e com uma grande vantagem, enquanto, ao mesmo tempo, inclusive os maiores matemáticos[a] incorreram em erros práticos fatais na teoria e em sua aplicação. A primeira das duas questões mencionadas não é, de modo algum, uma questão solucionável de uma só vez. Todo um ninho de falácias está nela oculto. Daí por que não posso aqui, em poucas palavras, definir aproximadamente minha posição de modo a que uma pessoa familiarizada com o estado da discussão tenha uma ideia geral da posição em que me coloco. Entretanto, posso dizer que sou um daqueles que sustentam que uma probabilidade deve ser um assunto de conhecimento positivo, ou então confessar-se uma nulidade. Todavia, não chego à posição extremada do empirismo assumida pelo Sr. Venn[b]. Por outro lado, algumas posições muito perspicazes, porém, em minha opinião, insustentáveis, do Sr. F.Y. Edgeworth[c], serão examinadas. É da maior importância distinguir, de modo absoluto, qualidades diferentes normalmente confundidas sob o nome de probabilidade. Uma destas, que denomino "plausibilidade", é a coisa mais decepcionante do mundo, não sendo nada além do grau de conformidade de uma proposição com nossas ideias preconcebidas. Quando isto se vê dignificado com o nome de probabilidade, como se fosse algo em cima do que enormes companhias de seguros pudessem arriscar suas centenas de milhões, causa mais dano do que já o fez a febre amarela. A própria probabilidade é uma ideia essencialmente imprecisa, exigindo, no seu uso toda a precaução do pragmatismo, no qual sua origem indutiva deve ser firmemente mantida em vista como se fosse a bússola pela qual devemos guiar com segurança nosso barco neste oceano de probabilidades. A indução poderia ser definida, em termos precisos, como sendo a inferência virtual de uma probabilidade, se é que a probabilidade pode ser definida sem a ideia de indução. Uma vez colocada a filosofia da probabilidade sobre uma base sólida, a questão das probabilidades inversas não apresenta dificuldade mais séria. Ninguém, mais do que eu, condena este modo de utilizar a probabilidade, que vicia completamente a teoria e a prática do raciocínio Indutivo e Abdutivo, que fez recuar a civilização e corrompeu ideais, numa medida tão mais ampla do que alguém poderia acreditar possível sem um exame mais acurado dos fatos, que eu sei que devo ser objeto de riso por emitir aquilo que parece um juízo dos mais ridículos. O leitor talvez pudesse concordar comigo neste ponto se, neste trabalho me fosse dado entrar na história das crenças atuais.

102. A discussão da probabilidade leva-nos, naturalmente, à interessante questão da validade da Indução. Proponho-me a demonstrar matematicamente que a validade da Indução, no sentido próprio do termo, isto é, ra-

a. Por ex., Laplace e Quetelet.
b. Ver sua *Logic of Chance* (1866) e *Empirical Logic* (1889)
c. Ver o *Treatise on Probability* de Keynes quanto a uma bibliografia dos escritos de Edgeworth.

ciocínio experimental, decorre, através dos lemas das probabilidades, dos rudimentos da doutrina das consequências necessárias, sem que se faça uma suposição qualquer, seja de que tipo for, sobre o fato de ser o futuro semelhante ao passado, ou sobre o fato de resultados similares decorrerem de condições similares, ou da uniformidade da natureza, ou qualquer outro princípio igualmente vago[a]. Exporei o raciocínio na mais perfeita precisão formal, e desafio alguém a nele encontrar algum erro. É enorme a importância dessa questão para todos nós. Tendo assim exposto totalmente minha doutrina da indução, com todas as regras estritas necessárias para ancorá-la firmemente, regras estas que são exigidas pela demonstração mencionada, deixo de lado, no momento, a consideração de todas as outras teorias, e passo de imediato ao estudo da Abdução. A respeito deste assunto, minha doutrina foi imensamente aperfeiçoada desde que meu ensaio "A Theory of Probable Inference"[b] foi publicado em 1883. Em relação ao que ali disse sobre "Inferência Hipotética" demonstrei ser um explorador em campo ainda não desbravado. Cometi, embora o tenha corrigido pela metade, um ligeiro erro positivo, que facilmente pode ser eliminado sem alterar essencialmente minha posição. Porém meu principal erro foi um erro negativo, que cometi ao não perceber que, de acordo com meus próprios princípios, o raciocínio com o qual eu ali estava lidando não podia ser o raciocínio pelo qual somos levados a adotar uma hipótese, embora eu quase tenha afirmado isso. Mas eu estava demasiado empenhado na abordagem das formas silogísticas e da doutrina da extensão e compreensão lógicas, de ambas as quais eu fiz um ponto mais fundamental do que elas realmente o são. Enquanto mantive aquela opinião, minhas concepções da Abdução confundiram necessariamente dois diferentes tipos de raciocínio. Quando, após sucessivas tentativas, finalmente consegui esclarecer o assunto, os fatos demonstraram que a probabilidade propriamente nada tinha a ver com a validade da Abdução, a não ser de uma maneira duplamente indireta. Contudo, agora, uma série de considerações apresentou-se como possivelmente ligada à solução do problema, e devido à extrema debilidade desta forma de inferência, foi difícil ter certeza quanto ao fato de serem irrelevantes. Eu parecia estar perdido num mato cerrado até que, pela aplicação minuciosa dos primeiros princípios, descobri que as categorias, que eu fora conduzido a pôr de lado por não ver como deviam ser aplicadas, precisariam fornecer, e realmente forneciam, o fio que me guiou nesse labirinto. Prefiro não traçar nenhum esboço a título de prefácio dessa doutrina, mas pedirei ao leitor que a julgue, se o fizer, a partir de sua exposição completa. Creio que essa é a parte mais importante do livro[c], quer seja ele encarado sob o aspecto teórico ou prático.

103. Tendo considerado os três modos fundamentais do argumento, passo agora a considerar os argumentos que combinam os caracteres destes. Em primeiro plano surge aqui o argumento da analogia, seguido por quatro modos de sustentar hipóteses através de uniformidades, ar-

 a. Ver, por ex., livro III, cap. 9 dos *Collected Papers*.
 b. Livro III, Cap. 8. *CP*.
 c. Essa parte de "Minute Logic" não foi escrita. Mas cf. vol. 5, livro 1. cap. 7 dos *Collected Papers*.

gumentos decorrentes da similaridade, da semelhança do futuro com o passado, etc.

104. Retorno, agora, à consideração das outras teorias da validade da indução e da hipótese que não as minhas próprias. Faço uma abordagem dessas teorias tão completa quanto me é possível. Mostro que os argumentos que seus autores identificam com as induções não têm, em certos casos, força alguma, conduzindo, antes, a um absurdo evidente, e que em momento algum chegam a ser tão fortes quanto o argumento verdadeiramente indutivo. Demonstro, além do mais, que invariavelmente deixam as portas abertas, teórica e praticamente, ao mau raciocínio. Não há, de fato, na maior parte, regra alguma que decorra, como corolário necessário, dessas teorias. Por outro lado, das teorias ordinárias das hipóteses decorrem algumas regras, mas são regras particularmente nocivas, muito piores do que a ausência de regra alguma; e tais regras, infelizmente, difundiram-se amplamente entre pessoas que nunca abriram um livro de lógica...

5. RETÓRICA ESPECULATIVA[a]

105. Tudo isso nos conduz para perto da Metodêutica, ou Retórica Especulativa. É acentuada a necessidade prática de um bom tratamento deste assunto. Não se espera de qualquer teoria geral que ela ensine, aos homens, métodos de resolução de problemas que lhes são familiares. Mas, em relação aos problemas que estão um pouco afastados daqueles a que estão acostumados, é notável como não apenas espíritos comuns, mas também aquelas mentes do maior grau de perfeição, hesitam e se mostram tão desprevenidas. Ninguém pode colocar nenhum tipo de pensador num grau superior, quanto ao gênio criativo, ao daquele ocupado pelos matemáticos; e, no entanto, é de se ver como hesitaram eles diante de problemas comparativamente simples de tipo incomum, como os teoremas de Fermat, os teoremas de Steiner, o problema da coloração de mapas, a teoria dos nós.

106. Muitas pessoas pensarão que há outros modos de tornar-se alguém hábil na arte da investigação que serão bem mais instrutivos do que o estudo lógico da teoria da investigação. Pode ser; não contestarei esse fato pois isso me levaria para muito além de meus domínios. Apenas ressalto que, apesar do muito que se possa aprender por outras formas quanto ao método de abordar um problema incomum, algo pode ser acrescentado a esse conhecimento se se levar em consideração a teoria geral de como a pesquisa deve ser realizada. Ao mesmo tempo, é esta mesma teoria, em si mesma, que constituirá, aqui, nosso principal objeto.

107. Chegando-se à Retórica Especulativa, depois de terem sido devidamente assentadas as principais concepções da lógica, não se pode objetar seriamente contra o fato de relaxarmos a severidade de nossa regra de excluir, do estudo, assuntos psicológico, observações sobre como pensamos, e coisas do gênero. Esta regra já cumpriu seus objetivos; por que

---

a. Não há um tratamento sistemático deste assunto. Observações sobre as condições de pesquisa e sobre os princípios da descoberta estão espalhados por suas obras.

lhe permitir agora que impeça nossos esforços de tornar útil, na prática, a metodêutica? Contudo, embora a propriedade desta observação deva ser admitida, é preciso também ter em mente que existe uma doutrina puramente lógica a respeito de como deve ocorrer uma descoberta, doutrina esta que, por maior ou menor que possa ser sua importância, considero ser de minha obrigação aqui examinar. Ao lado desta, pode haver uma apreciação psicológica do assunto, da maior importância e igualmente extensa. Não me cabe, aqui, tratar desta última, embora num outro lugar possa dela fazer uso em auxílio de minha própria doutrina.

108. Tempo houve em que um teorema poderia constituir uma contribuição considerável para a ciência matemática. Atualmente, todavia, teoremas são produzidos por atacado. Um simples tratado contém centenas deles. Hoje, só os métodos podem chamar a atenção, e estes estão surgindo em tamanha quantidade que o próximo passo seguramente será descobrir um *método para descobrir métodos*.[a] *E* isso só pode surgir de uma teoria do método da descoberta. A fim de cobrir todas as possibilidades, esta teoria deveria basear-se numa doutrina geral dos métodos para alcançar certos objetivos, em geral; e isto, por sua vez, deveria desenvolver-se a partir de uma doutrina ainda mais geral da natureza da ação teleológica em geral.[b]

109. Embora tenha sido grande o número de trabalhos sobre Metodêutica desde o *Novum Organum* de Bacon, nenhum foi tão particularmente ilustrativo. O trabalho de Bacon foi um malogro total, apontando com eloquência algumas fontes óbvias de erro, apresentando-se como estimulante para alguns espíritos, mas não se constituindo em nenhuma ajuda real para um investigador mais profundo. O livro sobre este assunto ainda está para ser escrito, e o que agora me preocupa é tornar mais possível sua elaboração.

110. Não quero dizer que a parte desta obra que trata da Retórica Especulativa irá aproximar-se desse ideal. Quanto às outras partes de meu livro, este capítulo prefaciai compele-me a produzir uma obra de grande importância ou então a enunciar uma monótona sequência de absurdos. Mas, quanto à parte metodêutica, só posso dizer que desde minha juventude liguei-me às formulações de vigorosos pensadores e nunca deixei de fazer, do estudo do modo pelo qual esses pensadores lidam com seus problemas, em todos seus detalhes, um ponto importante. Quando eu era moço, nenhuma observação era mais frequente que aquela segundo a qual um dado método, embora excelente numa ciência, seria desastroso em outra. Se com isso se pretendesse configurar os exteriores de um dado método, a observação seria aceitável. Todavia, era aplicada, ao invés, a toda a extensão dos métodos em seu verdadeiro âmago. Logo me convenci, pelo contrário, que era exatamente esse o modo pelo qual os métodos deveriam ser aperfeiçoados; e, nesses anos de minha vida, muitas coisas importantes foram realizadas através dessas ampliações. Menciono aqui minha previsão inicial de que isso deveria ser assim porque isso sempre me levou, ao estudar os métodos perseguidos pelos homens de ciência,

---

a. Cf. 1.364.
b. Ver vol. I. livro II. cap. 2. § 1-2 dos *Collected Papers*.

matemáticos e outros pensadores, a procurar *generalizar* minha concepção de seus métodos, tanto quanto isso pudesse ser feito sem destruir a eficácia desses mesmos métodos. Esta colocação servirá para mostrar o quanto se deve esperar desta parte de minha obra.

2. A Ética da Terminologia[a]

219. A fim de que se possa entender o uso que faço de termos, notações, etc., devo explicar que minha consciência impôs-me as regras que se seguem. Se eu tivesse a mínima pretensão de ditar a conduta de outros neste assunto, seria reprovado pela primeira destas regras. Entretanto, se tivesse de desenvolver as razões cuja força eu mesmo sinto, suponho que elas teriam peso também junto a outros.

220. Estas razões englobariam, primeiramente, a consideração de que a trama de todo pensamento e de toda pesquisa são os símbolos, e que a vida do pensamento e da ciência é a vida inerente aos símbolos; assim, é errado dizer que uma boa linguagem é simplesmente *importante* para um bom pensamento, pois ela é a própria essência deste. A seguir, viria a consideração do valor cada vez maior da precisão do pensamento à medida que ele progride. Em terceiro lugar, o progresso da ciência não pode ir muito longe a não ser que conte com colaboração ou, em termos mais precisos, nenhuma mente pode dar um passo sem a ajuda de outras mentes. Em quarto lugar, a saúde da comunidade científica requer a mais absoluta liberdade mental. No entanto, os mundos científico e filosófico estão infestados de pedantes e pedagogos que continuamente se esforçam por impor uma espécie de magistratura sobre os pensamentos e outros símbolos. Assim, torna-se um dos primeiros deveres daquele que percebe essa situação resistir energicamente a tudo o que se assemelhe a uma imposição arbitrária em assuntos científicos e, sobretudo, no que diz respeito ao uso de termos e notações. Ao mesmo tempo, é indispensável um acordo geral acerca do uso de termos e notações – um acordo entre a

a. *Syllabus of Certain Topics of Logic* (1903), p. 10-14, Alfred Mudge & Son, Boston.

maioria dos cooperadores a respeito da maioria dos símbolos, que não seja demasiado rígido, mas que, no entanto, prevaleça, e isto num grau tal que haja um pequeno número de diferentes sistemas de expressão que têm de ser dominados. Consequentemente, dado que esse acordo não deve ser provocado por uma imposição arbitrária, cumpre realizá-lo por força de princípios racionais sobre a conduta dos homens.

221. Ora, que princípio racional há que seja perfeitamente determinativo a respeito de quais os termos e notações que devem ser utilizados, e com que sentidos, e qual desses princípios, simultaneamente, possui o necessário poder de influenciar todos os homens justos e conscienciosos?

A fim de descobrir-se a resposta para esta questão, é necessário considerar, primeiramente, qual seria o caráter de uma terminologia filosófica e de um sistema de símbolos lógicos ideais e, em segundo lugar, indagar da experiência daqueles ramos da ciência que defrontaram e superaram dificuldades de nomenclatura, etc., a respeito dos princípios que se provaram eficazes e a respeito dos métodos que fracassaram na tentativa de produzir-se uma uniformidade.

222. Quanto ao ideal a ser alcançado, em primeiro lugar é desejável que qualquer ramo da ciência tenha um vocabulário que forneça uma família de palavras cognatas para cada conceito *científico*, e que cada palavra tenha um único e exato significado, a menos que seus diferentes significados se refiram a objetos de diferentes categorias que nunca poderão ser confundidas umas com as outras. Por certo, esse requisito poderia ser entendido num sentido que o tornaria absolutamente impossível, pois todo símbolo é uma coisa viva, num sentido muito estrito que não é apenas figura de retórica. O corpo de um símbolo transforma-se lentamente, mas seu significado cresce inevitavelmente, incorpora novos elementos e livra-se de elementos velhos. Mas todos deveriam esforçar-se por manter imutável e exata a *essência* de cada termo científico, embora uma exatidão absoluta não chegue a ser concebível. Todo símbolo é, em sua origem, ou uma imagem da ideia significada, ou uma reminiscência de alguma ocorrência individual, pessoa ou coisa, ligada a seu significado, ou é uma metáfora. Termos da primeira e terceira origens serão inevitavelmente aplicados a conceitos diferentes; mas se os conceitos são estritamente análogos em suas sugestões principais, isto é antes um auxílio do que qualquer outra coisa, contanto que sempre estejam distantes uns dos outros os diferentes significados, tanto em si mesmos quanto nas ocasiões de suas ocorrências. A ciência está continuamente ganhando novos conceitos, e todo novo conceito *científico* deveria receber uma nova palavra ou, melhor, uma nova família de palavras cognatas. Naturalmente, o dever de suprir esta nova palavra recai sobre a pessoa que introduz o novo conceito; mas, trata-se de um dever que não deve ser assumido sem um profundo conhecimento dos princípios e um amplo entendimento dos detalhes e da história da terminologia especial em que ela vai encaixar-se, nem sem uma compreensão suficiente dos princípios de formação de palavras da língua nacional, nem sem um estudo adequado das leis dos símbolos em geral. O fato de haver dois diferentes termos de idêntico valor científico pode ou não ser uma inconveniência,

conforme as circunstâncias. Diferentes sistemas de expressão frequentemente se constituem em grande vantagem.

223. A terminologia ideal diferirá um pouco para ciências diferentes. O caso da filosofia é muito característico pelo fato de ter uma necessidade positiva de palavras populares com sentidos populares – não como sua linguagem própria (tal como ela, demasiado frequentemente, tem usado essas palavras) mas como objetos de seu estudo. Assim, ela tem uma necessidade característica de uma linguagem distinta e separada do discurso comum, uma linguagem como a que Aristóteles, os escolásticos e Kant tentaram elaborar, enquanto Hegel tentou destruí-la. E bom procedimento para a filosofia prover-se de um vocabulário tão bizarro que pensadores negligentes não se vejam tentados a tomar emprestado seus termos. Os adjetivos "objetivo" e "subjetivo", usados por Kant, demonstraram não ser suficientemente bárbaros, longe disso, para manter por longo tempo sua utilidade em filosofia, ainda que não tivesse havido outras objeções contra eles. A primeira regra de bom gosto ao escrever é usar palavras cujos significados não serão mal interpretados; e se um leitor não conhece o significado das palavras, é infinitamente melhor que ele saiba que não os conhece. Isto é particularmente verdadeiro em lógica, que consiste inteiramente, quase se poderia dizer, na exatidão do pensamento.

224. As ciências que tiveram de defrontar-se com os mais difíceis problemas de terminologia foram, indubitavelmente, a física, a química e a biologia, ciências classificatórias. No conjunto, a terminologia da química é boa. Em sua terrível necessidade, os químicos reuniram-se em congressos e adotaram certas regras para a formação de nomes de substâncias. Esses nomes são bem conhecidos, mas raramente usados. Por que não o são? Porque os químicos não eram psicólogos e não sabiam que um congresso é uma das coisas mais estéreis que existem, menos influente mesmo, e de longe, do que um dicionário. No entanto, o problema dos taxonomistas biológicos tem sido incomparavelmente mais difícil; e resolveram-no (salvo pequenas exceções) com brilhante sucesso. Como o conseguiram? Não recorrendo ao poder dos congressos, mas recorrendo ao poder da ideia de certo e errado. Pois se se fizer um homem *ver realmente* que uma certa linha de conduta é errada, ele *fará* um grande esforço por fazer a coisa certa – seja ele ladrão, jogador ou mesmo um filósofo da lógica ou da moral. Os biólogos simplesmente conversaram uns com os outros e fizeram ver uns aos outros que, quando um homem introduz um conceito em ciência, torna-se naturalmente tanto seu privilégio como seu dever atribuir a esse conceito as expressões científicas adequadas, e que quando um nome foi atribuído a um conceito por aquele a quem a ciência deve esse mesmo conceito, torna-se dever de todos – dever para o descobridor, e dever para a ciência – aceitar o nome dado, a menos que este seja de uma natureza tal que sua adoção seria prejudicial para a ciência; que, se o descobridor falhar neste seu dever, seja por não sugerir nome algum ou por sugerir um que seja absolutamente inadequado, então, depois de um tempo razoável, quem quer que tenha a ocasião de empregar um nome para esse conceito deve inventar um que seja adequado, e os demais deveriam aceitá-lo; mas que todo aquele que deliberadamente usar uma palavra ou outro símbolo em qualquer outro

sentido que não o que lhe foi conferido por seu único e legítimo criador, comete uma vergonhosa ofensa contra o inventor do símbolo e contra a ciência, e torna-se dever dos demais encarar tal ato com desprezo e indignação.

225. Tão logo os estudiosos de qualquer ramo da filosofia se educarem para um genuíno amor científico pela verdade, no mesmo grau em que os doutores escolásticos foram tocados por esse amor, sugestões similares às acima expostas hão de propor-se por si mesmas e, em consequência, hão de formar uma terminologia técnica. Em lógica, uma terminologia mais do que aceitavelmente boa foi por nós herdada dos escolásticos. Esta terminologia escolástica passou para a língua inglesa de uma forma mais acentuada do que para qualquer outra língua moderna, tornando-a a mais logicamente exata de todas. Este fato viu-se acompanhado pelo inconveniente de que um número considerável de palavras e frases da lógica científica passou a ser usado com uma falta de exatidão espantosa. Por exemplo, qual dos negociantes de Quincy Hall que fala em "artigos de *primeira necessidade*" seria capaz de dizer o que a frase "primeira necessidade" significa, em termos estritos? Ele não poderia ter escolhido uma frase mais técnica. Há dúzias de outras expressões vagas da mesma origem.

Tendo assim dado uma certa ideia a respeito da natureza das razões que contam para mim, passo a enumerar as regras que considero obrigatórias neste campo.

226. Primeiro: esforçar-me por evitar seguir qualquer recomendação de natureza arbitrária quanto ao uso de terminologia filosófica.

Segundo: Evitar usar palavras e frases de origem vernácula como sendo termos técnicos de filosofia.

Terceiro: Usar, para os conceitos filosóficos, os termos escolásticos em suas formas anglicizadas, naquilo em que forem estritamente aplicáveis, e nunca usá-los a não ser naqueles sentidos que lhes sejam próprios.

Quarto: Para antigos conceitos filosóficos negligenciados pelos escolásticos, imitar, tanto quanto possível, a expressão antiga.

Quinto: Para conceitos filosóficos precisos introduzidos na filosofia a partir da Idemde Média, usar a forma anglicizada da expressão original, se não for positivamente inadequada, porém apenas em seu preciso sentido original.

Sexto: Para conceitos filosóficos que variam minimamente daqueles para os quais existem termos adequados, inventar termos levando em consideração os usos da terminologia filosófica e os da língua inglesa mas que, no entanto, tenham uma aparência técnica distinta. Antes de propor um termo, notação ou outro símbolo, considerar cuidadosamente se estes se adequam perfeitamente ao conceito e se servirão para todas as ocasiões, se interferem com algum termo existente, e se não poderiam tornar-se inconvenientes, interferindo com a expressão de algum conceito que mais tarde poderia ser introduzido na filosofia. Tendo introduzido um símbolo, considerar-me quase tão preso a ele como se este fora introduzido por alguma outra pessoa; e depois que os outros o aceitarem, considerar-me mais preso a ele do que qualquer outra pessoa.

Sétimo: Considerar indispensável a introdução de novos sistemas de expressão quando novas conexões importantes entre conceitos venham a ser realizadas, ou quando tais sistemas possam, de alguma forma, servir positivamente aos propósitos do estudo filosófico.

3. Divisão dos Signos

1. FUNDAMENTO, OBJETO E INTERPRETANTE[a]

227. Em seu sentido geral, a lógica é, como acredito ter mostrado, apenas um outro nome para *semiótica* (σημειωτική), a quase necessária, ou formal, doutrina dos signos. Descrevendo a doutrina como "quase necessária", ou formal, quero dizer que observamos os caracteres de tais signos e, a partir dessa observação, por um processo a que não objetarei denominar Abstração, somos levados a afirmações, eminentemente falíveis e por isso, num certo sentido, de modo algum necessárias, a respeito do que *devem ser* os caracteres de todos os signos utilizados por uma inteligência "científica", isto é, por uma inteligência capaz de aprender através da experiência. Quanto a esse processo de abstração, ele é, em si mesmo, uma espécie de observação. A faculdade que denomino de observação abstrativa é perfeitamente reconhecível por pessoas comuns mas, por vezes, as teorias dos filósofos dificilmente a acolhem. É experiência familiar a todo ser humano desejar algo que está totalmente além de seus recursos presentes, e complementar esse desejo com a pergunta "Meu desejo dessa coisa seria o mesmo se eu dispusesse de amplos meios de realizá-lo?" Para responder a essa pergunta, ele examina seu interior, e ao fazer isso realiza aquilo que denomino observação abstrativa. Faz, na imaginação, uma espécie de diagrama mínimo, um esboço sumário, considera quais modificações o hipotético estado de coisas exigiria que fossem efetuadas nesse quadro e a seguir examina-o, isto é, *observa* o que imaginou, a fim de saber se o mesmo desejo ardente pode ali ser discernido. Por tal processo, que no fundo se assemelha muito ao raciocínio

a. De um fragmento não identificado, de 1897 aproximadamente.

matemático, podemos chegar a conclusões sobre o que *seria* verdadeiro a respeito dos signos em todos os casos, conquanto que fosse científica a inteligência que deles se serviu. Os modos de pensamento de um Deus, que possuiria uma onisciência intuitiva que supera a razão, são postos de lado. Na comunidade de estudiosos, o processo global de desenvolvimento dessas formulações através da observação e do raciocínio abstrativos de verdades que *devem* permanecer válidas quanto a todos os signos utilizados por uma inteligência científica, constitui uma ciência da observação, como qualquer outra ciência positiva, não obstante seu acentuado contraste com todas as ciências especiais que surge de sua intenção de descobrir o que *deve ser* e não simplesmente o que *é* no mundo real.

228. Um signo, ou *representamen*, é aquilo que, sob certo aspecto ou modo, representa algo para alguém. Dirige-se a alguém, isto é, cria, na mente dessa pessoa, um signo equivalente, ou talvez um signo mais desenvolvido. Ao signo assim criado denomino *interpretante* do primeiro signo. O signo representa alguma coisa, seu *objeto*. Representa esse objeto não em todos os seus aspectos, mas com referência a um tipo de ideia que eu, por vezes, denominei *fundamento* do representâmen. "Idemia" deve aqui ser entendida num certo sentido platônico, muito comum no falar cotidiano; refiro-me àquele sentido em que dizemos que um homem pegou a ideia de um outro homem; em que, quando um homem relembra o que estava pensando anteriormente, relembra a mesma ideia, e em que, quando um homem continua a pensar alguma coisa, digamos por um décimo de segundo, na medida em que o pensamento continua conforme consigo mesmo durante esse tempo, isto é, a ter um conteúdo *similar*, é a mesma ideia e não, em cada instante desse intervalo, uma nova ideia.

229. Em virtude de estar o representâmen ligado, assim, a três coisas, o fundamento, o objeto e o interpretante, a ciência da semiótica tem três ramos. O primeiro é chamado por Duns Scotus de *grammatica speculativa*. Podemos denominá-lo *gramática pura*. Sua tarefa é determinar o que deve ser verdadeiro quanto ao representâmen utilizado por toda inteligência científica a fim de que possam incorporar um *significado* qualquer. O segundo ramo é o da lógica propriamente dita. É a ciência do que é quase necessariamente verdadeiro em relação aos representamens de toda inteligência científica a fim de que possam aplicar-se a qualquer *objeto*, isto é, a fim de que possam ser verdadeiros. Em outras palavras, a lógica propriamente dita é a ciência formal das condições de verdade das representações. O terceiro ramo, imitando a maneira de Kant de preservar velhas associações de palavras ao procurar nomenclatura para novas concepções, denomino *retórica pura*. Seu objetivo é o de determinar as leis pelas quais, em toda inteligência científica, um signo dá origem a outro signo e, especialmente, um pensamento acarreta outro.

2. OS SIGNOS E SEUS OBJETOS[a]

230. A palavra Signo será usada para denotar um objeto perceptível, ou apenas imaginável, ou mesmo inimaginável num certo sentido – pois

a. De "Meaning", 1910.

a palavra *"estrela"*, que é um Signo, não é imaginável, dado que não é *esta palavra em si mesma* que pode ser transposta para o papel ou pronunciada, mas apenas *um de seus aspectos*, e uma vez que é a mesma palavra quando escrita e quando pronunciada, sendo no entanto uma palavra quando significa "astro com luz própria" e outra totalmente distinta quando significa "artista célebre" e uma terceira quando se refere a "sorte". Mas, para que algo possa ser um Signo, esse algo deve "representar", como costumamos dizer, alguma outra coisa, chamada seu *Objeto*, apesar de ser talvez arbitrária a condição segundo a qual um Signo deve ser algo distinto de seu Objeto, dado que, se insistirmos nesse ponto, devemos abrir uma exceção para o caso em que um Signo é parte de um Signo. Assim, nada impede que um ator que represente uma personagem num drama histórico ostente como "propriedade" teatral a própria relíquia que deveria ser apenas representada, tal como o crucifixo que o Richelieu de Bulwer ergue com tanto efeito em sua rebeldia. Num mapa de uma ilha colocado sobre o chão dessa ilha deve haver, em condições normais, alguma posição, algum ponto, assinalado ou não, que representa *qua* posição no mapa, o mesmíssimo ponto *qua* posição na ilha. Um signo pode ter mais de um Objeto. Assim, a frase "Caim matou Abel", que é um Signo, refere-se no mínimo tanto a Abel quanto a Caim, mesmo que não se considere, como se deveria fazer, que tem em "um *assassinato*" um terceiro Objeto. Mas o conjunto de objetos pode ser considerado como constituinte de um Objeto complexo. No que segue, e frequentemente em outras ocasiões, os Signos serão considerados como tendo, cada um, apenas um objeto, com a finalidade de se dividirem as dificuldades do estudo. Se um Signo é algo distinto de seu Objeto, deve haver, no pensamento ou na expressão, alguma explicação, argumento ou outro contexto que mostre como, segundo que sistema ou por qual razão, o Signo representa o Objeto ou conjunto de Objetos que representa. Ora, o Signo e a Explicação em conjunto formam um outro Signo, e dado que a explicação será um Signo, ela provavelmente exigirá uma explicação adicional que, em conjunto com o já ampliado Signo, formará um Signo ainda mais amplo, e procedendo da mesma forma deveremos, ou deveríamos chegar a um Signo de si mesmo contendo sua própria explicação e as de todas as suas partes significantes; e, de acordo com esta explicação, cada uma dessas partes tem alguma outra parte como seu Objeto. Segundo esta colocação, todo Signo tem, real ou virtualmente, um *Preceito* de explicação segundo o qual ele deve ser entendido como uma espécie de emanação, por assim dizer, de seu Objeto. (Se o Signo for um ícone, um escolástico poderia dizer que a *"species"* do Objeto que dele emana materializou-se no ícone. Se o Signo for um índice, podemos considerá-lo como um fragmento extraído do Objeto, constituindo os dois, em sua Existência, um todo ou uma parte desse todo. Se o Signo for um Símbolo, podemos considerá-lo como corporificando a *"ratio"*, ou razão, do Objeto que dele emanou. Estas são, naturalmente, meras figuras de retórica, o que, no entanto, não as torna inúteis.)

231. O Signo pode apenas representar o Objeto e referir-se a ele. Não pode proporcionar familiaridade ou reconhecimento desse Objeto; isto é o que se pretende significar, nesta obra, por Objeto de um Signo, ou seja,

que ele pressupõe uma familiaridade com algo a fim de veicular alguma informação ulterior sobre esse algo. Sem dúvida haverá leitores que declararão nada compreender a respeito disto. Pensam que um Signo não necessita relacionar-se com algo de outra forma conhecido e não veem sentido na enunciação de que todo Signo deve relacionar-se com tal Objeto. Mas, se existe algo que veicula informação e que, entretanto, de forma alguma se relaciona com ou se refere a algo com que a pessoa a quem esse algo veicula a informação tem, quando percebe a informação, a menor familiaridade, direta ou indireta – e essa seria uma espécie de informação bem estranha –, esse algo, nesta obra, não é chamado de Signo.

232. Dois homens estão na praia, olhando para o mar. Um deles diz ao outro "Aquele navio não transporta carga, apenas passageiros". Ora, se o outro não estiver vendo navio algum, a primeira informação que ele extrai da observação do outro tem por Objeto a porção do mar que ele está vendo, e informa-o que uma pessoa com um olhar mais aguçado que o seu, ou mais treinada na observação de coisas desse tipo, pode ali distinguir um navio; e assim, tendo sido o navio dessa forma introduzido em seu campo de conhecimento, esse homem está preparado para receber a informação de que tal navio transporta apenas passageiros. Mas, para a pessoa em questão, a frase tem por Objeto apenas aquele com o qual ela já está familiarizada. Os Objetos – pois um Signo pode ter vários deles – podem ser, cada um deles, uma coisa singular existente e conhecida ou que se acredita tenha anteriormente existido ou que se espera venha a existir, ou um conjunto de tais coisas, ou uma qualidade, relação ou fato conhecidos cujo Objeto singular pode ser um conjunto ou uma totalidade de partes, ou pode ter outro modo de ser, tal como algum ato permitido cujo ser não impede sua negação de ser igualmente permitida, ou algo de uma natureza geral desejado, exigido, ou invariavelmente encontrado em certas circunstâncias gerais.

3. DIVISÃO DAS RELAÇÕES TRIÁDICAS[a]

233. Os princípios e analogias da Fenomenologia habilitam-nos a descrever, de um modo vago, quais devem ser as divisões das relações triádicas. Mas, até que nos tenhamos deparado com as diferentes espécies *a posteriori* e, desta forma, sido levados a reconhecer sua importância, as descrições *a priori* pouco significam; não que nada signifiquem, porém significam pouco. Mesmo depois de parecer que identificamos as variedades percebidas *a priori* com as variedades que a experiência da reflexão nos leva a considerar importantes, não é pequeno o labor necessário para ter-se certeza de que as divisões que encontramos *a posteriori* são exatamente aquelas previstas *a priori*. Na maioria dos casos, achamos que não são exatamente idênticas, em virtude da estreiteza de nossa experiência de reflexão. É apenas depois de várias análises ulteriores e árduas que nos habilitamos a finalmente encaixar no sistema as concepções a que a experiência nos levou.

a. Os § § 3 a 10 foram extraídos de "Nomenclature and Divisions of Triadic Relations, as far as they are determined", uma continuação manuscrita do "Syllabus", de 1903 aproximadamente.

No caso das relações triádicas, até agora nenhuma parte desse trabalho foi satisfatoriamente realizada, exceção feita, numa certa medida, quanto à mais importante das classes das relações triádicas, as relações dos signos, ou representamens, com seus objetos e interpretantes.

234. A título provisório, podemos efetuar uma divisão grosseira das relações triádicas, divisão que, não duvidamos, contém importante verdade, ainda que imperfeitamente apreendida:

Relações triádicas de comparação
Relações triádicas de desempenho e
Relações triádicas de pensamento.

Relações triádicas de Comparação são as que fazem parte da natureza das possibilidades lógicas.

Relações triádicas de Desempenho são as que fazem parte da natureza dos fatos reais.

Relações triádicas de Pensamento são as que fazem parte da natureza das leis.

235. Devemos distinguir entre o Primeiro, o Segundo e o Terceiro Correlato de qualquer relação triádica.

O Primeiro Correlato, dentre os três, é o que é considerado como de natureza mais simples, sendo uma mera possibilidade se um dos três for dessa natureza e não sendo uma lei a menos que todos os três sejam dessa natureza[a].

a. A partir do princípio de Peirce segundo o qual possibilidades determinam apenas possibilidades e leis são determinadas apenas por leis, os termos "Primeiro Correlato" e "Terceiro Correlato" deveriam intercambiar-se em 235-38. Deste modo, colocam-se, em harmonia com outros escritos seus, as dez classes mencionadas em 238.

Se o Terceiro Correlato é uma possibilidade, então

	Primeiro	*Segundo*	*Terceiro*
(I) 1.	Possibilidade	Possibilidade	Possibilidade
(II) 2.	Existente	Possibilidade	Possibilidade
(III) 3.	Existente	Existente	Possibilidade
(V) 4.	Lei	Possibilidade	Possibilidade
(VI) 5.	Lei	Existente	Possibilidade
(VIII) 6.	Lei	Lei	Possibilidade

Se o Segundo é um Existente, então também

| (IV) 7. | Existente | Existente | Existente |
| (VII) 8. | Lei | Existente | Existente |

Se o Primeiro é uma lei, então também

| (IX) 9. | Lei | Lei | Existente |
| (X) 10. | Lei | Lei | Lei |

Por 242 e 274, o Representâmen, o Objeto e o Interpretante são respectivamente, o primeiro, o segundo e o terceiro correlatas, enquanto que por 243 e segs. o representâmen em si mesmo, em relação a seu objeto e como interpretado é o primeiro, o segundo e o terceiro correlato respectivamente. A primeira divisão proporciona dez tricotomias e sessenta e seis classes de signos, a última, três tricotomias e dez classes de signos.

Os algarismos romanos entre parênteses no quadro acima dão a ordem de discussão do § 7 (*Dez classes de signos*) e as designações do quadro em 264. Cf. também 243.

236. O Terceiro Correlato é, dos três, aquele que é considerado como o de natureza mais complexa, sendo lei se qualquer dos três for uma lei e não sendo mera possibilidade a menos que todos os três sejam dessa natureza.

237. O Segundo Correlato é, dos três, aquele que é considerado como de complexidade média, de tal modo que se dois quaisquer forem da mesma natureza, sendo ou meras possibilidades ou existências reais ou leis, então o Segundo Correlato é dessa mesma natureza, enquanto que se os três forem de naturezas diferentes, o Segundo Correlato será uma existência real[a].

238. As relações triádicas são divisíveis em três modos[b], por tricotomia, conforme o Primeiro, o Segundo ou o Terceiro Correlato forem, respectivamente, mera possibilidade, existente real ou lei. Estas três tricotomias, tomadas em conjunto, dividem todas as relações triádicas em dez classes (cf. nota a p. 235). Estas dez classes terão certas subdivisões conforme os correlatos existentes forem sujeitos individuais ou fatos individuais, e conforme os correlatos que são leis forem sujeitos gerais, modos gerais do fato ou modos gerais da lei.

239. Além dessa, haverá uma segunda divisão semelhante das relações triádicas em dez classes, conforme as relações diádicas por elas constituídas entre o Primeiro e Segundo Correlatos, ou entre o Primeiro e o Terceiro, ou entre o Segundo e o Terceiro, forem da natureza das possibilidades, dos fatos ou das leis; e estas dez classes se subdividirão de diferentes maneiras[c].

a. A verdade desta última cláusula deriva do caso 5, acima. A verdade do resto da proposição deriva dos casos 1, 7 e 10.

b. Os três modos são dados na nota a 243.

c. Apesar de Peirce ter colocado a condição de que para ser um existente uma relação diádica exige que ambos os seus correlatos sejam existentes (cf. 283), tudo indica que ele nunca assentou as condições pelas quais uma relação diádica pode ter a natureza de uma lei. Na verdade, é sua opinião que não existem tais relações diádicas. No entanto, o que parece ser aqui indicado é que uma relação diádica tem a natureza de uma lei quando ambos os seus correlatos forem leis. Se, além disso, aceitarmos as proposições não explicitadas aqui, segundo as quais uma relação diádica é uma possibilidade se um dos correlatos for uma possibilidade, enquanto que uma relação diádica é um existente se um dos correlatos for um existente e o outro uma lei, poderíamos elaborar o seguinte quadro:

Pelo menos uma relação diádica da natureza de uma possibilidade:

	Primeiro	Segundo	Terceiro
1.	Possibilidade	Possibilidade	Possibilidade
2.	Existente	Possibilidade	Possibilidade
3.	Existente....2	Existente	Possibilidade
4.	Lei	Possibilidade	Possibilidade
5.	Lei 2	Existente	Possibilidade
6.	Lei 3	Lei	Possibilidade

Os que têm pelo menos duas relações diádicas existentes:

7.	Existente	Existente	Existente
8.	Lei	Existente	Existente
9.	Lei 3	Lei	Existente

240. Poderá ser conveniente reunir as dez classes de cada conjunto de dez em três grupos conforme todos os três correlatas ou relações diádicas, consoante o caso, sejam de natureza diferente, ou todos da mesma natureza, ou dois de uma natureza e o terceiro de natureza distinta[a].

241. Em toda Relação Triádica genuína, o Primeiro Correlato pode ser considerado como aquele que determina, sob certo aspecto, o Terceiro Correlato, e as relações triádicas podem ser divididas conforme essa determinação do Terceiro Correlato tiver alguma qualidade, ou estiver em alguma relação existencial para com o Segundo Correlato ou estiver em alguma relação de pensamento para com o Segundo, por alguma razão[b].

242. Um Representámen é o Primeiro Correlato de uma relação triádica sendo o Segundo Correlato denominado seu *Objeto* e o possível Terceiro Correlato sendo denominado seu *Interpretante*, por cuja relação triádica determina-se que o possível Interpretante é o Primeiro Correlato da mesma relação triádica com respeito ao mesmo Objeto e para um possível Interpretante. Um *Signo* é um representámen do qual algum interpretante é a cognição de um espírito. Os signos são os únicos representamens que têm sido mais estudados.

4. UMA TRICOTOMIA DOS SIGNOS

243. Os signos são divisíveis conforme três tricotomias[c], a primeira, conforme o signo em si mesmo for uma mera qualidade, um existente concreto ou uma lei geral[d]; a segunda, conforme a relação do signo para com seu objeto consistir no fato de o signo ter algum caráter em si mesmo,

Todas as relações diádicas são leis:

   10. Lei _____ Lei _____ Lei

As linhas cheias entre os correlatos são marcas da presença da relação especificada; os "...2... " e "...3...." representam, respectivamente, relações diádicas existenciais e racionais.

a. *I.e.*. 5 tem todos os seus correlatos de naturezas diferentes; I. 7 e 10 têm todos os seus correlatos da mesma natureza, e o resto tem dois e apenas dois correlatos da mesma natureza, enquanto que 1,2,4,7 e 10 têm relações diádicas de mesma natureza e 3, 5. 6, 8, 9 têm apenas duas de mesma natureza.

b. Em 1-6, o terceiro correlato é determinado pelo primeiro a ter uma qualidade; em 7-9, é determinado por ter uma relação existencial para com o segundo, e em 10 é determinado por ter uma relação de pensamento para com o segundo por um outro correlato.

c. Posteriormente, Peirce (por volta de 1906) descobriu que existem dez tricotomias e sessenta e seis classes de signos. A análise das divisões adicionais nunca foi satisfatoriamente completada, e a melhor colocação que delas foi feita pode ser encontrada nas cartas a Lady Welby.
As dez classes de signos, que derivam das três tricotomias acima expostas, são diagramaticamente apresentadas por Peirce no parágrafo n. 264. Se "Representâmen", "Representâmen em sua relação com o objeto" e "Representâmen Interpretado" forem respectivamente substituídos por primeiro, segundo e terceiro correlato, os quadros de 235 e 239 tornam-se esquemas de grande auxílio em § 4- § 7. A presente seção trata da primeiridade, secundidade e terceiridade do *Representâmen*.

d. Se fizermos as substituições sugeridas, obtemos os três grupos que consistem em: I; II, III, IV; 6 V-X.

ou manter alguma relação existencial com esse objeto ou em sua relação com um interpretante[a]; a terceira, conforme seu Interpretante representá-lo como um signo de possibilidade ou como um signo de fato ou como um signo de razão[b].

244. Conforme a primeira divisão, um Signo pode ser denominado *Qualissigno*, *Sinsigno* ou *Legissigno*.

Um *Qualissigno* é uma qualidade que é um Signo. Não pode realmente atuar como signo até que se corporifique; mas esta corporificação nada tem a ver com seu caráter como signo.

245. Um *Sinsigno* (onde a sílaba *sin* é considerada em seu significado de "uma única vez", como em *singular*, *simples*, no Latim *semel*, etc.) é uma coisa ou evento existente e real que é um signo. E só o pode ser através de suas qualidades, de tal modo que envolve um qualissigno ou, melhor, vários qualissignos. Mas estes qualissignos são de um tipo particular e só constituem um signo quando realmente se corporificam.

246. Um *Legissigno* é uma lei que é um Signo. Normalmente, esta lei é estabelecida pelos homens. Todo signo convencional é um legissigno (porém a recíproca não é verdadeira). Não é um objeto singular, porém um tipo geral que, tem-se concordado, será significante. Todo legissigno significa através de um caso de sua aplicação, que pode ser denominada *Réplica*. Assim, a palavra "o" normalmente aparecerá de quinze a vinte e cinco vezes numa página. Em todas essas ocorrências é uma e a mesma palavra, o mesmo legissigno. Cada uma de suas ocorrências singulares é uma Réplica. A Réplica é um Sinsigno. Assim, todo Legissigno requer Sinsignos. Mas estes não são Sinsignos comuns, como são ocorrências peculiares que são encaradas como significantes. Tampouco a Réplica seria significante se não fosse pela lei que a transforma em significante.

5. UMA SEGUNDA TRICOTOMIA DOS SIGNOS

247. De acordo com a segunda tricotomia, um Signo pode ser denominado *Ícone*, *Índice* ou *Símbolo*.

Um *Ícone* é um signo que se refere ao Objeto que denota apenas em virtude de seus caracteres próprios, caracteres que ele igualmente possui quer um tal Objeto realmente exista ou não. É certo que, a menos que realmente exista um tal Objeto, o ícone não atua como signo, o que nada tem a ver com seu caráter como signo. Qualquer coisa, seja uma qualidade, um existente individual ou uma lei, é ícone de qualquer coisa, na medida em que for semelhante a essa coisa e utilizado como um seu signo.

248. Um *Índice* é um signo que se refere ao Objeto que denota em virtude de ser realmente afetado por esse Objeto. Portanto, não pode ser um Qualissigno, uma vez que as qualidades são o que são independentemente de qualquer outra coisa. Na medida em que o índice é afetado pelo Objeto, tem ele necessariamente alguma Qualidade em comum com o Objeto, e é com respeito a estas qualidades que ele se refere ao Objeto. Portanto, o índice envolve uma espécie de ícone, um ícone de tipo especial; e não é a

a. *I.e.*, I, II, V; III, IV, VI, VII; VIII, IX, X.
b. *I.e.*, os três grupos de 241 – 1-6, 7-9; 10 *i.e* I, II, III, V, VI, VIII; IV, VII, IX; X.

mera semelhança com seu Objeto, mesmo que sob estes aspectos que o torna um signo, mas sim sua efetiva modificação pelo Objeto.

249. Um *Símbolo* é um signo que se refere ao Objeto que denota em virtude de uma lei, normalmente uma associação de ideias gerais que opera no sentido de fazer com que o Símbolo seja interpretado como se referindo àquele Objeto. Assim, é, em si mesmo, uma lei ou tipo geral, ou seja, um Legissigno. Como tal, atua através de uma Réplica. Não apenas é ele geral, mas também o Objeto ao qual se refere é de natureza geral. Ora, o que é geral tem seu ser nos casos que determina. Portanto, deve haver casos existentes daquilo que o Símbolo denota, embora devamos aqui considerar "existente" como o existente no universo possivelmente imaginário ao qual o Símbolo se refere. Através da associação ou de uma outra lei, o Símbolo será indiretamente afetado por esses casos, e com isso o Símbolo envolverá uma espécie de índice, ainda que um índice de tipo especial. No entanto, não é de modo algum verdadeiro que o leve efeito desses casos sobre o Símbolo explica o caráter significante do Símbolo.

6. UMA TERCEIRA TRICOTOMIA DOS SIGNOS

250. De acordo com a terceira tricotomia, um Signo pode ser denominado *Rema*, *Dicissigno* ou *Dicente* (isto é, uma proposição ou quase-proposição) ou *Argumento*.

Um *Rema*[a] é um Signo que, para seu Interpretante, é um Signo de Possibilidade qualitativa, ou seja, é entendido como representando esta e aquela espécie de Objeto possível. Todo Rema propiciará, talvez, alguma informação, mas não é interpretado nesse sentido.

251. Um *Signo Dicente* é um Signo que, para seu Interpretante, é um Signo de existência real. Portanto, não pode ser um ícone o qual não dá base para interpretá-lo como sendo algo que se refere a uma existência real. Um Dicissigno necessariamente envolve, como parte dele, um Rema para descrever o fato que é interpretado como sendo por ela indicado. Mas este é um tipo especial de Rema, e, embora seja essencial ao Dicissigno, de modo algum o constitui.

252. Um *Argumento* é um Signo que, para seu Interpretante, é Signo de lei. Podemos dizer que um Rema é um Signo que é entendido como representando seu objeto apenas em seus caracteres; que um Dicissigno é um signo que é entendido como representando seu objeto com respeito à existência real; e que um Argumento é um Signo que é entendido como representando seu Objeto em seu caráter de Signo. Dado que estas definições abordam pontos atualmente muito debatidos, cabe dizer algo em defesa delas. Uma questão que sempre se coloca é: Qual é a essência de um Juízo? Um juízo é um ato mental pelo qual o julgador procura impor-se a verdade de uma proposição. Equivale em grande parte ao ato de afirmar a proposição, ou ao ato de comparecer diante de um notário e assumir a responsabilidade formal pela verdade dela, com a diferença de que estes atos são realizados para afetar terceiros, enquanto que o juízo só objetiva afetar aquele que o formula. No entanto, o lógico, como tal, pouco

a. Cf. a segunda nota de 95.

se preocupa com a eventual natureza psicológica do ato de formular um juízo. A questão que se coloca para ele é; Qual é a natureza da espécie de signo da qual uma variedade principal é chamada de proposição, qual é a substância sobre a qual se exerce o ato de formular um juízo? A proposição não precisa ser afirmada ou julgada. Pode ser encarada como um signo capaz de ser afirmado ou negado. O signo em si mesmo retém seu significado total quer seja efetivamente afirmado ou não[a]. Sua peculiaridade, portanto, está em seu modo de significar, e dizer isto é dizer que sua peculiaridade reside em sua relação com seu interpretante. A proposição professa ser realmente afetada pelo existente real ou pela lei real à qual se refere. O argumento declara a mesma pretensão, mas essa não é a principal pretensão do argumento. O rema não tem pretensões desse tipo.

253. O Interpretante do Argumento representa-o como um caso de uma classe geral dos argumentos, classe esta que, no conjunto, sempre tenderá para a verdade. E esta lei que, de alguma forma, o argumento sublinha, e este "sublinhar" é o modo próprio de representação dos Argumentos. Portanto, o Argumento deve ser um Símbolo, ou um Signo cujo Objeto é uma Lei ou Tipo Geral. Deve envolver um Símbolo Dicente, ou Proposição, que é denominado sua *Premissa*, pois o Argumento só pode sublinhar a lei sublinhando-a num caso em particular. No entanto, esta Premissa difere muito em força (*i.e.*, em sua relação com seu interpretante) de uma proposição similar meramente afirmada; e, além do mais, isto está longe de ser o Argumento total. Quanto a uma outra proposição, denominada Conclusão, frequentemente enunciada e talvez exigida para completar o Argumento, representa ela claramente o Interpretante e tem, da mesma forma, uma força peculiar ou relação para com o Interpretante. Há uma divergência de opinião entre os lógicos quanto ao fato de ela fazer ou não fazer parte do Argumento, e embora tais opiniões não tenham resultado de uma análise exata da essência do Argumento, têm direito a um certo peso. O autor, sem possuir certeza absoluta, está fortemente inclinado a acreditar que a Conclusão, embora represente o Interpretante, é essencial à plena expressão do Argumento. Entre os lógicos, é comum falar-se das Premissas de um Argumento, e não da Premissa, no singular. Mas, se existe mais do que uma Premissa, o primeiro passo da argumentação deve ser o de coligá-las numa Proposição Copulativa, de tal modo que o único Argumento simples de duas Premissas seja o Argumento de Coligação. Contudo, mesmo neste caso, não existem, propriamente, duas premissas, pois sempre que a mente está pronta para afirmar uma proposição P, está também pronta para afirmar uma proposição O que a nova proposição P apenas melhor determina; assim, não é apenas P que é afirmada, mas OP. Encarando-se as coisas sob este ângulo, não existe isso a que se denominou Argumento de Coligação, pois dizer que existe equivaleria a fazer de todo juízo a conclusão de um argumento. Mas, se todo juízo deve ser encarado como a conclusão de um argumento, o que é, sem dúvida, uma concepção admissível, então será a conclusão de um tipo de juízo bem distinto de um simples Argumento de Coligação. Assim, o Argumento de Coligação é uma forma de Argumento introduzida em lógica apenas com o objetivo de evitar-se a necessidade de

a. Cf. 315.

consideração da verdadeira natureza do Argumento do qual derivou uma Proposição Copulativa. Por essa razão, parece mais adequado, em linhas gerais, falar da "Premissa" de um Argumento e não de suas "Premissas". Quanto à palavra *Premissa* – *praemissa*, em latim do século XIII – devido ao fato de ser tão frequentemente empregada no plural, veio a ser amplamente confundida com uma palavra totalmente diferente, de origem legal, as *"premisses"*, isto é, os itens de um inventário, etc., donde as construções enumeradas numa escritura ou num arrendamento. É inteiramente contrário as boas normas da língua inglesa grafar *premiss*, premissa, como *premisse*, grafia esta (cujo predomínio deve-se talvez a Lorde Brougham, ou que encontrou apoio, de maneira particular, em sua insistência a respeito) que trai ignorância da história da lógica e, mesmo, de autores básicos como Whateley, Watts, etc.

7. DEZ CLASSES DE SIGNOS

254. As três tricotomias dos Signos, em conjunto, proporcionam uma divisão dos Signos em DEZ CLASSES DE SIGNOS, das quais numerosas subdivisões têm de ser consideradas. As dez classes são as seguintes:

Primeira: Um Qualissigno (*e.g.* uma sensação de "vermelho") é uma qualidade qualquer, na medida em que for um signo. Dado que uma qualidade é tudo aquilo que positivamente é em si mesma, uma qualidade só pode denotar um objeto por meio de algum ingrediente ou similaridade comum, de tal forma que um Qualissigno é necessariamente um ícone. Além do mais, dado que uma qualidade é uma mera possibilidade lógica, ela só pode ser interpretada como um signo de essência, isto é, como um Rema.

255. Segunda: Um Sinsigno Icônico (*e.g.* um diagrama individual) é todo objeto de experiência na medida em que alguma de suas qualidades faça-o determinar a ideia de um objeto. Sendo um ícone e, com isso, um signo puramente por semelhança de qualquer coisa com que se assemelhe, só pode ser interpretado como um signo de essência, ou Rema. Envolve um Qualissigno.

256. Terceira: Um Sinsigno Indicial Remático (*e.g.*, um grito espontâneo) é todo objeto da experiência direta na medida em que dirige a atenção para um Objeto pelo qual sua presença é determinada. Envolve necessariamente um Sinsigno Icônico de um tipo especial do qual, no entanto, difere totalmente dado que atrai a atenção do intérprete para o mesmo Objeto denotado.

257. Quarto: Um Sinsigno Dicente (*e.g.*, um catavento) é todo objeto da experiência direta na medida em que é um signo e, como tal, propicia informação a respeito de seu Objeto, isto só ele pode fazer por ser realmente afetado por seu Objeto, de tal forma que é necessariamente um índice. A única informação que pode propiciar é sobre um fato concreto. Um Signo desta espécie deve envolver um Sinsigno Icônico para corporificar a informação e um Sinsigno Indicial Remático para indicar o Objeto ao qual se refere a informação. Mas o modo de combinação, ou *Sintaxe*, destes dois também deve ser significante.

258. Quinta: Um Legissigno Icônico (*e.g.*, um diagrama, à parte sua individualidade fática) é todo tipo ou lei geral, na medida em que exige que cada um de seus casos corporifique uma qualidade definida que o torna adequado para trazer à mente a ideia de um objeto semelhante. Sendo um ícone, deve ser um Rema. Sendo um Legissigno, seu modo de ser é o de governar Réplicas singulares, cada uma das quais será um Sinsigno Icônico de um tipo especial.

259. Sexta: Um Legissigno Indicial Remático (*e.g.*, um pronome demonstrativo) é todo tipo ou lei geral, qualquer que seja o modo pelo qual foi estabelecido, que requer que cada um de seus casos seja realmente afetado por seu Objeto de tal modo que simplesmente atraia a atenção para esse Objeto. Cada uma de suas Réplicas será um Sinsigno Indicial Remático de um tipo especial. O Interpretante de um Legissigno Indicial Remático representa-o como um Legissigno Icônico, e isso ele o é, numa certa medida – porém, numa medida bem diminuta.

260. Sétima: Um Legissigno Indicial Dicente (*e.g.*, o pregão de um mascate) é todo tipo ou lei geral, qualquer que seja o modo pelo qual foi estabelecido, que requer que cada um de seus casos seja realmente afetado por seu Objeto de tal modo que forneça uma informação definida a respeito desse Objeto. Deve envolver um Legissigno Icônico para significar a informação e um Legissigno Indicial Remático para denotar a matéria dessa informação. Cada uma de suas Réplicas será um Sinsigno Dicente de um tipo especial.

261. Oitava: Um Símbolo Remático ou Rema Simbólico (*e.g.*, um substantivo comum) é um signo ligado a seu Objeto através de uma associação de ideias gerais de tal modo que sua Réplica traz à mente uma imagem a qual, devido a certos hábitos ou disposições dessa mente, tende a produzir um conceito geral, e a Réplica é interpretada como um Signo de um Objeto que é um caso desse conceito. Assim o Símbolo Remático ou é aquilo que os lógicos chamam de Termo Geral, ou muito se lhe parece. O Símbolo Remático, como todo Símbolo, é da natureza de um tipo geral e é, assim, um Legissigno. Sua Réplica, no entanto, é um Sinsigno Indicial Remático de um tipo especial, pelo fato de a imagem que sugere à mente atuar sobre um Símbolo que já está nessa mente a fim de dar origem a um Conceito Geral. Nisto, difere de outros Sinsignos Indiciais Remáticos, inclusive daqueles que são Réplicas de Legissignos Indiciais Remáticos. Assim, o pronome demonstrativo "aquele" é um Legissigno, por ser de um tipo geral; porém, não é um Símbolo, uma vez que não significa um conceito geral. Sua Réplica atrai a atenção para um único Objeto, e é um Sinsigno Indicial Remático. Da mesma forma, uma Réplica da palavra "camelo" é um Sinsigno Indicial Remático por ser realmente afetada, através do conhecimento dos camelos, comum a quem fala e a quem ouve, pelo camelo real que denota, ainda que este camelo não seja individualmente conhecido por quem ouve; e é através de uma conexão real desse tipo que a palavra "camelo" suscita a ideia de um camelo. O mesmo é verdadeiro quanto à palavra "fênix", pois embora a fênix não exista, descrições reais da fênix são bem conhecidas tanto por quem fala como por quem ouve, e com isso a palavra é realmente afetada pelo Objeto denotado. Tanto as Réplicas dos Símbolos Remáticos quanto

as Réplicas dos Legissignos Indiciais Remáticos diferem bastante dos Sinsignos Indiciais Remáticos ordinários. De fato, a coisa denotada por "aquele" não afetou a réplica da palavra de um modo simples e direto como, por exemplo, o tilintar da campainha de um telefone é afetado pela pessoa, na outra extremidade da linha, que deseja fazer uma comunicação. O Interpretante do Símbolo Remático frequentemente o representa como um Legissigno Indicial Remático, embora em certos casos represente-o como um Legissigno Icônico; e, de fato, numa pequena parte, ele compartilha da natureza de ambos.

262. Nona: Um Símbolo Dicente, ou Proposição ordinária, é um signo ligado a seu objeto através de uma associação de ideias gerais e que atua como um Símbolo Remático, exceto pelo fato de que seu pretendido interpretante representa o Símbolo Dicente como, sendo, com respeito ao que significa, realmente afetado por seu Objeto, de tal modo que a existência ou lei que ele traz à mente deve ser realmente ligada com o Objeto indicado. Assim, o pretendido Interpretante encara o Símbolo Dicente como um Legissigno Indicial Dicente; e se isto for verdadeiro, ele de fato compartilha dessa natureza, embora esta não seja toda sua natureza. Tal como o Símbolo Remático, é necessariamente um Legissigno. Tal como o Sinsigno Dicente, é composto, dado que necessariamente envolve um Símbolo Remático (e com isso é, para seu Interpretante, um Legissigno Icônico) para exprimir sua informação e um Legissigno Indicial Remático para indicar a matéria dessa informação. Mas a Sintaxe destes é significativa. A Réplica do Símbolo Dicente é um Sinsigno Dicente de um tipo especial. Percebe-se facilmente que isto é verdade quando a informação que o Símbolo Dicente veicula refere-se a um fato concreto. Quando essa informação diz respeito a uma lei real, não é verdadeiro na mesma extensão, pois um Sinsigno Dicente não pode veicular informação de lei. Portanto, é verdadeiro quanto à Réplica de um tal Símbolo Dicente apenas na medida em que a lei tem seu ser em casos.

263. Décima: Um Argumento é um signo cujo interpretante representa seu objeto como sendo um signo ulterior através de uma lei, a saber, a lei segundo a qual a passagem dessas premissas para essas conclusões tende a ser verdadeira. Manifestamente, então, seu objeto deve ser geral, ou seja, o Argumento deve ser um Símbolo. Como Símbolo, ele deve, além do mais, ser um Legissigno. Sua Réplica é um Sinsigno Dicente.

264. As afinidades entre as dez classes evidenciam-se através de um arranjo de suas designações no quadro triangular abaixo, no qual os quadrados adjacentes, separados por traços acentuados, referem-se a classes semelhantes em apenas um aspecto. Todos os demais quadrados adjacentes pertencem às classes semelhantes sob dois aspectos. Quadrados não-adjacentes pertencem às classes semelhantes em apenas um aspecto, exceto o fato de que cada um dos três quadrados dos vértices do triângulo pertence a uma classe que difere, sob todos os três aspectos, das classes às quais se referem os quadrados do lado oposto do triângulo. As designações impressas em tipo mais claro são supérfluas.

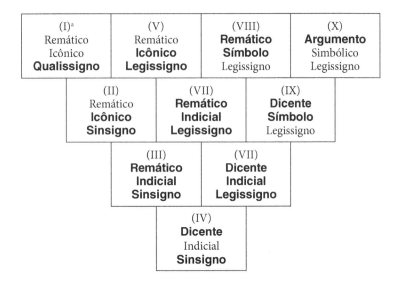

8. SIGNOS DEGENERADOS

265. No decorrer das descrições das classes acima realizadas, fez-se referências diretas ou indiretas a algumas de suas subdivisões. A saber, além das variedades normais de Sinsignos, Índices e Dicissignos há outras que são, respectivamente, Réplicas de Legissignos, Símbolos e Argumentos. Além das variedades normais de Qualissignos, Ícones e Remas, há duas séries de outras, a saber, aquelas que estão diretamente envolvidas em Sinsignos, índices e Dicissignos, respectivamente, e também aquelas que estão indiretamente envolvidas em Legissignos, Símbolos e Argumentos, respectivamente. Assim, o Sinsigno Dicente ordinário é exemplificado por um catavento e seu volteio, por uma fotografia. O fato de sabermos que esta última é o efeito de radiações do objeto torna-a um índice, e altamente informativo. Uma segunda variedade é uma Réplica de um Legissigno Indicial Dicente. Assim, todo pregão de mascate, desde que seu tom e tema identifiquem o indivíduo, não é um símbolo, mas sim um Legissigno Indicial, e qualquer de seus casos individuais é uma Réplica sua, que é um Sinsigno Dicente. Uma terceira variedade é uma Réplica de uma Proposição. Uma quarta variedade é uma Réplica de um Argumento. Além da variedade normal do Legissigno Indicial Dicente, do qual o pregão do mascate constitui um exemplo, existe uma segunda variedade, que é aquela espécie de proposição que tem o nome de um indivíduo, bem conhecido, como seu predicado; se se perguntasse "De quem é esta estátua?", a resposta poderia ser "É de Farraguf". O significado desta resposta é um Legissigno Indicial Dicente. Uma terceira variedade pode ser uma premissa de um argumento. Um Símbolo Dicente, ou proposição ordinária, na medida em que é uma premissa de um Argumento, reveste-se de uma nova força e torna-se uma segunda variedade

---

a. Para uma explicação dos algarismos romanos, cf. 235 e 243.

do Símbolo Dicente. Não valeria a pena enumerar todas as variedades, mas talvez fosse bom considerar as variedades de mais uma classe. Podemos tomar o Legissigno Indicial Remático. O grito de "Olá!" é um exemplo da variedade comum – significando não uma expressão individual, mas sim esta expressão "Olá!" em geral – esse tipo de grito. Uma segunda variedade é o constituinte de um Legissigno Indicial Dicente, tal como a palavra "aquele" na resposta "aquele é Farragut". Uma terceira variedade é a aplicação particular de um Símbolo Remático, como a exclamação "Ouça!" Uma quarta e quinta variedades residem na força peculiar que uma palavra geral pode ter numa proposição ou argumento. Não é impossível que algumas variedades tenham sido, aqui, omitidas. É um problema interessante dizer a que classe pertence um dado signo, visto que precisam ser levadas em consideração todas as circunstâncias do caso. Mas raramente se exige grande exatidão, pois se não se localiza com precisão o signo, facilmente se chega bastante perto de seu caráter para qualquer propósito normal da lógica.

9. A TRICOTOMIA DOS ARGUMENTOS

266. Há outras subdivisões de pelo menos algumas das dez classes que são da maior importância para a lógica. Um Argumento sempre é entendido por seu Interpretante como fazendo parte de uma classe geral de argumentos análogos, classe essa que, como um todo, tende para a verdade. Isto pode ocorrer de três modos, dando origem à tricotomia de todos os argumentos simples em Deduções, Induções e Abduções.

267. Uma *Dedução* é um argumento cujo interpretante o representa como pertencendo a uma classe geral de argumentos possíveis exatamente análogos tais que, a longo prazo, a maior parte daqueles cujas premissas são verdadeiras, terão conclusões verdadeiras. As Deduções são *Necessárias* ou *Prováveis*. Deduções Necessárias são as que nada tem a ver com qualquer relação de frequência, mas afirmam (ou seus interpretantes afirmam por elas) que de premissas verdadeiras invariavelmente se produzirão conclusões verdadeiras. Uma Dedução Necessária é um método de produção de Símbolos Dicentes através do estudo de um diagrama. É *Ilativa* ou *Teoremática*. Uma Dedução Ilativa é a que representa as condições da conclusão em um diagrama e retira da observação desse diagrama, tal como ele é, a verdade da conclusão. Uma Dedução Teoremática é a que, tendo representado as condições da conclusão num diagrama, realiza engenhosos experimentos com esse diagrama e, através da observação do diagrama assim modificado, afirma a verdade da conclusão.

268. Deduções Prováveis ou, mais precisamente, Deduções de Probabilidade, são Deduções cujos Interpretantes as representam como ligadas a razões de frequência. São ou *Deduções Estatísticas*, ou *Deduções Prováveis Propriamente Ditas*. Uma Dedução Estatística é uma Dedução cujo Interpretante a representa como ligada a razões de frequência, porém vendo nela uma certeza absoluta. Uma Dedução Provável Propriamente Dita é uma Dedução cujo Interpretante não representa sua conclusão como certa, mas sim que raciocínios exatamente análogos con-

duziriam, na maioria das vezes, partindo-se de premissas verdadeiras, a conclusões verdadeiras, no decorrer da experiência.

269. Uma *Indução* é um método de formar Símbolos Dicentes relativos a uma questão definida, cujo método o Interpretante não representa como capaz de proporcionar, a partir de premissas verdadeiras, resultados aproximadamente verdadeiros na maioria dos casos e no decorrer da experiência, considerando, no entanto, que se se persistir nesse método, a longo prazo chega-se à verdade, ou a um ponto sempre mais perto da verdade, a respeito de qualquer questão. Uma Indução é ou um *Argumento Ridículo* ou uma *Verificação Experimental de uma Predição geral*, ou um Argumento oriundo de uma *Amostra Aleatória*. Um Argumento Ridículo é um método que consiste em negar que jamais ocorrerá um tipo geral de evento, a partir do fato de ele nunca ter ocorrido. A justificativa desse Argumento é que se ele for persistentemente aplicado em todas as ocasiões, deverá ser, ao final, corrigido caso se demonstre errôneo e com isso, em última instância, chegará à conclusão verdadeira. Uma verificação de uma predição geral é um método que consiste em descobrir ou propor as condições da predição e em concluir que ela se verificará quase tão frequentemente quanto experimentalmente ela se verifica. Sua justificativa é que se a Predição não tender, a longo prazo, a verificar-se em qualquer proporção aproximadamente determinada de casos, isto deverá, a longo prazo, ser demonstrado pelo experimento; enquanto que se a Predição, a longo prazo, verificar-se em qualquer proporção determinada, ou aproximadamente determinada, de casos, o experimento deve, a longo prazo, afirmar aproximadamente qual é essa proporção. Um Argumento oriundo de uma Amostra Aleatória é um método de determinar que proporção dos membros de uma classe finita possui uma qualidade pré-designada, ou virtualmente pré-designada, pela seleção de casos dessa classe de acordo com um método que, a longo prazo, apresentará um caso com a mesma frequência de qualquer um outro, e concluindo que a razão encontrada para essa amostra permanecerá a mesma a longo prazo. Sua justificativa é evidente.

270. Uma *Abdução* é um método de formar uma predição geral sem nenhuma certeza positiva de que ela se verificará, seja num caso especial ou normalmente, sendo sua justificativa a de que é a única esperança possível de regular racionalmente nossa conduta futura, e que a Indução a partir de experiências passadas nos encoraja fortemente a esperar que ela seja bem sucedida no futuro.

10. TIPOS DE PROPOSIÇÃO

271. Um Símbolo Dicente, ou proposição geral, pode ser *Particular* ou *Universal*. Um Símbolo Dicente Particular é representado por seu Interpretante como índice de um fato de existência; exemplo, "Algum cisne é negro", *i.e.*, existe um cisne negro. Um Símbolo Dicente Universal é representado por seu Interpretante como índice de uma lei real; exemplo, "Nenhum cisne é negro", *i.e.*, nenhuma pesquisa *jamais* possibilitará a descoberta de um cisne negro entre os cisnes. Um Símbolo Dicente é *Não-Relativo* ou Relativo. Um Símbolo Dicente Não-Relativo diz respeito à identidade de um único individual. Mas, isto deve ser entendido de um

modo particular, sendo a proposição inicialmente expressa de uma maneira exemplar. Assim, "Nenhum cisne é negro" parece referir-se à identidade de todos os cisnes e de todos os objetos negros. Mas é preciso entender que a proposição deve ser considerada sob esta forma: Tomando-se um objeto qualquer, ao acaso, no universo, ou ele não será um cisne, ou não será negro. Um Símbolo Dicente Relativo diz respeito à identidade de mais de um individual ou do que pode ser mais do que um, numa expressão exemplar como "Tome-se um individual A qualquer e, a seguir, pode-se encontrar um individual B tal que, se A for uma cidade de mais de cem mil habitantes, B será um ponto no mapa correspondente a A". A consideração de uma proposição como não-relativa ou relativa depende do uso que dela se fará no argumento. No entanto, daí não se segue que a distinção seja apenas aparente, pois a força da proposição difere conforme a aplicação que dela se fizer. Cabe observar aqui, visando uma terminologia correta, que uma *Proposição Hipotética* é qualquer proposição composta por proposições. Conforme a doutrina antiga, uma proposição hipotética pode ser condicional, copulativa ou disjuntiva. Contudo, uma proposição condicional é, propriamente, uma proposição disjuntiva. Da mesma forma, algumas proposições podem ser consideradas como copulativas ou disjuntivas. Assim, ou Túlio ou não-Cícero e ou Cícero ou não-Túlio é o mesmo que Túlio e Cícero ou não-Túlio e não-Cícero. Qualquer definição pode ser considerada como sendo uma proposição deste tipo, e por essa razão, tais proposições poderiam ser denominadas *Definiformes* ou *Definitórias*. Uma proposição copulativa está naturalmente ligada a uma proposição particular, e uma proposição disjuntiva, a uma proposição universal.

272. Se partes de uma proposição forem eliminadas de forma a deixar *vazios* em seus lugares, e se estes vazios forem de uma tal natureza que, preenchido cada um deles por um nome próprio, o resultado seja uma proposição, então a forma vazia da proposição inicialmente produzida pelas eliminações denomina-se *rema*. Conforme o número de vazios num rema for 0, 1,2, 3, etc. pode-se denominá-lo *médada* (de μηδέν, nada), *mônada*, *díada*, *tríada*, etc.

11. REPRESENTAR[a]

273. Estar em lugar de, isto é, estar numa tal relação com um outro que, para certos propósitos, é considerado por alguma mente como se fosse esse outro.

Assim, um porta-voz, um deputado, um advogado, um agente, um vigário, um diagrama, um sintoma, uma descrição, um conceito, uma premissa, um testemunho, todos representam alguma outra coisa, de diferentes modos, para mentes que os consideram sob esse aspecto. Veja-se o conceito de Signo[b]. Quando se deseja distinguir entre aquilo que representa e o ato ou relação de representação, pode-se denominar o primeiro de "representâmen" e o último de "representação".

a. *Dictionary of Philosophy and Psychology*, vol. 2, p. 464.
b. Cf. 303-4.

4. Ícone, Índice e Símbolo

1. ÍCONES E HIPOÍCONES

274. Um *Signo*, ou *Representâmen*, é um Primeiro que se coloca numa relação triádica genuína tal com um Segundo, denominado seu *Objeto*, que é capaz de determinar um Terceiro, denominado seu *Interpretante*, que assuma a mesma relação triádica com seu Objeto na qual ele próprio está em relação com o mesmo Objeto. A relação triádica é *genuína*, isto é, seus três membros estão por ela ligados de um modo tal que não consiste em nenhum complexo de relações diádicas. Essa é a razão pela qual o Interpretante, ou Terceiro, não se pode colocar numa mera relação diádica com o Objeto, mais sim deve colocar-se numa relação com ele do mesmo tipo da assumida pelo Representâmen. Tampouco pode a relação triádica na qual o Terceiro se coloca ser meramente similar àquela na qual se coloca o Primeiro, pois isto faria da relação do Terceiro com o Primeiro mera Secundidade degenerada. O Terceiro deve realmente colocar-se numa relação dessa espécie e, assim, deve ser capaz de determinar um Terceiro que lhe seja próprio; mas, além disso, deve ter uma segunda relação triádica na qual o Representâmen, ou melhor, a relação deste para com seu Objeto, será seu próprio (do Terceiro) Objeto, e deve ser capaz de determinar um Terceiro para essa relação. Tudo isso deve igualmente ser verdadeiro em relação ao Terceiro do Terceiro e assim por diante indefinidamente; e tudo isto, e mais ainda, está envolvido na ideia familiar de Signo; e como o termo Representâmen é aqui usado, nada mais está implicado. Um *Signo* é um Representâmen com um Interpretante mental. Possivelmente, poderá haver Representamens que não sejam Signos. Assim, se um girassol, ao virar-se na direção do sol, tornar-se por

esse mesmo ato inteiramente capaz, sem nenhuma outra condição, de reproduzir um girassol que de um modo exatamente correspondente se volte na direção do sol, realizando isto com o mesmo poder reprodutor, o girassol se transformaria num Representâmen do sol. Mas o pensamento é o principal, senão o único, modo de representação.

275. ...A mais importante divisão dos signos faz-se em *ícones*, *índices* e *Símbolos*. Embora nenhum Representâmen realmente funcione como tal até realmente determinar um Interpretante, torna-se um Representâmen tão logo seja plenamente capaz de assim proceder; e sua Qualidade Representativa não depende necessariamente de ele alguma vez realmente determinar um Interpretante, nem de ele alguma vez ter realmente um Objeto.

276. Um *ícone* é um Representâmen cuja Qualidade Representativa é uma sua Primeiridade como Primeiro. Ou seja, a qualidade que ele tem *qua* coisa o torna apto a ser um representâmen. Assim, qualquer coisa é capaz de ser um Substituto para qualquer coisa com a qual se assemelhe. (A concepção de "substituto" envolve a de um propósito e, com isso, a de Terceiridade genuína.) Veremos se há ou não outras espécies de substitutos. Um Representâmen apenas por Primeiridade somente pode ter um Objeto similar. Assim, um Signo por Contraste denota seu objeto apenas por força de um contraste, ou Secundidade, entre duas qualidades. Um signo por Primeiridade é uma imagem de seu objeto e, em termos mais estritos, só pode ser uma *ideia*, pois deve produzir uma ideia Interpretante, e um objeto externo excita uma ideia através de uma reação sobre o cérebro. Contudo, em termos mais estritos ainda, mesmo uma ideia, exceto no sentido de uma possibilidade, ou primeiridade, não pode ser um ícone. Uma simples possibilidade é um ícone puramente por força de sua qualidade, e seu objeto só pode ser uma Primeiridade. Mas, um signo pode ser icônico, isto é, pode representar seu objeto principalmente através de sua similaridade, não importa qual seja seu modo de ser. Se o que se quer é um substantivo, um representâmen icônico pode ser denominado de *hipoícone*. Qualquer imagem material, como uma pintura, é grandemente convencional em seu modo de representação, porém em si mesma, sem legenda ou rótulo, pode ser denominada *hipoícone*.

277. Os hipoícones, *grosso modo*, podem ser divididos de acordo com o modo de Primeiridade de que participem. Os que participam das qualidades simples, ou Primeira Primeiridade, são *imagens*; os que representam as relações, principalmente as diádicas, ou as que são assim consideradas, das partes de uma coisa através de relações análogas em suas próprias partes, são *diagramas*; os que representam o caráter representativo de um representâmen através da representação de um paralelismo com alguma outra coisa, são *metáforas*.

278. A única maneira de comunicar diretamente uma ideia é através de um ícone; e todo método de comunicação indireta de uma ideia deve depender, para ser estabelecido, do uso de um ícone. Daí segue-se que toda asserção deve conter um ícone ou conjunto de ícones, ou então deve conter signos cujo significado só seja explicável por ícones. A ideia significada por um conjunto de ícones (ou o equivalente a um conjunto de ícones) contido numa asserção pode ser denominada de *predicado* da asserção.

279. Voltando-nos agora para a evidência retórica, é fato comum a existência de representações tais como os ícones. Todo quando (por mais convencional que seja seu método) e essencialmente uma representação dessa espécie. Também o é todo diagrama, ainda que não haja semelhança sensível alguma entre ele e seu objeto, mas apenas uma analogia entre as relações das partes de cada um. São particularmente merecedores de nota os ícones cuja semelhança é ajudada por regras convencionais. Assim, uma fórmula algébrica é um ícone, tornada tal pelas regras de comutação, associação e distribuição dos símbolos. À primeira vista, pode parecer uma classificação arbitrária denominar uma expressão algébrica de ícone; e que ela poderia ser da mesma forma, ou com mais razão ainda, considerada como um signo convencional composto. Mas não é assim, pois uma importante propriedade peculiar ao ícone é a de que, através de sua observação direta, outras verdades relativas a seu objeto podem ser descobertas além das que bastam para determinar sua construção. Assim, através de duas fotografias pode-se desenhar um mapa, etc. Dado um signo convencional ou um outro signo geral de um objeto, para deduzir-se qualquer outra verdade além da que ele explicitamente significa, é necessário, em todos os casos, substituir esse signo por um ícone. Esta capacidade de revelar verdades insuspeitadas é exatamente aquela na qual consiste a utilidade das fórmulas algébricas, de tal modo que o caráter icônico é o que prevalece.

280. O fato de ícones da espécie algébrica, embora normalmente muito simples, existirem em todas as proposições gramaticais comuns é uma das verdades filosóficas trazidas à luz pela lógica booleana. Em todas as escritas primitivas, como nos hieróglifos egípcios, há ícones de um tipo não lógico, os ideógrafos. Nas primeiras formas da fala houve, provavelmente, grande quantidade de elementos de mimetismo. Contudo, em todas as línguas conhecidas, tais representações foram substituídas pelos signos auditivos convencionais. Estes, no entanto, são de tal natureza que só podem ser explicados através de ícones. Mas, na sintaxe de toda língua, existem ícones lógicos do tipo dos que são auxiliados por regras convencionais...

281. As fotografias, especialmente as do tipo "instantâneo", são muito instrutivas, pois sabemos que, sob certos aspectos, são exatamente como os objetos que representam. Esta semelhança, porém, deve-se ao fato de terem sido produzidas em circunstâncias tais que foram fisicamente forçadas a corresponder ponto por ponto à natureza. Sob esse aspecto, então, pertencem à segunda classe dos signos, aqueles que o são por conexão física. E outro o caso se eu supuser que é provável que as zebras sejam animais obstinados ou, por qualquer outra razão, desagradáveis, porque parecem ter uma semelhança genérica com as mulas, e estas são teimosas. Aqui, as mulas estão servindo exatamente como um semelhante provável da zebra. É verdade que supomos que a semelhança tem uma causa física na hereditariedade, porém esta afinidade hereditária é, ela mesma, apenas uma inferência oriunda da semelhança entre dois animais, e não temos (como no caso da fotografia) nenhum conhecimento independente sobre as circunstâncias da produção das duas espécies. Outro exemplo do uso de uma semelhança é o desenho que um artista faz de uma estátua, de uma composição pictórica, de uma construção arquitetônica, ou de uma peça

de decoração, através de cuja contemplação ele pode assegurar-se se aquilo que ele está propondo será bonito ou satisfatório. A questão que ele se colocou é assim respondida quase com certeza, uma vez que se relaciona à maneira pela qual o próprio artista será afetado. Verifica-se que o raciocínio dos matemáticos gira fundamentalmente em torno do uso de semelhanças, que são os próprios gonzos dos portões de sua ciência. A utilidade da semelhança para os matemáticos consiste na sugestão que fazem, de um modo bastante preciso, de novos aspectos de supostos estados de coisas...

282. Muitos diagramas não se assemelham, de modo algum, com seus objetos, quanto à aparência; a semelhança entre eles consiste apenas quanto à relação entre suas partes. Assim, podemos indicar a relação entre as diferentes espécies de signos através de uma chave:

$$\text{Signos} \begin{cases} \text{Ícones,} \\ \text{Índices,} \\ \text{Símbolos} \end{cases}$$

Isso é um ícone. Mas o único aspecto pelo qual se assemelha a seu objeto é que a chave mostra que as classes de *ícones*, *índices* e *símbolos* estão relacionadas umas com as outras e com a classe geral dos signos, como de fato estão, de um modo geral. Quando, em álgebra, escrevemos equações uma sob a outra, numa disposição regular, particularmente quando usamos letras semelhantes para coeficientes correspondentes, a disposição obtida é um ícone. Um exemplo:

$$a_1 x + b_1 y = n_1$$

$$a_2 x + b_2 y = n_2$$

Isso é um ícone, pelo fato de fazer com que se assemelhem quantidades que mantêm relações análogas com o problema. Com efeito, toda equação algébrica, é um ícone, na medida em que *exibe*, através de signos algébricos (que em si mesmos não são ícones), as relações das quantidades em questão.

Pode-se discutir se todos os ícones são semelhanças ou não. Por exemplo, se um bêbado é exibido com o fito de ressaltar, por contraste, as excelências da temperança, isso é certamente um ícone, mas é discutível se se tem aqui uma semelhança ou não. A questão parece relativamente banal.

2. ÍNDICES GENUÍNOS E DEGENERADOS

283. Um *índice* ou *Sema*[a] (σῆμα) é um Representâmen cujo caráter Representativo consiste em ser um segundo individual. Se a Secundidade for uma relação existencial, o índice é *genuíno*. Se a Secundidade for uma referência, o índice é *degenerado*. Um índice genuíno e seu Objeto devem

---

a. Sema é usualmente reservado para os dicissignos de índice que constituem uma subclasse dos índices.

ser individuais existentes (quer sejam coisas ou fatos), e seu Interpretante imediato deve ter o mesmo caráter. Mas, dado que todo individual deve ter caracteres, segue-se que um índice genuíno pode conter uma Primeiridade, e portanto um ícone, como uma sua parte constituinte. Todo individual é um índice degenerado de seus próprios caracteres.

284. *Subíndices* ou *Hipossemas* são signos que se tornam tais principalmente através da conexão real com seus objetos. Assim, um substantivo próprio, um demonstrativo pessoal, um pronome relativo ou a letra que se aplica a um diagrama, denota o que denota em virtude de uma conexão real com seu objeto, mas nenhum desses elementos é um índice, dado que não são individuais.

285. Examinemos alguns exemplos de índices. Vejo um homem que anda gingando. Isso é uma indicação provável de que é marinheiro. Vejo um homem de pernas arqueadas usando calça de veludo, botas e uma jaqueta. Estas são indicações prováveis de que é um jóquei ou algo assim. Um quadrante solar ou um relógio *indicam* a hora. Os geômetras colocam letras em partes diferentes de seus diagramas e, a seguir, usam estas letras para indicar essas partes. As letras são usadas de modo semelhante por advogados e outros. Assim, podemos dizer: Se A e B são casados e têm um filho C, sendo D irmão de A, então D é tio de C. Neste caso, A, B, C e D preenchem as funções de pronomes relativos, porém são mais convenientes do que estes, dado que não requerem uma especial colocação de palavras. Uma batida na porta é um índice. Tudo o que atrai a atenção é índice. Tudo o que nos surpreende é índice, na medida em que assinala a junção entre duas porções de experiência. Assim, um violento relâmpago indica que *algo* considerável ocorreu, embora não saibamos exatamente qual foi o evento. Espera-se, no entanto, que ele se ligue com alguma outra experiência.

286. ... Um barômetro a marcar pressão baixa e ar úmido é índice de chuva; isto é, supomos que as forças da natureza estabelecem uma conexão provável entre o barômetro que marca pressão baixa com o ar úmido e a chuva iminente. Um catavento é um índice da direção do vento dado que, em primeiro lugar, ele realmente assume a mesma direção do vento, de modo tal que há uma conexão real entre ambos, e, em segundo lugar, somos constituídos de tal forma que, quando vemos um catavento apontando numa certa direção, nossa atenção é atraída para essa direção e, quando vemos o catavento girando com o vento, somos forçados, por uma lei do espírito, a pensar que essa direção tem uma relação com o vento. A estrela polar é um índice, ou um dedo indicador, que nos mostra onde fica o Norte. Um nível de bolha, ou um fio de prumo, é um índice da direção vertical. Um metro de madeira, à primeira vista, poderia parecer um ícone de um metro, e assim seria se pretendesse meramente mostrar um metro da maneira mais próxima possível de como um metro pode ser visto e considerado. Contudo, o verdadeiro propósito de um metro de madeira é o de mostrar um metro de uma maneira mais aproximada do que poderia ser avaliado por sua aparência. E isto ele o faz em consequência de uma acurada comparação mecânica com a barra guardada em Paris e que se chama *metro*. Assim, é uma conexão real que atri-

bui ao metro de madeira seu valor como representâmen, e com isso ele é um *índice*, e não um mero *ícone*.

287. Quando um cocheiro, para atrair a atenção de um pedestre e fazer com que ele se afaste, grita "Ei!", esse grito, na medida em que é uma palavra significativa, como se verá a seguir, é algo mais do que um índice; porém, na medida em que se pretende que apenas atue sobre o sistema nervoso do ouvinte de modo a levá-lo a sair do lugar, é um índice, dado que se pretende colocá-lo numa conexão real com o objeto, que é sua situação relativa ao veículo que se aproxima. Suponhamos que dois homens se encontrem numa estrada e que um deles diga ao outro: "A chaminé daquela casa está acesa". O outro olha à sua volta e vê uma casa com cortinas verdes e varanda e com uma chaminé da qual sai fumaça. Anda algumas milhas e encontra um segundo viajante. Com simplicidade, diz: "A chaminé daquela casa está acesa". "Que casa?", pergunta o outro. "Oh, uma casa com cortinas verdes e uma varanda", responde o simplório. "Onde está a casa?" pergunta o forasteiro. Ele deseja um *índice* que ligue a informação que lhe dão com a casa pretendida. Palavras apenas não podem fazê-lo. Os pronomes demonstrativos "este" e "aquele" são índices. Pois levam o ouvinte a usar seus poderes de observação, estabelecendo dessa maneira uma conexão real entre sua mente e o objeto; e se o pronome demonstrativo o faz – sem o que seu significado não é compreendido – estabelece a conexão desejada; e, portanto, é um índice. Os pronomes relativos *quem* e *o que* requerem uma atividade de observação bastante similar, só que no seu caso a observação tem de ser dirigida para as palavras antecedentes. Os advogados usam A, B, C, praticamente, como pronomes relativos bastante efetivos. Para demonstrar quão efetivos eles são, podemos observar que Allen e Greenough, em sua admirável (embora, na edição de 1877, demasiado restrita) Gramática Latina, declaram que nenhuma sintaxe concebível poderia remover inteiramente a ambiguidade desta frase: "A respondeu a B que ele achava C (seu irmão) mais injusto para com ele mesmo do que para com seu próprio amigo"[a] Ora, qualquer advogado diria a mesma coisa com perfeita clareza, usando A, B e C como pronomes relativos, da seguinte forma:

A respondeu a B que ele (A)/(B) achava C (seu (de A)/(de B) irmão)

mais injusto para com ele mesmo (A)/(B)/(C) do que para com seu (de A)/(de B)/(de C) próprio amigo.[1]

a. *New Latin Grammar*, p. 131n (edição de 1884).

1. As gramáticas modernas definem o pronome como a palavra usada em lugar do nome. Essa é uma doutrina antiga que, surgida no começo do século XIII, desapareceu das gramáticas durante várias centenas de anos. Contudo, a que a substituiu não era muito clara e, quando irrompeu uma fúria irracional contra o pensamento medieval, ela foi varrida do caminho. Algumas gramáticas recentes, como a de Allen e Greenough, colocam as coisas de novo em seu devido lugar. Não há razão alguma para dizer-se que *eu*, *vós*, *aquele*, *este* estão em lugar de nomes; indicam coisas do modo mais direto possível. E impossível exprimir aquilo a que uma asserção se refere exceto através de um

As terminações que, em toda língua flexionada, estão ligadas a palavras "governadas" por outras palavras, e servem para mostrar qual é a palavra governante, através da repetição daquilo que, em outra parte, é expresso da mesma forma, são igualmente *índices* da mesma espécie dos pronomes relativos. Qualquer trecho de poesia latina ilustra este ponto, tal como a sentença de doze linhas que começa por "*Jam satis terris*". Tanto nessas terminações quanto em A, B, C, o ato de chamar a atenção para o objeto certo depende de uma semelhança. Contudo, isto não as torna ícones, de algum modo importante, pois não tem consequência alguma o modo pelo qual são redigidas as letras A, B e C ou quais sejam as terminações. A circunstância importante não é que uma ocorrência da letra A seja igual a uma ocorrência anterior, porém sim *o fato de que há uma compreensão de que letras iguais representam a mesma coisa*, e isto atua como uma força que chama a atenção de uma ocorrência de A para uma ocorrência prévia. Um pronome possessivo é um índice sob dois aspectos: primeiramente, indica o possuidor e, em segundo lugar, tem uma modificação que sintaticamente leva a atenção para a palavra que denota a coisa possuída.

288. Alguns índices são instruções mais ou menos detalhadas daquilo que o ouvinte precisa fazer a fim de pôr-se em conexão experiencial direta ou de outro tipo, com a coisa significada. Assim, a Guarda Costeira divulga "Avisos aos Navegantes" dando latitude e longitude, quatro ou cinco posições de objetos importantes, etc. e dizendo *há* um rochedo, ou um banco de areia, ou uma boia, ou barco-farol. Embora existam outros elementos nessas instruções na essência são índices.

289. Junto com tais instruções indiciais sobre o que fazer para encontrar o objeto significado, deveriam ser classificados aqueles pronomes que seria mister denominar pronomes *seletivos* (ou quantificadores) porque informam o ouvinte sobre como deve ele escolher um dos objetos pretendidos, porém que os gramáticos designam, de um modo bastante indefinido, de pronomes *indefinidos*. Duas espécies destes pronomes são particularmente importantes na lógica, os *seletivos universais*, tais como *quivis, quilibet, quisquam, ullus, nullus, nemo, quisque, merque*, e para nós *qualquer, cada, todos, nenhum, nem um, qualquer que, quem quer que, cada qual, qualquer um, ninguém*. Isto significa que o ouvinte é livre para escolher qualquer dos casos que preferir dentro dos limites expressos ou compreendidos, e a asserção pretende ser adequada a esse caso. A outra espécie importante na lógica consiste nas *partículas seletivas, quis, quispiam, néscio quis, aliquis, quidam*, e para nós *algum, algo, alguém, uma, uma certa, este ou aquele, o adequado, um*.

índice. Um pronome é um índice. Um nome, por outro lado, não *indica* o objeto que denota; e quando um nome é usado para mostrar aquilo sobre o que se fala, confia-se na experiência do ouvinte para compensar a incapacidade do nome de fazer aquilo que o pronome realiza de imediato. Assim, um nome é um substituto imperfeito de um pronome. Os nomes também servem para ajudar os verbos. Um pronome deveria ser definido como *uma palavra que pode indicar qualquer coisa com a qual a primeira e segunda pessoas mantém conexões reais adequadas, através do ato de chamar a atenção da segunda pessoa para isso*. Aliene Greenough dizem que "os pronomes indicam alguma pessoa ou coisa sem as nomear ou descrever" (p. 128, edição de 1884). Isto é correto – confortavelmente correto; só que parece melhor dizer o que os pronomes *fazem*, e não apenas o que não fazem.

Associadas aos pronomes acima há expressões como *todos menos um*; *um ou dois*; *uns poucos*; *quase todos*; *um sim, um não*, etc. Com os pronomes é preciso classificar os advérbios de lugar e tempo, etc.

Não muito distintas destas são *o primeiro, o último, o sétimo, dois terços de, milhares de*, etc.

290. Outras palavras indiciais são as preposições, e as frases preposicionadas como "à direita (ou esquerda) de". Direita e esquerda não podem ser distinguidas por uma descrição geral qualquer. Outras preposições significam relações que talvez possam ser descritas; porém quando se referem, como o fazem mais frequentemente do que se pensa, a uma situação relativa à localização e atitude observada, ou que se supõe ser experimentalmente conhecida, do locutor relativamente à localização e atitude do ouvinte, neste caso o elemento Indicial é o elemento predominante.[2]

291. ícones e índices nada afirmam. Se um ícone pudesse ser interpretado por uma sentença, tal sentença deveria estar num "modo potencial", isto é, ela simplesmente diria "Suponhamos que uma figura tem três lados", etc. Fosse um índice assim interpretado, o modo deveria ser imperativo ou exclamatório, como em "Olhe lá!" ou "Cuidado!" Mas, a espécie de signos que passamos a considerar acham-se, por natureza, no modo "indicativo" ou, como deveria ser chamado, no modo *declarativo*. Sem dúvida podem eles servir para a expressão de qualquer outro modo, pois podemos dizer que as asserções são duvidosas, ou simples interrogações, ou requisitos imperativos.[3]

---

2. Se um lógico tivesse de elaborar uma língua *de novo* – o que, na verdade, ele quase tem de fazer – naturalmente iria dizer: Necessitarei de preposições para expressar as relações temporais de *antes, depois* e *ao mesmo tempo que*, necessitarei de preposições para expressar as relações espaciais de *adjacência, inclusão, justaposição, ao alcance de, próximo de, distante de, à direita de, acima de, abaixo de, antes de, atrás de*, e necessitarei de preposições para expressar movimentos na direção de ou a partir destas situações. Quanto ao resto, metáforas são suficientes. Só se eu pretender que minha língua seja usada por pessoas que tenham um grande acidente geográfico relacionado da mesma forma com todas elas, como uma cordilheira, o mar, um grande rio, é que será desejável dispor de proposições que signifiquem situações relativas a esse fato, como *através, na direção do mar*, etc. Mas, quando examinamos línguas reais, é como se elas tivessem preenchido com gestos o lugar de muitas destas distinções. Os egípcios não tinham preposição alguma, nem demonstrativo, que fizessem qualquer referência direta ao Nilo. No entanto, os esquimós, tão envolvidos em suas peles de urso, têm demonstrativos que estabelecem distinção entre *na direção da terra, na direção do mar, norte, sul, leste e oeste*. Examinando, porém, os casos ou preposições de qualquer língua real, descobrimos que elas se apresentam como um conjunto aleatório.

3. A nomenclatura da gramática, como a da lógica, deriva principalmente de um latim tardio, com as palavras sendo transpostas do grego, o prefixo latino traduzindo o prefixo grego e a raiz latina, a raiz grega. Contudo, enquanto as palavras da lógica foram escolhidas com enfadonho cuidado, os gramáticos foram excessivamente descuidados, e nenhum mais do que Prisciano. A palavra *indicativo* é uma das criações de Prisciano. Com toda evidência, ela pretendia traduzir o termo de Aristóteles ἀποφαντική. Contudo, a palavra equivale exatamente a *declarativo*, tanto na significação quanto em relação às regras de transposição: *de*, tomando o lugar de ἀπο como é usual nessas formações artificiais (demonstração por ἀπόδειξιX, etc.) e *clarare* representando φαίνειν, tornar claro. A razão talvez de Prisciano não haver escolhido a palavra *declaratiuus* foi que Apuleio (cf. *Geschichte der Logik*, I, 581, de Prantl), grande autoridade em palavras, usou-a com um sentido algo diverso.

3. A NATUREZA DOS SÍMBOLOS

292. Um *Símbolo* é um Representâmen cujo caráter representativo consiste exatamente em ser uma regra que determinará seu Interpretante. Todas as palavras, frases, livros e outros signos convencionais são Símbolos. Falamos em escrever ou pronunciar a palavra "man", (homem) mas isso é apenas uma *réplica*, ou corporificação da palavra, que é pronunciada ou escrita. A palavra, em si mesma, não tem existência embora tenha um ser real que *consiste no* fato que os existentes se *deverão* conformar a ela. É, uma forma geral de sucessão de três sons ou representamens de sons, que só se torna um signo pelo fato de que um hábito, ou lei adquirida, fará com que suas réplicas sejam interpretadas como significando "man". A palavra e seu significado são, ambos, regras gerais; porém, dos dois, apenas a palavra prescreve a qualidade de suas réplicas em si mesmas. A "palavra" e seu "significado" não diferem em nenhum outro aspecto, a menos que algum sentido especial seja atribuído ao "significado".

293. Um Símbolo é uma lei ou regularidade do futuro indefinido. Seu Interpretante deve obedecer à mesma descrição, e o mesmo deve acontecer com o Objeto imediato completo, ou significado[4]. Contudo, uma lei necessariamente governa, ou "está corporificada em" individuais, e prescreve algumas de suas qualidades. Consequentemente, um constituinte de um Símbolo pode ser um índice, e um outro constituinte pode ser um ícone. Um homem, que caminha com uma criança, levanta o braço para o ar, aponta e diz: "Lá está um balão". O braço que aponta é uma parte essencial do símbolo, sem a qual este não veicularia informação alguma. Mas, se a criança perguntar: "O que é um balão?", e o homem responder: "É algo como uma grande bolha de sabão", ele torna a imagem uma parte do símbolo. Assim, embora o objeto completo de um símbolo, quer dizer, seu significado, seja da natureza de uma lei, deve ele *denotar* um individual e deve *significar* um caráter. Um símbolo *genuíno* é um símbolo que tem um significado geral. Há duas espécies de símbolos degenerados, o *Símbolo Singular*, cujo Objeto é um existente individual, e que significa apenas aqueles caracteres que aquele individual pode conceber; e o *Símbolo Abstrato*, cujo Objeto único é um caráter.

294. Embora o Interpretante imediato de um índice deva ser índice, dado que seu Objeto pode ser o Objeto de um Símbolo (Singular) Individual, o índice pode ter um tal Símbolo como seu Interpretante indireto. Mesmo um Símbolo genuíno pode ser seu Interpretante imperfeito. Desse modo, um *ícone* pode ter um índice degenerado, ou um Símbolo Abstrato, por Interpretante indireto, e um índice ou Símbolo genuíno por Interpretante imperfeito.

295. Um *Símbolo* é um signo naturalmente adequado a declarar que o conjunto de objetos que é denotado por qualquer conjunto de índices

---

4. Há duas maneiras pelas quais um Símbolo pode ter uma Coisa Existencial como seu Objeto real. Em primeiro lugar, a coisa pode conformar-se a ele, quer acidentalmente ou em virtude de ter o Símbolo a virtude de um hábito que se expande e, em segundo lugar, pelo fato de o Símbolo ter um índice como parte de si mesmo. Mas o objeto imediato de um símbolo só pode ser um símbolo, e se ele tiver, em sua própria natureza, uma outra espécie de objeto, isto deve ocorrer através de uma *série sem fim*.

que possa, sob certos aspectos, a ele estar ligado, é representado por um ícone com ele associado. Para mostrar aquilo que esta complicada definição significa, tomemos como exemplo de um símbolo a palavra "ama". Associada a esta palavra está uma ideia, que é o ícone mental de uma pessoa amando uma outra. Devemos entender que "ama" ocorre numa sentença, pois aquilo que ela pode significar por si mesma, se é que significa algo, não interessa aqui. Seja, então, a sentença "Ezequiel ama Hulda". Assim, Ezequiel e Hulda devem ser ou conter índices, pois sem índices é impossível designar aquilo sobre o que se está falando. Uma simples descrição qualquer deixaria incerto se eles são ou não apenas personagens de uma balada; porém, quer eles o sejam ou não, índices podem designá-los. Pois bem, o efeito da palavra "ama" é que o par de objetos denotado pelo par de índices Ezequiel e Hulda é representado pelo ícone ou imagem que temos, em nossas mentes, de um enamorado e sua amada.

296. O mesmo é igualmente verdadeiro a respeito de todo verbo no modo declarativo; e, na realidade, de qualquer verbo, pois os outros modos são apenas declarações de um fato ligeiramente diferente daquele que é expresso pelo modo declarativo. Quanto ao substantivo, considerando o significado que ele tem na sentença, e não em si mesmo, é ele convenientemente encarado como parte de um símbolo. Assim, a sentença "todo homem ama uma mulher" equivale a "tudo o que for homem ama algo que é mulher". Aqui, "tudo o que" é um índice seletivo universal, "for homem" é um símbolo, "ama" é um símbolo, "algo que" é um índice seletivo particular, e "é mulher" é um símbolo...

297. A palavra *Símbolo* possui tantos significados que seria uma ofensa à língua acrescentar-lhe mais um. Creio que a significação que lhe atribuo, a de um signo convencional, ou de um signo que depende de um hábito (adquirido ou nato), não é tanto um novo significado, mas sim um retorno ao significado original. Etimologicamente, deveria significar uma coisa que corre junto com, tal como ἔμβολον (êmbolo) é uma coisa que corre dentro de algo, um ferrolho, e como παράβολον (parabolum) é uma coisa que corre ao lado de, segurança colateral, e como ʽπόβολον (hipobolum) é uma coisa que corre por baixo de, um presente antenupcial. Normalmente se diz que na palavra *símbolo* é preciso entender o "correr junto com" no sentido de "conjecturar"; mas, se fosse este o caso, deveríamos descobrir que *algumas vezes*, pelo menos, significaria uma conjectura, significado à cuja procura em vão vasculharíamos a literatura. Os gregos, porém, usavam com muita frequência "lançar junto" (σὺμβάλλειν) para significar a celebração de um contrato ou convenção. Ora, encontramos a palavra símbolo (σύμβολον) amiúde, desde cedo, usada para significar uma convenção ou contrato. Aristóteles chama o substantivo de "símbolo", isto é, um signo convencional[a]. Em grego, fogueira é um "símbolo", isto é, um sinal convencionado; um estandarte ou insígnia é um "símbolo", uma senha é um "símbolo", um emblema é um "símbolo"; um credo religioso é chamado de "símbolo", porque serve como emblema ou contrassenha; uma entrada de teatro é um "símbolo"; um bilhete ou talão qualquer que autorize alguém a receber algo é um

---

a. *De Interpretatione*, II, 16a, 12.

"símbolo". Além do mais, qualquer expressão de sentimento era chamada de "símbolo". Esses eram os significados principais da palavra na língua original. O leitor julgará se bastam para justificar minha pretensão de que não estou distorcendo seriamente a palavra ao fazer dela o emprego que proponho.

298. Qualquer palavra comum, como "dar", "pássaro", "casamento", é exemplo de símbolo. O símbolo é *aplicável a tudo o que possa concretizar a ideia ligada à palavra*; em si mesmo, não identifica essas coisas. Não nos mostra um pássaro, nem realiza, diante de nossos olhos, uma doação ou um casamento, mas supõe que somos capazes de imaginar essas coisas, e a elas associar a palavra.

299. Uma progressão regular de um, dois, três pode ser observada nas três ordens de signos, Ícone, índice e Símbolo. O Ícone não tem conexão dinâmica alguma com o objeto que representa; simplesmente acontece que suas qualidades se assemelham às do objeto e excitam sensações análogas na mente para a qual é uma semelhança. Mas, na verdade, não mantém conexão com elas. O índice está fisicamente conectado com seu objeto; formam, ambos, um par orgânico, porém a mente interpretante nada tem a ver com essa conexão, exceto o fato de registrá-la, depois de ser estabelecida. O símbolo está conectado a seu objeto por força da ideia da mente-que-usa-o-símbolo, sem a qual essa conexão não existiria.

300. Toda força física atua entre um par de partículas, uma qualquer das quais pode servir como um índice da outra. Por outro lado, veremos que toda operação intelectual envolve uma tríade de símbolo.

301. Um símbolo, como vimos, não pode indicar uma coisa particular qualquer; ele denota uma espécie de coisa. É não apenas isso como também, em si mesmo, uma espécie e não uma coisa singular. Podemos escrever a palavra "estrela", porém isso não faz, de quem a escreveu, o criador da palavra, assim como se apagarmos a palavra, não a destruímos. A palavra vive na mente dos que a usam. Mesmo que estejam dormindo, ela existe em suas memórias. Assim, podemos admitir, se houver razão para assim proceder, que os universais são meras palavras, e isto sem dizer, como Ocam supunha,[a] que na verdade são individuais.

302. Os símbolos crescem. Retiram seu ser do desenvolvimento de outros signos, especialmente dos ícones, ou de signos misturados que compartilham da natureza dos ícones e símbolos. Só pensamos com signos. Estes signos mentais são de natureza mista; denominam-se conceitos suas partes-símbolo. Se alguém cria um novo símbolo, ele o faz por meio de pensamentos que envolvem conceitos. Assim, é apenas a partir de outros símbolos que um novo símbolo pode surgir. *Omne symbolum de symbolo.* Um símbolo, uma vez existindo, espalha-se entre as pessoas. No uso e na prática, seu significado cresce. Palavras como *força*, *lei*, *riqueza*, *casamento* veiculam-nos significados bem distintos dos veiculados para nossos antepassados bárbaros. O símbolo pode, como a esfinge de Emerson, dizer ao homem:

De teu olho sou um olhar.

---

a. Cf. *Tractatus Logicae*, I, xiv.

4. SIGNO[a]

303. Qualquer coisa que conduz alguma outra coisa (seu *interpretante*) a referir-se a um objeto ao qual ela mesma se refere (seu *objeto*), de modo idêntico, transformando-se o interpretante, por sua vez, em signo, e assim sucessivamente *ad infinitum*.

Sem dúvida, uma consciência inteligente deve entrar nessa série. Se a série de interpretantes sucessivos vem a ter fim, em virtude desse fato o signo torna-se, pelo menos, imperfeito. Se tendo sido determinada uma ideia interpretante numa consciência individual, essa ideia não determina um signo subsequente, ficando aniquilada essa consciência ou perdendo toda lembrança ou outro efeito significante do signo, torna-se impossível saber se alguma vez existiu uma tal ideia nessa consciência; e, neste caso, é difícil saber como poderia ter qualquer significado dizer que essa consciência jamais teve essa ideia, uma vez que o ato de dizer isso já seria um interpretante dessa ideia.

304. Um signo é um *ícone*, um *índice* ou um *símbolo*. Um *ícone* é um signo que possuiria o caráter que o torna significante, mesmo que seu objeto não existisse, tal como um risco feito a lápis representando uma linha geométrica. Um *índice* é um signo que de repente perderia seu caráter que o torna um signo se seu objeto fosse removido, mas que não perderia esse caráter se não houvesse interpretante. Tal é, por exemplo, o caso de um molde com um buraco de bala como signo de um tiro, pois sem o tiro não teria havido buraco; porém, nele existe um buraco, quer tenha alguém ou não a capacidade de atribuí-lo a um tiro. Um *símbolo* é um signo que perderia o caráter que o torna um signo se não houvesse um interpretante. Tal é o caso de qualquer elocução de discurso que significa aquilo que significa apenas por força de compreender-se que possui essa significação.

5. ÍNDICE[b]

305. Um signo, ou representação, que se refere a seu objeto não tanto em virtude de uma similaridade ou analogia qualquer com ele, nem pelo fato de estar associado a caracteres gerais que esse objeto acontece ter, mais sim por estar numa conexão dinâmica (espacial inclusive) tanto com o objeto individual, por um lado, quanto, por outro lado, com os sentidos ou a memória da pessoa a quem serve de signo.

Nenhuma questão de fato pode ser asseverada sem o uso de algum signo que sirva como índice. Se A diz a B "Há um incêndio", B perguntará "Onde?" A partir do que, A vê-se forçado a recorrer a um índice, mesmo que ele esteja fazendo referência a um lugar qualquer do universo real, passado e futuro. Caso contrário, ele apenas teria dito que existe uma ideia como a de fogo, que não veicularia informação alguma porquanto, a menos que já fosse conhecida, a palavra "fogo" seria ininteligível. Se A aponta o dedo na direção do fogo, seu dedo está dinamicamente conec-

---

a. *Dictionary of Philosophy & Psychology*, vol. 2. p. 527.
b. Ibidem, vol. 1. p. 531-2.

tado ao fogo, tal como se um alarma contra fogo auto ativante o tivesse voltado nessa direção, ao mesmo tempo em que também força o olhar de B a virar-se nessa direção, sua atenção a debruçar-se sobre o fato, e sua compreensão a reconhecer que sua pergunta está sendo respondida. Se a resposta de A for "A cerca de mil metros daqui", a palavra "aqui" é um índice, pois tem exatamente a mesma força que teria se ele houvesse apontado energicamente para o chão entre ele e B. Além disso, a palavra "metro", embora represente um objeto de uma classe geral, indiretamente é Indicial, posto que as barras de um metro são, em si mesmas, signo de um padrão, e isso não porque possuam qualidades similares, pois todas as propriedades pertinentes de uma barra pequena são, tanto quanto podemos perceber, as mesmas de uma barra grande, mas sim porque cada uma delas, foi concreta ou virtualmente, acertada com o protótipo e sujeita a certas operações dinâmicas, enquanto que a compulsão associativa traz à nossa mente, quando vemos uma delas, várias experiências, e leva-nos a encará-las como relacionadas a algo de extensão fixa, ainda que possamos não ter refletido sobre o fato de que o padrão é uma barra material. Tais considerações poderiam induzir o leitor a supor que os índices se referem exclusivamente a objetos da experiência, e que não haveria uso algum para eles na matemática pura, que lida, como o faz, com criações ideais, sem se preocupar com o fato de elas serem ou não concretizadas em algum momento. Contudo, as construções imaginárias do matemático, e mesmo os sonhos, aproximam-se da realidade ao ponto de disporem de um certo grau de fixidez, em consequência do que podem ser reconhecidas e identificadas como individuais. Em resumo, há uma forma degenerada de observação que é dirigida para as criações de nossas mentes – usando a palavra observação em seu sentido pleno como implicando algum grau de fixidez e de quase-realidade no objeto com o qual procura conformar-se. Assim, vemos que os índices são absolutamente indispensáveis na matemática; e até que esta verdade fosse compreendida, fracassaram todos os esforços no sentido de reduzir a normas a lógica das relações triádicas e relações superiores, enquanto que, tão logo foi apreendida, resolveu-se o problema. Letras comuns da álgebra que não apresentam peculiaridade alguma são índices. Também o são as letras A, B, C, etc. ligadas a uma figura geométrica. Advogados e outras pessoas que precisam enunciar com precisão um caso complicado recorrem às letras para distinguir individuais. As letras assim usadas não passam de simples pronomes relativos melhorados. Assim, enquanto pronomes demonstrativos e pessoais são, tal como são costumeiramente empregados, "índices genuínos", os pronomes relativos são "índices degenerados", pois embora possam, acidental e indiretamente, referir-se a coisas existentes, referem-se diretamente, e é tudo ao que precisam referir-se, a imagens na mente que foram previamente criadas pelas palavras.

306. Os índices podem distinguir-se de outros signos, ou representações, por três traços característicos; primeiro, não têm nenhuma semelhança significante com seus objetos; segundo, referem-se a individuais, unidades singulares, coleções singulares de unidades ou a contínuos singulares; terceiro, dirigem a atenção para seus objetos através de uma compulsão cega. Mas seria difícil, senão impossível, citar como exemplo um

índice absolutamente puro, ou encontrar um signo qualquer absolutamente desprovido da qualidade indicial. Psicologicamente, a ação dos índices depende de uma associação por contiguidade, e não de uma associação por semelhança ou de operações intelectuais. Consulte 1.558.

6. SÍMBOLO[a]

307. Um Signo (q.V.) se constitui em signo simplesmente ou principalmente pelo fato de ser usado e compreendido como tal, quer seja o hábito natural ou convencional, e sem se levar em consideração os motivos que originariamente orientaram sua seleção. Σύμβολον é usado várias vezes por Aristóteles, neste senti do, em *Peri hermeneias*, no *Sophistici Elenchi* e em outros textos.

308. THEMA[b]: Palavra proposta em 1635 por Burgersdicius (Burgersdyk) em sua *Lógica* (I., ii., §) para "quod intellectui çognoscendum proponi potest" contudo, o que ele parece significar é aquilo que por vezes Aristóteles vagamente exprime por λόγος, o objeto imediato de um pensamento, um significado.

É da natureza de um signo, e particularmente de um signo que se torna significante por uma característica que reside no fato de que será interpretado como signo. Sem dúvida, nada é signo a menos que seja interpretado como signo; mas a característica que o faz ser interpretado como referindo-se a seu objeto pode ser tal que pertença a ele independentemente de seu objeto e apesar de seu objeto nunca ter existido, ou pode estar numa relação tal com seu objeto que ele a teria da mesma forma quer fosse interpretado como signo ou não. No entanto, o *thema* de Burgersdicius parece ser um signo que, tal como uma palavra, está ligado a seu objeto por uma convenção de que deve ser assim entendido, ou então por um instinto natural ou por um ato intelectual que o toma como um representativo de seu objeto, sem que necessariamente ocorra uma ação qualquer que poderia estabelecer uma conexão fatual entre signo e objeto. Se era esse o significado de Burgersdicius, seu *thema* é a mesma coisa que o presente autor denomina de "símbolo" (Cf. Signo).

a. Ibidem, vol. 2, p. 640.
b. Ibidem, vol. 2, p. 691-692.

5. Proposições

1. AS CARACTERÍSTICAS DOS DICISSIGNOS

309. Das três classes da (terceira) tricotomia dos representamens – os signos simples ou substitutivos, ou *sumissignos* (*remas*); os signos duplos ou informativos, quase-proposições ou dicissignos; os signos triplos ou racionalmente persuasivos, ou *argumentos* ou *suadissignos* – aquela cuja natureza é, sob todos os aspectos, a mais fácil de compreender se é a segunda, a das quase-proposições, apesar de a questão sobre a natureza essencial do "juízo" ser, hoje, a mais contestada de todas as questões da lógica. A verdade é que *todas* essas classes são de natureza bastante intrincada; contudo, o problema atual é desnecessariamente complicado pelo fato de a atenção da maioria dos lógicos, ao invés de estender-se às proposições em geral, limita- se aos "juízos" ou atos de aceitação mental de proposições, o que envolve não apenas caracteres, além dos das proposições em geral – caracteres necessários para diferenciá-las como proposições de uma espécie particular –, mas que envolve ainda, além da própria proposição mental, o ato peculiar do assentimento. O problema já é bastante difícil quando apenas procuramos analisar a natureza essencial do *Dicissigno* em geral, isto é, o tipo de signo que *veicula* informação, em contraposição ao signo (tal como o ícone) do qual se pode derivar informação[1].

310. A prova característica mais à mão que mostra se um signo é um Dicissigno ou não, é que um Dicissigno ou é verdadeiro, ou falso, não

---

1. Explicar o juízo em termos da "proposição" é explicá-lo por aquilo que é essencialmente inteligível. Explicar a proposição em termos do "juízo" é explicar aquilo que é inteligível por si só em termos de um ato psíquico, que é o mais obscuro dos fenômenos ou fatos.

fornecendo, contudo, as razões de ser desta ou daquela maneira. Isto mostra que um Dicissigno deve professar referência ou relato a algo como tendo um ser real independentemente de sua representação como tal e, mais, que esta referência ou relação não deve ser apresentada como sendo racional, mas sim surgir como uma Secundidade cega. No entanto, o único tipo de signo cujo objeto é necessariamente existente é o índice genuíno. Na verdade, este índice poderia ser uma parte de um Símbolo, porém, neste caso, a relação surgiria como racional. Por conseguinte, um Dicissigno necessariamente representa a si mesmo como sendo um índice genuíno e nada mais. Neste ponto, deixemos de lado todas as outras considerações e vejamos que espécie de signo um signo deve ser para que, de qualquer forma, represente a si mesmo como sendo um Índice genuíno de seu Objeto, e nada além disso. Substituindo "representa como sendo" por uma interpretação mais clara, o enunciado que se apresenta é que o Interpretante do Dicissigno representa uma identidade do Dicissigno com um índice genuíno do Objeto real do Dicissigno. Ou seja, o Interpretante representa uma relação existencial real ou Secundidade genuína, tal como ela subsiste entre o Dicissigno e seu Objeto real. Mas, o Interpretante de um Signo não pode representar Objeto algum além daquele do próprio Signo. Donde, esta mesma relação existencial deve ser um Objeto do Dicissigno, se este possui algum Objeto real. Esta relação existencial representada, sendo um Objeto do Dicissigno, faz desse Objeto real, que é correlato desta relação, também um Objeto do Dicissigno.

311. Este último Objeto pode ser identificado como *Objeto Primário*, denominando-se o outro *Objeto Secundário*. O Dicissigno, na medida em que é o relato da relação existencial que é o Objeto Secundário do Dicissigno, pode, evidentemente, não ser o Dicissigno todo. É, simultaneamente uma parte do Objeto e uma parte do Interpretante do Dicissigno. Dado que o Dicissigno é representado em seu Interpretante como sendo um Índice de um complexo enquanto tal, deve ser representado nesse mesmo Interpretante como sendo composto por duas partes, que correspondem respectivamente a seu Objeto e a si mesmo (o Dicissigno). Isto é, a fim de compreender o Dicissigno, é preciso considerá-lo como composto por duas partes dessa ordem, quer seja ele, em si mesmo, composto ou não. É difícil ver como isso pode assim ser, a menos que ele realmente tenha essas duas partes; contudo, isso talvez seja possível. Consideremos separadamente estas duas partes representadas. A parte que é representada para representar o Objeto Primário, uma vez que o Dicissigno é representado como sendo um índice de seu Objeto, deve ser representada como um índice, ou como algum representâmen de um índice, do Objeto Primário. A parte que é representada para representar uma parte do Dicissigno é representada ao mesmo tempo como parte do Interpretante e parte do Objeto. Deve, portanto, ser representada como uma tal espécie de Representâmen (ou representar tal espécie), assim como o mesmo deve ter seu Objeto e seu Interpretante. Ora, um Símbolo não pode nem mesmo ter a si próprio como seu Objeto, pois é uma lei governando seu Objeto. Por exemplo, se eu disser "Esta proposição veicula informação sobre si mesma" ou "Seja o termo 'esfinge' um termo geral que denote tudo da natureza de um símbolo que for aplicável a cada 'esfinge' e a nada

mais", estarei dizendo um puro *nonsense*. Um Representâmen medeia entre seu Interpretante e seu Objeto, e aquilo que não pode ser o Objeto do Representâmen não pode ser Objeto do Interpretante. Donde, *a fortiori*, é impossível que um Símbolo tenha seu Objeto como seu Interpretante. Um índice pode muito bem representar a si mesmo. Assim, todo número tem um duplo e, consequentemente, a coleção completa dos números pares é um índice da coleção completa dos números, e portanto esta coleção de números pares contém um índice de si mesmo. Contudo, é impossível para um índice ser seu próprio Interpretante, dado que um índice não é mais que uma existência individual numa Secundidade com alguma coisa; e só se torna um índice ao ser capaz de ser representado por algum Representâmen, como estando naquela relação. Se esse Interpretante pudesse ser ele mesmo, não haveria diferença alguma entre um índice e um Segundo. Um ícone, entretanto, é, estritamente, uma possibilidade envolvendo uma possibilidade, e assim, a possibilidade de ele ser representado como uma possibilidade é a possibilidade da possibilidade envolvida. É apenas neste tipo de Representâmen, então, que o Interpretante pode ser o Objeto. Consequentemente, aquele constituinte do Dicissigno que é representado no Interpretante como sendo uma parte do Objeto, deve ser representado por um ícone ou por um Representâmen de um ícone. O Dicissigno, tal como deve ser compreendido a fim de ser compreendido, em geral, deve conter aquelas duas partes. Mas o Dicissigno é representado como sendo um índice do Objeto, naquilo em que este último envolve algo que corresponde aquelas partes; e é esta a Secundidade da qual o Dicissigno é representado como sendo seu índice. Donde, o Dicissigno deve exibir uma conexão entre essas partes dele mesmo, e deve representar essa conexão como correspondendo a uma conexão no objeto entre o Objeto Primeiro Secundário (*i.e.*, o objeto primeiro na medida em que é diádico em sua estrutura) e a Primeiridade (ou qualidade do objeto primeiro) indicada pela parte (do Objeto Primeiro Secundário) correspondente ao Dicissigno.

312. Concluímos, então, que, se conseguíssemos abrir nosso caminho através do labirinto dessas abstrações, um Dicissigno definido como um Representâmen cujo Interpretante o representa como um índice de seu Objeto, deve ter as seguintes características:

Primeira: A fim de ser compreendido, deve ser considerado como tendo duas partes. Destas, uma, *que pode ser chamada de Sujeito*, é ou representa um índice de um Segundo existente independentemente de ser representado, enquanto que a outra, *que pode ser chamada de Predicado*, é ou representa um ícone de uma Primeiridade (ou qualidade, ou essência); Segunda: Estas duas partes devem ser representadas como conectadas; e de uma tal forma que, se o Dicissigno tiver algum Objeto, ele (o Dicissigno) deve ser um Índice de uma Secundidade que subsiste entre o Objeto Real representado numa parte representada do Dicissigno a ser indicado e uma Primeiridade representada na outra parte representada do Dicissigno a ser Iconizado.

313. Examinemos agora se estas conclusões, junto com a hipótese de que procedem, mantêm-se válidas em relação a todos os signos que professam veicular informação sem fornecer disso nenhuma persuasão ra-

cional; e se, do mesmo modo, elas não se sustentam em relação a todos os signos que não veiculam informação, assim como todos aqueles que fornecem evidência da verdade de sua informação, ou razões para nela acreditar. Se nossa análise suportar estas verificações podemos inferir que a definição de Dicissigno em que, considera-se, encontra sustentáculo, pelo menos dentro da esfera dos signos, é presumivelmente sólida para além dessa esfera.

314. Nossa definição impede um Ícone de ser um Dicissigno, uma vez que o Interpretante próprio de um Ícone não pode representá-lo como sendo um Índice, sendo o índice essencialmente mais complicado do que o ícone. Em consequência do que, não deveria haver signos informativos entre os Ícones. De fato, verificamos que os Ícones podem ser do maior auxílio na obtenção de informação – em geometria, por exemplo – porém ainda assim é verdade que um ícone não pode, por si mesmo, veicular informação, uma vez que seu Objeto é tudo aquilo que é semelhante ao ícone, e é seu Objeto na medida em que é semelhante ao ícone.

2. SUJEITOS E PREDICADOS

315. Toda proposição é um Símbolo informativo. Nossas conclusões não impedem os Dicissignos de serem Símbolos; mas principiemos por examinar se nossa definição e conclusões aplicam-se ou não as proposições ordinárias. Como ponto de referência, fixemos a proposição "Tully tem uma verruga no nariz". Isso é uma proposição quer seja verdadeira ou não, quer alguém a afirme ou não e quer alguém concorde com ela ou não. Um ato de asserção pressupõe que, formulando-se uma proposição, uma pessoa realize um ato que a torna passível de sofrer as penalidades da lei social (ou, de qualquer forma, as da lei moral) no caso desse ato não ser verdadeiro, a menos que essa pessoa tenha uma justificativa definida e suficiente; e um ato de assentimento e um ato da mente através do qual a pessoa se esforça por imprimir sobre sua disposição os significados da proposição, de modo que ela governe sua conduta, incluindo o pensamento subjacente à conduta, sendo que este hábito está sempre em disponibilidade para ser rompido caso surjam razões para que assim se faça. Ora, realizando qualquer desses atos, a proposição é reconhecida como proposição quer o ato seja realizado ou não. Tampouco pode uma objeção sólida alicerçar-se no fato de que uma proposição é sempre compreendida como algo que *poderia* ser asseverado e assentido[2]. Pois nossa definição do Dicissigno mais do que reconhece a verdade de que ao fazer essa enunciação (supondo-se que a proposição seja um Dicissigno) seu Interpretante (isto é. a representação mental, ou o pensamento, que ela tende a determinar) representa a proposição como um Índice genuíno de um Objeto Real. independente da representação. Pois um índice envolve a existência de seu Objeto. A definição (do Dicissigno) acrescenta que este Objeto é uma Secundidade ou fato real. Está fora de questão que

---

2. Contudo, se alguém preferir uma forma de análise que demais importância ao fato indiscutível de que uma proposição é algo capaz de ser asseverado e assentido, não lenho intenção de opor-me a esse propósito. Não creio que minha analise ponha a devida ênfase naquilo que, com justa razão, poderia pôr.

isto é verdadeiro quanto às proposições ordinárias "ampliativas", ou seja, que o que elas pretendem representar é um fato. Contudo, em relação às proposições explicativas, e de maneira especial em relação às definições, surgem dúvidas. Se uma definição deve ser compreendida como algo que introduz o *definitum*, de tal forma que ela signifique "Seja isto e aquilo – o *definitum* – significando isto e aquilo – a definição", neste caso trata-se de uma proposição no modo imperativo e, consequentemente, não é uma proposição, uma vez que uma proposição equivale a uma sentença no modo indicativo. Assim, a definição somente é uma proposição se o *definitum* for do prévio conhecimento do intérprete. Mas, neste caso, ela está claramente veiculando uma informação quanto ao caráter desse *definitum*, o que é notório. Tome-se, porém, uma proposição "analítica", isto e, uma proposição explicativa, e, para começar, tome-se a fórmula "A é A". Se com isto se pretende enunciar algo sobre coisas reais, a fórmula é de todo ininteligível. Deve ser compreendida como significando algo a respeito de símbolos; não há dúvida que o verbo substantivo "é" exprime uma das relações que qualquer coisa mantém consigo mesma, tal como "ama tudo o que possa ser amado". Assim compreendida, a fórmula veicula informação sobre um símbolo. Um símbolo não é um individual, é verdade. Mas toda informação sobre um símbolo é informação sobre cada uma de suas réplicas; e uma réplica é estritamente um individual. Assim, que informação a proposição "A é A" fornece a respeito desta réplica? A informação é a de que, se a réplica for modificada de modo a portar o mesmo nome antes dela e depois dela, neste caso o resultado será uma réplica de uma proposição que nunca estará em conflito com fato algum. Dizer que algo *nunca* estará não é enunciar um fato real, e até que ocorra alguma experiência – quer seja uma experiência material ou uma experiência imaginária –, que poderia constituir-se numa ocasião para um conflito com a proposição em apreço, essa enunciação, tanto quanto sabemos, não representa nenhuma Secundidade concreta. Contudo, assim que uma tal ocasião se apresenta, a proposição relaciona-se com a réplica singular que então ocorre e com a experiência singular, e descreve a relação entre elas. Observações deste mesmo tipo aplicam-se a toda proposição explicativa. A proposição "Toda fênix, ao levantar-se de suas cinzas, canta o Hino da Independência" não estará, disso podemos estar certos, em conflito com qualquer experiência. Se assim for, ela é perfeitamente verdadeira. "Todo triângulo de quatro lados é azul escuro" é necessariamente verdadeira, dado que é impossível que qualquer experiência entre em conflito com essa afirmativa[a]. No entanto, ambas as proposições não têm sentido. Igualmente sem sentido é toda proposição explicativa que é verdadeira, a menos que seja encarada como uma proposição sobre uma certa espécie de símbolo cuja réplica realmente ocorre. Se se admite que "O homem é bípede" e uma proposição explicativa, isso

---

a. Se se considerar "algum" como envolvendo a existência daquilo que ele quantifica, neste caso as proposições 1 e O de não-existentes devem ser ambas falsas; em oposição tanto E como A seriam verdadeiras, de modo que todos os universais, que afirmativos ou negativos, são verdadeiros dos não-existentes. Ver lambem 324, 327, 369.

não significa nada a menos que haja uma ocasião na qual o nome "homem" possa ser aplicado. Se houver uma tal ocasião, em relação a esse evento existencial individual, diz-se que o termo "bípede" pode ser a ele aplicado. Isto é. numa ocasião na qual a palavra "bípede" é aplicada, o resultado nunca estará em conflito com experiência alguma, real ou imaginaria. Deste modo, toda espécie de proposição ou não tem sentido ou tem por Objeto uma Secundidade concreta. Este é um fato que todo leitor de filosofia deveria ter sempre em mente, traduzindo toda proposição abstratamente expressa em seu significado exato com referência a uma experiência individual. O sistema de gráficos existenciais[a], que e capaz de expressar toda proposição do modo mais analítico que se desejar, expressa uma asserção ao ligar concretamente uma réplica individual à folha individual; e tal possível ligação e exatamente aquilo que o Interpretante de uma proposição representa antes de enunciar-se a proposição.

316. Procedamos agora a uma comparação entre as conclusões que derivam da definição abstrata de um Dicissigno com os fatos relativos às proposições. A primeira conclusão é que toda proposição contém um *Sujeito* e um *Predicado*, com o primeiro representando (ou sendo) um índice do Objeto Primeiro, ou Correlato da relação representada, e o último representando (ou sendo) um Ícone do Dicissigno, sob algum aspecto. Antes de indagar se toda proposição possui essas partes, vejamos se as descrições que delas foram dadas são acuradas, quando houver tais partes. A proposição "Caim mata Abel" tem dois sujeitos. "Caim" e "Abel", e relaciona-se tanto com os Objetos reais de um destes quanto com os do outro. Contudo, tal proposição pode ser encarada como relacionando-se primacialmente com a Díade composta por Caim, como primeiro membro, e por Abel, como segundo. Este Par é um objeto individual singular que tem esta relação com Caim e com Abel de tal modo que sua existência *consiste* na existência de Caim e na existência de Abel e em nada mais. O Par, embora sua existência dependa, assim, da existência de Caim e da existência de Abel, é, não obstante, tão verdadeiramente existente quanto os dois membros o são separadamente. A *Díade* não é necessariamente o Par. A Díade é um diagrama mental que consiste em duas imagens de dois objetos, uma existencialmente conectada com um membro do par, a outra com o outro; tendo uma, ligada a si, como seu representante, um Símbolo cujo significado é "Primeiro" e a outra um Símbolo cujo significado é "Segundo". Assim, este diagrama, a Díade, representa Índices de Caim e Abel, respectivamente; e com isso, a questão está de acordo com nossa conclusão. A seguir, consideremos o sujeito da proposição "Todo homem é filho de duas pessoas". Isto supõe um diagrama mental de um par intitulado "Primeiro" e "Segundo", tal como antes (ou, melhor, por símbolos a estes equivalentes para esse propósito especial), porém, em vez das duas unidades do Diagrama serem diretamente consideradas como índices de dois existentes individuais, o Interpretante do diagrama representa o fato de que, se o intérprete da proposição em sua totalidade por um ato da mente conecta concretamente uma das unidades do diagrama a um homem individual qualquer, haverá uma relação existente

a. Ver vol. 4. livro II.

conectando a outra unidade a um certo par de individuais cujo predicado, se o intérprete da proposição toda conecta um deles especialmente com essa unidade, será verdadeiro quanto a essa Díade individual na ordem de seus membros. Sem dúvida, isto não significa que a pessoa que compreende suficientemente o diagrama na realidade passe por este elaborado processo de pensamento, mas apenas que isso é o que em substância tem de ser feito, completa e acuradamente, para compreender-se a proposição. O gráfico da proposição ajudará a ver que isto é realmente assim. Neste caso, como no anterior, o Sujeito representa a Díade individual, da qual a proposição é o Símbolo, a ser representada por um índice. Se a proposição tem um sujeito abstrato, como "Vermelhidão" ou "Justiça", ela pode ser tratada ou, no estilo dos escolásticos, como um *exponible*, isto é, uma proposição cuja construção real está disfarçada por um tropo gramatical; ou, se isto não permite a interpretação verdadeira, a proposição discorre sobre um universo que compreende uma réplica de cada coleção de símbolos possíveis, algo indefinidos, mas que abrange tudo aquilo que necessita ser considerado. Não podemos dizer "todas que são pertinentes", uma vez que coleção alguma poderia exaurir os símbolos pertinentes possíveis. No caso de uma proposição *condicional*[3], "Se gear esta noite suas rosas morrerão", o significado é que qualquer réplica da proposição "Esta noite geará", que pode ser verdadeiro, coexiste com uma réplica verdadeira da proposição "suas rosas morrerão". Isto envolve uma representação de um índice tanto quanto o faz o sujeito da proposição "Toda rosa morrerá".

317. Passando agora as considerações sobre o predicado, está bastante claro que a última proposição, ou qualquer outra como ela, somente veicula sua significação através do ato de excitar na mente alguma imagem ou, de certo modo, uma fotografia composta de imagens, tal como a Primeiridade significada. Isto, todavia, não ataca de frente a questão, que consiste não naquilo que nossa constituição mental faz acontecer, mas sim em como o predicado representa a Primeiridade que ele significa[4].

3. *Condicional* é a designação certa, e não hipotética, se é que as regras expostas pelo autor em "Ética da Terminologia Filosófica" devem ser seguidas. O significado de ὑποθετικός, era bastante impreciso entre os gregos, mas parece que nos últimos tempos a palavra passou a ser aplicada a toda proposição composta; assim, Apuleio, ao tempo de Nero, emprega a tradução *conditionalis*, dizendo: "Propositionum igitur, perinde ut ipsarum conclusionum, duae species sunt: altera praedicativa, quae etiam simplex est; ut si dicamus, *qui regnat, beatus est*: altera substitutiva, vel conditionalis, quae etiam composita est; ut si aias: *qui régnat, si sapit, beatus est.* Substituis enim conditionem, qua, nisi sapiens est, non sit beatus." (Cf. *Geschichte der Logik*, I, 580, 581). Contudo, já na época de Boécio e de Cassiodoro, isto é, por volta de 500 DC, ficou assentado que *hypothetica* se aplica a qualquer proposição composta, e *conditionalis* a uma proposição que afirma uma única coisa caso uma condição estabelecida numa cláusula à parte seja preenchida. Tal era o uso desses termos universalmente aceito através da Idade Média. Portanto, as *hipotéticas* deveriam ter sido divididas em *disjuntivas* e *copulativas*. Eram costumeiramente divididas em condicionais, disjuntivas e copulativas. Mas, na verdade, as condicionais são apenas um tipo especial das *disjuntivas*. Dizer "Se gear esta noite, suas rosas morrerão" é o mesmo que dizer "Ou não vai gear, ou, suas rosas morrerão esta noite." Uma disjuntiva não exclui, ao mesmo tempo, a verdade de ambas as alternativas: (Cf. 345/347).

4. O termo de Mill, *conota*, não é muito preciso. Conotar significa, propriamente, denotar num sentido secundário. Assim, "matador" conota uma coisa viva que foi morta. Quando os escolásticos diziam que um adjetivo *conotava*, queriam dizer que ele conotava

O predicado é, necessariamente, um *Sumissigno Icônico* [Rema] (o que nem sempre é verdadeiro quanto ao sujeito) e enquanto tal, assim como descobriríamos através de uma análise exaustiva do Sumissigno, essencialmente significa aquilo que significa representando a si mesmo para representar um seu ícone. Sem uma análise do Sumissigno, este ponto permanece um tanto obscuro.

318. Chegamos, em seguida, à questão sobre se toda proposição tem um Sujeito e um Predicado. Demonstrou-se, acima, que isto é verdadeiro a respeito de uma Condicional, e facilmente se percebe que o mesmo acontece com qualquer Disjuntiva. Mas uma Disjuntiva ordinária tem uma tal construção que um modo de analisá-la é tão bom quanto outro. Ou seja, dizer "Ou A ou B é verdadeiro" pode ser considerado a mesma coisa que dizer "Uma réplica de um Símbolo é verdadeira, a qual não é verdadeira se nenhuma réplica de A for verdadeira e nenhuma réplica de B for verdadeira" ou que "Se uma réplica de A não é verdadeira, uma réplica de B é verdadeira" ou que "Se uma réplica de B não é verdadeira, uma réplica de A é verdadeira." Todas essas enunciações vêm a desembocar num mesmo sentido, tal como "Algum X é Y", "Algum Y é X" e "Algo é tanto X quanto Y" querem dizer a mesma coisa. Uma perfeita análise em profundidade coloca toda a substância do Dicissigno no Predicado. Uma proposição copulativa, de um modo ainda mais óbvio, tem um Sujeito e um Predicado. Ela predica a relação genuinamente Triádica de *Tricoexistência*, "P e Q e R coexistem". Pois dizer que tanto A quanto B são verdadeiros é dizer que algo existe que *tricoexiste* com réplicas verdadeiras de A e B. Alguns autores de lógica têm tamanho vezo ou são tão ignorantes que dão como exemplos de proposições sem qualquer sujeito as sentenças latinas *fulget* e *lucet*. Contudo, quem pode deixar de ver que estas palavras não veiculam informação alguma sem uma referência (que normalmente será Indicial, pois o índice é o meio ambiente comum aos interlocutores) às circunstâncias sob as quais se declara que ocorre a Primeiridade que elas significam?

319. A proposição deveria ter uma *Sintaxe* concreta, que é representada como sendo o índice daqueles elementos do fato representado que correspondem ao Sujeito e ao Predicado. Isto é manifesto em todas as proposições. Desde Abelardo é costume fazer desta Sintaxe uma terceira parte da proposição, sob o nome de Cópula. A causa histórica do aparecimento desta concepção no século XII foi que, sem dúvida, o latim dessa época não permitia a omissão do verbo *est* que era habitualmente, embora não invariavelmente, omitido em grego, e não muito raramente também no latim clássico. Em muitas línguas não existe esse verbo. Mas é evidente que não nos subtraímos à necessidade de uma Sintaxe ao considerar a

a abstração designada pelo substantivo abstrato correspondente. Contudo, o uso comum de um adjetivo não envolve referência a abstração alguma. A palavra *significar* tem sido o termo técnico normal desde o século XII, quando John de Salisbury (*Metalogicus*, II, xx falou de "quod fere in omnium ore celebre est, aliud scilicet esse quod appellativa (*i.e.* adjetivas) *significam*, et aliud esse quod *nominant*. Nominantur singularia (i.e., coisas e fatos individuais existentes) sed universalia (i.e. Primeiridade) significantur." Cf. meu texto de 13 de novembro de 1867 (capitulo seguinte) ao qual eu agora (1902) poderia acrescentar uma variedade de exemplos em apoio ao que é aqui dito a respeito de *conotar* e *significar*.

Cópula como uma terceira parte da proposição; e é mais simples dizer que ela é apenas a forma acidental que a Sintaxe pode assumir.

320. Foi assim suficientemente demonstrado que todas as proposições se conformam à definição do Dicissigno e aos corolários extraídos dessa definição. Uma proposição é, em suma, um Dicissigno que é um Símbolo. Mas um índice pode, da mesma forma, ser um Dicissigno. O retrato de um homem com o nome de um homem escrito embaixo dele é, estritamente, uma proposição, embora sua sintaxe não seja a do discurso e embora o próprio retrato não apenas representa, porém é um Hipoicone. No entanto, o substantivo próprio se aproxima tanto da natureza de um índice que isto deveria bastar para dar ideia de um índice informativo. Exemplo melhor é uma fotografia. A mera impressão, em si mesma, não veicula informação alguma. Mas o fato de ela ser virtualmente uma secção de raios projetados a partir de um objeto *conhecido sob outra forma*, torna-a um Dicissigno. Todo Dicissigno, tal como reconhece o sistema de Gráficos Existenciais, é uma ulterior determinação de um signo já conhecido do mesmo objeto. Talvez esse ponto não seja suficientemente evidenciado na presente análise. Deve-se observar que esta conexão da impressão, que é o quase-predicado da fotografia, com a secção dos raios, que é o quase-sujeito, é a Sintaxe do Dicissigno; e tal como a Sintaxe da proposição, é um *fato* concernente ao Dicissigno considerado como um Primeiro, isto é, em si mesmo, independentemente de ser um signo. Assim, todo signo informativo envolve um Fato, que é uma Sintaxe. Deste modo, torna-se evidente que os Dicissignos Indiciais estão igualmente de acordo com a definição e com os corolários.

321. Deve-se observar que esta concordância, em relação tanto às proposições quanto aos índices informativos, independe de serem asseverados ou assentidos. Ora, na análise até aqui proposta tem-se a impressão de que se pensou que se a asserção ou, em qualquer caso, o assentimento, fosse omitida, a proposição não se distinguiria de um termo composto geral – "Um homem é alto", reduzir-se-ia então a "Um homem alto". Por conseguinte, torna-se importante indagar se a definição de um Dicissigno que aqui se verificou ser aplicável a este (ainda que não seja "julgado") talvez não seja igualmente aplicável àquele. A resposta, porém, surge em seguida. Compreender e assimilar totalmente o símbolo "um homem alto" não é, em absoluto, requisito para entendê-lo como relacionando-se, ou professando relacionar-se, com um Objeto real. Seu Interpretante, por conseguinte, não o representa como sendo um índice genuíno; e assim, a definição do Dicissigno não se lhe aplica. É aqui impossível entrar num exame completo sobre se a análise proposta faz justiça à distinção entre proposições e argumentos. Contudo, é fácil de ver que a proposição pretende ter por objetivo compelir seu Interpretante a referir-se a seu Objeto real, isto é, representa a si mesmo como sendo um índice, enquanto que o argumento pretende ter por objetivo não uma compulsão mas uma ação através de universais compreensíveis, isto é, representa seu caráter como sendo especialmente simbólico.

322. A análise acima exposta é a melhor que o autor pode fazer, no momento, do Dicissigno. Por mais satisfatória que possa parecer em seus pontos principais, não é provável que, em relação aos princípios gerais, ela

permaneça em pé sem maiores ou menores correções, embora possa parecer que não seria possível aproximar-se mais da verdade. E duvidoso que ela se aplique a todos os tipos de proposição. Esta definição do Dicissigno leva naturalmente a supor-se que um Sumissigno é qualquer Representâmen cujo Interpretante representa-o como um ícone; e que o Argumento ou Suadissigno é um Representâmen cujo Interpretante representa-o como um Símbolo. Um exame mais acurado encoraja o estudioso a acreditar que isso se parece com a verdade, porém na medida em que esse exame se desenvolve, surgem dúvidas sobre se essa seria toda a história...

3. DICOTOMIAS DAS PROPOSIÇÕES

323. Os Dicissignos Indiciais parecem não ter variedades importantes, porém as proposições são primacialmente divisíveis, em geral por dicotomia, de várias formas. Em primeiro lugar, conforme a *Modalidade* ou *Modo*, uma proposição é ou *de inesse* (frase usada nas *Summulae*[5]) ou *modal*. Uma proposição *de inesse* contempla apenas o estado de coisas existente – isto é, que existe no universo lógico do discurso[a]. Uma proposição modal considera toda uma gama de possibilidades. Conforme afirme que algo é verdadeiro ou falso através de toda a gama de possibilidades, ela será *necessária* ou *impossível*. Conforme afirme que algo é verdadeiro ou falso dentro da gama de possibilidades (não incluindo ou excluindo expressamente o estado de coisas existente), ela será *possível* ou *contingente*. (Estes termos procedem todos de Boécio.)[b]

324. O sujeito de uma proposição pode ser *Singular, Geral* ou *Abstrato*. É singular se indicar um individual conhecido sob outra forma. É geral se descrever como um individual determinado pode ser selecionado. Um sujeito geral é (tal como normalmente se reconhece) *Universal* ou *Particular* (e *Indefinido*). (Estes três últimos termos encontram-se em Apuleio, da época de Nero. Mas o presente autor não percebeu nenhuma distinção justificada entre o indefinido e o particular). Há, nos livros, uma doutrina complicada quanto ao significado destes termos, considerando-se que alguns tipos de universais afirmam a existência de seus sujeitos. Ao não proceder assim, o presente autor torna semelhantes todos os universais. Então, um sujeito *Universal* é o que indica que a proposição se aplica a qualquer individual que há no universo ou a qualquer que *possa haver* de uma descrição geral sem dizer que há algum. Um sujeito *Particular* é o que não indica qual individual é pretendido, mas que dá uma descrição geral dele,

---

5. As *Summulae Logicales* de Petrus Hispanus, o qual Prantl (*Geschichte der Logik*, II, 266 ff), autor de pouco discernimento e de saber superestimado, cuja útil história da Lógica cheia de erros, apreciações incorrectas e teorias insensatas, e cuja linguagem vituperativa justifica quase tudo o que se diz a respeito dele, absurdamente sustenta ter sido esse livro substancialmente traduzido de um livro grego, quando o foi manifestamente do latim. As *Summulae* de Petrus Hispanus são quase idênticas a alguns outros trabalhos contemporâneos e evidentemente demonstram uma doutrina que tinha sido ensinada nas escolas por volta de 1200 d.C. Depois de Boécio, é a mais alta autoridade em terminologia da lógica, segundo os pontos de vista éticos do presente autor.

a. *I.e.*, pode ser enunciada em termos de uma implicação material filoniana. Cf. 348.
b. Prantl, op. cit., I, 581.

porém professa indicar pelo menos um individual existente. É material a ordem na qual ocorrem os sujeitos Universais e Particulares. Assim, "Alguma mulher é adorada por qualquer espanhol que possa existir", tem como primeiro sujeito "Alguma mulher" um particular, e como segundo, "qualquer espanhol que possa existir", um universal. Mas "Qualquer espanhol que possa existir adora alguma mulher" apresenta os mesmos sujeitos em ordem inversa e, com isso, um significado diferente. Concebe-se perfeitamente que um sujeito possa ser descrito como não sendo nem Universal, nem Particular; como nas (*Summulae*) *excludentes* do tipo "Todos os homens menos um é um pecador". O mesmo se pode dizer de todas as espécies de proposições numéricas, tal como "Todo inseto tem um número par de pernas". Mas estes podem ser considerados Sujeitos Particulares Coletivos. Um exemplo de sujeito Universal Coletivo seria "Quaisquer duas pessoas fechadas juntas num mesmo lugar por-se-ão a discutir". Um conjunto é, logicamente, um individual. A distinção entre sujeito Universal e Particular é material, e não apenas formal; e tal distinção parece ser (e na Idemde Média assim foi considerada) essencialmente da mesma natureza que a distinção entre proposições Necessárias e Possíveis.

325. A distinção entre proposições *Hipotéticas*, *Categóricas* e *Relativas* também é importante. No entanto, a última possui algumas diferenças importantes em relação às outras.

326. A distinção entre proposições *Afirmativas* e *Negativas*, tal como aplicada às proposições categóricas ordinárias, é puramente questão de forma. Um processo chamado *Infinitação* (usado por Abelardo, *Opera hactenus Inedita*, p.225, e desde então constantemente usado em todas as línguas ocidentais até nossos dias), e que consiste em acrescentar o prefixo *não* – a um termo, converte a proposição de negativa em *afirmativa*, ou numa assim chamada proposição *Infinita*. A diferença entre uma proposição negativa e uma proporção infinita é do mesmo tipo da que existe em Latim quando se diz *non est* ou *est non*, formas estas entre as quais não há diferença de significado. "Sócrates non est mortalis" é a forma usual, mas, se pode também dizer "Sócrates est non mortalis". Cumpre lembrar que a lógica atraiu para seu estudo alguns dos escritores mais pueris, e ainda continua a fazê-lo.

327. Finalmente, toda proposição é *falsa* ou *verdadeira*. É falsa se qualquer proposição puder ser legitimamente deduzida a partir dela, sem nenhuma ajuda de falsas proposições, o que entraria em conflito com um juízo perceptivo direto, se se pudesse ter um juízo deste tipo. Uma proposição é verdadeira se não for falsa. Por conseguinte, uma forma de proposição inteiramente despida de significado, se isso for chamado de proposição, deve ser classificada entre as proposições verdadeiras.

4. UMA INTERPRETAÇÃO PRAGMÁTICA DO SUJEITO LÓGICO

328. Todo símbolo que possa ser um constituinte direto de uma proposição é denominado *termo* (*terminus*, Boécio)[a]. Os lógicos normalmente dizem que uma proposição categórica tem "dois termos", *sujeito* e

---

a. Prantl, op. cit., I, 696.

predicado, no que, por um descuido na expressão, ou por copiar Aristóteles[a], eles por acaso deparam com a verdade. Sua doutrina costumeira (embora frequentemente não enunciada numa sentença) é que uma tal proposição possui três termos, sujeito, predicado e *cópula* (Abelardo)[b]. A designação correta do sujeito e do predicado, de acordo com sua doutrina, é *extremos*, que é traduzido da mesma palavra grega da qual se traduziu termos (ὅρος). A doutrina comum faz da cópula o único verbo, enquanto que todos os outros termos são ou substantivos próprios ou substantivos comuns. O presente autor mantém o *é* como parte inseparável do nome genérico, uma vez que isto permite a mais simples e a mais satisfatória explicação da proposição[c]. Na grande maioria das línguas não há nomes genéricos e adjetivos que não sejam concebidos como partes de algum verbo (mesmo quando, na verdade, não há tal verbo) e, por conseguinte, não se requer nada parecido à cópula para a formação de sentenças em tais línguas. O autor (embora não tenha pretensões de ser um linguista) remexeu nas gramáticas de muitas línguas à procura de uma língua elaborada da maneira pela qual os lógicos saem de seu caminho para ensinar que todos os homens pensam (pois mesmo que o façam, isso nada tem a ver com lógica). A única língua desse tipo que o presente autor conseguiu encontrar foi o basco, que parece não ter mais do que dois ou três verbos, sendo todas as outras palavras principais concebidas como substantivos. Toda língua deve ter nomes próprios; e não há verbo algum envolvido num nome próprio. Por conseguinte, pareceria haver aí uma sugestão direta de um substantivo comum ou de um adjetivo. Contudo, apesar dessa sugestão, quase todo povo considera as palavras genéricas como partes dos verbos. Isto parece refutar a psicologia dos lógicos.

329. Um substantivo próprio, quando nos deparamos com ele pela primeira vez, está existencialmente conectado a algum percepto ou outro conhecimento individual equivalente do individual que esse nome designa. *Então*, e somente então, é o referido nome um índice genuíno. Na próxima vez em que nos deparamos com ele, é preciso considerá-lo como um ícone daquele índice. Uma vez adquirida uma familiaridade habitual com ele, o nome torna-se um Símbolo cujo Interpretante o representa como ícone de um Índice do Individual nomeado.

330. Se o leitor procurar, num manual de química, uma definição de *lítio*, será informado de que o lítio é o elemento cujo peso atômico é aproximadamente sete. Contudo, se o autor do manual tiver uma mente mais lógica, ele dirá que se o leitor procurar entre os minerais vítreos, translúcidos, cinzas ou brancos, muito duros, quebradiços, e insolúveis, por um material que propicie um tom carmesim a uma chama não luminosa, este mineral triturado com oxido de cálcio ou viterita, e a seguir fundido, pode ser parcialmente dissolvido em ácido muriático; e se a solução sofrer um processo de evaporação, e o resíduo for extraído com ácido sulfúrico, e devidamente purificado, poderá ser convertido, através

---

a. Ὅρον δὲ καλῶ εἰς ὃν διαλύεται ἡ πρότασις, οἷον τά τε κατηγορούμενον καὶ τὸ καθ᾽ οὗ κατηγορεῖται, diz Aristóteles.

b. Prantl, op. cit., II, 197.

c. Cf. 3.459.

de métodos comuns, num cloreto o qual, sendo obtido no estado sólido, fundido, e eletrolizado com uma meia dúzia de células poderosas, produzirá um glóbulo de um metal prateado, cor rosa-pálido, que flutua na gasolina; e *esse* material é uma espécie de lítio. A peculiaridade desta definição – ou melhor, desta prescrição, que é mais útil do que uma definição – é que ela diz aquilo que a palavra lítio denota ao prescrever o que o leitor deve *fazer* a fim de ganhar um conhecimento perceptual do objeto da palavra. Todo sujeito de uma proposição, a menos que seja um índice (tal como o meio circundante dos interlocutores, ou algo que nesse meio atraia a atenção, tal como um dedo apontado do locutor) ou um Subíndice (tal como um nome próprio, pronome pessoal ou pronome demonstrativo), deve ser um *Preceito*, ou Símbolo que não apenas descreve ao Intérprete o que deve ser feito, por ele ou outros ou ambos, a fim de obter-se um índice de um individual (quer seja uma unidade ou um conjunto singular de unidades) cuja proposição é representada como sendo verdadeira, mas que também atribui uma designação a esse individual ou, se for um conjunto, a cada unidade singular do conjunto. Até que se encontre uma designação melhor, tal termo pode ser denominado Preceito. Assim, o Sujeito da proposição "Qualquer espanhol que possa existir adora alguma mulher" pode, de uma forma melhor, ser considerado como "Tome-se um individual qualquer A, no universo, e então haverá algum individual B, no universo, tal que A e B, nesta ordem, formem uma díade da qual o que se segue é verdadeiro", sendo o Predicado "–ou não é um espanhol ou então adora uma mulher que é–".

331. Qualquer termo capaz de ser o sujeito de uma proposição pode ser denominado *Onome*. Um termo Categoreumático (Duns Scotus, mas provavelmente antes) é qualquer termo capaz de ser o sujeito ou predicado de uma proposição. Um *Termo Sincategoreumático* (Sincategoremático) ou *Syncathegreuma* (*Summulae*[a]) é um Símbolo que vai formar um Termo *Categoreumático* (Categoremático). A Cópula parece ficar no meio, não sendo nem categoreumática, nem sincategoreumática...

5. A NATUREZA DA ASSERÇÃO[b]

332. Vejamos agora no que consiste a natureza essencial da *asserção*. Aqui, posso apenas reenunciar, ainda que numa forma melhorada, uma doutrina de *grammatica speculativa* que inicialmente publiquei em 1867[c]. Desde essa data, na medida em que progrediam meus estudos filosóficos, fui levado, mais de uma dezena de vezes, a colocar seriamente em questão essa doutrina, e a submetê-la a um rígido e completo reexame. Cada reexame, ainda que levando a alguma modificação mais ou menos importante, só fez confirmar minha estima pela doutrina contestada. Creio que estou, agora, em condições de enunciá-la de modo tal que pouco

a. Cf. Prantl. op. cit., II, 272.
b. § 5 e § 6 são de "That Categorical and Hypothetical Propositions are one in essence, with some connected matters", de 1895 aprox.
c. "On a New List of Categories", vol. 1, livro III, Cap. 6 dos *Collected Papers*.

deixe a desejar. Ao mesmo tempo, aproveitarei a ocasião para reconhecer e explicar os erros de minhas colocações anteriores.

333. Numa análise da asserção há duas espécies de raciocínio que devemos empregar. Por um lado, podemos observar diretamente aquilo que é familiar à nossa experiência das asserções e que delas parece ser inseparável. O Professor Schroeder denomina isto de evidência *retórica*; e a designação é feliz, porque o raciocínio em questão tem as características das inferências chamadas de *retóricas* pelos antigos lógicos. O termo também se harmoniza com o nome de *retórica especulativa* que atribui ao mais alto e mais vivido ramo da lógica. A mim, pessoalmente, a designação talvez dê essa espécie de satisfação que tantas escolas manifestaram ao adotar denominações inventadas por seus oponentes como depreciativas. Pois embora o Professor Schroeder não possa deixar de reconhecer o valor e a necessidade deste tipo de raciocínio, uma leve sombra de desagrado parece misturar-se à sua aprovação devido à inegável imperfeição formal desse raciocínio. Ora, para mim, esta mesma imperfeição caracteriza o raciocínio como extraído diretamente daquelas fontes de observação de onde todos os verdadeiros raciocínios devem ser extraídos; e várias vezes observei, na história da filosofia, que os raciocínios que eram um tanto obscuros e formalmente imperfeitos eram, frequentemente, os mais profundos. A outra espécie de raciocínio por mim empregada na análise da asserção consiste em deduzir o que devem ser os constituintes da asserção segundo a teoria, que eu aceito, de que a verdade consiste na compulsão decisiva da inteligência investigadora. Isto é sistemático, porém é um método apenas pela metade. Pois uma vez feitas as deduções, ou quase predições, da teoria, requer-se uma volta à evidência retórica para se saber se essas deduções são verificadas pela observação ou não. Se descobrirmos que elas de fato o são, não apenas a análise da asserção ganha evidência de estar completa, como também a teoria da verdade se torna mais provável.

334. Em toda asserção podemos distinguir um elocutor e um ouvinte. Este último, é verdade, necessita ter apenas uma existência problemática, como é o caso durante um naufrágio, quando um relato do acidente é fechado numa garrafa e jogado ao mar. O "ouvinte" problemático pode estar na mesma pessoa do "elocutor", como sucede quando mentalmente registramos um juízo a ser mais tarde lembrado. Se houver um ato qualquer de juízo independente de qualquer registro, e se este tiver qualquer significação lógica (o que é questionável), podemos dizer que, nesse caso, o ouvinte identifica-se com o elocutor.

335. A asserção consiste no fornecimento de evidência pelo elocutor ao ouvinte de que o elocutor acredita em algo, isto é, acha que uma certa ideia é definitivamente compulsória numa certa ocasião. Por conseguinte, deveria haver três partes em toda asserção: um signo da ocasião da compulsão, um signo da ideia imposta e um signo evidencial da compulsão que afeta o elocutor na medida em que ele identifica a si mesmo com a inteligência científica.

336. Por ser a compulsão, essencialmente, *hic et nunc*, a ocasião da compulsão só pode ser representada para o ouvinte compelindo-o a ter uma experiência dessa mesma ocasião. Daí ser requisito que haja um tipo

de signo que atue dinamicamente sobre a atenção do ouvinte, dirigindo-a para o objeto ou ocasião especial. A um tal signo denomino *índice*. É verdade que, em vez de um simples signo deste tipo, pode haver um preceito que descreva como deve o ouvinte agir a fim de obter a ocasião da experiência com a qual se relaciona a asserção. Contudo, uma vez que esse preceito lhe diz como deve agir, e dado que agir e sofrer uma ação são uma e a mesma coisa, e com isso a ação também é *hic el nunc*, o preceito deve ele mesmo utilizar um índice ou índices. Aquilo para o que o índice, dirige a atenção pode ser chamado de sujeito da asserção.

337. O mundo real não pode ser distinguido do mundo fictício por nenhuma descrição. Muitas vezes se discutiu se Hamlet era louco ou não. Isto exemplifica a necessidade de *indicar* que o mundo real está sendo significado, se estiver sendo significado. Ora, a realidade é inteiramente dinâmica, não qualitativa. Consiste em forças. Nada senão um signo dinâmico pode distingui-la da ficção. É verdade que língua alguma (tanto quanto eu saiba) tem uma forma particular de discurso para indicar que é do mundo real que se está falando. Mas isso não é necessário, uma vez que tons de voz e modos de olhar são suficientes para mostrar quando o elocutor fala a sério. Estes tons de voz e modos de olhar atuam dinamicamente sobre o ouvinte, levando-o a ouvir realidades. Tons e modos, são, portanto, índices do mundo real. Assim, não resta classe alguma de asserção que não envolve índices, a menos que sejam análises lógicas e proposições idênticas. Contudo, as primeiras serão mal interpretadas e as segundas consideradas absurdas a menos que sejam interpretadas como referindo-se ao mundo dos termos e conceitos; e este mundo, tal como um mundo fictício, requer, para distingui-lo, um índice. Portanto, é um fato, tal como a teoria colocou, que pelo menos um índice deve fazer parte de toda asserção.

338. A essas ocasiões ou objetos denotados pelos índices denomino *sujeitos* da asserção. Mas estes não coincidirão com os objetos denotados pelos sujeitos gramaticais. Sempre foi hábito dos lógicos considerar as proposições apenas (ou principalmente) depois de terem sido elas expressas em certas formas-padrão ou canônicas. Tratá-las tal como elas têm sido expressas nesta ou naquela língua (como o fazem Hoppe e alguns outros) converte a lógica um estudo filológico, e não filosófico. Mas as formas canônicas escolhidas têm sido sugeridas pelo uso de uma estreita classe de línguas, e são calculadas para tirar a filosofia do bom caminho. Aquilo que é chamado de *sujeito* é o substantivo que está no nominativo, embora, mesmo em nossa relativamente pequena família das línguas indo-europeias, existam várias nas quais esse substantivo que em latim, grego e nas modernas línguas europeias está no nominativo, é colocado num caso oblíquo. Disso é testemunha o irlandês e o gaélico. Frequentemente, também, o índice não é da natureza de um substantivo. Ele pode ser, como vimos, um simples olhar ou gesto. E então, novamente, ele pode estar tão disfarçado a ponto de ser impossível dizer com certeza se ele é realmente um índice. Pouco ajuda apelar para o significado da asserção, uma vez que nestes casos é difícil dizer exatamente qual é o significado. Assim, na asserção "Todos os homens são mortais", podemos dizer que o sujeito é *todo homem*, ou podemos dizer que é a coleção de

homens, ou que *todo homem e algum mortal* são os dois sujeitos, ou que *tudo* é o sujeito (sendo o predicado "ou é não-homem ou é mortal"), ou que *tudo* e *humanidade* e *mortalidade* são os três sujeitos, ou uma centena de outras disposições. Mas se se quiser adotar uma forma canônica constante, a melhor regra será usar um índice separado para tudo o que for indiferente sob um ponto de vista lógico. Ou seja, neste caso, considerar *tudo*, *humanidade* e *mortalidade* como índices.

339. Todo sujeito, quando diretamente indicado, como *humanidade* e *mortalidade* é singular. Por outro lado, um preceito, que se pode chamar de seu *quantificador*, prescreve como deve ser ele escolhido numa coleção, chamada de seu *universo*. Em lógica probabilística, os quantificadores – tal como "nove em dez", e coisas do gênero – referem-se a um procedimento empírico ou "a longo prazo". Contudo, em lógica necessária, não há referência a um tal procedimento empírico, e requerem-se apenas dois quantificadores: o quantificador *universal*, que permite escolher qualquer objeto, não importa qual, do universo; e o quantificador *particular*, que prescreve que se deve escolher um objeto adequado. Quando há vários sujeitos quantificados, e quando as quantificações são diferentes, a ordem na qual são eles escolhidos é material. E o caráter do quantificador do *último sujeito escolhido* que se expande sobre a proposição toda. (Em pronunciamentos anteriores, este último ponto não estava claro para mim.) Enquanto são apenas indispensáveis estes dois quantificadores, e nenhum outro, ganha-se algo mais do que simples brevidade e conveniência no escrever usando-se também dois outros quantificadores "hemilógicos"[a], um que permite escolher *um e apenas um* objeto do universo, e outro que restringe a liberdade de escolha a um ou outro dentre dois objetos adequados. Até aqui, sempre se pressupôs que o universo de um sujeito lógico fosse uma coleção discreta, de tal forma que o sujeito é um objeto ou ocasião *individual*. Mas na verdade, um universo pode ser contínuo, de tal modo que não há parte dele da qual tudo deve ser ou inteiramente verdadeiro ou inteiramente falso. Por exemplo, é impossível encontrar uma parte de uma superfície que seja toda de uma única cor. Mesmo um ponto dessa superfície pode pertencer indiferentemente a três ou mais partes diferentemente coloridas. Mas, a lógica dos universos contínuos ainda aguarda uma investigação...

340. Em 1867 defini o símbolo como qualquer representâmen geral[b]; e até aí eu estava certo. Imediatamente, porém, procedi, segundo a maneira tradicional, à divisão dos símbolos em *termos*, *proposições* e *argumentações*, com o sentido de que "termos" não tem elemento assertório algum, e nisso eu estava errado, embora a divisão em si mesma seja desimportante mais do que errada. Subsequentemente, notando que eu tinha classificado sintomas naturais quer entre os índices quer entre os símbolos, restringi os símbolos aos signos convencionais, o que constituiu outro erro A verdade é que meu ensaio de 1867 foi talvez o menos insatisfatório, de um ponto de vista lógico, que eu jamais consegui produzir;

a. Cf. uma definição deste termo em 1.567.
b. Cf. 1.559.

e durante muito tempo, a maioria das modificações que nele tentei introduzir só me induziram mais ainda no caminho do erro.

341. Todo símbolo, na medida em que envolve uma asserção, ou uma asserção rudimentar, é geral, no sentido em que falamos de um signo geral. Isto é, o predicado é geral. Mesmo quando dizemos "Boz era Charles Dickens", o que pretendemos dizer é "Boz era o *mesmo* que Charles Dickens", e essa *mesmice* é uma relação geral, e inclusive hemilógica. Pois um predicado tem uma natureza ideal, e como tal não pode ser uma mera "estidade" (*hecceity*). De fato, na proposição "Boz é Charles Dickens" os Sujeitos são Boz e Charles Dickens e o predicado é *idêntico a*. Por outro lado todo signo geral, mesmo um "termo", envolve, pelo menos, uma asserção rudimentar. Pois o que, supõe-se, vem a ser um "termo", ou um "nome-classe" (*class-name*)? É algo que significa ou, para usar a questionável terminologia de J.S. Mill, "conota" alguns caracteres, denotando com isso tudo aquilo que possua tais caracteres. Ou seja, chama a atenção para uma ideia, ou construção mental, ou diagrama, de algo que possui esses caracteres, e a posse desses caracteres é mantida no primeiro plano da consciência. O que significa isso a não ser que o ouvinte diz a si mesmo "aquilo que está *aqui* (diante da atenção) possui tais e tais caracteres"? Pode ser que isso não seja por completo uma *proposição*, ou plenamente uma asserção, porque sendo o objeto da atenção, neste caso, nada além de uma criação mental, o ouvinte não diz a si mesmo o que é aquilo que "aqui" está. Pelo menos, não é uma asserção sobre o mundo real. Não obstante, contém o elemento assertório, a cópula mental. Quando um ouvinte ouve o termo "luz", ele cria em sua mente uma imagem desse termo, e passa pelo mesmo processo de pensamento que é atribuído a Elohim no primeiro capítulo do Gênese. "E Deus disse, Que haja luz; e houve luz. E Deus viu a luz, viu que isso era bom", – ou seja, que a luz realmente era aquilo que se pretendia criar. Equivalia a dizer "isso é luz"! Até que se realize esse processo, o nome não suscita significado algum na mente do ouvinte. Contudo, faço uma objeção à tríade *termo*, *proposição*, *inferência* se ela for encarada como todo-poderosa em lógica, com base no fato de que substantivos comuns, os quais, com seus equivalentes, são aquilo que é significado pelos termos, são meras formas gramaticais acidentais que soem ser muito relevantes nas línguas que nos são mais familiares, porém que dificilmente existem ou, pelo menos, estão longe de serem relevantes, na esmagadora maioria das línguas, e na verdade são absolutamente desnecessários e deveriam ser desconhecidos pela *Grammatica Speculativa*. De fato, é absurdo erigir esta parte desnecessária do discurso numa forma lógica e deixar ir representadas as indispensáveis preposições apenas pelo fato de, nas línguas indo-europeias, elas frequentemente aparecerem sob a forma de terminações.

342. Ao mesmo tempo, deve-se admitir que a proposição "Que / seja luz" ou, o que é o mesmo, "/ é luz", onde / não é definido de outra forma, é apenas uma asserção acerca de uma ideia fugaz, bem menos desenvolvida do que a proposição "Hamlet era louco", que se refere a uma grande criação bem mais duradoura do que o bronze. Retire-se de qualquer proposição seus signos quantificadores e uma tal expressão è aquilo que sobra. Remova-se o quantificador da proposição "todos os homens são

mortais" ou, o que é o mesmo, "tudo é ou não-homem ou é mortal" e temos "X ou não é homem ou é mortal". Remova-se o quantificador da proposição "Tudo tem alguma causa" ou, o que é o mesmo, "Que A seja algo; então há algo, B, tal que B é a causa de A", e tem-se "B é a causa de A". Estas asserções rudimentares – asserções na forma, sem substância – exprimem exatamente os significados dos *termos* lógicos. Neste sentido, podemos dizer que toda proposição tem tantos termos quantos sujeitos quantificados tiver. Os sujeitos singulares são de natureza diferente. Todo termo é singular, porém indefinido. Pode ser afirmativo ou negativo, conforme o caráter de seu predicado.

343. A cópula difere do sujeito e do predicado pelo fato de ser puramente formal e de não conter nenhuma matéria ou complexidade especial. Sem dúvida, isto é assim porque decidimos traçar uma linha entre as diferentes partes da proposição de forma a não deixar para a cópula matéria alguma; contudo, existem sólidas razões para traçar tal linha desse modo.

6. PROPOSIÇÕES E ARGUMENTOS RUDIMENTARES

344. Tendo assim completado a análise da asserção, passo agora a demonstrar, em poucas palavras, que quase no mesmo sentido em que um termo é uma proposição rudimentar, uma proposição é, por sua vez, uma argumentação rudimentar. Um termo é uma proposição cujos sujeitos estão privados de sua força (*forcefulness*). Prive-se as proposições de uma argumentação de sua "assertividade" e o resultado é uma asserção. Assim, a argumentação

   Enoque era um homem
∴ Enoque era mortal

torna-se, deixando-se de asseverar as proposições,

   Se Enoque era um homem, então Enoque era mortal.

Assim, o inverso, pelo menos, é verdadeiro; e toda argumentação assim eviscerada é uma proposição.

345. No entanto, vem agora quase todo o grupo de lógicos alemães, o Professor Schroeder entre eles, e declara que as proposições hipotéticas e as proposições categóricas diferem essencialmente umas das outras[a]. O que se entende por uma proposição hipotética, nessa exata terminologia histórica que a lógica tem a grande sorte de herdar, é uma proposição qualquer composta por proposições. DeMorgan[b] tratou as combinações lógicas de um modo tão completo que um conhecimento de seu trabalho nos permite formular, de imediato, que há seis espécies de hipotéticas simples classificadas em dois gêneros; e as explanações feitas pela Sra.

   a. Cf. Schroeder, *Logik*, § 28.
   b. *E. g.* em sua *Formal Logic.* cap. 4, e em seu Syllabus, § 21.Cf. 366

Fabian (Ladd-) Franklin[a] e seu marido[b] mostram que hipotéticas complexas possuidoras de dois membros são em número de dezenas de milhares. As espécies simples são:
Gênero I. *Hipotéticas simples negativas*
(que não afirmam nem negam um dos dois membros da hipotética)
Espécie 1. *Proposições condicionais.* Se trovejar, chove.
Espécie 2. *Proposições disjuntivas.* Ou troveja, ou chove.
Espécie 3. *Proposições excludentes.* Não troveja e chove ao mesmo tempo
Gênero II. *Hipotéticas simples afirmativas*
(que ou afirmam ou negam cada membro da hipotética)
Espécie 1. *Proposições independenciais.* Troveja sem chover.
Espécie 2. *Proposições conjuntivas.* Tanto troveja como chove.
Espécie 3. *Proposições terciais.* Nem troveja, nem chove.

346. A maioria destas espécies simples foram consideradas hipotéticas pelos lógicos medievais. Contudo Kant, que chegara à convicção de que devia haver três classes de proposições em todo princípio lógico de divisão, tendo considerado as *categóricas* como sendo de uma classe, tomou as primeiras duas espécies do gênero negativo das hipotéticas simples para formar as suas duas outras classes. Mas chamou as condicionais de proposições *hipotéticas*, restringindo assim o termo tal como, na verdade, ele já fora restringido por alguns lógicos. Kant não estava adequadamente preparado para esboçar um quadro das "Funções do Juízo". Mesmo Lambert, o maior lógico formal daquele tempo, não teria sido bem sucedido na tarefa; nem poderiam realizá-la um Kant e um Lambert reunidos num único intelecto gigantesco. Kant nem chegou a empregar tempo suficiente nesse trabalho de modo que pudesse formar uma ideia de sua magnitude. Mas os lógicos alemães que se seguiram, tateando sem nenhum método preciso, e demasiado gregários, oficiais e adeptos de um único partido em suas opiniões, em todas as épocas e a respeito de todos os assuntos, aceitaram a tríade das proposições categóricas, hipotéticas e disjuntivas, em parte porque isso pareceu recomendável sob o ângulo da metafísica, e em parte porque não tinham método algum que pudesse imperativamente negar qualquer ponto de vista para o qual se sentissem oficialmente inclinados. Contudo o Professor Schroeder, sendo um lógico preciso, não podia aceitar essa tríade. Não obstante, ele considera as categóricas como sendo essencialmente diferentes de todas as hipotéticas, no sentido amplo da palavra. A análise que acima se efetuou do termo, uma vez que faz do termo uma proposição, transforma as proposições categóricas em proposições compostas, ou hipotéticas. Mas não se pode passar pela opinião deliberada de um espírito como o de Schroeder sem um exame mais acurado...

347. O sujeito quantificado de uma proposição hipotética é uma *possibilidade*, ou *caso possível* ou *estado de coisas possível*. Em seu sentido original, aquilo que é *possível* é uma hipótese que, num dado estado de informação, não se conhece, e certamente não se pode inferir que seja

---

a. Ver *Studies in Logic*, editado por CS. Peirce, Little, Brown & Co. Boston, 1883. "On the Algebra of Logic", por Christine Ladd, p. 61

b. Fabian Franklin, "A point of logical notation", 1881. *Johns Hopkins Univ. Circular*, abril de 1881, p. 131.

falsa. O suposto estado de informação pode ser o estado real do elocutor, ou pode ser um estado de maior ou menor informação. Isto levanta várias espécies de possibilidade. Todas essas variedades de possibilidade são *ignoranciais* ou *negativas*. A possibilidade *Positiva* surge quando nosso conhecimento é tal como quando é representado por uma proposição disjuntiva, que ou A, ou B, ou C, ou D, etc. é verdadeiro. A, B, C, D etc., são, então, os casos positivamente possíveis. Assim, no jogo do gamão há vinte e um possíveis lances dos dados, em cada jogada. O aglomerado dos casos positivamente possíveis é a *gama* ou *universo* de possibilidades. O elocutor de uma proposição hipotética não possui, necessariamente, um conhecimento positivo disjuntivo; mas, de qualquer forma, pode realizar uma disjunção *lógica* que será necessariamente verdadeira. O sujeito quantificado pode ser ou universal ou particular. As proposições hipotéticas simples particulares negativas e as universais afirmativas terão um caráter diferente e mais simples do que as negativas universais e afirmativas particulares. O quadro que segue demonstra isto.

Hipotéticas particulares negativas
Condicionais. Pode não trovejar ou pode chover.
Disjuntivas. Pode trovejar ou pode chover.
Excludentes. Pode não trovejar ou pode não chover.

Hipotéticas universais afirmativas
Independenciais. Deve trovejar e não pode chover.
Conjuntivas. Deve trovejar e deve chover.
Terciais. Não pode trovejar e não pode chover.

Hipotéticas universais negativas.
Condicionais. Em todo caso possível em que trovejasse. choveria.
Disjuntivas. Em todo caso possível ou troveja ou chove.
Excludentes. Em nenhum caso possível tanto trovejará como chovera.

Hipotéticas particulares afirmativas
Independenciais. Pode trovejar sem chover.
Conjuntivas. Pode trovejar e também chover.
Terciais. Pode ser que nem troveje, nem chova.

---

348. Em toda proposição hipotética totalmente desenvolvida há uma gama de possibilidades. A proposição deriva disso sua característica. Mas os filonianos[a] sustentam (e os diodoranos normalmente têm admitido) que a análise deve começar com as *consequentia simplex de inesse*, o que é aquilo em que se transforma uma proposição condicional por onipotência. Em outras palavras, devemos começar por remover a quantificação e considerar hipotéticas *singulares*. Feito isso, a proposição condicional transforma-se (segundo os filonianos) em "Neste caso ou não troveja ou chove". Se não dissermos qual o que este caso é, exceto que

---

a. Um filoniano é alguém que define a implicação "materialmente", *i.e.* alguém que considera "P implica Q" como significando o mesmo que "Não P ou Q". No *Acad Quaest*, II, 143 de Cícero há uma referência à controvérsia _entre _Filo, o Megário. Deodoro Crono e Crisipo a respeito deste ponto: os debates entre Filo e Deodoras são também mencionados em Sexto Empírico. *Adv. Molli.* VIII, 113-17. Cf. também 3441 e segs.

ele é alguma possibilidade considerada, a hipotética singular torna-se um termo. "No caso que estou considerando, ou não trovejaria ou choveria" equivale a "Consideremos o caso em que ou não troveja ou chove", ou a "O caso de ou chover ou não trovejar." As últimas duas diferem na sintaxe acidental das línguas familiares, mas não diferem em significado.

349. Num ensaio que publiquei em 1880[a] fiz uma apresentação imperfeita da álgebra da cópula. Ali mencionei expressamente a necessidade de quantificar o caso possível a que se refere uma proposição condicional ou independencial. Não tendo contudo, nessa época, nenhuma familiaridade com os signos da quantificação, cuja álgebra desenvolvi mais tarde[b] a parte principal do trabalho tratava das consequências simples de *inesse*. O Professor Schroeder aceita este primeiro ensaio como um tratamento satisfatório das hipotéticas; e aceita, de modo contrário à *minha* doutrina, que os casos possíveis considerados nas hipotéticas não têm um universo numeroso. Isto retira, das hipotéticas, seu traço mais característico. Essa é a única base de sua seção 45[c] na qual ele observa vários pontos de contraste entre as hipotéticas e as categóricas. De acordo com isto, as hipotéticas distinguem-se das categóricas por serem asserções mais rudimentares e simples, enquanto que a doutrina habitual daqueles que sustentam existir uma diferença entre as duas formas de asserção é exatamente o contrário.

350. Em diversas passagens do primeiro volume da obra do Professor Schroeder prometia-se que a seção 28, abertura do volume seguinte, mostraria claramente a diferença entre hipotéticas e categóricas e deveria provar meu erro ao encarar a asserção sob um ponto de vista estreito. Contudo, quando surgiu o segundo volume, aquela seção pareceu-me notavelmente fraca, considerando-se a grande força e precisão do pensamento habitual do autor. Há nela tão pouca coisa que, em si, daria uma falsa ideia dos poderes do Professor Schroeder como lógico.

351. O principal esforço do Professor Schroeder é o de mostrar que o tempo deve ser levado em consideração na análise das hipotéticas. Mas não fornece nenhuma prova de que o tempo *deva* ser considerado; apenas demonstra como é possível considerá-lo. Ninguém familiarizado com a lógica dos relativos precisa que lhe digam ser fácil introduzir a consideração do tempo, se for desejável fazê-lo. De qualquer forma, quando sustento que as categóricas são, essencialmente, o mesmo que as hipotéticas, o que quero dizer é que elas são essencialmente o mesmo que *proposições compostas*, sem introduzir, de maneira especial, a ideia de tempo. E evidente, assim, que toda essa discussão sobre tempo está inteiramente à margem da questão controvertida, contendo um erro de lógica.

352. O único outro argumento que sou capaz de extrair da seção 28 do Professor Schroeder é que dois termos quaisquer poderiam ser tomados como sujeito e predicado (no sentido antigo) de uma categórica, sendo o resultado sempre verdadeiro ou falso, enquanto que, no caso da hipotética, o resultado frequentemente será absurdo, e nem falso, nem verdadeiro. Não se pode deixar de observar que este argumento parece

---

a. "On the Algebra of Logic", vol, 3, nº VI.
b. Vol. 3, nº XII e XIII, § 3 dos *Collected Papers*.
c. In *Algebra der Logik*.

estar em contradição com o ponto de vista expresso na seção 45. Segundo essa seção, uma proposição hipotética não difere essencialmente de uma categórica não quantificada. Ela é mesmo chamada pelo Professor Schroeder, ali, de uma espécie particular de categórica. Mas nesta outra seção ela surge como dotada de propriedades que categórica alguma possui. Tenho confiança, no entanto, que um exame convencerá o leitor que a categórica não tem tais propriedades. Minha primeira observação é que uma proposição não deixa de ser verdadeira por ser absurda. Uma proposição é falsa se e somente se algo que ela ou expressamente afirma ou implica for falso; e toda proposição não falsa é verdadeira, pelo princípio do termo médio excluído. Donde, algo que não seja uma asserção, considerado como asserção, e verdadeiro. Portanto, podemos deixar de lado a questão da verdade e falsidade, e indagar se é verdade que uma hipotética pode ser absurda e uma categórica não. A verdade é que as formas absurdas são tão prontamente transformadas em categóricas que a prática da língua as acolheu e lhes atribuiu significados. "O que lhe estou dizendo é verdadeiro" e "Um homem é um homem" são frequentemente ouvidas, embora sejam, em sentido estrito, absurdas. Um dos exemplos dados pelo Professor Schroeder de uma proposição absurda é "Esta proposição não é verdadeira". Contudo, é facilmente demonstrável que o exemplo envolve uma contradição, isto é, que implica duas coisas contraditórias[a]. Implica, portanto, ou significa, algo. Uma proposição autocontraditória não é desprovida de sentido; ela significa demasiado[b]. Mas, se o que o Professor Schroeder pretende dizer é que uma proposição categórica não pode ser autocontraditória, também isto é insustentável. "A não é A" refuta-o.

353. Substantivos comuns são originariamente usados para denotar "perceptos de sentido", enquanto que orações de hipotéticas são comumente usadas para denotar situações que às vezes ocorrem. Um denota o objeto; o outro, a ocasião da atenção. Há uma distinção psicológica entre uma e outra coisa. Contudo, em lógica, não se deve traçar distinções que não levem a uma discriminação entre uma argumentação boa e outra má. Para os propósitos da lógica, não faz diferença qual seja a ação psicológica que prende a atenção. Quando se houver procedido a uma análise de um universo lógico contínuo, pode ocorrer que fique demonstrado que se deveria traçar uma distinção lógica entre um tal universo e um universo discreto; e talvez seja um pouco mais natural conectar o universo contínuo com uma hipotética do que com uma categórica. Não obstante, em muitos casos, o universo das proposições hipotéticas é discreto; e, em muitos casos, o universo das proposições categóricas é contínuo, como o exemplo acima da superfície colorida.

354. Há muitas línguas em que as mais simples asserções que fazemos em forma categórica assumem, tanto quanto compreendemos do processo psíquico, formas hipotéticas. Há uma dessas línguas cujo conhecimento superficial não é um feito incomum – um conhecimento superficial suficiente o bastante para colocar o estudioso no espírito da língua – quero dizer, o egípcio antigo. Existem, nesta língua, poucas pa-

---

a. Cf. também 618.
b. *I.e.*, significa tanto p como não-p. Cf. 383.

lavras que são nitidamente substantivos comuns. Toda palavra genérica suscita uma ideia pictórica. Mesmo para o estudioso moderno, o ideograma pictórico torna-se uma parte considerável da ideia que ele suscita; e a influência dos hieróglifos, dos modos de expressão, etc., está em fazer "um complexo de desenhos" particularmente expressivo na descrição da ideia veiculada. Ora, nossa palavra "é", a cópula, é comumente expressa, em egípcio antigo, por um pronome demonstrativo. É evidente que este demonstrativo tem, em tais sentenças, a força de um relativo. Onde está o verbo? Sentimos que está contido nas palavras genéricas. Em resumo, "homem é mortal" é expresso em egípcio antigo numa forma que exprime o seguinte processo psicológico de pensamento: "Aquilo de que se fala é o homem, o *qual* aquilo de que se fala é mortal." Esta é exatamente a mesma maneira pela qual a mesma ideia é veiculada em minha álgebra geral da lógica onde, com h representando homem e d, mortal, escrevo

$$\pi_i h_i \prec d_i^a$$

Esta forma serve também para uma categórica universal ou para uma proposição condicional, e o fato de o modo de conexão do i com o h e o d aparecer de um modo diferente nos dois casos, sob o ponto de vista psicológico, não deveria afetar a classificação lógica.

355. Contudo, o leitor objetará que, mesmo admitindo minha alegação de que as proposições hipotéticas abarcam todas as proposições, ainda estou muito longe de ter demonstrado que o fato de dotar seus membros com assertividade a converterá num processo de *argumentação*. Somente demonstrei isso, se é que o demonstrei, no caso das proposições condicionais universais. Há uma grande força nisto. A própria ideia da lógica força, no lógico, a concepção de inferência, e a inferência envolve a ideia de inferência necessária, e inferência necessária envolve a ideia da proposição condicional universal.

356. Resta demonstrar de que maneira eu suponho que devem evoluir as ideias das outras formas de proposições, e isto será um capítulo daquilo que denomino "retórica especulativa". Posso começar observando que uso o signo ⤙ pelo signo de inclusão. Creio que fui o primeiro a mostrar, em 1867[a], que a álgebra de Boole, tal como ele a deixou, não era adequada para a expressão de proposições particulares. Desenvolvendo essa ideia, mostrei em 1870[b], antes de qualquer outra pessoa, que em lógica carecemos de um signo correspondente ao signo $\leq$, mas que esse signo é insatisfatório porque implica que a relação é uma combinação das relações expressas por < e por = , quando na verdade, como demonstrei, é mais simples do que ambos. Portanto, proponho substituir o signo $\leq$ por ⤙ , pelo menos em lógica. O signo que propus tem a vantagem de que pode facilmente ser feito na oficina de composição, enquanto que sua forma cursiva é rapidamente escrita com dois movimentos. Em virtude de minha prioridade, o signo que propus devia, por justiça, ser man-

a. Cf. 3.18
b. Cf. 3.47, nota.

tido, a menos que seja passível de objeções muito sólidas. Eu o manterei. De acordo com isto,

$$h_i \prec d_i$$

significa que na ocasião *i*, se a ideia *h* é definitivamente imposta à mente, então na mesma ocasião a ideia *d* é definitivamente imposta à mente. Do ponto de vista filoniano, isto é o mesmo que dizer que na ocasião *i*, ou a ideia *h* não é definitivamente imposta sobre à mente ou, na mesma ocasião, a ideia *d* é definitivamente imposta sobre à mente. A partir dessa hipótese pode-se deduzir matematicamente as regras do signo $\prec$. Não as enuncio aqui porque meu manuscrito contendo o desenvolvimento delas foi tomado emprestado por um amigo há muitos meses, e eu ainda não perdi de todo a esperança de recuperá-lo, poupando-me, com isso o trabalho de repetir o ensaio[a]. Segue-se, do desenvolvimento omitido, que enquanto esse signo nos permite, usando letras para denotar várias proposições, expressar muitas relações, a menos, contudo, que tomemos uma letra para denotar uma proposição conhecida ou tida como falsa, ele nunca nos permite enunciar que qualquer proposição é falsa. Há uma razão muito boa para adotar a convenção de que

$$a \prec b \prec c$$

significa $a \prec (b \prec c)$ e não $(a \prec b) \prec c$. Somos, assim, levados a indagar qual deve ser o significado de

$$a \prec a \prec a \prec a \prec a \prec a \prec a \prec a$$

e assim indefinidamente. Esta série de antecedentes sem um consequente final parece equivaler à negação de a[b]. Assim, sem a introdução de qualquer outro signo, mas apenas através da ideia de uma sequência sem fim, depois de já termos uma ideia da sequência sucessiva, atingimos a ideia de negação. Com isso, as concepções envolvidas na argumentação produzem a concepção da rejeição de uma argumentação. Por conseguinte, somos levados a generalizar nossa ideia de argumentação, a partir da percepção de que uma asserção tem de ser admitida porque uma outra é admitida, a fim de abarcar também aquele processo de pensamento pelo qual pensamos que embora uma asserção seja verdadeira, uma outra, no entanto, nem por isso é necessariamente verdadeira. Não é a concepção primeira da argumentação, mas sim esta concepção generalizada, que cobre todo o campo das hipotéticas. Assim que temos a ideia de absurdo, podemos conceber que um certo argumento poderia conduzir logicamente ao absurdo. Ora, um argumento que pode levar a um absurdo é falso, e um argumento que é falso pode, em alguns casos concebíveis, levar ao absurdo. Por conseguinte, assim que admitirmos a ideia de ab-

---

a. Foram encontrados alguns manuscritos a respeito deste tópico. Nada contêm que não se derive facilmente das discussões do vol. 3 e vol. 4 dos *Selected Papers*.
b. *I.e.*, é equivalente a: não-a ou não-a ou não-a…

surdo, vemo-nos obrigados a classificar a rejeição de uma argumentação entre as argumentações. Assim, como foi dito, uma proposição não é nada mais, nada menos do que uma argumentação cujas proposições tiveram sua assertividade removida, assim como um termo é uma proposição cujos sujeitos tiveram removida sua força denotativa.

7. SUJEITO[a]

357. Considerar-se-á, a seguir, se toda proposição tem ou não um sujeito principal e, caso tenha, se pode ou não ter mais de um. Uma proposição pode ser definida como um signo que indica separadamente seu objeto. Por exemplo, um retrato com o nome próprio do modelo escrito em baixo é uma proposição que afirma que era assim que se parecia o modelo. Se esta definição ampla de uma proposição for aceita, uma proposição não necessita ser um símbolo. Assim, uma ventoinha "diz" de que direção sopra o vento por força de uma relação real que ainda manteria com o vento, mesmo que ela nunca se destinasse a indicar ou fosse compreendida como indicando o vento. A ventoinha indica separadamente o vento porque sua *construção* é tal que ela tem de apontar para o quadrante de onde sopra o vento; e esta construção é distinta de sua *posição* em qualquer momento particular. Contudo, o que habitualmente queremos dizer com uma proposição ou juízo é uma proposição simbólica, ou *símbolo*, que indica separadamente seu objeto. Todo sujeito compartilha da natureza de um índice naquilo em que sua função é a função característica de um índice, a de forçar a atenção sobre seu objeto. No entanto, o sujeito de uma proposição simbólica não pode ser, estritamente, um índice. Quando uma criança aponta para uma flor e diz "Bonita", isso é uma proposição simbólica, pois, sendo usada a palavra "bonita", ela representa seu objeto apenas por força de uma relação com este que ela não poderia ter se não fosse destinada a ser compreendida como um signo. O braço esticado que aponta, entretanto, e que é o sujeito desta proposição, normalmente indica seu objeto apenas por força de uma relação com esse objeto, que ainda existiria mesmo que não fosse destinado a ser ou fosse compreendido como um signo. Contudo, quando entra na proposição como sujeito desta, indica seu objeto de uma outra forma. Pois não pode ser o sujeito dessa proposição simbólica a menos que seja destinado a e compreendido como tal. Ser meramente um índice da flor não é o bastante. Só se torna o sujeito da proposição porque ser um índice da flor é evidência de que estava *destinado* a ser. De modo semelhante, todas as proposições ordinárias se referem ao universo real e, habitualmente, ao meio circundante mais próximo. Assim, se alguém entra correndo numa sala e diz "Há um grande incêndio!" sabemos que ele está falando sobre a vizinhança e não sobre o mundo das *Mil e uma noites*. São as circunstâncias sob as quais a proposição é pronunciada ou escrita que indicam esse meio circundante como aquilo a que se refere. Contudo, elas o fazem não apenas como índice desse meio ambiente, mas como evidência de uma relação intencional do discurso com seu objeto, relação esta que ele não poderia ter se não se destinasse a

---

a. *Dictionary of Philosophy and Psychology*, vol. 2, p. 609-10

ser um signo. O sujeito expresso de uma proposição ordinária aproxima-se mais da natureza de um índice quando é um nome próprio que, embora sua conexão com seu objeto seja puramente intencional, não tem nenhuma razão (ou, pelo menos, não se pensa em nenhuma quando se o usa) além do mero desejo, de dar uma designação ao objeto familiar. No meio dos nomes próprios, com, ou paralelamente a eles, podemos colocar as abstrações, que são os nomes de coisas individuais fictícias ou, mais exatamente, de individuais cujo ser consiste na maneira de ser alguma outra coisa. Um tipo de abstração são as coleções individuais, como "o povo alemão". Quando o sujeito não é um nome próprio, ou outra designação de um individual dentro da experiência (próxima ou remota) tanto do elocutor como do ouvinte, o lugar de tal designação é tomado como um preceito virtual que declara como deve o ouvinte proceder a fim de encontrar um objeto ao qual a proposição se destina a fazer referência. Se este processo não envolve um procedimento regular de experimentação, todos os casos podem reduzir-se a dois, com seus desdobramentos. São estes os dois casos: primeiro, aquele em que o ouvinte tem de tomar um objeto qualquer de uma dada descrição, cabendo a ele escolher o que preferir; e, segundo, o caso em que se declara que um objeto adequado é encontrável dentro de uma certa gama de experiências, ou entre os individuais existentes de uma certa classe. O primeiro dá o sujeito *distribuído* de uma proposição *universal*, como "Todo basilisco põe ovos". Não se afirma que todo basilisco existe, porém apenas se afirma que, se o ouvinte puder encontrar um basilisco, pretende-se que a este o predicado seja aplicável. O outro caso dá o sujeito *não distribuído* de uma proposição *particular*, como "Algum negro albino é simpático". Isto implica que existe pelo menos um negro albino. Entre os desdobramentos destes casos, podemos identificar sujeitos como os da proposição "Toda estrela, menos uma, está longe demais para mostrar um disco verdadeiro", e "Há pelo menos dois pontos comuns a todos os círculos que osculam uma dada curva". O sujeito de uma proposição universal pode ser tomado como sendo "Qualquer objeto no universo que se tome"; assim, a proposição sobre o basilisco podia ser expressa deste modo; "Tendo-se tomado qualquer objeto no universo, ou ele não será um basilisco, ou porá ovos". Assim compreendido, não se *afirma* que o objeto existe, porém é bem sabido que existe, pois cumpre-se compreender o universo como sendo familiar ao elocutor e ao ouvinte, caso contrário não haveria, entre eles, comunicação alguma, já que o universo só é conhecido através da experiência. A proposição particular pode ser expressa, ainda mais naturalmente, do seguinte modo; "Há algo no universo que é um negro albino que é simpático". Não há dúvida de que existem diferenças gramaticais entre esses modos de declarar o fato; porém, a lógica formal não se encarrega de propiciar mais do que um modo de expressar um mesmo fato, a menos que seja necessário um segundo modo para a expressão das inferências. O segundo modo é, no conjunto, preferível. Uma proposição pode ter vários sujeitos. Assim, sendo compreendido o universo da geometria projetiva, é uma proposição verdadeira que "Quaisquer que sejam os individuais A, B, C e D, há individuais E e F tais que, qualquer que seja o individual G, há um individual H, e um individual I tais que, se A, B, C e D são todos linhas retas, então E e F são linhas retas, cada um interseccionando A, B, C e D, e E e F não são coincidentes; e se G é uma linha reta, não coincidente com E, e não coincidente com F, e se G intersecta A, B e C, não intersecta D, a menos que H seja uma hiperboloide de uma única superfície do qual A, B, C e D são os geradores, e J é um conjunto de geradores de H, ao qual pertencem A, B, C e D"; ou, em nossa fraseologia normal, quaisquer quatro linhas retas no espaço são interseccionadas por apenas duas diferentes linhas retas, a menos que estas quatro linhas retas pertençam a um conjunto de geradores de um hiperboloide de uma única superfície. Uma tal proposição é chamada de proposição relativa. A ordem em que é feita a seleção dos individuais é material quando as seleções são diferentes quanto à distribuição. A proposição pode relacionar-se com a frequência com a qual está, no curso de uma experiência ordinária, um evento genérico de uma certa espécie. De-Morgan pretende fazer deste o tipo geral das proposições[a]. Contudo, fazê-lo é deixar de lado uma distinção vital entre probabilidade e aquilo que uma proposição universal afirma. Dizer que a probabilidade de que um bezerro não tenha mais de seis patas é 1, equivale a dizer que, tomando-se os bezerros tal como eles se apresentam na experiência, a razão entre o número daqueles com não mais de seis patas e o número total é 1. Contudo, isto não impede que haja um número finito qualquer de bezerros com mais de seis patas, contanto que, a longo prazo, isto é, no curso de uma experiência interminável, seu número permaneça finito e não aumente indefinidamente. Uma proposição universal, por outro lado, afirma, por exemplo, que qualquer bezerro que possa existir, sem exceção, é um animal vertebrado. A proposição universal fala distributivamente da experiência; a proposição provável, ou estatística, fala coletivamente da experiência.

8. PREDICADO[b]

358. A visão que a lógica pragmática tem do predicado, em consequência de sua pressuposição de que todo o objetivo da lógica dedutiva é afirmar as condições necessárias da verdade dos signos, sem levar em consideração os acidentes da gramática indo-europeia, será aqui exposta sumariamente. Cf. Negação[c].

Em toda proposição, *i.e.*, toda declaração que deve ser verdadeira ou falsa, que se retire algumas de suas partes de modo tal que o que resta não é uma proposição, mas é tal que se torna uma proposição quando cada espaço vazio é preenchido com um nome próprio. Essa retirada de partes não deve ser feita de um modo mecânico, mas com as modificações que sejam necessárias para preservar o sentido parcial do fragmento. Um tal resíduo é o *predicado*. Uma mesma proposição pode ser mutilada de formas diferentes, de modo que diferentes fragmentos surjam como predicados. Assim, seja a proposição "Todo homem venera alguma mulher". Esta proposição contém os seguintes predicados, entre outros:

---

a. *Formal Logic*. cap. 8;
b. *Dictionary of Philosophy and Psychology*, vol. 2, p. 325-326
c. Cf. 378-380.

"… venera alguma mulher"
"… ou não é um homem ou venera alguma mulher."
"Todo homem previamente escolhido venera…"
"Todo homem previamente escolhido é…"

9. PREDICAÇÃO[a]

359. Em lógica: o ato de unir um predicado a um sujeito de uma proposição de forma a aumentar a extensão lógica sem diminuir a profundidade lógica.

360. Isto ainda permite que se compreenda a predicação de várias formas, de acordo com a concepção que se tem da dissecção de uma proposição em sujeito e predicado. O fato de se a predicação é a função essencial da proposição constitui, atualmente, uma questão controvertida. Alguns sustentam que a proposição "Chove" não envolve predicação. Contudo, se é uma asserção, ela não significa que está chovendo num mundo do faz-de-conta, mas o próprio ato de dizer algo com uma aparência de estar falando a sério é um índice (q.v.)[b] que força a pessoa a quem se dirige a olhar à sua volta para ver o que é aquilo a que se refere o que está sendo dito. O "chove" traz à sua mente uma imagem de linhas verticais finas sobre o campo visual; e a pessoa olha atentamente pela janela, compreendendo totalmente que o meio ambiente é indicado como o sujeito onde as linhas de gotas que caem serão vistas. De modo semelhante, há uma predicação numa proposição condicional ou outra proposição hipotética, no mesmo sentido em que se faz referência a alguma gama de experiências ou de pensamentos.

361. São dadas abaixo algumas das mais frequentes frases escolásticas.

… *Predicação analógica*: uma das expressões preferidas por Aquino: predicação na qual o predicado não é tomado nem em sentido estrito, nem em sentido desconexo, mas sim em sentido peculiar para o qual há uma boa razão, como quando se diz que uma estátua é um homem.

… *Predicação denominativa*: predicação na qual aquilo cuja natureza é ser um sujeito é tomado como sujeito, e algo cuja natureza é ser predicado é tomado como o predicado: uma predicação de um acidente de uma substância. (Esta predicação é bem discutida por Scotus, *In univ. Porph.*, 9.16, "Utrum haec sit vera, *Homo est animal*", onde, tal como na maioria das controvérsias escolásticas, a conclusão é de antemão prevista, residindo o interesse nas formidáveis dificuldades e em como devem elas ser superadas.) Predicação denominativa, em sentido próprio, é predicação de um termo concreto acidental de seu próprio sujeito; num sentido amplo, é a predicação de um concreto qualquer de um *suppositum*, ou de qualquer sujeito de menor extensão; num sentido mais amplo ainda, é a predicação de qualquer predicado de qualquer sujeito. A predicação denominativa pode ser *a posteriori* ou *a priori*, *como homo est albus rationale est substantia, homo est animal*.

a. Ibidem vol. 2, p. 326-329
b. 305.6.

... *Predicação dialética*: como definida por Aristóteles (I. *Top.*, x): a predicação de um termo geral numa proposição que pode resultar de um argumento num lugar provável, e irredutível a nada antecedente.

Predicação direta: predicação no sentido habitual de representar que a extensão do sujeito pertence ao predicado, e a profundidade do predicado, ao sujeito; ou, na linguagem escolástica, é predicação de um termo mais alto de um termo mais baixo, de uma paixão de um sujeito, de um acidente de um sujeito, de um modo de quididade, de uma diferença de um gênero.

... *Predicação essencial*: aquela na qual o predicado está totalmente contido na essência do sujeito. E, portanto, no sentido de Kant, um juízo analítico. Contudo, nem Kant nem os escolásticos nada estipulam sobre o fato de que uma proposição indefinidamente complicada, que está longe de ser óbvia, é frequentemente dedutível, através de um raciocínio matemático, ou dedução necessária, pela lógica dos relativos, de uma definição da maior simplicidade, sem assumir qualquer hipótese que seja (na verdade, uma tal hipótese só poderia tornar mais simples a proposição deduzida); e isto pode conter muitas noções não explícitas na definição. Isto pode ser ilustrado da seguinte forma; O homem é um animal racional; donde, tudo o que não for um homem ou é, por um lado, não racional, enquanto ao mesmo tempo ou é um animal, ou então não se beneficia de nada a não ser de objetos tais como amar, apenas fantasias, ou, por outro lado, não é um animal, enquanto ou é racional ou adere a tudo que possa existir de fantasia na relação de beneficiar-se de algo que o ama. Ora, se se disser que isto é um juízo analítico, ou predicação essencial, nem a definição dos escolásticos, nem a de Kant são adequadas. Mas, se se disser que isto não é uma predicação essencial, ou juízo analítico, neste caso a predicação acidental e o juízo sintético podem ser uma consequência necessária, e uma consequência bastante recôndita, de uma mera definição, bem o contrário daquilo que Kant e os escolásticos pensaram e sobre o que elaboraram. Cf. Scotus, (*In univ. Porph.*, 9.12), que faz da predicação essencial a predicação do gênero, espécie ou diferença.

Predicação exercitada: A distinção entre predicação exercitada e predicação signata pertence a Scotus. (A passagem que Prantl atribui a Antonius Andreas[a] é uma citação *verbatim* de Scotus, tal como frequentemente acontece no *Geschichte* de Prantl.) Uma predicação *signata* é uma predicação da qual se *diz que é* feita; uma predicação exercitada é uma predicação que *é* feita; de tal forma que Scotus diz; "A praedicari signato ad praedicari exercitum, (sive ad esse) non tenet consequentia per se in eisdem terminis".[b] Scotus dá os seguintes exemplos da distinção, nos quais a predicação exercitada é indicada por E, e a signata por S; S, *Genus praedicatur de specie*, E, *Homo est animal*. (O texto de Lyons, aqui, transpõe os termos, que damos corretamente). S, *nego*; E, *non*. E, *tantum*; S, *excludo*. A definição abstrata de Scotus é; "*Esse* in rebus primae intentionis, illud exercet, quod *praedicari* signat in secundis intentionibus[c]. A predicação

a. Ver Prantl, op. cit., III, 279
b. *Super universalia Porphyril*, qu. XIV.
c. Ibidem.

exercitada distingue-se em *praedicatio de próprio supposito* e *praedicatio de subjecto*: a primeira é essencial, a segunda, acidental.

Predicação formal: predicação em que o predicado está no conceito do sujeito, independentemente de qualquer causa extrínseca ou de qualquer causa *in qua* em particular. A diferença entre predicação formal e essencial é algo trivial e confusa.

... *Predicação natural*: quando o sujeito e o predicado devem estar assim relacionados de acordo com sua natureza. Esta é, substancialmente, a definição apresentada em muitos livros, porém não dá muito a ideia de como é usada a expressão. A predicação natural é sempre dividida em idêntica e direta; a predicação não-natural ou é *indireta*, i.e., *contra naturam*, ou é *praeter naturam*, *i.e. per accidens*. Exemplos de predicação indireta, onde o sujeito está relacionado com o predicado assim como a forma ao conteúdo, são *alba est nix, animal est homo*. Exemplos de predicação *praeter naturam*, onde sujeito e predicado estão relacionados com algum terceiro termo, como a forma ao conteúdo, são *album est dulce, dulce est album*. Exemplos de predicação direta: *nix est alba, homo est animal*. Exemplos de predicação idêntica: *gladius est ensis, Plato est Plato* (Conimbricenses in *Praef. Porph.*, q.i. art. 4)...

10. QUANTIDADE[a]

362. (Em lógica e matemática.) (I) Todo Acidente pelo qual uma substância tem parte fora da parte. Cf. Quantidade (2).

Esta é a definição antiga; e é verdadeira em relação ao antigo significado da palavra enquanto representa a quantidade como algo muito mais concreto do que o faz a concepção moderna. A quantidade (ver *Praedicamenta*, VI, de Aristóteles) é discreta ou contínua. Quantidade contínua é magnitude ou tempo. A antiga definição de matemática como a ciência da quantidade é mal compreendida se quantidade for aqui tomada em seu sentido moderno; essa definição antiga queria dizer que a matemática tratava dos acidentes que têm número, magnitude ou duração. Havia, portanto, uma matemática da música.

363. (2)[b] No sentido moderno comum, quantidade é um sistema de conexões seriais.

A conexão serial difere da conexão transitiva mais por uma questão de ponto de vista e (tão intimamente ligados estão os dois pontos de vista) do que quanto ao modo de expressão. Ora, toda relação transitiva, é passível de inclusão. Por conseguinte, a quantidade poderia ser definida como um sistema de inclusões consideradas como seriais. E muito importante compreender o fato de que a quantidade é um simples sistema de relações ordinais relativas numa série linear. Toda determinação completa de quantidade num dado sistema é um "valor".

A quantidade é contada ou medida. A quantidade contada pode ter um conjunto finito de valores. Dos sistemas de quantidade de conjunto denumérico, o mais simples é o dos números inteiros. O único outro sis-

a. *Dictionary of Philosophy and Psychology*, vol. 2, p. 410-12
b. Cf. vol. 4. Livro I. nº 4, *Collected Papers*.

tema habitualmente usado é o das frações racionais. Estas frações podem ser arranjadas de várias formas em sua ordem de quantidade simplesmente por uma operação de contagem.

364. (3) Os conceitos, ou termos, em lógica, são considerados como tendo *partes subjetivas*, que são os termos mais reduzidos nos quais podem ser divisíveis, e *partes definidas*, que são os termos mais elevados com os quais se compõem suas definições ou descrições: estes relacionamentos, ou conexões, constituem a "quantidade".

Esta dupla maneira de considerar um termo-classe como um conjunto de partes é observada em várias passagens de Aristóteles (por ex.. *Met.* Δ, XXV. 1023 b 22). Foi conhecida dos lógicos de todas as épocas. Assim, Scotus chama a lógica de "ars illa quae diuidit genera in species et species in genera resoluit"[a]. John de Salisbury[b] refere-se à distinção como "quod fere in omnium ore celebre est, aliud scilicet esse quod appellativa (*i.e.*; adjetivos e assemelhados) *significant*, et aliud esse quod *nominant*. Nominantur singularia, sed universalia significantur". Quanto a William de Auvergne, ver Prantl, III, 77. O presente autor tem, diante de si, uma longa relação de passagens semelhantes. Contudo, os aristotélicos tinham suas mentes voltadas para a discriminação das diferentes espécies de predicação, e insistiam em que as diferenças de gêneros diferentes são diferentes, proibindo, por conseguinte, as divisões cruzadas. Entretanto, Arnauld, em *L'art de penser*, concebe todos os predicados, ou todos os predicados essenciais, como assemelhados, sem distinguir *genus* e *differentia*; e viu-se assim compelido a dedicar um curto capitulo (VI) à *étendue* e a *compréhension** antes de considerar os predicáveis. Mas, os serviços que ele prestou neste assunto têm sido grandemente exagerados, e realmente parece que Kant foi o primeiro a introduzir estas ideias na lógica, e o primeiro a chamá-las expressamente de quantidades. No entanto, a ideia era antiga. O Arcebispo Thompson[c], W.D. Wilson[d], e C.S. Peirce[e] esforçam-se por estabelecer uma terceira quantidade de termos. O último denomina sua terceira quantidade de "informação", e define-a como "a soma das proposições sintéticas nas quais o símbolo é sujeito ou predicado", antecedente ou consequente. A palavra "símbolo" é aqui empregada porque este lógico considera as quantidades como pertencentes às proposições e aos argumentos, bem como aos termos. Deve-se a Scotus uma discriminação entre *distinção extensiva* e *compreensiva* (*Opus Oxon.*, I, ii. 3): ou seja, o efeito normal de um aumento de informação sobre um termo será aumentar sua extensão sem diminuir sua profundidade ou aumentar sua profundidade sem diminuir sua extensão. Mas, pode ser que o efeito seja o de mostrar que os sujeitos, aos quais já se sabia ser o termo aplicável, incluem toda a extensão de um outro termo do qual não se sabia estar assim incluído. Nesse caso, o primeiro termo

---

a. *De divisione naturae* IV, 4.
b. *Metalogicus* II, xx.
* Em francês, no texto original: *extensão* e *compreensão* (N.do T.)
c. *And Outline of the Necessary Laws of Thought* (1842), §§ 52,54,80.
d. *An Elementary Treatise on Logic* (1856), I, ii, § 5.
e. Cf. 418

ganhou em *distinção extensiva*. Ou pode ser que o efeito seja o de indicar que os traços do termo que já se sabem ser predicáveis incluem toda a profundidade de um outro termo a respeito do qual não se sabia, previamente, estar assim incluído, aumentando, desta forma, a *distinção compreensiva* do primeiro termo. A passagem do pensamento de um conceito mais amplo para outro mais estreito sem mudança de informação, e consequentemente com aumento de profundidade, denomina-se *descensão*; a passagem inversa, *ascensão*. Por vários propósitos, frequentemente imaginamos que nossa informação é menos do que realmente é. Quando isto tem o efeito de diminuir a extensão de um termo sem aumentar sua profundidade, a mudança denomina-se *restrição*; assim como, quando através de um aumento da informação real, um termo ganha extensionalidade sem perder profundidade, diz-se que ele ganha extensão. Este é, por exemplo, um efeito comum da *indução*. Neste caso, o efeito denomina-se generalização. Um decréscimo da informação suposta pode ter o efeito de diminuir a profundidade de um termo sem aumentar sua informação. Isto é frequentemente chamado de *abstração*, porém é muito melhor denominá-lo de *pré-cisão* (*prescission*), pois a palavra *abstração* é necessária para designar um procedimento bem mais importante por meio do qual um elemento transitivo do pensamento é feito substantivo, tal como na mudança gramatical de um adjetivo num substantivo abstrato. Este pode ser considerado o principal motor do pensamento matemático. Quando um aumento de informação real tem o efeito de aumentar a profundidade de um termo sem diminuir sua extensionalidade, a palavra adequada para esse processo é *ampliação*. Em linguagem comum, imprecisamente dizemos *especificar*, ao invés de *ampliar*, quando, desta maneira, acrescentamos informação. Frequentemente a operação lógica de formar uma hipótese tem este efeito, que se pode, em tal caso, chamar de *suposição*. Quase todo aumento de profundidade pode ser chamado de *determinação*.

(4) A silogística é por vezes encarada como a matemática de um sistema de quantidades que consistem não mais de dois valores, *verdade* e *determinação*.

(5) A quantidade de uma proposição é aquele aspecto pelo qual se considera que uma proposição universal afirma mais do que a proposição particular correspondente: as quantidades reconhecidas são Universal, Particular, Singular e – oposta a estas, tidas por "definidas" – Indefinida. *Quantitas*, é neste sentido, usada por Apuleio[a]".

365. *Quantificação do Predicado*. A adjudicação de signos de quantidade proposicional aos predicados de proposições simples é designada por este nome. O *dictum de omni* define a relação de sujeito e predicado, de modo que é preciso entender "Qualquer *A* é *B*" como significando "A tudo aquilo a que *A* é aplicável, *B* é aplicável". Contudo, esta definição deve ser modificada, a fim de dar lugar a uma quantificação do predicado. Se então vamos tomar *todo* e *algum* em seus sentidos distributivos próprios e não em seus sentidos coletivos, dizer que "Cada homem é cada animal" seria, tal como Aristóteles observa, absurdo, a menos que se pretendesse dizer que não havia mais do que um homem e um animal, e que

---

a. Ver Prantl, op. cit., I, 581.

aquele único homem era idêntico àquele único animal. Este sistema nunca foi proposto. Mas Hamilton[a], com seus seguidores T.S. Baynest[b] e Calderwood, consideram os traços de quantidade num sentido coletivo. Assim, eles têm, como uma das formas proposicionais, "Algum homem não é algum animal", o que nega exatamente "Cada homem é cada animal", no sentido distributivo, e tem o direito a uma posição equivalente na lógica. Não nega "Todo homem é todo animal", no sentido coletivo destes lógicos. Este sistema teve alguma voga em sua época.

366. *O Sistema de Proposições de DeMorgan*[c]. Este permite a retenção do *dictum de omni*, simplesmente através da aplicação de uma qualidade proposicional ao sujeito. Obtemos, assim, as seguintes oito formas de proposição:

)) A tudo aquilo a que *A* é aplicável, *B* é aplicável.
(•) A tudo aquilo a que *A* é inaplicável, *B* é aplicável.
) • (A tudo aquilo a que *A* é aplicável, *B* é inaplicável.
((A tudo aquilo a que *A* é inaplicável, *B* é inaplicável; *i.e.*, A tudo aquilo a que *B* é aplicável, *A* é aplicável.
( ) A algo a que *A* é aplicável, *B* é aplicável.
(. (A algo a que *A* é aplicável, *B* é inaplicável.
) .) A algo a que *A* é inaplicável, *B* é aplicável; *i.e.*, A algo a que *B* é aplicável, *A* é inaplicável.
) (A algo a que *A* é inaplicável, *B* é inaplicável.

O que está acima é, substancialmente, uma das formas de enunciação do próprio DeMorgan, por ele chamada de onimática[d]. Não há objeções a este sistema; mas é uma complicação ociosa de formas que não nos permite considerar nenhum modo de inferência que o sistema antigo já não abranja. E ainda acaba com as figuras do silogismo. Contudo, sejam quais forem os méritos e deméritos do sistema, DeMorgan o desenvolveu com elegância lógica.

11. UNIVERSAL[e]

367. (1) Esta palavra era usada na Idemde Média onde não devíamos usar a palavra Geral. Outro sinônimo era *praedicabile*: "Praedicabile est quod aptum natum est praedicari de pluribus", diz Petrus Hispanus.[f] Albertus Magnus diz: "Universale est quod cum sit in uno aptum natum est esse in pluribus". Burgesdicius[g], traduzindo literalmente de Aristóteles, diz; "Universale (τὸ καθ ὅλου) appello, quod de pluribus suapte natura praedicari aptum est", *i.e.*, ὅ ἐπὶ πλείονων πέφυκε κατηγορῖσθαι. Quando os escolásticos falam em universais, eles simplesmente querem dizer termos gerais (dos quais se diz que são *universais simples*), com a exceção que se segue.

a. *Lectures on Logic*, XIII, p. 243-48.
b. *An Essay on the New Analytic of Logical Forms* (1850).
c. *Syllabus of a Proposed System of Logic* (1860). § 21. Ver também 568.
d. Ibidem, § 165.
e. *Dictionary of Philosophy and Psychology*, v. 2, p. 737-40: 367-9 são apenas de Peirce; 370-1, dadas em parte apenas, são *de* Peirce e da Sra. C. Ladd-Franklin.
f. *Summulae*, Tractatus II, p. 87C
g. *De Praedicab*. II, 1, p. 11A.

368. (2) Os cinco termos de segunda intenção ou, mais precisamente, as cinco classes de predicados, *gênero, espécie, diferença, propriedade*, e *acidente* eram chamados na Idemde Média (tal como ainda o são) de "os predicáveis". Contudo, uma vez que predicável também significa aquilo que está apto a ser um predicado, sentido este em que é quase um sinônimo exato de universal no primeiro sentido, os cinco predicáveis vieram a ser frequentemente designados como "os universais".

369. (3) O que é predicado, ou afirmado, numa proposição *de omni*; diz-se ser verdadeiro, sem exceção, seja o que for aquilo de que o termo sujeito é predicável. Ver Quantidade (§ 10).

Assim, "qualquer fênix surge de suas cinzas" é uma proposição universal. Este é chamado o sentido *complexo* do universal. O sujeito deve ser tomado no sentido distributivo e não no sentido coletivo. Assim, "Todo homem é todo redimido", que e a "proposição toto-total" de Hamilton[a], não é uma proposição universal, ou asserção *de omni*, no sentido definido por Aristóteles no *dictum de omni*, pois diz que a coleção de homens é idêntica à coleção dos redimidos, e não que todo homem sem exceção é todo redimido. Leibniz acertadamente insiste em que uma proposição universal não afirma, ou implica, a existência de seu sujeito[b]. A primeira razão para isto é que está de acordo com a definição, ou seja, o *dictum de omni*, que é aquilo que é afirmado universalmente de um sujeito que se diz ser predicável de tudo aquilo a que esse sujeito possa ser predicável. Pois isto pode ser feito sem se afirmar que o sujeito é predicável de qualquer coisa no universo. A segunda razão é que o termo *proposição universal* é um termo de lógica formal. Ora, a principal, ou pelo menos a mais essencial atividade da lógica formal é formular um silogismo direto de forma a não representá-lo como algo que requer mais ou menos do que ele realmente requer. Ora, a premissa maior de um silogismo direto deve ser universal, mas não necessita implicar a existência de uma coisa qualquer da qual o sujeito deveria ser predicável. Por conseguinte, é indispensável uma forma de proposição universal que não afirme a existência do sujeito. Logo se tornará evidente que não se requer nenhum tipo de proposição universal. A terceira razão é a necessidade de prover a lógica formal de uma forma de proposição que negue exatamente toda proposição que venha sob cada uma de duas formas simples. Ora. se uma proposição universal afirmando a existência de seu sujeito é encarada como uma forma simples de proposição – como, por exemplo, "Há habitantes em Marte e cada um deles, sem exceção, tem cabelos vermelhos" – sua precisa negação seria uma proposição particular que não afirma a existência do sujeito, que seria uma forma muito singular, quase nunca desejada, e manifestamente complexa, tal como "Ou não há habitante algum em Marte ou, se houver, há pelo menos um que não tem cabelos vermelhos". Obviamente, é bem melhor fazer a proposição particular simples afirmar a existência de seu sujeito, "Há um habitante de Marte que tem cabelos vermelhos", quando a forma universal não efetuar a mesma asserção ou implicá-la: "Quaisquer habitantes de Marte que possa haver devem, sem exceção, ter cabelos vermelhos". Se toda proposição particular afirma a existência de seu sujeito,

a. *Lectures on Logic*, Ap. V (d), (3).
b. Cf. *Nouveaux Essais*, livro IV, cap. 9.

então uma proposição particular afirmativa *implica* também na existência de seu predicado. Seria uma contradição nos termos dizer que uma proposição *afirmava* a existência de seu predicado, uma vez que aquilo de que uma proposição *afirma* algo é seu sujeito, e não seu predicado. Mas talvez não seja de todo certo dizer que a proposição particular *afirma* a existência de seu sujeito. De qualquer forma, isto não deve ser entendido como se, numa tal asserção, *existência* fosse um predicado não implicado numa proposição que não faz esta asserção (ver Kant. *Krit. dreinen Vernunft*, 1. ed., 599).

Toda proposição refere-se a algum índice; as proposições universais referem-se ao universo, através do meio comum ao elocutor e ao ouvinte, que é um índice daquilo de que fala o elocutor. Mas, a proposição particular afirma que, com os meios suficientes, nesse universo seria encontrado um objeto ao qual o termo sujeito seria aplicável, e em relação ao qual uma averiguação mais aprofundada provaria que a imagem suscitada pelo predicado também era aplicável. Tendo isto sido determinado, é uma *inferência imediata*, embora não exatamente *afirmada* na proposição, de que há algum *objeto indicável* (isto é, algo *existente*) ao qual se aplica o próprio predicado, de tal modo que também o predicado pode ser considerado como referindo-se a um índice. Sem dúvida, é perfeitamente legítimo e, sob certos aspectos, preferível, formular da seguinte forma a proposição particular: "Algo é, simultaneamente, um habitante de Marte e um raivo", e a proposição universal deste modo: "Tudo o que existe no universo é, se habitante de Marte, então também um ruivo". Neste caso, a proposição universal nada *afirma* sobre existência, dado que já deve ser um fato bem entendido entre elocutor e ouvinte que o universo está *ali*. A proposição particular na nova forma afirma a existência de um algo bastante vago ao qual ela declara serem aplicáveis "habitante de Marte" e "ruivo".

A proposição universal deve ser compreendida como excluindo estritamente qualquer exceção singular. Ela se distingue, assim, da proposição "A relação do número de *As* para os *As* que são *B* é 1:1", não apenas por ser distributiva na forma em vez de coletiva, mas também por afirmar muito mais. Assim, a razão do conjunto de todos os números reais para com aqueles dentre estes números que são incomensuráveis é 1:1; todavia, isto não impede os números comensuráveis de existir, nem de serem em infinita quantidade. Se fosse provado que a relação de frequência de todos os eventos para aqueles dentre estes que fossem devidos a causas naturais é 1:1, isso não constituiria argumento algum contra a existência dos milagres, embora pudesse (ou não pudesse, conforme as circunstâncias) ser um argumento contra a explicação de um dado evento qualquer como sendo de natureza milagrosa, se é que uma tal hipótese pode ser chamada de explicação. Ora, a indução pode concluir que a razão de frequência de um evento específico para outro genérico é 1:1, no mesmo sentido aproximado em que todas as conclusões indutivas devem ser aceitas. De fato, as razões 1:1 e 0:1 podem ser indutivamente concluídas com uma confiança mais acentuada em sua exatidão do que qualquer outra razão que possa ser assim concluiria. Mas, em circunstancia alguma pode a indução estabelecer a exatidão ou exatidão aproximada de uma proposição estritamente universal, ou que uma série qualquer de eventos fenomenais é, propriamente dita, geral (e, portanto, representa uma classe possivelmente infinita) ou é mesmo aproximadamente geral. Tais proposições, fora da matemática (tomando esta palavra num sentido tal que inclua todas as definições e deduções dela oriundas) devem ser ou inteiramente sem fundamento ou devem derivar seu fundamento de alguma outra fonte que não a observação e a experimentação. Concebe-se que tal fundamento poderia ser estabelecido através de testemunho, tal como, por exemplo, por uma promessa de um ser possivelmente imortal de atuar de uma certa maneira sobre toda ocasião de uma certa descrição; e, com isso, não necessitaria ser um juízo *a priori*.

370. (4)... Descartes, Leibniz, Kant e outros valem-se da universalidade de certas verdades como prova de que elas não derivam da observação, quer seja esta direta ou através de uma inferência provável legítima. Há apenas uma passagem deste tipo em Descartes; e mesmo Leibniz, embora frequentemente alegue a *necessidade* de certas verdades (isto é, o fato de serem elas proposições de modo necessário) contra a opinião de Locke, apenas num único momento (o *Avant-Propos* dos *Nouveaux Essais*) anexa o critério da universalidade. Descartes, Leibniz e Kant declaram, mais ou menos explicitamente, que aquilo que dizem não se poder derivar da observação, ou de uma legítima inferência provável da observação, é, de certo modo uma proposição universal"(3), isto é, uma asserção que diz respeito a cada membro de uma classe geral sem exceção. Descartes (*Carta* xcix) argumenta que não se pode fazer nenhuma inferência legítima a partir de fenômenos externos à proposição de que "Coisas iguais a uma mesma coisa são iguais entre si", uma vez que isso seria inferir uma "universal" de uma "particular", Leibniz emprega quase a mesma linguagem[a]. "D' où il nait une autre question, savoir, si toutes les vérités dépendent de l'expérience, c'est-à-dire de l'induction et des exemples, ou s'il y a un autre fondement... Or, tous les exemples qui confirment une vérité générale, de quelque nombre qu'ils soient, ne suffisent pas pour établir la nécessité universelle de cette même vérité: car il ne suit pas que ce qui est arrivé arrivera toujours de même[6]". Kant exprime-se de um modo ainda mais inequívoco (*Krit. d. reinem Vernunft*, 2ª ed., Einleitung, ii):[b] "Erfahrung giebt niemals inhren Urtheüen wahre und strenge, sondem nur angenommne und comparative Allgemeinheit (durch Induction), so

---

a. Cf. *Nouveaux Essais, Avant-Propos*.

6. "Donde surge uma outra questão, a saber, se todas as verdades dependem da experiência, isto é, da indução e dos exemplos, ou se existe um outro fundamento... Ora, todos os exemplos que confirmam uma verdade geral, sejam quantos forem, não bastam para estabelecer a necessidade universal dessa mesma verdade, pois daí não decorre que aquilo que aconteceu sempre acontecerá."

b. "A experiência nunca dá aos seus juízos uma generalidade autêntica e rigorosa, mas apenas uma generalidade admitida e comparativa (por indução), de modo que, na realidade, deve-se dizer: o que até aqui tomamos como verdadeiro não encontra exceção desta ou daquela regra. Se se tomar um juízo como generalidade mais rigorosa, isto é, de modo a não admitir como possível qualquer exceção, neste caso o juízo não é separado da experiência, porém é algo simplesmente válido *a priori*. A generalidade empírica, portanto, é apenas uma majoração arbitrária da validade daquela que se apresenta, na maioria dos casos, como válida em todos. Assim, por exemplo, como na sentença: todos os corpos são pesados, onde porém a generalidade rigorosa pertence essencialmente a um juízo, sendo que, neste caso, este indica uma fonte especial dê conhecimento, ou seja um poder do conhecimento *a priori*. Necessidade e generalidade rigorosa são, por conseguinte, signos seguros de um conhecimento *a priori* e pertencem também um ao outro indissoluvelmente."

dass es eigentlich heissen muss: so viel wir bisher wahrgenommen haben, findet sich von dieser oder jener Regel keine Ausnahme. Wird also ein Urtheil in strenger Allgemeinheit gedacht, d.i. so, dass gar keine Ausnahme als moglich verstattet wird, so ist es nicht von der Erfahrung abgeleitet, sondem schlechterdings *a priori* gultig. Die emprirische Allgemeinheit ist also nur eine willkührliche Steigerung der Gultigkeit, vo der, welche in den meisten Fallen, zu der, die in alien gilt, wie z.B. in dem Satze: alie Kõper sind schwer; wo dagegen strenge Allgemeinheit zu einem Urtheile Wesentlich gehôrt, da seigt diese auf einem besonderen Erkenntnissquell derselben, namlich ein Vermogen des Erkenntnisses *a priori*. Nothwendigkeit und strenge Allgemeinheit sind also sichere Kennzeichen einer Erkenntniss *a priori*, und gehôren auch aunzertrennlich zu einander". Mas, não obstante o fato de que toda a lógica destes autores, especialmente Kant, exija que a palavra universal seja entendida nesse sentido, há, nos trabalhos de todos eles, algumas passagens que dão um certo tom de desculpa ao erro grosseiro de alguns intérpretes que ensinam que por necessidade eles entendem a força física irresistível com a qual a proposição reclama nosso assentimento, e que por universalidade entendem catolicidade, *i.e.*, a aceitação católica da proposição *semper, ubique et ab omnibus*. Descartes em particular, e Leibniz numa certa medida, talvez mesmo Kant (embora fosse bastante ilógico que ele assim procedesse) mais ou menos atribuíram um certo peso à evidência aparente irresistível, e, num certo grau, à aceitação católica, que as proposições têm de tender a persuadir-nos de sua veracidade; mas não como critérios de suas origens. No entanto, cumpre notar que falsos intérpretes de Kant utilizaram a palavra universal no sentido daquilo que é aceito por todos os homens – o sentido de κοινός na frase κοιναί ἔννοιαι.

371. As palavras universal e universalidade entram em várias frases técnicas:

...*Universal natural*: um signo natural predicável de uma pluralidade de coisas, assim como fumaça é signo de fogo. A doutrina nominalista diz que nada fora da mente é universal nesse sentido. Ver Ocam, *Lógica*, I, xiv *ad fin*.

...*Validade universal*: conforme alguns lógicos, é a validade de raciocínios tais que são "calculados para produzir convicção em toda mente razoável" (Hamilton. *Led. on Logic*, xxvi). Se tivesse omitido a palavra razoável e dito "calculados para operar convicção em toda mente", isto não provaria que eles têm qualquer validade que seja, pois a validade de um raciocínio depende de se saber se ele realmente conduzirá à verdade, e não do fato de se acreditar que ele conduzirá à verdade. Assim, a palavra razoável é a única palavra pertinente na definição. Mas, de fato, não existe nenhuma divisão da validade lógica em validade universal e validade particular...

12. PARTICULAR[a]

372. Em linguagem não técnica, aplicada a casos singulares enquadrados sob títulos gerais e que ocorrem, ou que se supõe ocorrerem, na

---

a. *Dictionary of Philosophy and Psycology*, v. 2., p. 265-6, por Peirce e pela Sra. C. Ladd-Franklin.

experiência; neste sentido, é também um substantivo. Os particulares são as circunstâncias experimentalmente conhecidas de natureza geral, porém tal como surgem no caso individual.

373. Uma proposição particular é a que dá uma ideia geral de um objeto e que afirma que um objeto ao qual se aplica essa descrição ocorre no universo do discurso, sem afirmar que ele se aplica a todo o universo ou a tudo no universo de uma descrição geral especificada, tal como "Alguns dragões soltam fogo". Se sustentamos que a proposição particular afirma a existência de algo, então sua negação exata não afirma a existência de coisa alguma, tal como "Não existe dragão algum que solte fogo". Portanto, não é verdade que de uma tal negação exata decorra alguma proposição particular, tal como "Algum dragão não solta fogo". Pois se não há nenhum dragão que não solte fogo, isso é falso, embora possa ser verdadeiro que não exista dragão algum que solte fogo.

Por exemplo, da proposição particular "Alguma mulher é adorada por todos os católicos" segue-se que "Qualquer católico que possa existir adora uma mulher", *i.e.*, "Não há católico algum que não adore uma mulher", que é a negação exata de "Algum católico não adora todas as mulheres", que é uma proposição particular. Disto, por sua vez, segue-se que uma mulher adorada por todos os católicos não existe, o que é a negação exata da primeira proposição, "Alguma mulher é adorada por todos os católicos". O mesmo é verdadeiro de toda proposição particular. Assim, se "Algum corvo é branco", segue-se que "Nenhuma consequência inevitável da brancura está ausente de todos os corvos", o que é a negação exata da proposição particular "Alguma consequência inevitável da brancura está ausente de todos os corvos". Assim, de cada proposição particular segue-se a negação exata de uma proposição particular, porém de nenhuma proposição particular pode seguir-se qualquer negação exata de uma proposição particular. Contudo, isto não se estende a uma proposição particular *simples*, tal como "Algo é branco", uma vez que dizer "Algo é não-existente" (o que seria proporcionado por um tratamento análogo) é um absurdo, e não deveria ser considerado como uma proposição em geral.

13. QUALIDADE[a]

374. (Em gramática e lógica). (1) Seja uma sentença em que um substantivo comum ou adjetivo é predicado de um substantivo próprio, e suponha-se que algo existe na realidade que corresponde à forma da proposição. A seguir, imagine-se que esta forma de fato consiste numa relação do sujeito objetivo, ou substância, com um ser, o mesmo correlato para todos os casos em que o mesmo substantivo ou adjetivo é predicado no mesmo sentido, e esse ser imaginário, quer seja encarado como real, ou apenas como uma conveniência do pensamento, é uma *qualidade*. Assim, se algo é belo, branco ou incompreensível, isto consiste no fato de possuir a qualidade da beleza, da brancura ou da incompreensibilidade.

a. Ibidem, vol. 2, p. 408-9.

375. (2) Contudo, num sentido mais adequado, o termo qualidade não se aplica quando o adjetivo, como *incompreensível*, é concebido como significando uma relação. Assim, brancura será, neste sentido estreito, uma qualidade apenas enquanto se pensar em objetos como sendo brancos independentemente de qualquer outra coisa; porém quando isto é concebido como uma relação com o olho, "brancura" é apenas uma qualidade num sentido mais frouxo. Locke[a] define qualidade como o poder de produzir uma ideia, o que, de modo aceitável, concorda com a explicação acima.

Qualitas, tendo alcançado inevitavelmente um uso excessivamente amplo, nas escolas romanas era empregada para designar quase todo caráter ou caracteres para os quais não havia outro nome à mão. Isso fez com que surgisse uma gama de sentidos especiais. Assim, em gramática a diferença entre substantivos que tinham um plural e os que não tinham denominava-se uma diferença de qualidade, tal como a diferença entre os pronomes pessoais e *qui*, *quis*, etc.

376. (3) Em lógica: a distinção entre a proposição afirmativa e a negativa tem sido denominada a distinção de qualidade em proposições por todos os lógicos, sem interrupção, de Apuleio, no século II de nossa era, até nossos contemporâneos.

Kant, a fim de obter uma tríade, acrescentou uma terceira qualidade, denominada limitativa, a de "Sortes est non homo", com uma distinção de "Sortes non est homo". Esta colocação não suporta crítica, porém a autoridade de Kant e a força da tradição fizeram com que sobrevivesse. Na medida em que o universo de caracteres é ilimitado, é óbvio que qualquer coleção de objetos tem algum predicado comum e peculiar a eles. Sendo este o caso, tal como a silogística ordinária tacitamente presume que é, a distinção entre proposições afirmativas e negativas é puramente relativa ao predicado particular. Sem dúvida, muitos lógicos têm presumido que as proposições negativas se distinguem das proposições afirmativas ordinárias pelo fato de não implicarem a realidade do sujeito. Contudo, neste caso, o que significa "Algum patriarca não morre"? Além do mais, todos admitem que as proposições *per se primo modo* não implicam a existência do sujeito, embora sejam afirmativas. De qualquer forma, a silogística resultante, se consistente, é passível de objeções. Se, entretanto, o universo dos caracteres é limitado, como é no discurso ordinário, onde dizemos que inconsistência lógica e tangerinas nada têm em comum, neste caso o sistema de lógica formal que se requer será um caso simples de lógica dos relativos (q.v.);[b] mas a distinção entre proposições afirmativas e negativas tornar-se-á material ou absoluta, com as formas das proposições categóricas simples sendo então;

Qualquer *A* possui todos os caracteres do grupo *β*.
Qualquer *A* deseja todos os caracteres do grupo *β*.
Qualquer *A* possui algum caráter do grupo *β*.
Qualquer *A* deseja algum caráter do grupo *β*, etc.
Algum *A* deseja todos os caracteres do grupo *β*, etc.

a. *Essay*, II, viii, 8.
b. Cf. vol. 3, nº XX, § 8.

377. (4) Qualidade, mesmo em Aristóteles, é especialmente empregada para denotar caracteres que constituem méritos ou deméritos, e esta palavra é notável pelo número de significados especializados que carrega. Desde Kant, tem sido empregada para designar a distinção entre claro e obscuro, ou distinto e confuso, etc. Ver o tópico anterior.

A qualidade divide-se em primária, secundária, secundo-primária, essencial ou substancial, acidental, manifesta, oculta, primitiva, original, elementar, primeira, derivada, real, intencional, imputada, passível, lógica, proposicional, ativa, alterante, afetiva, predicamental, etc.

14. NEGAÇÃO[a]

378. Negação é usada (1) logicamente, (2) metafisicamente. No sentido lógico, pode ser usada (a) de modo relativo (b) e de modo absoluto. Usada de modo relativo, quando aplicada a uma proposição, pode ser entendida (α) como negando a proposição ou (ß) como negando o predicado.

379. (1) Em seu sentido lógico, a negação opõe-se à afirmação, embora, quando usada de modo relativo, este talvez não seja um termo contrário conveniente; em seu sentido metafísico, negativo opõe-se a positivo (fato, etc.).

A concepção de negação, objetivamente considerada, é uma das mais importantes relações lógicas; mas subjetivamente considerada, não é de maneira alguma um termo da lógica, mas sim, pré-lógico. Ou seja, é uma daquelas ideias que deveriam ter sido plenamente desenvolvidas e dominadas antes que a ideia de investigar a legitimidade dos raciocínios pudesse ter sido elaborada em alguma extensão.

O tratamento da doutrina da negação proporciona uma boa ilustração dos efeitos da aplicação do princípio do Pragmatismo (q.v.)[b] em lógica. O pragmático tem em vista um propósito definido ao investigar as questões lógicas. Ele deseja determinar as condições gerais da verdade. Ora, sem, está claro, empreender aqui uma apresentação do desenvolvimento total do pensamento, seja dito que se verifica que o primeiro passo deve ser para definir como podem duas proposições estar de tal modo relacionadas que, sob quaisquer circunstâncias,

A verdade de uma acarreta a verdade da outra,
A verdade de uma acarreta a falsidade da outra,
A falsidade de uma acarreta a verdade da outra,
A falsidade de uma acarreta a falsidade da outra.

Esta deve ser a primeira parte da lógica. É a lógica dedutiva, ou (denominando-a por seu resultado principal) silogística. Em todas as épocas esta parte da lógica tem sido reconhecida como preliminarmente necessária a uma investigação ulterior. Lógica dedutiva e lógica indutiva ou metodológica foram sempre distinguidas uma da outra, e a primeira tem sido geralmente chamada por esse nome.

a. *Dictionary of Philosophy and Psychology*, vol. 11, p. 146/7, por Peirce e a Sra. C. Ladd-Franklin.
b. Cf. v. 5, *Introduction*.

A fim de examinar estas relações entre as proposições, é necessário dissecar as proposições numa certa medida. Há diferentes modos pelos quais as proposições podem ser dissecadas. Alguns deles não conduzem, de modo algum, à solução do presente problema, e serão evitados pelo pragmático neste estágio da investigação. Tal é, por exemplo, o modo que faz da cópula uma parte distinta da proposição. Pode ser que existam diferentes modos de realizar-se uma dissecção útil, porém o mais comum, o único que tem sido suficientemente estudado, pode ser descrito como segue:

Tomando-se uma proposição qualquer, como
"Cada sacerdote casa alguma mulher com algum homem", observamos que algumas de suas partes podem ser retiradas de modo a deixar espaços em branco, nos quais, se os vazios forem preenchidos com nomes próprios (de objetos individuais que se sabem existir) haverá uma proposição completa (ainda que tola e falsa). Tais espaços vazios são, por exemplo:

Cada sacerdote casa alguma mulher com _____
_____ casa _____ com algum homem,
_____ casa _____ com _____

Pode ser que exista alguma língua na qual os espaços em branco em tais formas não podem ser preenchidos com nomes próprios de modo a perfazer proposições perfeitas, porque a sintaxe pode ser diferente para as sentenças que envolvem nomes próprios. Mas, não importa quais possam ser as regras da gramática.

A última das formas em branco acima distingue-se por não conter nenhuma palavra seletiva como algum, cada, qualquer, ou qualquer outra expressão equivalente em força a tais palavras. Pode-se denominá-la Predicado (q.v.[538]) ou ῥῆμα.

Correspondendo a cada predicado desse tipo há um outro tal que, se todos os espaços vazios nos dois forem preenchidos com o mesmo conjunto de nomes próprios (de individuais que se sabe existir), uma das duas proposições resultantes será verdadeira, enquanto a outra é falsa; como

Chrisostomo casa Helena com Constantino;
Chrisostomo não casa Helena com Constantino.

É verdade que a última não é exemplo de boa gramática, mas isso não tem a mínima consequência. Duas proposições desse tipo dizem-se contraditórias, e dois predicados tais dizem-se negativos um do outro, ou que cada um resulta da negação do outro. Duas proposições envolvendo expressões seletivas podem ser contraditórias; mas para que o sejam, cada seletivo que indica uma *seleção adequada* deve ser mudado de maneira a indicar *qualquer seleção que possa ser feita*, ou vice-versa. Deste modo, as duas proposições seguintes são contraditórias:

Cada sacerdote casa alguma mulher com cada homem;
Algum sacerdote não-casa cada mulher a algum homem.

É muito conveniente exprimir o negativo de um predicado simplesmente acrescentando a este um *não*. Se adotamos este plano, *não-não-casa* deve ser considerado equivalente a *casa*. Ocorre que tanto em latim quanto em inglês esta convenção está de acordo com o uso da língua. Provavelmente, há apenas uma pequena minoria de línguas do mundo nas quais prevalece esta regra muito artificial. Diz-se que cada uma de duas proposições contraditórias resulta da *negação* da outra.

A relação de negação pode ser considerada como definida pelos princípios de contradição e do termo médio excluído. Ver Leis do Pensamento (Livro III, Cap. 4, § 15.) Este é um ponto de vista admissível, mas não necessário. Dentre as concepções de lógica dedutiva não-relativa, tais como consequência, coexistência ou composição, agregação, incompossibilidade, negação, etc., é necessário selecionar apenas duas, e quase que quaisquer duas destas, a fim de ter-se o material requerido para a definição das outras. Quais as que devem ser escolhidas é uma questão cuja decisão transcende a função deste ramo da lógica. Donde o mérito indiscutível dos oito signos-cópula da Sra. Franklin, que são mostrados como sendo de grau formal coordenado.[a] Mas, assim considerados, não são propriamente cópulas ou asserções da relação entre os vários sujeitos individuais e o predicado, porém meros signos das relações lógicas entre diferentes componentes do predicado. A doutrina lógica ligada a esses signos é de considerável importância para a teoria do pragmatismo.

...*Negant* ou *negação negativa* é a negação realizada pelo acréscimo da partícula negativa à cópula no idioma latino usual, "Socrates non est stultus", em contraposição à *negação infinita* (ἀόριοτη) ou *infinitant*, que se realiza pelo acréscimo da partícula negativa ao predicado, "Socrates est non stultus".

Kant retomou esta distinção a fim de obter uma tríade para estabelecer a simetria de seu quadro de categorias, e desde então esse tem sido um dos mais profundos e estimados estudos dos lógicos alemães. Nenhuma ideia é mais essencialmente dualística, e distintamente não triádica, do que a negação. *Não-A = outro que não A = uma coisa segunda a A*. A linguagem preserva muitos vestígios disto. *Dubius* está entre *duas* alternativas, sim e não.

380. (2) No sentido metafísico, negação é a simples ausência de um caráter ou relação que é encarada como positiva. Distingue-se da privação pelo fato de não implicar nada além disso.

O célebre dito de Spinoza, com o qual os Schellings tanta coisa fizeram, "Omnis determinatio est negado", tem pelo menos este fundamento, que *determinatio* a uma alternativa exclui-nos de uma outra. A mesma grande verdade é inculcada nos jovens através do ditado "Não se pode comer um doce e guardá-lo ao mesmo tempo".

15. LIMITATIVO[b]

381. (1) Aplicado a uma terceira qualidade dos juízos, adicional à afirmativa e negativa. A ideia de uma tal terceira qualidade originou-se entre os romanos a partir da diferença entre "homo non est bonus" e "homo est non bonus", sendo este o limitativo...

É um dos muitos casos em que os acidentes da linguagem, afetaram formas lógicas aceitas sem nenhuma boa razão. Boécio,[c] e outros aplica-

---

a. Ver *Dictionary of Philosophy and Psychology*, v. 2, p. 369.
b. Ibidem v. 2, p. 6-7;
c. Ver Prantl, op. cit., I, 693.

ram a infiltração também ao sujeito, o que, como mostrou DeMorgan[a] é uma valiosa contribuição à lógica. Wolffd,[b] no entanto, limitou a modificação ao predicado, sem demonstrar qualquer razão séria para tal aplicação. Kant adotou-a porque completava sua tríade das categorias da qualidade. Sua justificativa, no dizer de Jasche, é que a negativa exclui o sujeito da esfera do predicado, enquanto que o *unendliche*, juízo limitativo ou infinito, o coloca na esfera infinita exterior ao predicado. Deve-se observar que Kant considera um traço positivo como diferindo *per se* de um traço negativo e, em particular, como tendo uma extensão bem mais reduzida. Como a maioria dos antigos lógicos, ele virtualmente limitou o universo dos traços àqueles que atraem nossa atenção. Se isso fosse feito de modo explícito e consistente, ter-se-ia constituído numa lógica particular interessante, na qual haveria uma diferença material, e não apenas meramente formal, entre os fatos afirmativos e os negativos. É provável que Kant também entendeu que a proposição afirmativa declara a existência de seu sujeito, enquanto que a negativa não o faz, de tal forma que "Alguns fênix não surgem de suas cinzas" seria verdadeiro, e "Todos os fênix realmente surgem de suas cinzas" seria falso. O juízo limitativo concordaria com o afirmativo sob este aspecto. Foi isto, provavelmente, o que quis dizer, e ele não observou que seu juízo limitativo, "A alma humana é imortal", (*nichtsterblich*) pode ser interpretado como equivalente ao juízo conjuntivo "A alma humana não é mortal, e é a alma humana". Não há dúvida de que Kant teria visto um mundo de diferenças entre estas duas asserções. Neste caso, deveria ter adotado uma quarta qualidade, "A alma humana não é imortal".

16. MODALIDADE[c]

382 Não há acordo, entre os lógicos, a respeito daquilo em que consiste a modalidade; mas, a modalidade é a qualificação lógica de uma proposição ou sua cópula, ou a qualificação correspondente de um fato ou sua forma, nas formas expressas pelos modos *possibile, impossibile, contingens, necessarium*.

Qualquer qualificação de uma predicação é um modo, e Hamilton diz (*Lects. on Logic*, xiv) que "todos os lógicos" denominam de proposição modal qualquer proposição afetada por um modo. Isto, entretanto, já é ir longe demais, pois não apenas esse termo tem sido limitado na prática, desde o tempo de Abelardo, quando o termo apareceu pela primeira vez,[d] às proposições qualificadas pelos quatro modos "possível", "impossível", "necessário" e "contingente", com apenas uma extensão ocasional para outros quaisquer, como também testemunhos positivos a esse respeito poderiam ser citados em abundância.

A abordagem mais simples da modalidade é a dos escolásticos, segundo a qual a proposição necessária (ou impossível) é uma espécie de

---

a. Ver exemplo em *Formal Logic*, p. 37.
b. Mas cf. a *Lógica* de Wolff, § 208.
c. *Dictionary of Philosophy and Psychology*, vol. 2. p. 89-93.
d. Ver Prantl, op. cit., II, 158.

proposição universal; a proposição possível (ou contingente, no sentido de não necessária), uma espécie de proposição particular. Isto é, afirmar que "*A* tem de ser verdadeiro" é afirmar não apenas que *A* é verdadeiro, mas que *todas* as proposições análogas a *A* são verdadeiras; e afirmar que "*A* pode ser verdadeiro" é afirmar apenas que *alguma* proposição análoga a *A* é verdadeira. Se alguém perguntar o que é que se pretende significar, aqui, com proposições análogas, a resposta é: todas aquelas de uma certa classe que as conveniências do raciocínio estabelecem. Ou podemos dizer que todas as proposições análogas a *A* são todas aquelas proposições que, em algum estado inconcebível de ignorância, seriam indistinguíveis de *A*. O erro deve ser posto fora de questão; apenas a ignorância há de ser considerada. Esta ignorância consistirá no fato de seu sujeito ser incapaz de rejeitar determinados estados potencialmente hipotéticos do universo, cada um dos quais absolutamente determinado sob todos os aspectos, mas que são todos, de fato, falsos. O aglomerado destas falsidades não rejeitadas constitui a "gama de possibilidades", ou melhor, "de ignorância". Se não houvesse ignorância alguma, este agregado reduzir-se-ia a zero. Nas proposições necessárias, o estado de conhecimento suposto é habitualmente fictício; nas proposições possíveis é, mais frequentemente, o estado real do elocutor. A proposição necessária afirma que, no estado de conhecimento presumido, não há caso algum em toda a gama de ignorância no qual a proposição seja falsa. Neste sentido, pode-se dizer que uma impossibilidade está na base de toda necessidade. A proposição possível afirma que há um caso em que é verdadeira.

Encontram-se várias sutilezas no estudo da modalidade. Assim, quando o próprio estado de conhecimento do pensador é aquele cuja gama de ignorância está em questão, os juízos "*A* é verdadeiro" e "*A* deve ser verdadeiro" não são logicamente equivalentes, afirmando o último um fato que o primeiro não afirma, embora o fato desta sua asserção propicie uma evidência direta e conclusiva de sua verdade. Os dois são análogos a "*A* é verdadeiro" e "*A* é verdadeiro, e eu o digo", que prontamente se demonstra não serem logicamente equivalentes através da negação de cada um, quando obtemos "*A* é falso" e "Se *A* é verdadeiro, eu não o digo".

Na proposição particular necessária e na proposição universal possível há, por vezes, uma distinção entre os sentidos "compostos" e os sentidos "divididos". "Algum S^1 deve ser *P*", tomado no sentido composto, significa que não há caso algum, em toda a gama de ignorância, em que algum *S ou outro* não é *P*; porém, tomado no sentido dividido, significa que há algum *S*, *S* este que permanece *P* através de toda a gama de ignorância. Assim, "Qualquer *S* que possa ser pode ser *P*", tomado no sentido composto, significa que, na gama de ignorância, há algum estado de coisas hipotético (ou pode ser o inidentificável estado verdadeiro, embora este dificilmente possa ser o único caso assim) no qual ou não há *S* algum ou todo *S* que houver é *P*-, enquanto que no sentido dividido, significa que não há s algum em qualquer estado hipotético senão aquele que, em algum estado hipotético ou outro, é *P*. Quando há uma distinção deste tipo, o sentido dividido afirma mais do que o composto nas proposições particulares necessárias, e menos nas universais possíveis. Contudo, na maioria dos casos os individuais não permanecem identificáveis através da gama de possibilidade, quando a distinção é rejeitada. Isto nunca se aplica às proposições universais necessárias ou às proposições particulares possíveis.

383. Alguns lógicos dizem que "S pode ser P" não é, de modo algum, uma proposição, pois nada afirma. Mas, se nada afirmasse, nenhum estado de fatos poderia falsificá-la e, por conseguinte, sua negação seria absurda. Ora, seja S "alguma proposição autocontraditória" e seja P "verdadeira". Neste caso, a proposição possível é "Alguma proposição autocontraditória pode ser verdadeira", e sua negação é "Nenhuma proposição autocontraditória pode ser verdadeira", o que dificilmente podemos considerar um absurdo. É verdade que esses lógicos habitualmente tomam a forma "é pode ser P" no sentido copulativo "S pode ser P, e S pode não ser P", porém isto apenas a leva a afirmar *mais*, e não *menos*. A proposição possível, então, é uma proposição. Ela não apenas tem de ser admitida entre as formas lógicas, se é que estas devem ser adequadas para a representação de todos os fatos da lógica, como também desempenha uma parte particularmente importante na teoria da ciência. Ver Método Científico (vol. 7). Ao mesmo tempo, de acordo com o enfoque da modalidade que se está considerando, as proposições necessárias e possíveis são equivalentes a certas proposições assertórias, de forma que elas não diferem das proposições assertórias da maneira pela qual as proposições universais e particulares diferem umas das outras, mas sim um tanto como as proposições hipotéticas (*i.e.*, condicionais copulativas e disjuntivas), categóricas e relativas diferem umas das outras – talvez não tanto assim.

De acordo com este enfoque, as proposições logicamente necessárias e as possíveis relacionam-se com aquilo que poderia ser conhecido, sem nenhum conhecimento de qualquer espécie do universo do discurso, porém apenas com uma compreensão perfeitamente distinta do significado das palavras; proposições geometricamente necessárias e possíveis, quanto àquilo que um conhecimento das propriedades do espaço exclui ou não; necessidade física, quanto àquilo que um conhecimento de certos princípios de física exclui ou não, etc. Mas, quando dizemos que dentre duas coleções, uma deve ser correspondentemente maior do que a outra, mas cada uma não pode ser correspondentemente maior do que a outra, não se demonstrou como esta espécie de necessidade pode ser explicada a partir dos princípios acima.

384. A teoria mais antiga da modalidade é a de Aristóteles, cuja filosofia, de fato, consiste principalmente numa teoria da modalidade. O estudioso de Aristóteles começa, em geral, com as Categorias; e a primeira coisa que o surpreende é a inconsciência do autor no que tange a qualquer distinção entre gramática e metafísica, entre os modos de significar e os modos de ser. Quando o estudioso chega aos livros *metafísicos*, descobre que não se trata tanto de uma omissão quanto de um axioma adotado; e que toda a filosofia encara o universo existente como uma *performance* que se originou de uma habilidade anterior. Apenas em casos especiais é que Aristóteles distingue entre uma possibilidade e uma habilidade, entre uma necessidade e uma coação. Nisto ele está talvez mais próximo da verdade do que o sistema de equivalências acima exposto.

385. Kant parece ter sido o primeiro a lançar alguma luz sobre esse assunto. A antiga distinção entre possibilidade lógica e real e necessidade, aplicou dois novos pares de termos, analítico e sintético, e subjetivo e objetivo. As definições seguintes (nas quais cada palavra é estudada) fizeram certamente com que o assunto progredisse enormemente:
"1. Was mit den formalen Bedingungen der Erfahrung (der Anschauung und den Begriffen nach) übereinkommt, ist *móglich*.
"2. Was mit den materialen Bedingungen der Erfahrung (der Empfindung) zusammenhängt, ist *wirklinch*.
"3. Dessen Zusammenhang mit dem Wirklinchen nac allgemeinen Bedingungen der Erfahrung bestimmt ist, ist (existirt) *nothwendig*. (*Krit. d. reinen Vemunft*, 1a éd., 219)"[a].

Kant sustenta que todas as concepções metafísicas gerais aplicáveis à experiência são passíveis de serem representadas como num diagrama, através da imagem do tempo. A tais diagramas ele denomina "schemata". Ele faz o esquema do possível ser a imagem de qualquer coisa em qualquer momento. O esquema da necessidade é a imagem de qualquer coisa que permanece através do tempo (*ibid.*, 144, 145). Ele diz, mais, (*ibid.* 74, nota de rodapé; a *Logik* de Jásche, *Einl.* ix e alhures) que a proposição possível é meramente concebida porém não julgada, e é um trabalho de apreensão (*Verstand*); que a proposição assertória é julgada e é, por enquanto, um trabalho do juízo; e que a proposição necessária é representada como determinada pela lei e é, assim, o trabalho da razão (*Vernunft*). Mantém que sua dedução das categorias mostra que, e como, as concepções originalmente aplicáveis às proposições podem ser estendidas aos modos de ser – constitutivamente, ao ser tendo referência à experiência possível; regulativamente, ao ser além da possibilidade da experiência.

386. Hegel considera o silogismo como a forma fundamental do ser real. No entanto, não empreende uma reelaboração, à luz desta ideia, e de algum modo fundamental, daquilo que é comumente chamado de lógica mas que, de seu ponto de vista se torna meramente uma lógica subjetiva. Ele simplesmente aceita o quadro kantiano de funções do juízo que é uma das realizações mais mal estimadas em toda a história da filosofia. Consequentemente, aquilo que Hegel diz sobre este assunto não deve ser considerado como algo que represente necessariamente um resultado legítimo de sua posição geral. Seus seguidores têm sido incapazes de ir além. Rosenkraz (*Wissenschaft d. logischen Ideme*) faz a modalidade representar a substituição da forma do juízo e ser a preparação para a do silogismo. Na *Encycloplädie*, último pronunciamento de Hegel, §§ 1 78-80, nos é dado a entender que o juízo do *Begriff* tem por conteúdo a totalidade (ou, digamos, conformidade a um ideal). No primeiro caso, o sujeito é singular e o predicado é a reflexão do objeto particular sobre o universal. Ou seja, este ou aquele objeto que nos é imposto pela expe-

---

a. 1. "Aquilo que concorda com as condições formais da experiência (da intuição – *insight* – e dos conceitos), é *possível*".

2. "Aquilo que se relaciona com as condições materiais da experiência (da sensação) é *real*".

3. "Sua relação com o real, determinado segundo as condições gerais da experiência, é algo *necessário* (existe)." (*Crítica da razão pura.* 1a. ed. pág. 219 (N. do T.)

riência é julgado conforme a algo no domínio das ideias. Mas quando isto é posto em dúvida, uma vez que o sujeito, em si mesmo, não envolve nenhuma referência desse tipo ao mundo ideal, temos o juízo "possível", ou juízo da dúvida. Mas quando o sujeito é referido a seu gênero, obtemos o juízo apodíctico. Contudo, Hegel, porém, já havia desenvolvido as ideias de possibilidade e necessidade na lógica objetiva como categorias do *Wesen*. Na *Encyclopládie* o desenvolvimento é mais ou menos o seguinte: *Wirklinchkeit* é aquilo cujo modo de ser consiste em automanifestação. Como a identidade em geral (a identidade de *Sein* e *Existem*) é, no primeiro caso, possibilidade. Quer dizer, aparentemente, simples possibilidade, qualquer pensamento pessoal projetado e encarado sob o aspecto de um fato. É possível, por exemplo, que o atual Sultão seja o futuro Papa. Mas, no segundo movimento surge as concepções de *Zufällig, Ausserlichkeit* e "condição". *Zufällig* é aquilo que é reconhecido como meramente possível: "A pode ser, mas A pode não ser"; mas também é descrito por Hegel como aquilo que tem o *Grund* ou antecedente de seu ser, em algo que não ele mesmo. O *Aeusserlichkeit* parece consistir em ter um ser exterior ao fundamento de seu ser – uma ideia assimilada ao capricho. Aquilo que uma tal *Aeusserlichkeit* pressupõe exterior a si mesma, como o antecedente de seu ser, é a condição pressuposta. O terceiro movimento proporciona, no primeiro caso, "possibilidade real". Nisto encontramos as concepções de "fato" (*Sache*) "atividade" (*Thätigkeit*) e "necessidade".

387. Lotze e Trendelenburg representam os primeiros esforços do pensamento alemão para emergir do hegelianismo. A mais notável característica do pensamento de Lotze é que ele não apenas não vê nenhuma urgência quanto à unidade de concepção em filosofia, como também sustenta que uma tal unidade envolveria inevitavelmente uma falsidade[a]. O juízo se lhe afigura um meio de apreender-se o vir-a-ser, em oposição ao conceito, que apreende o ser; mas diz que a tarefa do juízo é fornecer o cimento para a construção de conceitos. Consequentemente, ele não tem nenhuma doutrina da modalidade como um todo, mas simplesmente considera três casos da modalidade, entre os quais não estabelece nenhuma relação. A necessidade pode surgir do juízo analítico universal, do juízo condicional ou do juízo disjuntivo. Por "juízo" entende-se o significado de uma proposição. Lotze acha que o significado do juízo analítico é ilógico, dado que identifica contrários. Entretanto, o significado deste significado justifica-se por não pretender significar que os termos são idênticos, mas apenas que os objetos denotados por esses termos são idênticos. A proposição analítica é, portanto, admissível, porque ela praticamente pretende significar uma proposição particular, isto é, aquela na qual o predicado é afirmado de todos os particulares. E a justificação da proposição, cuja utilidade era a de conectar elementos de termos, é que, não entendida como é entendida, mas sim como se entende que deve ser entendida, estes elementos são idênticos e não precisam ser conectados. Deste modo, Lotze justifica a necessidade da proposição categórica analítica. Debruçando-se a seguir sobre as condicionais, através de um pensamento da mesma ordem, ele acha que, pressupondo que o universo

a. Cf. *Logik* I, 1, §§ 33-35.

dos objetos reais, inteligíveis, é "coerente", podemos estar certos ao afirmar que a introdução de uma condição X num sujeito S faz surgir um predicado P como uma necessidade analítica; e para este propósito, quando é ele atingido, não importa se a escada da suposição de coerência permanece ou é retirada. Lotze aborda por último a proposição disjuntiva, como se ela fosse de uma ordem mais elevada, seguindo Hegel sob este aspecto. Contudo, aquilo que era desculpável em Hegel é-o menos em Lotze, dado que ele próprio assinalara a importância das proposições impessoais tais como "chove", "troveja" "relampeja" cujo único sujeito é o universo. Ora, se existe alguma diferença entre "Se relampeja, troveja" e "ou não relampeja ou troveja" é que a segunda considera apenas o estado de coisas real, e a primeira, toda uma gama de outras possibilidades. Entretanto, Lotze considera por último a forma proposicional "S é P_1 ou P_2 ou P_3". Esta não é, propriamente dita, uma proposição disjuntiva, mas apenas uma proposição com um predicado disjuntivo. Lotze a vê como uma forma peculiar porque não pode ser representada por um diagrama de Euler, o que é, simplesmente, um erro grosseiro. Portanto a necessidade que essa forma suscita deve ser a mesma da necessidade condicional ou então desta diferir por ser de uma simplicidade maior. Para outras sólidas objeções à teoria de Lotze, ver Lange, *Logische Studien*, ii.

388. Trendelenburg (*Logische Untersuch*, xiii) sustenta que possibilidade e necessidade só podem ser definidas em termos do antecedente (*Grund*), embora objetasse, talvez, à tradução de *Grund* por uma palavra tão puramente formal como "antecedente", não obstante estar em harmonia com Aristóteles. Se todas as condições são reconhecidas, e o fato é compreendido a partir de todo seu *Grund*, de tal forma que o pensamento pervade inteiramente o ser – um tipo de frase que Trendelenburg sempre procura – há "necessidade". Se, por outro lado, apenas algumas condições são reconhecidas, mas aquilo que é procurado no *Grund* é elaborado no pensamento, há "possibilidade". Em si mesmo, um ovo é nada mais que um ovo, mas para o pensamento pode tornar-se um pássaro. Trendelenburg, portanto, não admitirá, com Kant, que a modalidade é originalmente uma mera questão de atitude da mente, nem, com Hegel, que ele critica agudamente, que ela é originalmente objetiva.

389. Sigwart, que sustenta que as questões lógicas devem, ao final, serem resolvidas pelo sentimento mediate e que os usos da língua alemã são a melhor evidência do que é esse sentimento, nega que a proposição possível seja uma proposição, porque nada afirma[a]. Ele esquece que, se uma proposição nada afirma, sua negação deve ser absurda, dado que deve excluir toda possibilidade. Ora, a negação de "Eu não sei senão que A pode ser verdadeiro" é "Eu sei que A não é verdadeiro", o que dificilmente será um absurdo. Sigwart, é verdade, de acordo com os usos do discurso, considera "A pode ser verdadeiro" naquilo que os antigos lógicos denominavam de *sensus usualis*, isto é, pela proposição copulativa "*A* pode ser verdadeiro e outro *A* pode não ser verdadeiro". Contudo, isto não a faz afirmar *menos*, mas sim *mais*, do que a forma técnica. Quanto à proposição necessária, Sigwart, seguindo seu guia, os empregos do dis-

a. *Logik*, § 31.

curso, acha que "*A* pode ser verdadeiro" afirma menos do que "*A* é verdadeiro", de tal forma que do segundo se segue o primeiro, mas de modo algum o segundo decorre do primeiro. Isto pode ser verdadeiro em relação aos usos do discurso alemão, assim como frases do tipo "fora de qualquer sombra de dúvida", "fora de questão" e outras semelhantes em nosso vernáculo normalmente traem o fato de que há alguém que não apenas duvida e questiona como nega absolutamente a proposição a que estão ligados. Bradley[a] aceita a descoberta sensacional de Sigwart.

390. Lange (loc. cit.) pensa que este assunto é melhor esclarecido através dos diagramas lógicos normalmente atribuídos a Euler, mas que realmente remontam a Vives. "Portanto, vemos aqui novamente", diz ele, "como a intuição espacial, tal como na geometria, fundamenta (*begründet*) uma prioridade e necessidade".

---

a. *Logic* (1883), Cap. 7.

6. Termos[a]

1. QUE ESTAS CONCEPÇÕES NAO SÃO TÃO MODERNAS QUANTO TÊM SIDO REPRESENTADAS

391. A explicação histórica que normalmente se dá da compreensão e extensão é que "a distinção, apesar de adotada em termos gerais por Aristóteles[1], e explicitamente proclamada com exatidão científica por um, pelo menos, de seus comentadores gregos, escapou à maravilhosa agudez dos escolásticos, e permaneceu totalmente negligenciada e esquecida até a publicação da Lógica de Port-Royal"[2]. Eu faria as seguintes considerações para mostrar que esta interpretação da história não é exatamente verdadeira. Em primeiro lugar, está dito que se adotou uma distinção entre estes dois atributos, como se fossem, antes confundidos. Ora, não há a menor evidência disto. Um lógico alemão[3], de fato considerou, por um sutil juízo falso, a extensão como uma espécie da compreensão mas, para uma mente que se põe a refletir, quaisquer outras noções não parecerão mais dissemelhantes do que estas. O feito mental foi o de colocá-las em

---

a. § § 1-6 são de "Upon Logical Comprehension and Extension", *Proceedings of the American Academy of Arts and Sciences*, vol. 7, 13 de novembro de 1867, p. 416-32, com adições e correções por volta de 1870 e 1893; destinado a ser o Ensaio III de *Search for a Method* e o capítulo 15 da *Grand Logic*.

1. Aristóteles observa, em várias passagens, que os gêneros e diferenças podem ser considerados como partes de espécies e as espécies como igualmente, partes dos gêneros como, por exemplo, no quinta *Meta*. (...1023b 22). O comentador que se faz referência, é, talvez, Alexandre Aphorodiensis... – 1893.

2. Esta citação é tirada de Baines (Baynes') (Port Royal Logic, 2ª. ed. p. xxxiii), que diz dever esta informação a Sir William Hamilton.

3. Lotze – 1893.

relação uma com a outra, e de concebê-las como fatores da importância de um termo, e não o de separá-las entre si. Em segundo lugar, está dito, de modo correto, que a doutrina ensinada pelos port-royalistas se acha substancialmente contida no trabalho de um comentador grego. Este trabalho não é outro senão o Isagoge de Porfírio[4] e, assim, seria muito surpreendente que a doutrina tivesse sido totalmente negligenciada pelos escolásticos, pois quer sua perspicácia fosse ou não tão maravilhosa como Hamilton nos ensinou, eles certamente estudaram o comentário em questão de um modo tão diligente como o fizeram com a Bíblia[5]. Pareceria, de fato, que a árvore de Porfírio envolve toda a doutrina da extensão e compreensão com exceção dos nomes. Tampouco não tinham, os escolásticos, nomes para estas quantidades. As *partes subjectives* e as *partes essentiales* são, frequentemente, opostas, e vários outros sinônimos são mencionados pelos conimbricenses. Admite-se que Porfírio enuncia plenamente a doutrina; deve-se admitir também que a passagem em questão é totalmente tratada e corretamente explicada pelos comentadores medievais. O máximo que se pode dizer, portanto, é que a doutrina da extensão e compreensão não era uma doutrina importante na lógica medieval[6].

[O que os port-royalistas e, mais tarde, de um modo ainda mais decidido, os kantianos, pregavam era a equivalência do caráter lógico de todos os predicados essenciais, Fundiram num só os gêneros e as diferenças enquanto Porfírio, seguindo Aristóteles; está preso à discriminação de diferentes tipos de predicados – 1893.]

392. Um erro histórico de grau semelhante é comumente cometido quando se faz referência a um outro ponto que será tratado neste estudo, ligado de um modo bastante íntimo, pelo menos, com o assunto da compreensão e extensão, na medida em que se baseia numa concepção de um termo como um todo composto de partes – refiro-me à distinção entre claro e distinto. Hamilton nos diz; "Devemos essa discriminação à perspicácia do grande Leibniz. Os cartesianos não consideraram a distinção, embora os autores da Lógica de Port-Royal tenham chegado tão perto

---

4. Porfírio parece referir-se a esta doutrina como sendo uma doutrina antiga. (Cap. 1).

5. Foram igualmente diligentes no estudo de Boécio, que diz: (*Opera*, p. 645) "Genus in divisione totum est, in diffinitione pars".

6. O autor de *De Generibus et Speciebus* opõe os todos *integral* e *definitivos*. John de Salisbury refere-se à distinção entre compreensão e extensão como algo "quod fere in omnium ore celebre est, aliud scilicet esse quod appellativa *significant*. et aliud esse quod *nominant*. Nominantur singularia, sed universalia significantur". *Metalogicus*, livro 2, Cap. 20, ed. de 1620, p. 111).

Por *appellativa* ele quer dizer adjetivos e assemelhados – 1893.

Vincentius Bellovacensis (*Speculum Doctrinale*, livro III, Cap. xi) diz o seguinte: "Si vero quaeritur utrum hoc universale 'homo' sit in quolibet nomine secundum se totum an secundum partem, dicendum est quod secundum se totum, id est secundum quamlibet sui partem diffinitivam… non autem secundum quamlibet partem subjectivam…" William de Auvergne (*Geschichte*, de Prantl, vol. 3. p. 77) fala de "totalitatem istam, quae est ex partibus rationis seu diffinitionis, et hae partes sunt genus et differentiae; alio modo partes speciei individua sunt, quoniam ipsam speciem, cum de eis praedicatur, sibi invicem quodammodo partiunter".

Ver também Duns Scotus, *Opera I*, 137.

Se nos remetêssemos a autores anteriores, os exemplos seriam intermináveis.

Ver comentário em *Phys. Lib.* I.

dela que podemos admirar-nos com o fato de terem deixado, explicitamente, de enunciá-la". (*Lectures on Logic*; "Lecture IX"). Ora, na realidade, tudo o que os port-royalistas dizem sobre este assunto[7] é copiado de Descartes[8], e as variações que fazem a partir do fraseado deste servem apenas para confundir aquilo que, nele, é toleravelmente distinto. Quanto a Leibniz, confessa expressamente que a distinção feita por Descartes é a mesma que ele fez[9]. Não obstante, esta é muito mais clara em Leibniz do que em Descartes. Uma distinção filosófica emerge gradualmente à consciência; não há um momento determinado na história antes do qual ela não é reconhecida e depois do qual surge como algo perfeitamente claro. Antes de Descartes, a distinção entre confuso e distinto fora cabalmente desenvolvida, mas a diferença entre distinção e clareza é uniformemente negligenciada. Scotus distingue entre conceber confusamente e conceber o confuso, e como qualquer conceito obscuro inclui necessariamente algo mais do que seu objeto próprio, naquilo que é obscuramente concebido, há sempre uma concepção de algo confuso; mas os escolásticos não chegaram mais perto do que isto da distinção de Descartes e Leibniz.

2. DOS DIFERENTES TERMOS APLICADOS ÀS QUANTIDADES DA EXTENSÃO E COMPREENSÃO.

393. Extensão e compreensão são os termos empregados pelos port-royalistas. Devido à influência de Hamilton, *intenção* é agora, frequentemente utilizada em lugar de compreensão[10]; mas, é passível de ser confundida com intensidade e, portanto, é uma palavra contra a qual se pode levantar objeções. Deriva do uso de palavras cognatas por Cajetan e outros autores antigos. *Quantidade externa* e *interna* são os termos usados por muitos dos primeiros kantianos. *Alcance* e *força* são propostas por DeMorgan. *Alcance*, em linguagem comum, exprime extensão, mas *força* não exprime tanto compreensão quanto o poder de criar uma representação vivida na mente da pessoa a quem se dirige uma palavra ou um discurso. J.S. Mill introduziu as palavras *denotar* e *conotar*, que se tornaram bastante familiares. De fato, todos[a] os estudiosos da lógica dos séculos XIV, XV e XVI compartilham da opinião de que *conotação*, nesses períodos, era utilizada exclusivamente para a referência de um significado segundo, isto é (quase), para a referência de um termo relativo (como *pai*, *mais brilhante*, etc.) para com o correlato do objeto que ele originariamente denota, e nunca foi empregada no sentido de Mill, que é o da referência de um termo aos caracteres essenciais implicados em sua definição[11]. No entanto, Mill julgou-se autorizado a negar isto com

---

7. Parte I. Cap. 9.
8. *Principia*, Part I, § 45 *et seq.*
9. Oitava (Nona?) Carta a Burnet. Ed. De Gerhardt, vol. 3, p. 224.
10. Mas *intensão* era utilizada entre os leibnizianos no mesmo sentido. – 1883.
a. Originalmente, "os melhores".
11. Cf. Morin, *Dictionnaire*, tomo I, col. 684 (685?); Chauvin, *Lexicon*, ambas as edições; Eustachius, *Summa*, parte I.

base em sua simples opinião[a] sem citar uma única passagem de qualquer autor daqueles tempos[12]. Depois de explicar o sentido no qual ele toma o termo *conotar*. Mill diz: "Os escolásticos, aos quais devemos a maior parte de nossa linguagem lógica, também nos deram este termo, e neste mesmo sentido. Pois embora algumas de suas expressões gerais contenham o uso desta palavra na acepção mais ampla e vaga em que a utiliza o Sr.[James] Mill, quando tiveram de defini-la como um termo técnico, e fixar seu significado como tal, com aquela admirável precisão que sempre caracterizou suas definições, explicaram claramente que nada era conotado a não ser *as formas*, palavra esta que, de modo geral, em seus escritos, pode ser entendida como sinônimo de *atributos*[b]". Como normalmente se diz que o escolasticismo chegou ao fim em Ocam, isto veicula a ideia de que *conotar* era comumente empregada por autores mais antigos. No entanto, o celebrado Prantl[13] considera como prova conclusiva de que uma passagem das *Summa* de Ocam é espúria o fato de ser *conotativo* o ali mencionado como um termo de uso frequente[14] e observa, a respeito de uma passagem em Scotus onde se encontra *connotatum*, que esta concepção é aqui vista pela primeira vez[15]. O termo aparece, no entanto, em Alexandre de Hales[16], que faz de *nomen connotans* o equivalente de *appelatio relativa*, e toma a própria relação como o objeto de *connotare*, falando do criador como conotando a relação do criador com a criatura[17]. As *Summa* de Ocam[18] contêm um capítulo dedicado à distinção entre nomes absolutos e conotativos. Esse trecho todo merece ser lido, mas só disponho de espaço para citar o seguinte: "Nomen autem connotativum est illud quod significat aliquid primerio et aliquid secundário; et tale nomen proprie habet diffinitionem exprimentem quid nominis et frequenter oportet ponere aliquid illius diffinitionis in recto et aliud in oblíquo; sicut est de hoc nomine album, nam habet diffinitionem exprimentem quid nominis in qua una dictio ponitur in recto et alia in obliquo. Unde si queratur quid significat hoc nomen album, dices quod idem quod ila oratio tota 'aliquid informatum albedine' vel 'aliquid habens albedinem' et patet quod una pars orationis istius ponitur in recto et alia in obliquo... Huiusmodi autem nomina connotativa sunt omnia nomina concreta primo modo dicta, et hoc *quia talia concreta significant unum in recto el aliud in obliquo*, hoc est dictu, in diffinitione exprimente quid nominis debet poni unis rectus significans unam rem et alius obliquus significans aliam rem, sicut patet de omnibus talibus, iustus, albus, animatus, et sic

a. Originalmente, "autoridade".

12. E é tal a humildade de seus discípulos que nenhum ousou protestar contra esta crueldade. – 1893.

b. *Logic*, livro I, Cap. 2, § 5, nota.

13. Se é que eu o entendo, ele se exprime em seu habitual estilo enigmático. – 1870.

14. Prantl, *Geschichte*, vol. 3, p. 364.

15. Ibidem, pag. 134, Scotus também usa o termo. *Quodlib.* questão 13, art. 14.

16. *Summa Theologica*, parte I, questão 53. (Este trabalho foi escrito, sem dúvida, antes de 1280. Roger Bacon refere-se a ele enquanto diz que Albertus ainda vive. – 1893).

17. A doutrina do *Connotare* é parte da doutrina da *appellatio*, em relação à qual ver Petrus Hispanus. – 1893.

18. Parte I, Cap. 10 (Ed. de 1488, fólio 8).

de allis. Huiusmodi etiam nomina sunt omnia nomina relatiua, quia semper in eorum diffinitionibus ponuntur diversa idem diuersis modis vel diuersa significantia, sicut patet de hoc nomine simile. Mere autem absoluta sunt ilia quae non significant aliquid principaliter et aliud vel idem secundário, sed quicquid significatur per tale nomen aeque primo significatur sicut patet de hoc nomine animal"[a]. Eckius, em seu comentário sobre Petrus Hispanus, faz também algumas extensas observações sobre a significação do termo *conotar*, as quais concordam, no essencial, com as acima citadas[19]. O pronunciamento histórico do Sr. Mill[20], portanto, não pode ser admitido.

394. Sir William Hamilton tomou emprestado de determinados autores gregos mais recentes os termos *amplitude* e *profundidade* no sentido de extensão e compreensão, respectivamente[21]. Estes termos têm grandes méritos. São curtos; foram feitos para andarem juntos, e são bastante familiares. Assim, conhecimento "amplo" é, na fala comum, conhecimento de muitas coisas; conhecimento "profundo", muito conhecimento de algumas coisas. Portanto, darei preferência a estes termos. A extensão também é chamada de *esfera* e *circuito*, e a compreensão, de *substancia* e *conteúdo*.

3. DOS DIFERENTES SENTIDOS NOS QUAIS OS TERMOS EXTENSÃO E COMPREENSÃO TEM SIDO ACEITOS

395. Os termos *extensão* e *compreensão*, e seus sinônimos, são tomados em diferentes sentidos por autores diferentes. Isto se deve, em parte, ao fato de que, enquanto a maioria dos autores fala apenas da extensão e compreensão de conceitos, outros aplicam estes termos igualmente a conceitos e juízos (Rösling)[b], outros a toda representação mental (Überweg[c] e muitos autores franceses), outros à cognição de modo geral (Baumgarten[d]), outros aos "termos" (Fowler[e], Spalding)[f], outros a nomes (Schedden)[g]; outros, a palavras (McGregor)[h], outros a "significados" (Je-

---

a. A última sentença desta citação aparece, no original, quase meia página antes do resto da citação.

19. Fólio 23. Ver também Tartareli Expositio em Petr. Hisp., parte final. Ed. de 1509, fólio 91.

20. ...é mero lixo. A civilização na Inglaterra não parece ainda ter atingido o estágio em que os homens se envergonham de fazer asserções positivas baseados numa ignorância excepcional – 1893.

21. *Logic*, p. 100 (*i.e.*, Lect. viii, 24). Nas *Summa Logices*, atribuídas a Aquino, lê-se: "Omnis forma sub e se habens multa, idest, quae universaliter sümitur, habet quamdam *latiludinem*; nam invenitur in pluribus, et dicitur de pluribus."

b. *Logik* (1826), I, II; i, 1, iii, e ii, 1, iv.
c. *System der Logik* (1857), §§ 50, 53.
d. *Acroasis Lógica*, ed. 2 (1773), § 24.
e. *The Elements of Deductive Logic* (1867), parte 1, Cap. 2
f. *An Introdcution to Logical Science* (1857), §§ 7, 30, 31
g. *Elements of Logic* (1864), p. 10.
h. *A System of Logic* (1862), p. 191.

vons[a]), enquanto apenas um escritor fala da extensão das *classes* e da compreensão dos *atributos* (De Morgan em seu Syllabus, § 131)

396. A compreensão é definida pelos port-royalistas como "aqueles atributos que [uma ideia] envolve em si mesma e que não se pode retirar-lhe sem a destruir".[b]

É preciso lembrar que os *traços* de um termo são divididos pelos lógicos, primeiramente, em necessários e acidentais, e a seguir os traços necessários são subdivididos entre os que são estritamente essenciais, isto é, os contidos na definição, e os que são chamados de próprios. Assim, é traço essencial do triângulo ter três lados; é traço próprio ter ele os três ângulos equivalentes a dois ângulos retos; é traço acidental o fato de ter sido tratado por Euclides. A definição dos port-royalistas, portanto, faz a compreensão incluir todos os traços necessários, quer sejam essenciais ou próprios.

397. Os port-royalistas atribuem a compreensão, de imediato, a quaisquer ideias. Muitos lógicos atribuem-na, de imediato, apenas a conceitos. Ora, um conceito, tal como definido por eles, é apenas, estritamente, a essência de uma ideia; deveriam, pois, incluir na compreensão apenas os traços essenciais de um termo. Estes lógicos, entretanto, abstraem-se tanto do mundo real, que é difícil ver por que estes traços essenciais não são, ao mesmo tempo, todos os traços do objeto tal como eles o supõem.

398. Creio que não há dúvida alguma que autores como Gerlach[c] e Sigwart[d] incluem, na compreensão, todos os traços, necessários ou acidentais, que são universalmente predicáveis do objeto do conceito.

Novamente, muitos autores alemães encaram a compreensão como uma soma ou de conceitos (Drobisch[e], Bachmann[f], etc.) ou de elementos de intuição (Trendelenburg)[g]. No entanto, muitos autores ingleses encaram-na como a soma de atributos externos reais (Shedden[h], Spalding[i], Devey[j], De Morgan[k], Jevons[l] McGregor[m], Fowler[n]). De acordo com a maioria dos autores, a compreensão consiste nos atributos (necessários) *con-*

a. *The Principles of Science* 1874), livro I, Cap. 2, p. 31
b. Tradução de Baynes, I, vi.
c. *Grundress der Logik*, (1822), § 29.
d. *Logik*, § 42.
e. *Neue Darslellung der Logik*, (1851), § 23.
f. *System der Logik* (1828), Erster Theil, § 48.
g. *Logische Untersuchung*, (1862), xv, 4.
h. *Elements of Logic* (1864), p. 10, 39.
i. *An introduction to Logical Science* (1857), § 31.
j. *Logic, or the Science of Inference* (1854), p. 42.
k. Cf. *Syllabus*, § 131.
l. *The Principles of Science* (1874), livro 1, Cap. 2.
m. *A System of Logic* (1862), p. 191.
n. *The Elements of Deductive Logic* (1867), parte I, Cap. 2

22. Adoto a admirável distinção de Scotus entre cognição real, habitual e virtual. *Reportatei*, ed. 1853, vol. 1, p. 147a. Esta distinção surgiu a partir de sugestões aristotélicas e neoplatônicas. Aristóteles, como todos sabem, fez uma distinção entre pensamento real e potencial. Alexandre Aphorodisiensis distinguiu o intelecto material... (νους ὑλικός), intelecto habitual (νους κατὰ ἑξιν) e *intellectus adeptus*. Estas duas distinções

siderados comuns aos objetos. Shedden define-a como consistindo em todos os atributos comuns às coisas denotadas.

Novamente, muitos lógicos consideram como traços apenas àqueles que são virtualmente predicados[22]: uns poucos, talvez, consideram apenas os que são realmente pensados, e um número ainda menor de lógicos incluem àqueles que são habitualmente pensados. Aqui e ali encontra-se um autor que inclui na compreensão todos os verdadeiros atributos, quer pensados ou não.

Há também uma diferença no modo de reconhecer os traços. Muitos autores contam todos os traços distinguíveis, enquanto uns poucos consideram igualmente os traços coextensivos.

399. No uso do termo "extensão" é ainda mais acentuada a procura de uma convenção definida. Os port-royalistas definem-na como "aqueles *sujeitos* aos quais se aplica a ideia"[a]. Pareceria, assim, que ela poderia incluir meras ficções.

Outros limitam o termo às espécies *reais*, e ao mesmo tempo estendem-na aos seres singulares. E o caso de Watts[b], e também o de Friedrich Fischer[c].

Outros são enfáticos ao declarar que, por extensão, entendem *coisas*, e não espécies, reais ou imaginárias. Este é o caso de Bachmann[d], Esser[e], e Schulze[f].

Outros incluem nela não conceitos, nem coisas, mas sim representações singulares. É o caso do kantiano rígido. O quadro abaixo demonstra esta diversidade:

A extensão abrange:

Representações individuais, de acordo com Kant[g], E. Reinhold,[h] etc.
Representações, segundo Fries[i], Überweg[j], etc.
Espécies e coisas externas reais, segundo Watts[k], Schedden[l], etc.
Objetos individuais externos reais, segundo Bachmann[m] Devey[n], etc.

pouco têm a ver uma com a outra. No entanto, foram confundidas pelos árabes, e esta doutrina confusa a Scotus sua brilhante e filosófica divisão. – 1893.
 a. Tradução de Baynes, I, vi.
 b. *Logick* (1725), parte I, Cap. 3, §3.
 c. *Lehrbuch der Logik* (1838), Drittes Kap., § 37.
 d. *System der Logik* (1828), Erster Theil,. § 48.
 e. *System der Logik* 2te. Auf. (1830), Erster Theil, § 34.
 f. *Grundsatze der allegemeinem Logik* 5te. Auf. (1831), § 29.
 g. Cf. *Logik*, her. v. G.B. Jasche (1800), I, i, § § 1-7.
 h. *Die Logik* (1827), s. 115
 i. *System der Logik*, 3te. Auf. (1837), § 20.
 j. *System der Logik* (1857), § 53.
 k. *Logick* (1725), parte I, Cap. 3, § 3.
 l. *Elements of Logic* (1864), p. 39, 40
 m. *System der Logik* (1828), Erster Thaï, § 48.
 n. *Logic, or the Science of Inference* (1854), p. 42

Coisas, segundo Schulze,[a] Bowen,[b] etc.
Eskies, segundo Drobisch[c], De Morgan[d], etc.
Objetos (representações), segundo Thompson[e], etc.
Individuais, segundo Mahan[f].
Conceitos, segundo Herbart[g], Voriander[h], etc.
Termos gerais, segundo Spalding[i].
Conceitos psíquicos, segundo Strumpel[j].
Traços variáveis, segundo Ritter.[k]

Novamente, os lógicos diferem conforme signifiquem por extensão; os conceitos, espécies, coisas ou representações às quais o termo é habitualmente empregado no juízo, ou todas a que ele é verdadeiramente aplicável. A última posição é defendida por Herbart, Kiesewetter, etc.; a primeira por Duncan, Spalding, Vorlander, Überweg, etc.

Alguns lógicos incluem apenas coisas *concretas*, representações, etc. na extensão (Bachamann, Fries, Herbart); outros, ampliam-na a tudo o que for meramente possível (Esser, Ritter, Gerlach).

Finalmente, alguns lógicos falam das duas quantidades como numéricas, enquanto muitos autores as encaram como simples agregados de objetos ou traços diversos.

(Dressler, seguindo uma sugestão de Beneke, distingue entre extensão e compreensão *real* e *ideal*. – 1893).

4. NEGAÇÕES DA PROPORCIONALIDADE INVERSA DAS DUAS QUANTIDADES E SUGESTÕES DE UMA TERCEIRA QUANTIDADE

400. Até recentemente, a lei da proporcionalidade inversa da extensão e compreensão era universalmente admitida[23]. Ela é, agora, questionada sob vários aspectos[24].

a. *Grundsatze der allgemeinem Logik*, 5te Auf (1831), § 29.
b. *A Treatise on Logic* (1864), p. 67
c. *Neue Dartellung der Logik*, 2te. Auf. (1851), § 23.
d. *Formal Logic* (1847), p. 234.
e. *Outline of the Laws of Thought*, 1ª ed., p. 99-102.
f. *Intelectual Philosophy*, 2ª ed. (1847), Cap. 7, 8.
g. *Lehrbuch zur Einleitung in die Philosophie* (1813), II, i, § 40.
h. *Wissenschaft der Erkenntniss* (1847), II, i, 2, b.
i. *An introduction to Logical Science* (1857), § 30.
j. *Entwurf der Logik* (1846), 4tes. Kap.
k. *Abriss der Philosophischen Logik* (1824), s. 79.

23. Esta lei, enunciada algebricamente, diz que se a e b são termos lógicos de tal forma relacionados que $0 = bx$, então também $b = +$ e inversamente. Inúmeros lógicos alemães são capazes de negar esta lei. – 1893.

24. Hoppe inverte a lei de Kant, e sustenta que quanto mais amplo for o conceito, maior será o conteúdo. Sua ideia, traduzida em fraseologia aristotélica, é a seguinte: Ele

401. Drobrisch[a] diz que a compreensão varia aritmeticamente, enquanto que a extensão varia geometricamente. Isto é verdade num sentido.

402. Lotze, depois de observar que a única concepção de um universal que podemos ter é o poder de imaginar singulares sob o universal, ressalta que a possibilidade de determinar um conceito numa forma que corresponda a cada particular situado sob ele é um traço desse conceito e que, portanto, os conceitos mais estreitos têm tantos traços quanto os conceitos mais amplos. Mas, respondo eu, *estes* traços pertencem ao conceito em sua segunda intenção, e não são traços comuns daquelas coisas as quais se aplica e, portanto, não são parte da compreensão. São, de fato, os próprios traços que constituem a extensão. Ninguém nunca negou que a extensão é um traço de um conceito; somente que é um certo traço de segunda intenção.

403. A objeção de Vorlander[b] vem bem mais a propósito. É a seguinte: se de uma noção determinada qualquer, como a de Napoleão, abstrairmos todos os traços, toda determinação, aquilo que sobra é simplesmente a concepção *alguma coisa*, que não tem mais extensão que Napoleão. "Alguma coisa" tem uma esfera incerta, significando quer esta coisa ou aquela ou uma outra, mas não tem extensão geral alguma, dado que significa apenas uma coisa. Assim, antes de uma corrida, podemos dizer que algum cavalo vencerá, significando este, aquele ou aqueloutro; porém, por "algum cavalo" estamos dizendo não mais do que um e, portanto, isso não tem mais extensão do que teria um termo que indicasse definitivamente qual cavalo vencerá – embora este último fosse mais determinativo, isto é, tivesse mais compreensão. Não estou ciente de que aqueles que adotam a doutrina inalterada de Kant tenham conseguido responder a esta objeção.

404. Überweg faz as seguintes observações[25]: "À representação mais elevada, dado que conformemente à sua definição ela contém apenas os elementos comuns de conteúdo de várias representações inferiores, cabe, em comparação a cada uma das inferiores, um conteúdo mais limitado, porém um circuito mais amplo. A representação inferior, pelo contrário, possui um conteúdo mais rico porém um circuito mais estreito. Todavia, não é de modo algum por meio de uma diminuição ou aumento de um dado conteúdo que o circuito aumenta ou diminui, nem por meio de um aumento ou diminuição de um dado circuito que o conteúdo diminui ou aumenta". Fico surpreso por ele não se explicar mais sobre este ponto, que este texto pretende desenvolver, como seu objetivo principal.

---

admite a segunda regra antepredicamental de que as diferenças de gêneros diferentes são diferentes. (Isto, em si mesmo, afasta-o amplamente dos lógicos para os quais a distinção entre compreensão e extensão é o ponto central da lógica.) *Negro* não é uma concepção formada pela união dos dois conceitos *homem* e *preto*, mas as diferenças peculiares de *negro* pertencem apenas aos negros dentre todos os seres. Isto, naturalmente, leva-o um passo adiante, e ele diz que a diferença é, em si mesma suficiente para constituir o conceito puro, de tal forma que o gênero não é um predicado essencial. Em terceiro lugar, acha que os caracteres da diferença mais estreita são menos importantes (*wirkungsreich*) do que as da diferença mais alta, e ter menos consequências importantes é ter uma medida menor dos predicados. – 1893.

a. *Neue Darstellung der Logik*, 2te, Auf. (1851), Anhang. I.
b. *Wissenschaft der Erkenntniss* (1847), s. 104-107
25. *System der Logik*, 2te. Auf., § 54.

405. De Morgan diz[26]: "De acordo com os pronunciamentos que tenho visto 'homem, residindo na Europa, respirando ao norte do Equador, vendo o sol nascer antes dos que moram na América' seria uma noção mais intensamente quantificada do que 'homem residindo na Europa'; mas, certamente não é menos *extensa*, pois o terceiro e o quarto elementos dessa noção devem pertencer àqueles homens a que pertencem o primeiro e o segundo". O Sr. De Morgan adota as definições de extensão e compreensão dadas pelos port-royalistas. Segundo estas definições, se o terceiro e o quarto elementos pertencem necessariamente à noção a que pertencem o primeiro e o segundo, são partes da compreensão daquela segunda noção que é composta pelo primeiro e segundo elementos e, portanto, as duas noções são de igual compreensão; porém se este não for o caso, então a segunda noção pode ser predicada dos sujeitos dos quais a primeira não o pode ser, por exemplo, de "homem residindo na Europa, respirando ao sul do. Equador", pois o fato de na realidade não existir um tal homem não afetará a verdade da proposição, e portanto a segunda noção é mais extensiva do que a primeira.

406. Dois lógicos apenas, tanto quanto posso lembrar, o Arcebispo Thomson[27] e o Dr. W.D. Wilson[28], embora aparentemente admitindo a lei de Kant, desejam estabelecer uma terceira quantidade de conceitos. Nenhum destes dois senhores definiu esta terceira quantidade, nem declarou quais são as relações desta com as outras duas. Thomson chama sua terceira quantidade de Denominação. Parece ser o mesmo que a Extensão encarada de um modo particular. O Dr. Wilson denomina sua nova quantidade de Protensão; tem algo a ver com o tempo, e parece ser, em termos gerais, independente das outras duas. Está claro, de fato, que enquanto as leis de Kant se mantiverem, e enquanto as quantidades lógicas só puderem ser comparadas na base de um "mais ou menos", e não diretamente medidas, e enquanto as diferentes *espécies* de quantidade não forem passíveis de qualquer comparação, uma terceira quantidade deve ser diretamente proporcional a uma ou outra das quantidades conhecidas e, portanto, deve medir a mesma coisa, ou então deve ser independente das outras duas, e não ter ligação alguma com elas.

5. TRÊS PRINCIPAIS SENTIDOS EM QUE COMPREENSÃO E EXTENSÃO SERÃO CONSIDERADAS NESTE ENSAIO[a]

407. Adotarei os termos de Hamilton, *amplitude* e *profundidade*, para extensão e compreensão, respectivamente, e os empregarei em sentidos diferentes, que distinguirei através de adjetivos diferentes.

Por *amplitude informada* de um termo[29] entendo todas as coisas reais das quais ele é predicável, com verdade lógica no todo, num suposto

---

26. *Formal Logic*, p. 234. Sua doutrina é diferente no *Syllabus*.
27. *Laws of Thought*, 4ª ed., § § 52, 80 (Cf. § 54)
28. *Logic*, parte I, Cap. 2, § 5.
a. Esta seção e a anterior vinham sob o n. " § 4" na publicação original.
29. Restringi-me aos *termos* porque à época em que este capítulo foi inicialmente escrito (1867) eu ainda não percebera que toda a doutrina da amplitude e profundidade

estado de informação[30]. Pela frase "no todo" quero dizer que toda informação disponível deve ser levada em consideração, e apenas aquelas coisas das quais há, no todo, razão para acreditar-se que um termo é verdadeiramente predicável devem ser reconhecidas como parte de sua amplitude[a].

Se T é um termo predicável apenas de S', S" e S'", neste caso os S"s, S'"s e S'"s constituirão a amplitude informada de T. Se, ao mesmo tempo S' e S" são os sujeitos dos quais, e só dos quais, um outro termo T pode ser predicado, e se não é fato conhecido que todos os S'"'s são ou S' ou S", neste caso diz-se que T tem uma amplitude informada maior do que a de T'. Se se conhece que os S'"'s não estão todos entre os S"s e S'"s, este excesso de amplitude pode ser denominado de *certo* e, se isto não for conhecido, pode ser denominado de *duvidoso*. Se se sabe haver S'"'s, que não se sabe serem S"s ou S'"s, diz-se que T tem uma amplitude *concreta* maior do que T'; mas se não se conhece nenhum S'" a não ser aqueles que se sabe serem S"s e S'"s (embora possam haver outros), diz-se que T tem uma amplitude *potencial* maior do que T'. Se T e T' forem concepções em mentes diferentes, ou em estados diferentes da mesma mente, e se a mente que concebe T sabe que todo S'" é ou S" ou S' diz-se, neste caso, que T é mais *extensamente distinto* do que TH.[31]

408. Por profundidade informada de um termo entendo todos os caracteres reais (em contraposição a meros nomes) que podem ser dele predicados[32] (com verdade lógica, no todo) num suposto estado de informação, sem que nenhum dos caracteres seja contado duas vezes conscientemente no suposto estado de informação. A profundidade, como a amplitude, pode ser certa ou duvidosa, concreta ou potencial, e há uma distinção compreensiva correspondente a uma distinção extensiva.

409. A amplitude informada e a profundidade informada pressupõem um estado de informação que está em alguma parte entre dois extremos imaginários. Estes são, em primeiro lugar, o estado em que fato algum seria conhecido, mas apenas o significado dos termos; e, em segundo lugar, o estado em que a informação equivaleria a uma intuição absoluta de tudo o que existe, de tal forma que as coisas que conheceríamos seriam as próprias substâncias, e as qualidades que conheceríamos seriam as próprias formas concretas. Isto sugere duas outras espécies de amplitude e profundidade correspondentes a estes dois estados de infor-

---

era igualmente aplicável às *proposições* e aos *argumentos*. A amplitude de uma proposição é o agregado de possíveis estados de coisas nos quais ela é verdadeira; a amplitude de um argumento é o agregado de casos possíveis aos quais se aplica. A profundidade de uma proposição é o total do fato que ela afirma do estado de coisas a que se aplica; a profundidade de um argumento é a importância das conclusões que ele esboça. De fato, toda proposição e todo argumento podem ser encarados como termos. – 1893.

30. Pareceria desnecessário complicar a doutrina para nela introduzir probabilidades e, portanto, compreende-se que *se supõe* ser a informação aceita absolutamente. – 1893.

a. Mudado em 1870 e 1893 de "estas coisas de que não há... não são predicáveis..."

31. Para uma discriminação entre distinção extensiva e compreensiva, ver Scotus, i, dist. 2, quest. 3.

32. Isto é, de quaisquer coisas a que ele for aplicável.

mação, e que eu denominarei respectivamente de amplitude e profundidade *essencial* e *substancial*[33].

410. Assim, por *profundidade essencial* de um termo entendo as qualidades realmente concebíveis dele predicadas em sua definição.

411. O termo definido talvez não seja aplicável a quaisquer objetos reais. Por exemplo, seja a definição do termo T a seguinte:

Qualquer T é tanto P', P" e P'" e somando isto todo o seu significado; e como pode ser que não seja conhecido o fato de haver algo como P"" os significados de T não implica que ele exista. Por outro lado, sabemos que nem P', P" e nem P"" são coextensivos a toda a esfera do ser. Pois são qualidades determinadas, e é o próprio significado de ser que é indeterminado, ou seja, é mais extensivo do que qualquer termo determinado. De fato, P', por exemplo, é uma noção real que nunca poderíamos ter a não ser por meio de seu contraste com alguma outra coisa. Por conseguinte, devemos saber que

Tudo que é não-P, é não-T
Tudo que é não-P", é não-T
e Tudo que é não-P"', é não-T.

412. Assim, se definimos a amplitude essencial de um termo como aquelas coisas reais das quais, de acordo com seu próprio significado, um termo é predicável, não-T tem uma amplitude essencial. Portanto, podemos definir todos os termos em duas classes, os essencialmente afirmativos, ou positivos, e os essencialmente negativos, os primeiros dos quais têm profundidade essencial, mas não amplitude essencial, e os últimos, amplitude essencial, porém não profundidade essencial[34]. Deve-se observar, no entanto, que esta divisão não é a mesma que a divisão similar que a linguagem faz. Por exemplo, *ser*, de acordo com isto, é um termo essencialmente negativo, na medida em que significa aquilo que pode ser predicado de qualquer coisa que se queira, tendo, assim, amplitude essencial; enquanto que *nada* é um termo essencialmente positivo, na medida em que significa aquilo a que se tem a liberdade de predicar o que se desejar, tendo, portanto, uma profundidade essencial. Os sujeitos essenciais de ser não podem ser enumerados, e tampouco os predicados essenciais de nada.

413. Na amplitude ou profundidade essenciais, não pode haver dois termos iguais, pois, se houvesse, os dois termos teriam o mesmo significado e portanto, para propósitos lógicos, seriam o mesmo termo. Dois termos podem ter relações desconhecidas nestas quantidades, contanto que um ou outro deles não seja distintamente concebido.

414. *Amplitude substancial* é o agregado de substâncias reais das quais, e somente das quais, um termo é predicável com verdade absoluta.

---

33. A *essência* de uma coisa é a ideia dessa coisa, a lei do seu ser, que dela faz a espécie de coisa que é, e que deveria vir expressa na definição dessa espécie. – 1893.

34. Os lógicos chamam os termos negativos de *infinitos* (recentemente, *ilimitados*). Isso é uma tradução da expressão de Aristóteles ἀόρωτος (*De Interpr.* 3, 1 6b, 14), que na verdade significa "sem definição" ὁρισμός – 1893.

35. Ver, por exemplo, *De Generibus et Specibus*, p. 548.

Profundidade substancial é a forma concreta real que pertence a tudo aquilo de que um termo é predicável com verdade absoluta.

415. Termos gerais denotam várias coisas. Cada uma destas coisas, em si mesmas, não tem qualidades, mas apenas uma certa forma concreta que diz respeito apenas à ela mesma. Este foi um dos pontos que surgiram na controvérsia sobre a natureza dos universais[35]. Como diz Sir William Hamilton (*Discussions*, ed. americana, pág.630), nem mesmo a humanidade de Leibniz pertence a Newton, mas sim uma humanidade diferente. É apenas por abstração, por supravisão, que se pode dizer que duas coisas têm caracteres comuns. Por conseguinte, um termo geral não tem *profundidade substancial*. Por outro lado, termos particulares, conquanto tenham profundidade substancial, na medida em que cada uma das coisas, uma ou outra das quais é deles predicada, possui uma forma concreta, não têm *amplitude substancial*, na medida em que não há um agregado de coisas em relação ao qual, e só a este, eles são aplicáveis. A fim de dar a este assunto maior clareza, devo ressaltar que eu, junto com a maioria dos lógicos, considero a cópula no sentido de signo de atribuição e não, como Hamilton, no sentido de signo de igualdade em extensão ou compreensão. Ele expõe a proposição "o homem é um animal" da seguinte forma;

A extensão do homem .... *Sujeito*
é igual .... *Cópula*
a uma parte ou toda a extensão do animal .... *Predicado*

Assim ele torna particular o predicado. Outros interpretam-na da seguinte forma:

Todo homem .... *Sujeito*
tem todo os atributos comuns a .... *Cópula*
todo animal .... *Predicado*

É neste último sentido que consideramos a cópula neste ensaio. Ora, um particular é, como já foi dito, um sujeito *alternativo*. Assim, "Algum S é M" significa, se S", S" e S'" são os S's singulares, que "ou S' ou S" ou então S'" possui todos os atributos pertencentes a M." Portanto, um termo particular tem uma profundidade substancial, porque pode dispor de um predicado que é absolutamente concreto, como na proposição "Algum homem é Napoleão". Mas se pusermos o particular no predicado, temos uma proposição do tipo: "M possui todos os atributos pertencentes a S', ou então todos os que pertencem a S" ou então todos os que pertencem a S'" ". E isto nunca poderá ser verdadeiro a menos que M seja um individual singular. Ora, uma substância individual singular é, não direi um átomo, mas a menor parte de um átomo, isto é, absolutamente nada. De forma que um particular não pode ter *amplitude substancial*. Seja agora o termo universal "S". Podemos dizer "Qualquer S é M", mas não se M for uma qualidade concreta real. Não podemos dizer, por exemplo, "Qualquer homem é Napoleão". Por outro lado, podemos dizer "Qualquer M é S", mesmo que M seja uma substância real ou um agregado de substâncias. Por conseguinte, um termo universal não tem *profundidade subs-*

tancial, mas tem *amplitude substancial*. Portanto, podemos dividir todos os termos em universais particulares e particulares substanciais.

416. Dois termos podem ser iguais em sua amplitude e profundidade substancial, e diferir em sua amplitude e profundidade essencial. Mas dois termos não podem ter relações de amplitude e profundidade substancial que sejam desconhecidas no estado de informação pressuposto, porque nesse estado de informação tudo é conhecido.

417. Na amplitude e profundidade informadas, dois termos podem ser iguais, e podem ter relações desconhecidas. Qualquer termo, afirmativo ou negativo, universal ou particular, pode ter amplitude ou profundidade informada.

6. AS CONCEPÇÕES DE QUALIDADE/ RELAÇÃO E REPRESENTAÇÃO/ APLICADAS A ESTE ASSUNTO

418. Num ensaio apresentado à Academia em maio último[a], tentei mostrar que as três concepções de referência a um fundamento, referência a um correlato e referências a um interpretante são aquelas das quais a lógica deve, principalmente, fazer uso. Nesse ensaio introduzi também o termo "símbolo" para abranger tanto o conceito quanto a palavra. A lógica trata da referência dos símbolos em geral com seus objetos. Um símbolo, em sua referência com o seu objeto, tem uma referência tríplice:

Primeira, Sua referência direta a seu objeto, ou coisas reais que ele representa;

Segunda, Sua referência a seu fundamento através de seu objeto, ou os caracteres comuns a esses objetos;

Terceira, Sua referência a seu interpretante através de seu objeto, ou todos os fatos conhecidos sobre seu objeto.

Portanto, as coisas assim referidas, na medida em que são conhecidas, são:

Primeiro, A *amplitude* informada de um símbolo;

Segundo, A *profundidade* informada de um símbolo;

Terceiro, A soma das proposições sintéticas na qual o símbolo é sujeito ou predicado, ou a *informação* referente ao símbolo[36].

419. Por amplitude e profundidade, sem um adjetivo, entenderei, daqui por diante, amplitude e profundidade informadas.

Está claro que a amplitude e a profundidade de um símbolo, conquanto *não* sejam essenciais, medem a *informação* que lhe diz respeito, isto é, as proposições sintéticas das quais ele é sujeito ou predicado. Isto decorre diretamente das definições de amplitude, profundidade e informação. Por conseguinte, segue-se:

Primeiro, Que, enquanto a informação permanece constante, quanto maior for a amplitude, menor será a profundidade;

---

a. *On a new list of categories*, v. 1, livro III, Cap. 6. § 1.

36. Vê-se que me afasto largamente do uso ordinário desta palavra para significar com ela um testemunho dado em particular. Como na metafísica, informação é a conexão entre a forma e a matéria, de modo que, em lógica, ela pode significar, apropriadamente, a medida da predicação. – 1893.

Segundo, Que todo aumento de informação faz-se acompanhar de um aumento na profundidade ou na amplitude, independentemente da outra quantidade;

Terceiro, Que, quando não há informação, não há profundidade nem há amplitude, e vice-versa.

São estas as verdadeiras e óbvias relações entre amplitude e profundidade. Elas serão sugeridas de modo natural se denominarmos de *área* de informação e escrevermos

Amplitude X Profundidade = Área

(Análogo ao aumento de informação em nós há um fenômeno da natureza – desenvolvimento – pelo qual inúmeras coisas passam a ter inúmeros caracteres, que estavam envolvidos em poucos caracteres em poucas coisas. – 1893.)

420. Se ficamos sabendo que S é P, neste caso, como regra geral, a profundidade de S é aumentada sem qualquer decréscimo da amplitude, e a amplitude de P é aumentada sem qualquer decréscimo da profundidade. Um ou outro desses aumentos pode ser *certo* ou *duvidoso*.

Pode haver o caso de não ocorrer um ou outro desses aumentos, ou ambos. Se P é um termo negativo, pode não ter profundidade alguma e, portanto, nada acrescenta à profundidade de S. Se S é um termo particular, pode não ter amplitude alguma, e neste caso, nada acrescenta à amplitude de P. Este último caso ocorre, frequentemente, em metafísica e, contanto que não-P assim como P sejam predicados de S, dá origem ao aparecimento de uma contradição onde, na verdade, não havia contradição alguma, pois, como a contradição consiste em atribuir a termos contraditórios alguma amplitude em comum, segue-se que, se o sujeito comum de que são predicados não tem amplitude real alguma, há apenas uma contradição verbal, e não uma contradição real. Na verdade, não é contraditório dizer, por exemplo, que uma fronteira está tanto dentro como fora daquilo que ela limita. Há também um outro caso importante em que podemos vir a saber que "S é P", sem com isso acrescentar-se algo à profundidade de S ou à amplitude de P. É quando, no mesmo ato em que sabemos que S é P, ficamos sabendo também que P estava dissimuladamente contido na profundidade anterior de S e que, por conseguinte, S era parte da amplitude anterior de P. Neste caso, P ganha em distinção extensiva e S em distinção compreensiva.

421. Estamos agora em condições de examinar a objeção de Vorländer a proporcionalidade inversa da extensão e compreensão. Ele quer que retiremos mentalmente de um objeto todas suas qualidades mas não, está claro, através do ato de pensar tal objeto sem essas qualidades, isto é, negando essas qualidades no pensamento. Como, então? Apenas supondo-nos ignorantes quanto ao fato de ter ele ou não essas qualidades, isto é, diminuindo a informação suposta; caso em que, como vimos, a profundidade pode ser diminuída sem que se aumente a amplitude. Do mesmo modo, podemos supor-nos ignorantes quanto ao fato de existir mais de um americano, e assim diminuir a amplitude sem aumentar a profundidade.

422. E somente confundindo um movimento que é acompanhado por uma mudança de informação com um que não o é, que as pessoas podem confundir generalização, indução e abstração. *Generalização* é

aumento da amplitude e diminuição da profundidade, sem mudança de informação. *Indução* é um certo aumento de amplitude sem mudança de profundidade, através de um aumento da informação suposta. *Abstração* é diminuição da profundidade sem qualquer mudança na amplitude, através de uma diminuição da informação concebida. *Especificação* é comumente usada (eu deveria dizer "infelizmente") quando se tem um aumento de profundidade sem mudança alguma da amplitude, através de um aumento da informação afirmada. *Suposição* é usada para o mesmo processo quando há apenas um aumento concebido de informação. *Determinação*, para qualquer aumento de profundidade. *Restrição*, para qualquer decréscimo de amplitude porém, mais particularmente sem mudança de profundidade, por uma suposta diminuição da informação. *Descensão*, para uma diminuição da amplitude e aumento da profundidade, sem mudança da informação[37].

423. Consideremos, a seguir, o efeito das diferentes espécies de raciocínio sobre a amplitude, profundidade e área dos dois termos da conclusão.

---

37. *Ascensão* é o nome menos equívoco para denotar a passagem para uma noção mais ampla e menos profunda, sem mudança de informação; e outras palavras de significado literal similar são usadas do mesmo modo. Está claro que é a diminuição da profundidade que é diretamente expressa, ficando apenas implicado o aumento da amplitude. *Extensão*, que diretamente exprime aumento da amplitude, tem um significado algo diferente. É aplicada à descoberta (por aumento da informação) de que um predicado se aplica – *mutatis mutandis* – a sujeitos aos quais não nos tinha ocorrido aplicá-lo. Não envolve diminuição alguma da profundidade. Assim, Herbert Spencer diz ("The Genesis of Science", *British Quarterly Review*, julho de 1854) que a inversão do barômetro nos capacitou a *estender* os princípios da mecânica à atmosfera. Os matemáticos frequentemente falam da extensão de um teorema. Assim, a modificação de um teorema relativo às curvas planas, de modo a torná-lo aplicável a todas as curvas no espaço, seria chamada de extensão desse teorema. Um teorema ampliado afirma tudo o que o teorema inicial afirmava, e mais ainda *Generalização*, em seu sentido estrito, significa a descoberta, através da reflexão sobre um número de casos, de uma descrição geral aplicável a todos eles. Esta é a espécie de movimento do pensamento que, alhures (509), denominei de hipótese formal, ou raciocínio da definição para o definitum. Entendido desta forma, não é um aumento na amplitude mais sim um aumento na profundidade. Por exemplo, recebi hoje um certo número de livros ingleses impressos por hindus em Calcutá. A manufatura é rudimentar e, no entanto, particularmente agradável. Lembrando outras manufaturas hindus que vi, consigo agora ter uma concepção mais definida das características do gosto hindu. Assim, uma vez que se trata de uma ideia derivada da comparação de um certo número de objetos, esse processo é chamado de *generalização*. Todavia, não é uma extensão de uma ideia que já se tinha mas, pelo contrário, um aumento da definição das concepções que aplico a coisas conhecidas. Além deste, o significado próprio da palavra generalização, há dois outros que, embora em uso deveriam, mas ainda por estarem justamente em uso ser severamente censurados por todos aqueles que fazem questão de uma terminologia filosófica precisa. A saber, generalização é aplicada, em segundo lugar, a uma espécie especial da extensão, isto é, a uma extensão na qual a mudança do predicado, a fim de torná-lo aplicável a uma nova classe de sujeitos, está tão longe de ser óbvia que é a parte do processo mental que, de modo particular, atrai nossa atenção. Por exemplo, o assim denominado teorema de Fermât diz que se ρ for um número primo, e a um número qualquer divisível por ρ, então $a\rho - 1$ deixa um resto de 1 quando dividido por ρ. Pois bem, o chamado teorema generalizado de Fermat diz que se k é um número inteiro qualquer, Φk seu totiente, ou o número dos números tão pequenos quanto A; e primos em relação a ele, e se a for um número primo em relação a k, então Φk deixa um resto de 1 quando dividido por k. Ao invés de chamar um tal processo de generalização, seria muito melhor chamá-lo *extensão generalizante* – 1893.

No caso do raciocínio dedutivo seria fácil mostrar, se fosse necessário, que há apenas um aumento da distinção extensiva do maior e da distinção compreensiva do menor, sem mudança alguma na informação. Está claro que, quando a conclusão é negativa ou particular, mesmo isto não pode ser efetuado.

424. A indução requer mais atenção. Consideremos o seguinte exemplo:

S', S'', S''' e S^{IV} foram tomados ao acaso entre os M's;
S', S'', S'''e S^{IV} são P:
∴ qualquer M é P.

Temos aqui, em geral, um aumento da informação. M recebe um aumento na profundidade e P, na amplitude. Há, entretanto, uma diferença entre estes dois aumentos. Um novo predicado é, na verdade, adicionado a M; um predicado que pode, de fato, ter sido dele, antes, um predicado dissimulado, mas que é agora realmente trazido à luz. Por outro lado, não se sabe *ainda* que P se aplica a algo além de S', S'', S''' e S^{IV}, mas sim, apenas, que se aplica a tudo aquilo que, doravante, se souber que está contido sob M. A indução, em si mesma, não torna conhecido algo assim.

425. Seja, agora, o seguinte exemplo de hipótese:

M é, por exemplo, P' P'', P''' e P^{IV}
S é P', P'', P''' e P^{IV}:
∴ S é tudo que M é.

Aqui, mais uma vez, há um aumento de informação, se supusermos que as premissas representam o estado de informação antes das inferências. S recebe uma adição à sua profundidade, porém é apenas uma adição potencial, pois nada indica que os M's têm quaisquer outros caracteres comuns além de P', P'', P''' e P' ". M, por outro lado, recebe um aumento real de amplitude em S, embora seja, talvez, apenas um aumento *duvidoso*. Portanto, há esta importante diferença entre indução e hipótese, isto é, que a primeira aumenta potencialmente a amplitude de um termo e aumenta concretamente a profundidade de um outro, enquanto que a segunda aumenta potencialmente a profundidade de um termo, e aumenta concretamente a amplitude do outro.

426. Consideremos agora o raciocínio a partir da definição para o *definitum*, e também o argumento a partir da enumeração. Uma proposição definidora tem um significado. Não é, portanto, uma proposição meramente idêntica, mas existe uma diferença entre a definição e o *definitum*. De acordo com a doutrina aceita, esta diferença consiste totalmente no fato de que a definição é distinta, enquanto que o *definitum* é confuso. Mas eu creio haver uma outra diferença. O *definitum* implica o caráter de ser designado por uma palavra, enquanto que a definição, anteriormente à formação da palavra, não o implica. Assim, o *definitum* excede a definição em profundidade, embora apenas *verbalmente*. Da mesma forma, qualquer noção não analisada traz consigo um sentido – uma palavra constituinte – que sua análise não traz. Se isto for assim, a definição é o predicado e o *definitum* é o sujeito da proposição definidora, e esta última não pode ser convertida simplesmente. De fato, a proposição definidora afirma que se pressupõe que tudo aquilo a que um certo

nome é aplicado tem tais e tais caracteres; mas disto não decorre, estritamente, que tudo aquilo que tem tais e tais caracteres é realmente designado por esse nome, embora certamente *pudesse* ser assim designado. Por conseguinte, no raciocínio da definição para o *definitum* há um aumento verbal de profundidade, e um aumento real de distinção extensiva (que é análoga à amplitude). Sendo o aumento da profundidade meramente verbal, não há possibilidade de erro neste procedimento. Não obstante, parece-me mais adequado considerar este argumento como uma modificação especial da hipótese do que uma dedução, tal como o é o processo de raciocínio do *definitum* para a definição. Uma linha similar de pensamento mostraria que, no argumento decorrente da enumeração, há um aumento verbal da amplitude e um aumento real de profundidade ou, melhor, de distinção compreensiva, e que, portanto, é correto considerar isto (tal como o têm feito a maioria dos lógicos) como um tipo de indução infalível. Estas espécies de hipótese e indução são, de fato, meramente hipóteses e induções a partir das partes essenciais para o todo essencial, sendo demonstrativo este tipo de raciocínio a partir das partes para o todo. Por outro lado, o raciocínio a partir das partes substanciais para o todo substancial não é nem mesmo um argumento provável. Nenhuma parte básica de matéria ocupa espaço, mas disto não decorre que matéria ocupa espaço.

7. SUPLEMENTO DE 1893[a]

427. A utilidade da doutrina da quantidade lógica depende de uma adesão estrita a uma terminologia exata. Encontrar os termos necessários, no entanto, nem sempre é fácil.

Uma operação que aumente a amplitude de um termo, com ou sem alteração de informação, pode ser denominada de *extensão* desse termo. Esta palavra é no mais das vezes empregada, especialmente pelos matemáticos, para significar a aplicação de uma doutrina (talvez com uma ligeira modificação), a uma nova esfera. Isto implica informação aumentada. Mesmo assim, o sentido mais amplo aqui proposto é permitido pelo uso. De modo semelhante, qualquer diminuição de amplitude pode ser denominada de *restrição*.

428. Uma operação que aumente a profundidade de um termo, com ou sem alteração de informação, é conhecida como *determinação*. Os livros geralmente dão *abstração* como sendo o contrário de determinação, porém isto é inadmissível. Eu proporia o termo *depleção* (*deplet on*). O adjetivo *abstrato* foi inicialmente usado, em latim, imitando-se o grego, em relação a uma forma geométrica concebida como destituída de matéria. Uma tal concepção é intuitiva, no sentido de ser pictórica. No século VII, Isodorus Hispalensis define *número abstrato*, no mesmo sentido que a frase ainda tem. No entanto, nem *abstrato*, nem qualquer palavra cognata, é considerado um termo lógico até o final da grande controvérsia entre realismo e nominalismo no século XII, quando se pode dizer que a introdução do termo *abstração* marcou o término dessa controvérsia, isto

a. "Terminologia", um suplemento da parte anterior.

para não se dizer que foi seu mais importante fruto. Não há quase dúvida alguma que a palavra é uma tradução do grego ἀφαίρεσις, embora não tenha sido aduzido nenhum texto grego conhecido à época, no Ocidente, do qual o termo pudesse ser emprestado. Seu sentido etimológico é, está claro, tirar de; entretanto, isto não significa, como frequentemente se supõe, tirar a atenção de um objeto, mas sim, tal como plenamente o demonstram antigas passagens em ambas essas antigas línguas, tirar um elemento do pensamento (a saber, a forma) de um outro elemento (a matéria) que é, então, posto de lado. Mas mesmo na primeiríssima passagem em que *abstração* aparece como um termo da lógica, são-lhe atribuídos dois diferentes significados, sendo um a contemplação de uma forma sem a matéria, como quando pensamos em *brancura*, e o outro sendo o pensamento de uma natureza *indifferenter*, ou que não leva em consideração as diferenças de seus individuais, tal como quando pensamos em uma coisa *branca*, em termos gerais[a]. Este último processo é chamado, também, de *pré-cissão* (*prescission*); e muito contribuiria para a clareza do pensamento e da expressão se retornássemos ao uso dos melhores doutores escolásticos e designássemos o referido processo por esse nome exclusivamente, restringindo a palavra abstração aos processos anteriores pelos quais obtemos noções correspondentes aos "substantivos abstratos"[b]. 'Os lógicos modernos, sobretudo os alemães, que lamentavelmente têm sido superficiais em seus estudos de lógica, aventaram a ideia de que estes substantivos abstratos são meros casos de gramática, que não dizem respeito ao lógico; porém, a verdade é que eles são a própria força do pensamento matemático. Assim, na teoria moderna das equações, a ação de mudar a ordem de um número de quantidades é considerada, em si mesma, como objeto de uma operação matemática, sob o nome de substituição. Desta forma, uma linha reta, que não é senão uma relação entre pontos, é estudada, e mesmo *intuída*, como uma coisa distinta. Seria melhor limitar a palavra abstração a este processo, mas se não se puder convencer as pessoas a assim agirem, o que de melhor se pode fazer, a seguir, é abolir também a palavra abstração, e denominar este processo de *sujeitifação*. Cumpre observar que os lógicos e psicólogos modernos, embora hajam mudado por completo a amplitude da abstração, costumeiramente aplicando o termo não à sujeitifação mas sim à pré-cissão, não obstante mantêm a definição medieval que se pretendia aplicar não a este último, mas sim ao primeiro destes processos. Isto é, definem abstração como o ato de atentar para uma parte de uma ideia, deixando de lado o resto. Pois atenção é a aplicação denotativa pura, ou função-amplitude, do signo-pensamento; é a parte que o pensamento desempenha como um índice. Naturalmente, ao dizer isto não pretendo estar dando uma explicação *psicológica* da atenção, mesmo que eu possa ser persuadido da existência de algo que se denomina psicologia, além da lógica, de um lado, e da fisiologia, do outro. A atenção é uma certa modificação dos conteúdos da consciência com referência a um centro. Este centro é onde existe uma forte reação percepção-vontade, que atribui à ideia a natureza de um índice (ventoinha, tabuleta ou qualquer

a. Ver Prantl, op. cit., III, 94.
b. Cf. 1.549, nota.

outra imperiosa conexão entre pensamento e coisa). Ora, o sujeito de uma proposição é exatamente um índice desse tipo. Por conseguinte, o fenômeno real de atentar para uma qualidade, digamos o branco, ou fazer disso o centro do pensamento, consiste em pensá-lo como o sujeito do qual os outros elementos do pensamento são atributos. Mas a *pré-cissão* (*prescission*) se atentamente analisada, demonstrará não ser um caso da atenção. Não podemos abstrair, mas apenas distinguir a cor da figura. Mas, podemos abstrair a figura geométrica da cor, e esta operação consiste em imaginá-la estar tão iluminada que sua coloração não pode ser percebida (o que é fácil imaginar através de uma exageração da experiência familiar que é a impossibilidade de distinguir os matizes no crepúsculo). Em geral, a pré-cissão é sempre completada pelo ato de imaginarmo-nos em situações nas quais certos elementos de fato não podem ser determinados. Esta é uma operação diferente e mais complicada do que simplesmente atentar para um elemento e deixar o resto de lado. Assim, se for aceita a definição que habitualmente se dá de abstração, segundo a qual ela é atenção dada a parte de uma ideia enquanto se negligencia o resto, o termo não mais deve aplicar-se à pré-cissão mas exclusivamente à sujeitificação.

429. É o que tinha a dizer quanto aos termos que exprimem aumento ou diminuição da amplitude e profundidade lógica, em geral. A fim de exprimir uma extensão por depleção, e uma determinação por restrição, sem mudança de informação, obviamente necessitamos das palavras *generalização* e *especificação*. Infelizmente, nenhuma dessas palavras é assim empregada. Por especificação invariavelmente se pretende significar uma determinação por informação aumentada. Por generalização às vezes se pretende significar, é verdade, a extensão de uma ideia através de uma modificação considerável de sua profundidade; mas, mesmo assim ainda há, normalmente, um aumento de informação. De modo ainda mais frequente, generalização significa um aumento formal de profundidade, por meio de uma ideia geral que é predicada de casos antes não sintetizados; e pode ser que haja ou não um aumento de amplitude. Finalmente, generalização, por um temerário abuso da linguagem, é amiúde empregada para significar, simplesmente, uma indução. Parece necessário, portanto, abandonar o emprego destas palavras para o presente propósito e contentarmo-nos com *ascensão* e *descensão*.

430. Em geral, um aumento de informação é denominado, no discurso moderno, de *descoberta*. A palavra antiga, *invenção*, era muito melhor, porquanto permitia que *descoberta* se restringisse ao encontro de uma nova coisa – como a descoberta da América – enquanto que a descoberta de um novo caráter era especificamente chamado de *detecção*. Assim, Oldenburg, o secretário da Sociedade Real, escreve em 1672 que a dispersão da luz é "a mais singular, senão a mais considerável detecção até aqui feita nas operações da natureza". É pena que se tenham perdido estas ótimas distinções. Agora, temos de falar de *descoberta de um evento* ou *caso* e de *descoberta de uma propriedade*. Um aumento imaginário de informação é uma *pressuposição* ou *suposição*, mas a primeira palavra é preferível. Um aumento de informação por indução, hipótese, ou analogia é uma *presunção*. (Uma *presunção legal* é uma presunção que segue uma norma aceita nas cortes, independentemente dos ditames do bom

senso.) Uma presunção muito fraca é uma *estimação*. Uma presunção que se opõe a um testemunho direto é uma *conjetura* ou, se for fraca, uma *suspeita*.

7.1 SIGNIFICAÇÃO E APLICAÇÃO[a]

431. Estes são termos substitutos para aquilo que Mill e outros chamam de conotação e denotação, pois (1) o uso, previamente bem estabelecido, de conotar foi um tanto distorcido por Mill e seus seguidores, e (2) estas palavras podem aplicar-se tanto às propriedades correspondentes das proposições quanto dos termos. A aplicação de um termo é a coleção de objetos com os quais ele se refere; a aplicação de uma proposição é os casos em que ela se mantém válida. A significação de um termo são todas as qualidades que são por ele indicadas; a significação de uma proposição são todas as suas diferentes implicações.

432. Do fracasso em distinguir entre os diferentes tipos de significação, ou conotação, de um termo surgiu, na lógica, uma grande confusão; assim, à questão: Os nomes próprios são conotativos?, "respostas contraditórias são dadas por pensadores normalmente claros como sendo respostas obviamente corretas", pelo fato de não terem em mente, para o termo conotação, uma mesma coisa. É necessário distinguir entre (1) a significação indispensável, (2) a significação banal, (3) a significação informativa e (4) a significação completa. (1) é tudo quanto está contido em qualquer coisa que se possa fixar como sendo a definição de um termo – todos aqueles elementos do significado em cuja ausência, de qualquer deles, o nome não seria aplicado; (2) é aquilo "nem é preciso dizer", aquilo que todo mundo sabe, e (3) é aquilo que se tem ocasião de dar expressão: estas coisas, naturalmente, variam com os diferentes indivíduos a quem a proposição é emitida – o fato de o oxigênio ser hilariante é informativo para o estudante de química e banal para o professor de química (mas é falso para aqueles que têm conhecimento dos últimos resultados da ciência); (4) consiste em todos os predicados válidos do termo em questão. Quando digo "Quem vi ontem foi João Pedro", a significação indispensável de João Pedro é simplesmente um objeto individual da consciência (normalmente, é um homem, embora possa ser um cachorro ou um boneco) o qual se convencionou designar com esse nome; mas a significação banal, para quem conhece bem João Pedro, é muito extensa.

433. As mesmas características aplicam-se às proposições tanto quanto aos termos; assim, a significação completa (ou implicação) de *Todo x é y* são todas suas consequências válidas, e sua aplicação completa (ou âmbito) são todas aquelas descrições de circunstâncias em que ela se mantém válida – isto é, todos seus antecedentes suficientes.

434. Um termo geral denota qualquer coisa que possua os caracteres que ele significa; J.S. Mill emprega, em lugar de "significa", o termo "conota", uma palavra que ele, ou seu pai, tirou de Ocam. Mas "significar"

---

a. *Dictionary of Philosophy and Psycology*, v. 2. p. 528-529; as p. 431-433 são de Peirce e da Sra. C. Ladd-Franklin.

tem estado em uso ininterrupto, neste sentido, desde o século XII, quando John de Salisbury falou de "quod fere in omnium ore celebre est aliud scilicet esse appellativa *significant*, et aliud esse quod, *nominant*. Nominantur singularia; sed universalia significantur"[a]. Nada pode ser mais claro. Que se saiba, a palavra conotar não registra nenhuma ocorrência tão antiga quanto esta. Alexandre de Hales (*Summa Theol.*, I. liii) faz de *nomen connotans* o equivalente de *appellatio relativa*, e considera a própria relação como objeto acusativo de *connotare*, falando de "criador" como *conotando* a relação do criador com a criatura. O mesmo em relação a Aquino, *In sentent*. I, dist. viii, quest. 1, Art. 1. Subsequentemente, pelo fato de os adjetivos serem encarados como termos relativos, sendo *branco* definido como "tendo brancura", etc., o adjetivo foi considerado como conotando a abstração, mas isto nunca sem que seu suposto caráter relativo estivesse em consideração. Ver-se-á Tataretus, por exemplo, que escreveu quando esse uso já se achava totalmente estabelecido, empregando uma fraseologia do tipo; "Nulla relativa secundum se habent contrarium, cum non sint qualitates primae, sed solum relativa secundum dici, et hoc secundum esse absolutum et significatum principale eorum et non secundum esse respectivum et connotativum". Chauvin[b] (1. ed.) diz;"Connotativum illudest cuius significatum non sistit in se, sed necessário ad aliud refertur, vel aliud connotat. V. g. *Rex, magister, primus.*"

O que infelizmente aconteceu, como as citações acima mostram, é que o significado exato reconhecido como próprio à palavra "significar" na época de John of Salisbury (um contemporâneo, mais moço, de Abelardo) nunca foi estritamente observado, quer antes ou depois; e, pelo contrário, esse significado mostrou uma tendência para deslizar na direção de "denotar". Todavia, mesmo agora deve-se reconhecer a propriedade das observações de John.

Uma série de trabalhos foram escritos na Idemde Média, *De modis significandi*, com base em Prisciano (contemporâneo de Boécio), que, por sua vez, seguiu Apolônio, o mal-humorado "grammaticorum princeps" que viveu no tempo de Adriano e de Antonino Pio. Cf. também Thurot, *Notices et Extraits des MSS*, xxii, parte II, e Duns Scotus, *Works*, ed. Lyons, 1.

a. *Metalogicus*, II, XX.
b. *Lexicon Rationale*.

7. A Teoria Gramatical do Juízo e da Inferência[a]

1. JUÍZOS

435. Um juízo é um ato da consciência no qual reconhecemos uma crença, e uma crença é um hábito inteligente segundo o qual devemos agir quando se apresentar a ocasião. Qual é a natureza dessa recognição? Ela pode estar bem próxima da ação. Os músculos podem contrair-se e podemos conter-nos apenas com a consideração de que a oportunidade adequada não surgiu. Mas, em geral, *virtualmente resolvemos*, numa certa ocasião, como se certas circunstâncias imaginadas fossem percebidas. Este ato que redunda em uma tal resolução é um ato peculiar da vontade por meio do qual fazemos com que uma imagem, ou *ícone*, seja associado, de um modo peculiarmente vigoroso, com um objeto que nos é representado através de um *índice*. Este mesmo ato é representado, na proposição, por um *símbolo* e a consciência dele preenche a função de um símbolo no juízo. Suponhamos, por exemplo, que eu detecte uma pessoa com a qual tenha de lidar num ato de desonestidade. Tenho, em minha mente, algo como uma "fotografia composta" de todas as pessoas que conheci e sobre as quais li e que tiveram esse caráter, e no mesmo instante faço a descoberta referente a essa pessoa, que distinguo das outras através de certas indicações, com base nesse índice, e nesse momento é-lhe imposto o carimbo TRATANTE, para ali ficar indefinidamente.

436. Uma proposição *afirma* alguma coisa. Essa asserção é realizada pelo símbolo que representa o ato de consciência. Aquilo que equivale a

[a]. De "Short Logic", de 1893 aprox.

asserção e que parece tão diferente de outros tipos de significação é seu caráter *volitivo*.

437. Toda asserção é uma asserção de que dois diferentes signos têm o mesmo objeto. Se perguntarmos por que deve ela ter esse caráter *dual*, a resposta é que a volição envolve uma ação e uma reação. As consequências deste dualismo são encontradas não apenas na análise de proposições, mas também na classificação dessas proposições.

438. É impossível encontrar uma proposição tão simples que não faça referência a dois signos. Seja, por exemplo, "chove". Aqui, o ícone é a fotografia mental composta de todos os dias chuvosos de que o pensador já tem uma experiência. O índice é tudo aquilo pelo que ele distingue *aquele dia*, tal como este se coloca em sua experiência. O símbolo é o ato mental pelo qual ele assinala esse dia como chuvoso...

439. A fim de demonstrar adequadamente a relação entre as premissas e a conclusão dos raciocínios matemáticos, é necessário reconhecer que na maioria dos casos o *sujeito-índice* é composto, e consiste num *conjunto* de índices. Assim, na proposição "A vende B a C pelo preço D", A, B, C e D formam um conjunto de quatro índices. O símbolo " – vende – a – pelo – preço –" refere-se a um ícone mental, ou ideia do ato da venda, e declara que esta imagem representa o *conjunto* A, B, C, D, considerado como ligado àquele ícone, A como vendedor. C como comprador, B como o objeto vendido e D como preço. Se chamamos A, B, C, D de quatro *sujeitos* da proposição e " – vende – a – pelo preço –" de *predicado*, estamos representando bem a relação lógica, mas abandonamos a sintaxe ariana.

440. Pode-se perguntar: por que não pode uma asserção identificar os objetos de dois signos quaisquer como sendo dois índices? Por que deveria haver uma limitação no sentido de declarar que o objeto de um *índice* deve ser representado por um *ícone*? A resposta é que uma asserção *pode* identificar os objetos de dois signos quaisquer; todavia, em todos os casos isso equivalerá a declarar que um *índice*, ou conjunto de índices, é representado por um ícone. Por exemplo, seja uma proposição segundo a qual William *La mare*, autor do livro *Correctorium fratris Thomae* é realmente o William *Ware* que era o professor de Duns Scotus. Aqui, os objetos de dois índices são identificados. Mas isto é um equivalente lógico da asserção segundo a qual o ícone de identidade, isto é, a imagem mental composta de dois aspectos de uma e mesma coisa, representa os objetos do conjunto de índices William *Mare* e William *Ware*[1]. Na verdade, não somos de modo algum forçados a encarar um dos signos como sendo um *ícone* em qualquer caso; mas este é um modo muito conveniente de levar em consideração certas propriedades das inferências. Isto tem, também algumas vantagens secundárias, tal como a de estar de acordo com nossa metafísica natural, e com nossa posição com respeito ao sujeito e predicado.

441. Tal como o índice, também o ícone pode ser complexo. Por exemplo, tomando-se o índice seletivo universal *tudo*, podemos ter um

---

1. Não se pode afirmar positivamente que *Warm* e *Marra* eram um só e o mesmo; mas esta hipótese adequa-se muito bem aos fatos conhecidos, exceto quanto a diferença dos nomes, o que talvez não seja um obstáculo insuperável.

ícone composto alternativamente por dois outros, uma espécie de complexo de dois ícones, do mesmo modo como qualquer imagem é uma "fotografia composta" de inúmeros particulares. Mesmo o que é chamado de "fotografia instantânea", tomada com uma câmera, é um complexo dos efeitos dos intervalos de exposição que são muito mais numerosos do que as areias do mar. Tome-se um instante absoluto durante a exposição e o complexo representa *esta* entre outras condições. Ora, os dois ícones alternativos são combinados dessa forma. Temos um ícone desta alternação, um complexo de todos os casos alternativos em que pensamos. O símbolo afirma que um ou outro desses ícones representa o índice universalmente escolhido. Que um dos ícones alternativos seja a ideia daquilo que não é um homem, e o outro, a ideia daquilo que é mortal. Neste caso, a proposição será: "Escolha qualquer coisa que desejar, e ela ou não será um homem, ou será mortal." Dois signos assim reunidos dizem-se um *agregado*, ou *disjuntivamente conectados*, ou *alternativamente reunidos*. Um outro exemplo: que o índice seja um seletivo particular, e que um ícone seja composto por dois ícones de tal forma que em cada uma de suas variações ambos esses ícones estejam juntos. Por exemplo, que um ícone seja o Ícone de um chinês, e o outro, o de uma mulher. Neste caso, o *ícone* combinado será o ícone de uma mulher chinesa. Assim, a proposição será; "Algo pode ser escolhido de tal forma que seja, ao mesmo tempo, um chinês e uma mulher". Dois signos deste modo reunidos dizem-se *combinados*, ou *conjuntivamente conectados* ou *simultaneamente reunidos*...

8. A Base Lógica da Inferência Sintética

690. No fim do século passado, Immanuel Kant propôs a questão: "Como são possíveis os juízos sintéticos *a priori!*" Por juízos sintéticos ele entendia aqueles que afirmam o fato positivo e que não são apenas casos de combinação; em suma, juízos do tipo que o raciocínio sintético produz e que o raciocínio analítico não pode produzir. Por juízos *a priori* ele entendia juízos do tipo "todos os objetos materiais estão no espaço", "todo evento tem uma causa", etc., proposições que, segundo Kant, nunca podem ser inferidas a partir da experiência. A filosofia corrente de sua época foi abalada e destruída não tanto pela resposta que ele deu a essa pergunta mas pelo simples fato de propô-la, e uma nova época na história da filosofia começou. Mas, antes de ter feito *essa* pergunta, devia ter feito uma pergunta mais geral: "Como é possível qualquer juízo sintético?" Como é que um homem pode observar um fato e imediatamente emitir um juízo a respeito de um outro fato diferente que não está envolvido no primeiro? Um raciocínio deste tipo, como vimos, não tem, pelo menos no sentido habitual da frase, probabilidade definida alguma; como pode, assim, acrescentar algo a nosso conhecimento? Este é um estranho paradoxo, e o Abade Gratry diz que é um milagre, e que toda indução verdadeira é uma inspiração imediata de uma instância superior[1]. Respeito muito mais esta explicação do que muitas tentativas pedantes de resolver a questão através de uma prestidigitação com probabilidades, com as formas do silogismo, ou não sei que mais. Respeito-a porque evidencia uma apreciação da profundidade do problema, porque atribui a

---

1. *Logique.* O mesmo é verdadeiro, segundo ele, quanto a todo desempenho de uma diferenciação, mas não de uma integração. Ele não nos diz se é essa assistência sobrenatural que torna o primeiro processo muito mais fácil.

este uma causa adequada e porque está intimamente ligada – tal como deveria estar uma verdadeira exposição – com uma filosofia geral do universo. Ao mesmo tempo, não aceito a explicação porque uma explicação deveria dizer *como* uma coisa é feita, e afirmar um milagre perpétuo parece equivaler ao abandono de toda esperança de proceder a essa explicação do como, e isso sem uma justificativa adequada.

691. Será interessante verificar como se apresentará a resposta que Kant deu a essa pergunta sobre os juízos sintéticos *a priori* se ela for estendida para a questão dos juízos sintéticos em geral. A resposta que ele dá é que os juízos sintéticos *a priori* são possíveis porque tudo aquilo que é universalmente verdadeiro está envolvido nas condições da experiência. Apliquemos isto a um raciocínio sintético geral. Tiro de um saco, um punhado de feijões; são, todos, roxos, e infiro que todos os feijões do saco são roxos. Como posso fazer isso? Ora, a partir do princípio de que tudo aquilo que é universalmente verdadeiro de minha experiência (que é aqui, a aparência destes diferentes feijões) está envolvido na condição da experiência. A condição desta experiência especial é que todos esses feijões foram retirados daquele saco. Segundo o princípio de Kant, assim, tudo aquilo que se descobre ser verdadeiro quanto a todos os feijões tirados do saco deve encontrar sua explicação em alguma peculiaridade do conteúdo do saco. Este é um enunciado satisfatório do princípio da indução.

692. Quando elaboramos uma conclusão dedutiva ou analítica, nossa regra de inferência e que os fatos com um certo caráter geral são, invariavelmente ou numa certa proporção dos casos, acompanhados por fatos de um outro caráter geral. Neste caso, sendo nossa premissa um fato da primeira destas classes, inferimos com certeza, ou com o grau apropriado de probabilidade, a existência de um fato da segunda classe. Contudo, a regra para a inferência sintética e de um tipo diferente. Quando colhemos uma amostra num saco de feijões não estamos pressupondo que o fato de alguns feijões serem roxos envolve a necessidade ou mesmo a probabilidade de outros feijões também o serem. Pelo contrário, o método conceitualista de lidar com as probabilidades, que na verdade equivale simplesmente ao tratamento dedutivo das probabilidades, quando corretamente aplicado leva ao resultado segundo o qual uma inferência sintética tem, a seu favor, apenas uma probabilidade de ordem de 50% ou, por outras palavras, não tem valor algum. A cor de um grão de feijão é inteiramente independente da cor de um outro grão. Mas a inferência sintética baseia-se numa classificação dos fatos, não conforme seus caracteres mas, sim, conforme a maneira de obtê-los. Sua regra é a de que um certo número de fatos obtidos de um dado modo em geral irão assemelhar-se, mais ou menos, a outros fatos obtidos de idêntico modo; ou *experiências cujas condições são as mesmas terão os mesmos caracteres gerais*.

693. No primeiro caso sabemos que premissas exatamente similares na forma às premissas dadas permitirão conclusões verdadeiras apenas uma vez num número calculável de vezes. No segundo caso, sabemos apenas que premissas obtidas sob certas circunstâncias similares ás dadas (embora, talvez, elas mesmas sejam diferentes) permitirão conclusões verdadeiras pelo menos uma vez num número calculável de vezes. Podemos enunciar isto dizendo que no caso da inferência analítica sabemos

qual é a probabilidade de nossa conclusão (se as premissas forem verdadeiras), mas no caso das inferências sintéticas sabemos apenas o grau de fidedignidade de nosso procedimento. Como todo conhecimento provém da inferência sintética, devemos igualmente inferir que toda certeza humana consiste meramente no fato de sabermos que os processos a partir dos quais se derivou nosso conhecimento são tais que devem, geralmente, conduzir a conclusões verdadeiras.

Embora uma inferência sintética não possa, de modo algum, ser reduzida a dedução, o fato de a regra da indução sustentar-se a longo prazo pode ser deduzido do princípio de que a realidade é apenas o objeto da opinião final à qual conduziria uma investigação adequada. O fato de a crença gradualmente tender a fixar-se sob a influência da indagação é, na realidade, um dos fatos dos quais a lógica parte.

9. O que é o Significado?, de Lady Welby[a]

171. O pequeno volume de Lady Victoria Welby não é aquilo que se entende por livro científico. Não é um tratado, e está isento de qualquer sombra de pedantismo ou pretensão. Pessoas diferentes atribuir-lhe-ão valores bem diferentes. E um livro feminino, e uma mente demasiado

---

a. Os parágrafos 171-175 são uma apreciação crítica do livro de Lady Welby *What is Meaning?* (MacMillan, 1903, 321 p.), in *The Nation* (15 de outubro de 1903 nº 77, p. 308-309.)

O parágrafo 176 é das *Lowell Lectures* de 1903 (da Conferência I, v. 2, imediatamente após 1.611-615), Widener 1B2-4, com uma citação acrescentada em 176 nota 3.

Os parágrafos 177-185 são de um longo manuscrito, sem data, constante de Widener IB 3a. Referências existentes indicam que este manuscrito é parte de uma carta, mas o trecho existente não contém nem a saudação nem a assinatura. Este manuscrito exigiu, por parte do editor, mais mudanças na pontuação, etc., do que a maior parte dos manuscritos publicados nesta obra.

Cf. a correspondência com Lady Welby no Livro II dos *Collected Papers*.

A apreciação crítica do livro de Lady Welby em *The Nation* foi feita junto com uma breve menção dos *The Principles of Mathematics*, de Bertrand Russel, v. I (University Press, Cambridge; MacMillan. New York, 1903, p. 534.) A crítica conjunta começa com o seguinte parágrafo: "Estes são dois trabalhos em lógica realmente importantes; ou, de qualquer forma, merecem tornar-se importantes, se os leitores fizerem a parte que lhes cabe. Todavia, é quase grotesco indicá-los juntos, tão profundamente distintas são as características de um e de outro. Este não é o lugar para falar do livro do sr. Russel, que dificilmente pode ser chamado de literatura. Já é uma recomendação preliminar de resolução e engenhosidade, bem como de alta inteligência o fato de ele continuar estes trabalhos tão severos e escolásticos por tanto tempo, trabalhos pelos quais mais de um de seus ancestrais tornou-se famoso. Aquele que desejar uma introdução adequada às notáveis pesquisas no campo da lógica matemática que foram feitas nestes últimos sessenta anos, e que jogaram uma luz inteiramente nova sobre a matemática e sobre a lógica, fará bem em guardar este livro. Mas não achará fácil sua leitura. De fato, o assunto do segundo volume provavelmente consistirá, pelo menos nove-décimos dele, em sequências de símbolos". A parte restante da crítica é aqui publicada.

masculina poderá achar que algumas de suas partes são dolorosamente fracas. Recomendaríamos ao leitor masculino que lesse com atenção os capítulos XXII a XXV antes de ler o todo, pois esses suportam uma segunda leitura. A questão que se discute nesses capítulos diz respeito a como os homens primitivos vieram a acreditar em suas absurdas superstições. Em termos gerais, sempre se acreditou ser esta a mais simples das questões. Lady Victoria não se digna mencionar a bonita Tabula de La Fontaine (a sexta do nono livro; todas elas valem a pena de serem relidas, se o leitor já as esqueceu) sobre o escultor e sua estátua de Júpiter:

> "L" artisan exprima si bien
> Le caractère de l'Idemle,
> Qu'on trouva qu'il ne manquait rien
> A Jupiter que la parole.
>
> "Même l'on dit que l'ouvrier
> Eût à peine achevé l'image.
> Qu'on le vit frémier le premier,
> Et redouter son propre ouvrage.
> ....
> "Il était enfant en ceci:
> Les enfants n'ont l'âme occupée
> Que du continuel souci
> Qu'on ne fâche point leur poupée.
>
> "Le coeur suit aisément l'esprit
> De cette source est descendue
> L'erreur payenne qui se vit
> Chez tant de peuples répandue
> ....
> "Chacun tourne en réalités,
> Autant qu'il peut, ses propres songes.
> L'homme est de glace aux vérités;
> Il est de feu pour les mensonges".*

172. A teoria de La Fontaine é um tanto complexa, e faz mais concessões ao impulso artístico do que o fizeram os modernos etnólogos. Estes preferem fazer da mitologia uma tentativa de explicação filosófica dos fenômenos. Mas a autora demonstra, através de uma análise cuidadosa, que todas essas teorias – tanto a de La Fontaine quanto as atuais – são absolutamente irreconciliáveis com aqueles traços da mente primitiva que impressionaram a Tylor, Spencer e aos etnólogos em geral como

---

* Em tradução livre: "O artesão exprimiu tão bem/O caráter do Ídolo/Que se pensou nada faltar/a Júpiter a não ser falar. Disse-se mesmo que o artífice/Mal tendo terminado a imagem/Foi o primeiro a tremer/E a temer sua própria obra. Nisto ele era uma criança:/As crianças só têm a alma ocupada/Com a contínua preocupação/De que não contrariem seus bonecos. O coração segue com facilidade o espírito. /Desta fonte originou-se/O erro pagão que se espalhou/entre tantos povos. Todos transformam em realidade/Tanto quanto podem, seus próprios sonhos*. O homem é de gelo para as verdades:/É de fogo para as mentiras." (N. do T.)

sendo os mais profundamente gravados. No lugar dessas teorias, ela propõe uma hipótese própria, e o leitor vê-se tentado a impacientar-se com ela pelo fato de a autora considerá-la como uma hipótese provisória, tal é a força com que essa hipótese se recomenda a si mesma, até que ela apresente uma visão inteiramente diferente o que, deve-se admitir, tem sua plausibilidade.

173. O maior serviço que esse livro pode prestar é o de abrigar a pergunta que lhe serve de título, uma pergunta fundamental em lógica e que normalmente tem recebido respostas superficiais, formalistas. Sua importância vital de longo alcance tem sido ignorada mais ainda do que habitualmente acontece com assuntos de interesse universal e onipresente. O objetivo essencial desse livro é o de chamar a atenção para esse assunto como sendo uma questão que requer estudo, tanto sob aspecto teórico quanto prático. Mas, ao fazer isto, a autora, incidentalmente, contribuiu para a resposta da pergunta, ao indicar a existência de três ordens de significação. Sabiamente, ela se absteve de qualquer tentativa de definir formalmente estes três modos de significação. Ela só nos diz o que pensa do mais baixo dos três sentidos. Ir mais longe seria jogar-se numa longa e desnecessária discussão.

174. Pode-se ver, apesar de ela não o ressaltar, que seus três tipos de significado correspondem, de modo aproximado, aos três estágios do pensamento formulados por Hegel. A distinção que ela faz igualmente coincide, em parte, com algo que já foi dito há muito tempo atrás, a saber, que compreender uma palavra ou fórmula pode consistir, em primeiro lugar, numa tal familiaridade com essa palavra ou fórmula que é possível às pessoas aplicá-la corretamente; ou, em segundo lugar, pode consistir numa análise abstrata da concepção ou compreensão de suas relações intelectuais com outros conceitos; ou, em terceiro lugar, pode consistir num conhecimento do possível resultado fenomenal e prático da asserção do conceito[a]. Poderíamos indicar outras interessantes filiações do pensamento da autora, suficientes para mostrar que ela deve estar no caminho certo.

175. No entanto, Lady Victoria não deseja que o assunto seja tratado apenas sob o ângulo do estudo lógico. Ela frisa que as pessoas não levam na devida consideração a ética da linguagem. Ela crê que as concepções modernas exigem modernas figuras do discurso. Mas receamos que ela não se dá conta de quão fundo teria de penetrar a faca no corpo do discurso para torná-lo realmente científico. Teríamos de formar palavras tais como as utilizadas pelos químicos – se é que elas podem ser chamadas de palavras. Em particular, ela prega a necessidade de fazer da lógica – "significs", como ela a designa, mas seria a lógica – a base ou o cerne da educação. Todos esses ideais merecem ser levados em consideração. O livro é muito rico em ilustrações tiradas da literatura contemporânea.

176. Foi lançado, recentemente, um pequeno livro de Lady Victoria Welby intitulado *O que é o significado*. Esse livro tem vários méritos, entre os quais o de mostrar que há três modos de significado. Mas, seu maior feito é o de abrigar a pergunta "O que é o significado". Uma palavra possui um significado, para nós, na medida em que somos capazes de utilizá-

---

a. C. "How to make our ideas clear", 5.388-410.

-la para comunicar nosso conhecimento a outros e na medida em que somos capazes de apreender o conhecimento que os outros procuram comunicar-nos. Este é o grau mais baixo do significado. O *significado* de uma palavra é. de uma forma mais completa, a soma total de todas as predições condicionais pelas quais a pessoa que a utiliza *pretende* tornar-se responsável ou pretende negar. Essa *intenção* consciente ou quase-consciente no uso da palavra é seu segundo grau de significado. Mas, além das consequências com as quais conscientemente se compromete a pessoa que aceita uma palavra, há um amplo oceano de consequências imprevistas que a aceitação da palavra está destinada a não apenas consequências de conhecimento mas, talvez, revoluções na sociedade. Nunca se pode dizer qual o poder que pode haver numa palavra ou numa frase, para mudar a face do mundo; e a soma destas consequências perfazem o terceiro grau do significado[a].

177. [Minha definição de um signo é;] Um Signo é um Cognoscível que, por um lado, é determinado (*i.e.*, especializado, *bestimmt*) por algo *que não ele mesmo*, denominado de seu Objeto[b], enquanto, por outro lado, determina alguma Mente concreta ou potencial, determinação esta que denomino de Interpretante criado pelo Signo, de tal forma que essa Mente Interpretante é assim determinada mediatamente pelo Objeto[c].

178. Isto implica abordar o assunto de um modo incomum. Pode-se perguntar, por exemplo, como é que um Signo mentiroso ou errôneo é determinado por seu Objeto, ou como é que sucede se, caso que não e infrequente, o Objeto é dado a existência pelo Signo. Ficar intrigado por este fato é uma indicação de que a palavra "determinar" está sendo tomada num sentido muito estreito. Uma pessoa que diz que Napoleão era uma criatura letárgica tem sua mente determinada, evidentemente, por Napoleão. Pois, caso contrário, ela não poderia atentar para Napoleão de modo algum. Mas temos aqui um paradoxo. A pessoa que interpreta essa sentença (ou qualquer outro Signo) deve ser determinada pelo seu Objeto através de uma observação colateral totalmente independente da ação do Signo. Caso contrário, ela não será determinada a pensar nesse objeto. Se ela, antes, nunca ouviu falar de Napoleão, a sentença não significara para ela apenas que uma pessoa ou coisa a que foi atribuído o nome "Napo-

   a. Cf. "How to make our ideas *red.*". 5.388-410
   Em seu pedido de uma bolsa da Carnegie Institution, 1902, Widener VB5, Peirce descreve sua proposta biografia de trinta segundos. *On Définition and lhe Clearness of Idemas*, nos seguintes termos: "Em janeiro de 1878 publiquei um breve esboço deste assunto onde enunciava uma certa máxima de 'Pragmatismo' que mais tarde, atraiu alguma atenção tal como de fato o fez quando apareceu no *Journal Philosophique*. Ainda compartilho daquela doutrina, mas ela necessita de uma definição mais precisa a fim de enfrentar a certas objeções e de evitar algumas más aplicações que dela se tem feito. Além do mais meu ensaio de 1878 era imperfeito por permitir tacitamente a colocação segundo a qual a máxima do pragmatismo conduzia ao último estágio da clareza. Agora, pretendo mostrar que não é este o caso e encontrar uma série de Categoria da clareza".

   b. Aparece aqui, entre parênteses, o seguinte: "(ou, em alguns casos, como no caso de o Signo ser a sentença 'Caim matou Abel', na qual Caim e Abel são igualmente Objetos Parciais, pode ser mais conveniente dizer que aquilo que determina o Signo é o Complexo, ou Totalidade, de Objetos Parciais. E em todos os casos, o Objeto é precisamente o Universo do qual o Objeto Especial é membro, ou parte)."

   c. Cf. 2.228 para uma outra discussão sobre os signos.

leão" era uma criatura letárgica. Pois "Napoleão" não pode determinar a mente da pessoa a menos que a palavra na sentença atraia sua atenção para o homem certo e isto só pode acontecer se, de modo independente, se estabeleceu nessa pessoa um hábito pelo qual essa palavra traz à tona uma variedade de atributos de Napoleão, o homem. Quase tudo isso é verdadeiro em relação a qualquer signo. Na sentença que serve de exemplo. Napoleão não é o único Objeto. Outro Objeto Parcial é Letargia; e a sentença não pode veicular seu significado a menos que a experiência colateral tenha ensinado a seu Intérprete o que é Letargia, ou o que é que "letargia" significa nesta sentença. O Objeto de um Signo pode ser algo a ser criado pelo signo. Pois o Objeto de "Napoleão" é o Universo da Existência na medida em que é determinado pelo fato de Napoleão ser um Membro deste. O Objeto da sentença "Hamlet era louco" é o Universo da Criação de Shakespeare na medida em que é determinado pelo fato de Hamlet ser uma parte dele. O Objeto da Ordem "Ombro, armas!" é a ação imediatamente subsequente dos soldados na medida em que é afetada pela volição[a] expressa na ordem. Ela não pode ser compreendida a menos que a observação colateral demonstre a relação do elocutor com a fileira de soldados. O leitor pode dizer, se quiser, que o Objeto esta no Universo das coisas desejadas pelo capitão naquele momento. Ou, uma vez que se espera, em termos absolutos, a obediência, ela esta no Universo de suas expectativas. De qualquer forma, ela determina o Signo embora deva ser criada pelo Signo através da circunstância de que seu Universo é relativo ao estado momentâneo da mente do oficial.

179. Passemos agora ao Interpretante. Estou longe de ter totalmente explicado qual seja o Objeto de um Signo, mas cheguei ao ponto em que a exposição ulterior deve pressupor alguma compreensão sobre o que é o Interpretante. O Signo cria algo na Mente do Intérprete, algo que, pelo fato de ser assim criado pelo signo, também foi, de um modo mediato e *relativo*, criado pelo Objeto do Signo, embora o Objeto seja essencialmente outro que não o Signo. E esta criação do signo é chamada de Interpretante. E criada pelo Signo, mas não pelo Signo *quá* membro de quaisquer dos Universos a que pertence; foi criado pelo Signo em sua capacidade de suportar a determinação pelo Objeto. É criado numa Mente (quão deve ser real esta mente é o que veremos). Toda aquela parte da compreensão do Signo para a qual a Mente Interpretante necessitou de observação colateral está fora do Interpretante. Por "observação colateral" não quero dizer familiaridade com o sistema de signos. O que é assim obtido não é COLATERAL. É, pelo contrário, o pré-requisito para se obter qualquer ideia significada pelo signo. Mas, por observação colateral entendo uma prévia familiaridade com aquilo que o signo denota. Assim, se o Signo for a sentença "Hamlet era louco", para compreender o que isto significa deve-se saber que, às vezes, os homens ficam nesse estado estranho; deve-se ter visto homens loucos ou deve-se ter lido sobre eles; e será melhor se se souber especificamente (e não houver necessidade de ser impelido a *presumir*) qual era a noção que Shakespeare tinha da insanidade. Tudo isso é observação colateral e não faz parte do Inter-

[a]. Cf. 8.303.

pretante. Mas, reunir os diferentes sujeitos tal como o signo os representa enquanto, relacionados – essa é a principal (*i.e.* a força) do formador do Interpretante. Tome-se, como exemplo, de Signo, uma pintura de gênero. Numa tela desse tipo há, geralmente, muitas coisas que só podem ser compreendidas através de uma familiaridade com os costumes. O estilo dos vestidos, por exemplo, não faz parte da *significação*, *i.e.*, do discurso da pintura. Só diz qual é seu *sujeito*. *Sujeito* e *Objeto* são uma mesma coisa exceto por algumas distinções insignificantes... Mas aquilo que o autor pretendeu indicar ao leitor, presumindo que o leitor tenha toda a informação colateral necessária, o que quer dizer exatamente a qualidade do elemento entendedor da situação, em geral um elemento bastante familiar – provavelmente algo que o leitor nunca visualizou de forma tão clara antes – *isso* é o Interpretante do Signo – sua "significância".

180. Tudo isto está, até aqui, muito confuso devido à ausência de certas distinções que passo a indicar, apesar de que vai ser difícil torná-las totalmente compreendidas.

181. Em primeiro lugar, deve-se observar que na medida em que o Signo denota o Objeto, ele não exige nenhuma *inteligência* ou *Razão* particular da parte de seu Intérprete. Para ler-se um Signo, e distinguir um Signo do outro, o que se requer são percepções delicadas e familiaridade com aquilo que são os concomitantes usuais de tais aparências, e com aquilo que são as convenções do sistema de signos. Para conhecer o Objeto, o que se requer é experiência prévia desse Objeto Individual. O Objeto de todo Signo é um Individual, normalmente uma Coleção Individual de Individuais. Seu *Sujeito*, *i.e.*, as Partes do Signo que denotam os *Objetos Parciais*, são ou *instruções* para *descobrir os Objetos* ou são Cirioides, *i.e.*; signos de Objetos singulares... Tais são, por exemplo, todos os substantivos *abstratos*, que são nomes de caracteres singulares, os pronomes pessoais, os pronomes demonstrativo e relativo, etc. Por instruções para descobrir os Objetos, para as quais só consegui inventar a palavra "Seletivos", refiro-me a instruções tais como "Qualquer" (*i.e.*, qualquer que queira), "Algum" (*i.e.*, um adequadamente escolhido), etc. Conhecer o Interpretante, que é aquilo que o próprio signo expressa, pode ser algo que requeira o mais alto poder de raciocínio.

182. Em segundo lugar, para obter noções mais distintas sobre o que é. em geral, o Objeto de um Signo, e o que é, em geral, o Interpretante, é indispensável distinguir entre dois sentidos de "Objeto" e três de "Interpretante". Seria preferível aprofundar esta divisão, mas as duas divisões são o bastante para ocupar-me durante os anos que me restam viver...

183. Quanto ao Objeto, pode ser o Objeto enquanto conhecido no Signo, e portanto uma Idemia, ou pode ser o Objeto tal como é, independentemente de qualquer aspecto particular seu, o Objeto em relações tais como seria mostrado por um estudo definitivo e ilimitado. Ao primeiro destes denomino Objeto *Imediato*, ao último, Objeto *Dinâmico*. Pois o último é o Objeto que a ciência da Dinâmica (aquilo que atualmente se chamaria de ciência "Objetiva") pode investigar. Seja, por exemplo, a sentença "o Sol é azul". Seus Objetos são "o sol" e "o azul". Se por meio de "o azul" pretender-se significar o Objeto Imediato, que é a qualidade da sensação, isso só poderá ser conhecido pelo Sentimento (*Feeling*). Mas se

se estiver referindo a condição "Real", existencial, que faz com que a luz emitida tenha um comprimento de onda curto, Langley já provou que a proposição é verdadeira. Assim, o "Sol" pode significar uma ocasião para diversas sensações, e desta forma é Objeto Imediato, ou então pode significar nossa interpretação habitual de tais sensações em termos de lugar, de massa, etc. quando se torna Objeto Dinâmico. Em relação tanto ao Objeto Imediato quanto ao Dinâmico, a verdade é que o conhecimento deles não pode ser dado por um Retrato ou Descrição, nem por qualquer outro signo que tenha o Sol por Objeto. Se uma pessoa aponta para ele e diz, Olhe! *Aquilo* é o que chamamos de "Sol", o Sol não é o Objeto daquele signo. É o *Signo* do Sol, a *Palavra* "sol" à qual se refere esta declaração; e devemos ter um conhecimento dessa *palavra* através de uma experiência colateral. Seja o caso de um professor de francês que diz a um aluno de língua inglesa que lhe pergunta "comment appelle-t-on ça?"*, apontando para o Sol... "C'est le soleil"**, principiando ele aqui a propiciar aquela experiência colateral ao falar em francês do próprio Sol. Suponha-se, por outro lado, que o professor diga "Notre mot est soleil" ***; neste caso, ao invés de expressar-se diretamente na língua e *descrever* a palavra, ele está oferecendo um puro *ícone* dela. Ora, o Objeto de um ícone é absolutamente indefinido, equivalente a "algo". Ele está virtualmente dizendo "nossa palavra é assim": e faz o ruído correspondente. Ele informa ao aluno que a palavra (significando, naturalmente, um certo *hábito*) tem um efeito que ele *retrata* acusticamente. Mas, um retrato puro sem uma legenda diz apenas que "algo é assim:". É verdade, ele nomeia aquilo que equivale a uma legenda. Mas isso só torna sua sentença análoga a um retrato que dizemos ser de Leopardi com Leopardi escrito embaixo. Veicula sua informação para uma pessoa que sabe quem foi Leopardi, e para qualquer outra pessoa esse retrato apenas diz que "algo chamado Leopardi tinha esta aparência". O aluno de nosso exemplo está na condição de uma pessoa que tem toda a certeza de que realmente existiu um homem chamado Leopardi, pois ele tem certeza de que deve haver uma palavra em francês para o sol e, assim, já tem conhecimento dela, não sabendo apenas como ela soa quando falada nem como se parece quando escrita. Creio que, a esta altura, o leitor já deve estar entendendo o que pretendo dizer quando digo que signo algum pode ser entendido – ou, pelo menos, que nenhuma *proposição* pode ser entendida – a menos que o intérprete tenha um "conhecimento colateral" de cada um de seus Objetos. Em relação a um mero *substantivo*, deve-se ter em mente que ele não é parte indispensável de um discurso. As línguas semíticas parecem descender de uma língua que não tinha "substantivos comuns". Uma tal palavra, na verdade, não passa de uma *forma vazia de* proposição, e o Sujeito é esse vazio, e um vazio só pode significar "algo" ou algo ainda mais indefinido. Acredito, agora, que posso deixar o leitor entregue a uma cuidadosa apreciação sobre se minha doutrina é correta ou não.

184. Quanto ao Interpretante, ou melhor, a "significação" ou "interpretação" de um signo, devemos distinguir entre um Interpretante Ime-

---

* "Como se chama isso?" (N. do T.)
** "É o sol". (N. do T.)
*** "Nossa palavra é sol". (N. do T.)

diato e outro Dinâmico, tal como fizemos com os Objetos Imediatos e Dinâmicos. Todavia, cumpre observar também que existe um terceiro tipo de Interpretante, que denomino Interpretante Final porque é aquilo que *finalmente se decidiria* ser a interpretação verdadeira se se considerasse o assunto de um modo tão profundo que se pudesse chegar a uma opinião definitiva. Lady Welby, minha amiga, diz-me que devotou toda sua vida ao estudo da *significs*, que é aquilo que eu descreveria como o estudo da relação do signo com seus interpretantes; contudo, parece-me que ela se preocupa particularmente com o estudo das palavras. Também ela chega à conclusão de que há três sentidos em que as palavra podem ser interpretadas. Denomina-os *Sentido*, *Significado* e *Significação*. A Significação é o mais profundo e mais elevado deles e, sob este aspecto, concorda com meu *Interpretante Final*; e Significação parece ser, para este sentido, um excelente nome. *Sentido* parece ser a análise lógica ou definição, sendo que prefiro ater-me ao termo antigo *Acepção*. Por *Significado* ela entende a *intenção* de quem se exprime.

185. Contudo, parece-me que todos os sintomas de doença, sinais do tempo, etc., não têm um enunciador, pois não creio que possamos dizer que Deus *enuncia* algum signo quando Ele é o Criador de todas as coisas. Mas quando Lady Welby diz, como o faz, que isto está ligado à Volição, eu imediatamente observo que o elemento volicional da Interpretação é o *Interpretante Dinâmico*. Na Segunda Parte de meu Ensaio sobre o Pragmatismo, in *The Popular Science Monthly* de novembro de 1877 e janeiro de 1878, estabeleci três graus de clareza da Interpretação[a]. O primeiro era a familiaridade que uma pessoa tem com um signo e que a torna apta a utilizá-lo ou interpretá-lo. Em sua consciência, ela tem a impressão de sentir-se *à vontade* com o Signo. Em resumo, é Interpretação *no Sentimento*. O segundo era a Análise Lógica = ao *Sentido* de Lady Welby. O terceiro... Análise Pragmática, poderia parecer uma Análise Dinâmica, mas identifica-se com o Interpretante Final.[b]

a. Ver (Bibliografia) G-1877-5ª e 5b, 5.358-387 e 5.388-410 respectivamente dos *Collected Papers*. Os três tipos de clareza são discutidos no segundo destes dois artigos. Os dois artigos não formavam uma unidade na série original, mas posteriormente Peirce considerou a possibilidade de republicá-los como duas partes de um ensaio único. (cf. Bibliografia G-1909-1).

b. Cf. 5.476, 5.491.

C. De "Correspondência"

1. Signos

313. (22 de Janeiro de 1905)[a] Ora, uma asserção pertence à mesma classe de fenômenos como ir a um tabelião e prestar uma declaração juramentada, lavrar uma escritura, assinar uma nota, cuja essência está no fato de que nos colocamos voluntariamente numa situação tal que sobrevirão penalidades a menos que alguma proposição seja verdadeira. Pode-se sustentar que toda proposição envolve uma asserção. Provavelmente isso pode ser verdadeiro enquanto verdade psicológica; mas, neste caso o elemento da asserção é frequentemente, e ao mesmo tempo, ou em grande parte, inibido ou desmentido. Nada mais tenho a dizer sobre a asserção. O que me interessa é a questão: no que consiste uma proposição quando o elemento da asserção é, tanto quanto possível, dela retirado. É, sem dúvida, uma espécie de signo.

... Que espécie de signo é uma proposição? Um sintoma não é uma proposição embora justifique uma proposição. A razão é que ele carece daquilo que é mais essencial às proposições e a várias outras espécies de signos; carece do ato de *professar* algo, de fazer uma *reivindicação*, de representar a si mesmo como sendo isto e aquilo. Professa ser uma certa espécie de signo, a saber, aquela espécie que é um signo por força de estar *realmente* ligado com seu objeto, o que significa que tem aquele tipo de relação com seu objeto que subsiste naqueles dois correlatos independentemente de tudo o mais. Dessa forma, a meu ver, a realidade é uma concepção que todo homem tem porque está envolvida em toda proposição; e uma vez que todo homem faz asserções, ele lida com proposições. (Naturalmente, não defini totalmente uma proposição, porque

---

a. Esta carta não está assinada e tem alguns rascunhos na última página

não estabeleci uma distinção entre a proposição e o signo individual que é a corporificação da proposição. Por proposição, como algo que pode ser repetido e repetido, traduzido para uma outra língua, materializado num grafo lógico ou numa fórmula algébrica, não entendemos um objeto individual existente qualquer, mas sim um tipo, um geral que não existe mas que governa os existentes ao qual os individuais aquiescem.)

314. (14 de março de 1909) Devemos distinguir entre o Objeto Imediato – *i.e.*, o Objeto como representado no Signo – e O Objeto Real (não, porque talvez o Objeto seja ao mesmo tempo fictício; devo escolher um termo diferente), digamos antes o Objeto Dinâmico que, pela natureza das coisas, o Signo *não pode* exprimir, que ele pode apenas *indicar*, deixando ao intérprete a tarefa de descobri-lo por *experiência colateral*. Por exemplo, aponto meu dedo na direção daquilo que quero dizer, mas não posso fazer meu companheiro entender aquilo que quero dizer se ele não o puder ver ou se, vendo-o, ele não o separa, em sua mente, dos objetos circundantes em seu campo de visão. É inútil tentar discutir a autenticidade e a existência de uma personalidade sob a apresentação histriônica de Theodore Roosevelt com uma pessoa que recentemente veio de Marte e que nunca ouviu falar de Theodore. Uma distinção similar pode ser feita em relação ao Interpretante. Mas, em relação a *esse* Interpretante, a dicotomia não é suficiente de modo algum. Por exemplo, suponhamos que eu acorde de manhã antes de minha mulher e que, a seguir, ela desperte e pergunte "Como é que está o dia, hoje?". *Isto* é um signo cujo Objeto, tal como está expresso, é o tempo naquele momento, mas cujo Objeto Dinâmico é a *impressão que eu presumivelmente extrai do ato de espiar por entre as cortinas da janela*. E cujo Interpretante, tal como expresso, é a qualidade do tempo, mas cujo Interpretante Dinâmico é a *minha resposta à pergunta dela*. Mas, além desse, existe um terceiro Interpretante. O *Interpretante Imediato* é aquilo que a Pergunta expressa, *tudo aquilo* que ela imediatamente expressa, e que eu enunciei imperfeitamente, acima. O *Interpretante Dinâmico* é o efeito real que ela tem sobre mim, seu intérprete. Mas a Significação dela, ou o *Interpretante Último*, ou *Final* é o *objetivo* de minha mulher ao fazer a pergunta, qual o efeito que a resposta à pergunta terá sobre seus planos para aquele dia. Suponhamos que eu responda: "Está um dia feio". Aqui está um outro signo. Seu *Objeto Imediato* é a noção do tempo presente na medida em que isto é comum à mente dela e à minha – não seu *caráter*, mas sim sua *identidade*. O Objeto Dinâmico é a *identidade* das condições meteorológicas Reais ou concretas naquele momento. O *Interpretante Imediato* é o *esquema* na imaginação dela, *i.e.*, a vaga Imagem ou aquilo que há de comum nas diferentes Imagens de um dia feio. O *Interpretante Dinâmico* é o desapontamento ou qualquer outro efeito concreto que recai sobre ela. O *Interpretante Final* é a soma das *Lições* da resposta, da Moral, da Ciência, etc. Agora é fácil ver que minha tentativa de esboçar esta distinção tripartida, "trivialis", se relaciona com uma distinção tripartida real e importante e, todavia, que ela é obscura e requer um amplo estudo antes de tornar-se perfeita. Lady Welby apreendeu a mesma distinção real em seu *Sense, Meaning, Significance*, mas concebe-a de um modo

tão imperfeito quanto o meu, mas imperfeito sob outros aspectos. Seu *Sentido* é a *impressão* feita ou que normalmente deve ser feita. Seu *significado* é aquilo que é pretendido, seu propósito. Sua Significação é o resultado real[a].

---

a. Cf. 8.171 e segs. e 8.342 e segs.

Parte II

A. De "Apologia do Pragmatismo"

I. Grafos e Signos

533. Quando eu era menino, meu pendor para a lógica fazia-me sentir prazer no ato de seguir um mapa de um labirinto imaginário, passo a passo, na esperança de descobrir o caminho que me levaria a um compartimento central. A operação pela qual acabamos de passar é, essencialmente, do mesmo tipo, e se havemos de reconhecer que a primeira é realizada essencialmente através da experimentação sobre um diagrama, devemos reconhecer que a segunda é igualmente realizada. A demonstração apenas esboçada prova também, com bastante força, a conveniência de construir nosso diagrama de maneira tal a permitir uma visão clara do modo de conexão de suas partes, e da composição destas partes em cada estádio de nossas operações sobre ele. Uma tal conveniência obtém-se nos diagramas da álgebra. Na lógica, entretanto, a conveniência como meio desejável para abrir nosso caminho através de complicações é bem menor do que na matemática, havendo um outro *desideratum* que o matemático como tal não sente. O matemático quer chegar à conclusão, e seu interesse pelo processo é simplesmente pelo processo como um meio de chegar-se a semelhantes conclusões. O lógico não se importa com qual possa ser o resultado; seu desejo é o de compreender a natureza do processo pelo qual se alcança o resultado. O matemático procura o mais rápido e sumário dos métodos seguros; o lógico quer que cada passo do processo, por menor que seja, apareça distintamente, de tal forma que sua natureza possa ser compreendida. Acima de tudo, quer que seu diagrama seja tão analítico quanto possível.

534. A vista disso, peço que o leitor me permita, à guisa de Introdução à minha defesa do pragmatismo, expor aqui um sistema muito simples de diagramação de proposições que denomino de Sistema de Grafos

Existenciais. Pois, isto me possibilitará, quase que de imediato, deduzir algumas verdades importantes da lógica, até aqui pouco compreendidas, e que estão ligadas muito de perto com a verdade do pragmatismo[1], enquanto que certas discussões de outros pontos da doutrina lógica, que dizem respeito ao pragmatismo mas não são diretamente colocados por este sistema, são, mesmo assim, grandemente facilitadas através de uma referência a este mesmo sistema.

535. Por *grafo* (uma palavra recentemente elaborada) entendo, em geral, de minha parte, seguindo meus amigos Clifford[a], e Sylvester[b], os introdutores desse termo, um diagrama composto principalmente por pontos e linhas que ligam alguns dos pontos. Mas, confio em que me perdoarão por omitir frequentemente, quando discuto Grafos Existenciais, sem me ocupar com os outros Grafos, o adjetivo diferenciador e referir-me a um Grafo Existencial simplesmente como um Grafo. Mas, o leitor perguntará, e vejo-me forçado a responder, exatamente que tipo de Signo é um Grafo Existencial ou, na abreviatura que aqui faço dessa frase, um *Grafo*. A fim de responder à pergunta, devo fazer referência a dois modos diferentes de dividir os Signos. Não é uma tarefa fácil, quando se parte de uma noção não muito clara do que seja um Signo – e o Leitor seguramente terá observado que minha definição de Signo não é convincentemente clara – estabelecer uma única divisão nitidamente clara de todos os Signos. E a divisão que já propus me custou mais trabalho do que eu gostaria de confessar. Mas, certamente não poderia dizer ao leitor que tipo de Signo é um Grafo Existencial sem fazer referência a duas outras divisões dos Signos. É verdade que uma delas envolve uma apreciação do assunto das mais superficiais, enquanto que a outra, bem mais difícil por basear-se, como se deve fazer para proporcionar uma compreensão

---

1. O leitor ficará sabendo de que modo o sistema de Grafos Existenciais fornece uma verificação para a verdade ou falsidade do Pragmatismo. A saber, um estudo adequado dos Grafos deveria mostrar qual é a natureza verdadeiramente comum a todas as significações dos conceitos, depois do que uma comparação mostrará se essa natureza é ou não do gênero que o Pragmatismo (através de uma definição dela) diz que é. É verdade que os dois termos desta comparação, embora substancialmente idênticos, poderiam surgir sob trajes tão diferentes que o estudioso poderia deixar de reconhecer suas identidades. De qualquer forma, a possibilidade de um resultado desse tipo deve ser levada em conta; e com isso cumpre reconhecer que, em seu aspecto negativo, o argumento pode resultar insuficiente. Por exemplo, *quâ* Grafo, um conceito poderia ser encarado como o objeto passivo de um *intuitus* geométrico, embora o Pragmatismo leve, sem dúvida, a essência de todo conceito a exibir-se numa influência sobre a conduta possível; e um estudioso poderia deixar de perceber que estes dois aspectos do conceito são de todo compatíveis.

Mas, por outro lado, se a teoria do Pragmatismo fosse errônea, o estudioso só teria de comparar conceito após conceito, cada um deles, primeiramente, à luz dos Grafos Existenciais e, a seguir, tal como o Pragmatismo o interpretaria, e não poderia deixar de acontecer que, em pouco tempo, ele viria a dar com um conceito cujas análises, a partir destes dois pontos de vista amplamente separados, seriam inegavelmente conflitantes... – de Faneroscopia φαν; um dentre muitos manuscritos fragmentários que se deveriam seguir a este artigo. Ver 540, 553 e 1.306.

a. "Remarks on the Chemico-Algebraic Theory", *Mathematical Papers*, II, 28.
b. "Chemistry and Algèbre", *Mathematical Papers*, v. III, n. 14.

clara, nos segredos mais profundos da estrutura dos Signos, é, no entanto, extremamente familiar a todo estudioso da lógica. Mas preciso lembrar que as concepções do leitor podem penetrar mais fundo que as minhas mesmas; e espero sinceramente que assim possa ser. Consequentemente, devo dar indícios de minhas noções da estrutura dos Signos de um modo tão conveniente quanto sou capaz, ainda que não sejam estritamente necessárias para exprimir minhas noções sobre os Grafos Existenciais.

536. Já observei que um Signo tem um Objeto e um Interpretante, sendo o último aquilo que o Signo produz na Quase-Mente, que é o Intérprete, ao atribuir este mesmo último a um sentir, a um esforço ou a um Signo, atribuição esta que é o Interpretante. Contudo, resta observar que normalmente há dois Objetos, e mais de dois Interpretantes. Isto é, temos de distinguir o Objeto Imediato, que é o Objeto tal como o próprio Signo o representa, e cujo Ser depende assim de sua Representação no Signo, e o Objeto Dinâmico, que é a realidade que, de alguma forma, realiza a atribuição do Signo à sua Representação. Quanto ao Interpretante, devemos distinguir, igualmente, em primeiro lugar, o Interpretante Imediato, que é o interpretante tal como é revelado pela compreensão adequada do próprio Signo, e que é normalmente chamado de *significado* do signo; enquanto que, em segundo lugar, temos de observar a existência do Interpretante Dinâmico, que é o efeito concreto que o Signo, enquanto Signo, realmente determina. Finalmente, há aquilo que denomino, provisoriamente, de Interpretante Final, e que se refere à maneira pela qual o Signo tende a representar-se como estando relacionado com seu Objeto. Confesso que minha própria concepção deste terceiro interpretante ainda é um pouco confusa[a]. Das dez divisões dos signos que me pareceram merecer meu estudo especial, seis dizem respeito aos caracteres de um Interpretante e três, aos caracteres do Objeto[b]. Assim, a divisão em ícones, índices e Símbolos depende das possíveis relações diferentes de um Signo com seu Objeto Dinâmico[c]. Apenas uma divisão concerne à natureza do próprio Signo, e é esta que passo agora a abordar.

537. Um modo comum de avaliar a quantidade de matéria num manuscrito ou num livro impresso é contar o número de palavras[2]. Geralmente há cerca de vinte *the*'s numa página e, naturalmente, são contados como vinte palavras. Num outro sentido da palavra "palavra", no entanto, há apenas uma palavra "the" na língua inglesa; e é impossível que esta pa-

---

a. Cf. 5.475.

b. Os signos podem ser classificados a partir dos caracteres que (1) eles, (2) seus objetos imediatos e (3) seus objetos dinâmicos, e (4) seus interpretantes imediatos, (5) seus interpretantes dinâmicos e (6) seus interpretantes finais possuem, bem como a partir da natureza das relações que (7) os objetos dinâmicos e os (8) interpretantes dinâmicos e (9) interpretantes finais têm com o signo e que o (10) interpretante final tem com o objeto. Estas dez divisões proporcionam trinta designações para os signos (sendo cada divisão tricotomizada pelas categorias Primeiro, Segundo, Terceiro). Quando adequadamente combinadas, demonstra-se facilmente que proporcionam apenas sessenta e seis classes de signos possíveis. O princípio que determina essa conclusão está enunciado na introdução ao vol. 2 e em 2.235 dos *Collected Papers*. Ver também as cartas a Lady Welby, vol. 9

c. Item (7) da nota anterior, Cf. 2.243; 2.247. 2. O Dr. Edward Eggleston criou esse método.

2. O Dr. Edward Eggleston criou esse método.

lavra apareça visivelmente numa página, ou seja ouvida, pela razão de que não é uma coisa Singular ou evento Singular. Ela não existe; apenas determina coisas que existem. Proponho que se denomine *Tipo* uma tal Forma definidamente significante. Um evento Singular que acontece uma vez e cuja identidade está limitada a esse acontecimento único ou a um objeto Singular ou coisa que está em algum lugar singular num instante qualquer do tempo, sendo um tal evento ou coisa significante apenas na medida em que ocorre quando e onde o faz, tal como esta ou aquela palavra numa linha singular de uma página singular de um exemplar singular de um livro, aventuro-me a denominá-lo de Ocorrência (*Token*)[a]. Um elemento significante indefinido, tal como um tom de voz, não pode ser chamado nem de Tipo, nem de Ocorrência. Proponho que se denomine de *Tom* um tal Signo. A fim de que um Tipo possa ser usado, cumpre materializá-lo numa Ocorrência que deve ser o signo do Tipo e, por conseguinte, do objeto que o Tipo significa. Proponho que se denomine uma tal Ocorrência de um Tipo de *Caso* do Tipo. Desta forma, pode haver vinte Casos do Tipo "the" numa página. O termo *Grafo* (Existencial) será tomado no sentido de um Tipo; e o ato de corporificá-lo num *Grafo-Caso* será chamado de *traçar* o Grafo (não o Caso), quer o Caso seja escrito, desenhado ou gravado. Um simples espaço em branco é um Grafo-Caso, e o Vazio *per se* é um Grafo; mas vou pedir ao leitor aceitar como pressuposto que o Grafo tem a peculiaridade de não se poder aboli-lo de uma Área qualquer em que é traçado, na medida em que essa Área existe.

538. Um trio lógico familiar é Termo, Proposição e Argumento.[b] A fim de fazer desta uma divisão de todos os signos, os primeiros dois membros devem ser ampliados. Por *Sema*[c] entenderei qualquer coisa que sirva, para qualquer propósito, como substituto de um objeto do qual é, em algum sentido, um representante ou Signo. O Termo lógico, que é um nome-classe, é Sema. Assim, o termo "A mortalidade do homem" é um Sema. Por *Fema*[d] entendo um Signo que equivale a uma sentença gramatical, quer seja Interrogativa, Imperativa ou Afirmativa. Em qualquer dos casos, um tal Signo exerce alguma espécie de efeito compulsivo sobre seu Intérprete. Como terceiro membro do trio, às vezes uso a palavra *Delome* (de δήλωμα), embora *Argumento* servisse bastante bem. Trata-se de um Signo que tem a Forma de tender a agir sobre o Intérprete através de seu próprio autocontrole, representando um processo de mudança nos pensamentos ou signos, como se fosse para induzir esta mudança no Intérprete.

Um Grafo é um Fema e, tal como foi até aqui por mim usado, é, pelo menos, uma Proposição. Um Argumento é representado por uma série de Grafos.

---

a. O tipo, ocorrência e tom são os legissignos, sinsignos e qualissignos discutidos em 2.243 e formam a divisão (I) na nota a 536.

b. Estes são definidos em termos da relação do interpretante final com o signo. Constituem a divisão (9) na nota ao § 536. Cf. 2.250.

c. Ou tema. Mas cf. 560.

d. Ou dicissigno.

2. Universos e Predicamentos

539. O Objeto Imediato de todo conhecimento e todo pensamento é, na última análise, o Percepto. Esta doutrina de modo algum entra em conflito com o Pragmatismo, que sustenta ser a Conduta o Interpretante Imediato de todo pensamento adequado. Nada é mais indispensável a uma epistemologia sólida do que uma distinção cristalina entre o Objeto e o Interpretante do conhecimento, da mesma forma como nada é mais indispensável para sólidas noções de geografia do que uma distinção cristalina entre latitude norte e latitude sul; e uma destas distinções não é mais rudimentar do que a outra. O fato de que somos conscientes de nossos perceptos constitui uma teoria que me parece inquestionável; mas não é um fato da Percepção Imediata. Um fato da Percepção Imediata não é um Percepto, nem uma parte qualquer de um Percepto; um Percepto é um Sema, enquanto que um fato da Percepção Imediata, ou antes o Juízo Perceptivo do qual um tal fato é o Interpretante Imediato, é um Fema que é o Interpretante Dinâmico direto do Percepto, e do qual o Percepto é o Objeto Dinâmico, e com uma dificuldade considerável (tal como mostra a história da psicologia) pode ser distinguido do Objeto Imediato, embora essa distinção seja altamente significante[a]. Mas, a fim de não interromper nossa linha de pensamento, observemos que, enquanto o Objeto Imediato de um Percepto é excessivamente vago, o pensamento natural compensa essa lacuna (que chega quase a ser uma lacuna), como segue. Um último Interpretante Dinâmico de todo o conjunto de Perceptos é o Sema de um Universo Perceptivo que é represen-

---

a. O juízo perceptivo é uma proposição de existência determinada pelo percepto, que ele interpreta. Ver 541, 5.115 e segs. e 5.151 e segs.

tado no pensamento instintivo como determinando o Objeto Imediato original de todo Percepto[a]. Naturalmente, é preciso compreender que não estou falando de psicologia, mas da lógica das operações mentais. Interpretantes subsequentes fornecem novos Semas de Universos resultantes de vários acréscimos ao Universo Perceptivo. São todos, entretanto, Interpretantes de Perceptos.

Finalmente, e em particular, obtemos um Sema desse mais alto de todos os Universos que é encarado como o Objeto de toda Proposição verdadeira e que, se lhe damos um nome em geral, designamos por esse título um tanto enganador que é "A verdade".

540. Isto posto, voltemos atrás e façamos a pergunta: Como é que o Percepto, que é um Sema, tem por Interpretante Dinâmico direto o Juízo Perceptivo, que é um Fema? Pois isso não é, por certo, aquilo que costumeiramente acontece com os Semas. Todos os exemplos que me ocorrem neste momento de uma tal ação dos Semas são casos de Perceptos, embora sem dúvida existam outros. Mesmo que nem todos os Perceptos atuem deste modo com igual energia, esses casos podem, ainda assim, ser instrutivos por serem Perceptos. No entanto, espero que o leitor pense sobre este assunto por si mesmo, e então poderá ver – gostaria que eu pudesse – se sua opinião formada independente coincide com a minha. Minha opinião é que um ícone puramente perceptivo – e muitos psicólogos realmente *importantes* pensaram, evidentemente, que a Percepção consiste num desfilar de imagens diante dos olhos da mente, tal como se estivéssemos andando por uma galeria de quadros – não poderia ter um Fema como Interpretante Dinâmico direto. Por mais de uma razão, quero dizer ao leitor *por que* penso assim, embora pareça estar fora de questão que o leitor possa, agora, apreciar minhas razões. Mesmo assim, quero que o leitor me compreenda de modo a saber que, por mais enganado que eu esteja, não me acho tão mergulhado na noite intelectual a ponto de estar lidando superficialmente com a Verdade filosófica quando asseguro que sólidas razões me levaram a adotar minha presente opinião; e anseio também que se entenda que essas razões não foram, de modo algum, de ordem psicológica, mas sim puramente lógicas. Minha razão, assim, enunciada rapidamente e de um modo abreviado, é que seria *ilógico* que um ícone puro tivesse um Fema como Interpretante, e sustento que é impossível para o pensamento que não está sujeito a um autocontrole, tal como o Juízo Perceptivo manifestamente não está, ser ilógico. Atrevo-me a dizer que esta razão pode suscitar o escárnio ou a repulsa do leitor, ou ambos; e mesmo que isso aconteça, não faço mal juízo da sua inteligência. O leitor provavelmente opinará, em primeiro lugar, que não há sentido em dizer que o pensamento que não propõe uma Conclusão é ilógico, e que, de qualquer forma, não existe padrão algum pelo qual eu possa julgar se um tal pensamento é lógico ou não; e, em segundo lugar, o leitor provavelmente está pensando que, se o autocontrole tem

---

a. *I. e.*, Um complexo de perceptos proporciona um quadro de um universo perceptivo. Sem uma certa meditação, esse universo é considerado como a causa de tais objetos tais como são representados num percepto. Embora cada percepto seja vago, é claro na medida em que se reconhece que seu objeto é o resultado da ação do universo sobre o percipiente.

alguma relação essencial e importante com a lógica, o que acredito ser negado ou solidamente questionado pelo leitor, a única relação que pode haver e que torna *lógico* o pensamento, ou então, que estabelece a distinção entre o lógico e o ilógico, e que em todo evento deve ser tal como é, e seria lógico, ou ilógico, ou ambos, ou nenhum deles, fosse qual fosse o rumo que tomasse. Mas, embora um Interpretante não seja necessariamente uma Conclusão, a Conclusão, todavia, é necessariamente um Interpretante. De tal forma que, se um Interpretante não está sujeito às regras da Conclusão, nada há de monstruoso em meu pensamento se ele estiver sujeito a alguma generalização de tais regras. Para toda evolução do pensamento, quer conduza ou não a uma Conclusão, existe um certo curso normal, que deve ser determinado por considerações que não são de modo algum psicológicas, e que pretendo expor em meu próximo artigo[a]; e embora eu concorde inteiramente, em oposição a alguns eminentes lógicos, com o fato de a normalidade não poder constituir-se em critério para aquilo que chamo de raciocínio racionalista, tal como só assim é este raciocínio admissível na ciência, é exatamente o critério de raciocínio instintivo ou do senso comum que é, dentro de seu próprio campo, muito mais digno de confiança do que o raciocínio racionalista. Em minha opinião, é o autocontrole que torna possível qualquer outro que não o curso normal do pensamento, tal como nenhuma outra coisa torna possível qualquer outro curso de ação que não o normal; e assim como é exatamente isso que possibilita um dever-ser da conduta, quero dizer, a Moralidade, é isso também que possibilita um dever-ser do pensamento que e a Razão Correta; e onde não há autocontrole, a única coisa possível é o normal. Se as meditações do leitor o levaram a uma conclusão diferente da minha, mesmo assim posso esperar que quando vier a ler meu próximo artigo, no qual tentarei mostrar quais são as formas do pensamento, em geral e com algum detalhe, pode ser que o leitor julgue que não me afastei da verdade.

541. Mas, supondo-se que eu esteja certo, como provavelmente estou na opinião de *alguns* leitores, como, então, se explica o Juízo Perceptivo? Em resposta, ressalto que um Percepto não pode ser excluído à vontade, mesmo da memória. Muito menos pode uma pessoa impedir-se de perceber aquilo que, num modo de dizer, a encara de frente. Além do mais, é esmagadora a evidência de que o percipiente tem consciência dessa compulsão que pesa sobre ele; e se não posso dizer ao certo como é que lhe advém esse conhecimento não é porque eu não possa conceber como esse conhecimento poderia advir, mas sim porque, dado o fato de haver diversos modos pelos quais isso pode suceder, é difícil dizer qual desses modos está sendo realmente observado. Mas essa discussão concerne à psicologia, e não quero entrar nela. Basta dizer que o percipiente tem consciência de ser compelido a perceber aquilo que percebe. Ora, existência significa exatamente o exercício da compulsão. Por conseguinte, seja qual for o aspecto do percepto que é posto em relevo por alguma associação, atingindo assim uma posição lógica tal como a da premissa

---

a. Este é o último artigo publicado da presente série. Um certo número de textos incompletos, destinados a formar o mencionado artigo seguinte, foram encontrados e publicados a parte. Ver. por ex., 1.305. 1.306. 534. 553. 561. 564. 5.549.

observacional de uma Abdução explicativa[1], a atribuição da Existência a esse fato no Juízo Perceptivo é virtualmente, e num sentido amplo, uma Inferência Abdutiva lógica que se aproxima bastante da inferência necessária. Todavia, meu ensaio seguinte lançará bastante luz sobre a filiação lógica da Proposição, e do Fema, em termos gerais, em relação á coerção.

542. Aquela concepção de Aristóteles que se corporifica, para nós, na origem cognata dos termos *atualidade* (no sentido de coisa que existe no estado de real) e *atividade* é um dos produtos mais intensamente esclarecedores do pensamento grego. Atividade implica uma generalização do *esforço* e a ideia de esforço é bilateral, sendo inseparáveis o esforço e a resistência, e portanto também a ideia de Atualidade tem uma forma diádica.

543. Cognição alguma e Signo algum são absolutamente precisos, nem mesmo um Percepto; e a indefinição é de dois tipos, indefinição quanto ao que é o Objeto do Signo, e indefinição quanto ao seu Interpretante, ou indefinição em Amplitude e Profundidade[a]. A indefinição da Amplitude pode ser Implícita ou Explícita. O significado disto é melhor ilustrado por um exemplo. A palavra *doação é* indefinida quanto a quem dá, o que se dá e a quem se dá. Mas, por si mesma não chama a atenção para esta indefinição. A palavra *dá* refere-se à mesma espécie de fato, mas seu significado é tal que esse significado é julgado como incompleto a menos que os itens acima citados sejam, pelo menos formalmente, especificados; tal como o são em "Alguém dá algo a alguma pessoa (real ou artificial)". Uma Proposição[b] ordinária pretende ingenuamente veicular informação nova através de Signos cuja significação depende inteiramente da familiaridade do intérprete com esses mesmos Signos; e isto ela o faz através de um "Predicado", *i.e.*, um termo explicitamente indefinido na amplitude, e que define sua amplitude através de "Sujeitos", ou termos cujas amplitudes são algo definidas, mas cuja profundidade informativa (*i.e.*, toda a profundidade exceto uma superfície essencial) é indefinida, enquanto que, inversamente, a profundidade dos Sujeitos é uma medida definida pelo Predicado. Um Predicado pode ser ou não-relativo ou uma *manada*, ou seja, é explicitamente indefinido sob um aspecto extensivo, tal como é "preto"; ou é um relativo diádico, ou díade, tal como "mata", ou é um relativo poliádico, tal como "dá". Estas coisas devem ser diagramadas em nosso sistema.

Algo mais necessita ser acrescentado sob este mesmo tópico. O leitor observará que, sob o termo "Sujeito", incluo não apenas o sujeito nominativo, mas também aquilo que os gramáticos chamam de objeto direto e objeto indireto, junto, em alguns casos, com substantivos regidos por preposições. Todavia, há um sentido no qual podemos continuar a dizer que uma Proposição não tem mais de um Sujeito; por exemplo, na proposição "Napoleão cedeu a Louisiana aos Estados Unidos", podemos con-

---

1. Abdução, no sentido que dou à palavra, é todo raciocínio de uma classe ampla um de cujos tipos é a adoção provisória de uma hipótese explicativa. Mas inclui processos do pensamento que conduzem apenas à sugestão de questões a serem consideradas, e inclui muitas coisas laterais.

a. Cf. 2.407
b. Cf. vol. 2, livro II, cap. 4. *Collected Papers*.

siderar como sujeito o trio ordenado "Napoleão – Louisiana – Estados Unidos", e como Predicado, "tem por primeiro membro o agente, ou participantes da primeira parte; por segundo membro, o objeto, e por terceiro membro, os participantes da segunda parte do único e mesmo ato de cessão". O ponto de vista segundo o qual existem três sujeitos, no entanto, é preferível em relação a muitos de nossos propósitos, por ser bem mais analítico, como logo se tornará evidente.

544. Todas as Palavras gerais, ou definíveis, quer no sentido de Tipos, ou no de Ocorrências, são, certamente, Símbolos. Isto é, denotam os objetos que denotam em virtude apenas de existir um hábito que associa a significação delas com esses objetos. Quanto aos Nomes Próprios, talvez possa haver uma diferença de opinião, especialmente no sentido das Ocorrências. Mas, é provável que devessem ser encarados como índices, pois só à conexão concreta (como ouvimos dizer) dos Casos das mesmas palavras típicas com os mesmos Objetos é que se deve o fato de serem interpretados como denotando aqueles Objetos. Excetuando-se, se necessário, aquelas proposições nas quais todos os sujeitos são signos deste tipo, nenhuma proposição pode ser expressa sem o uso de Índices[2]. Se, por exemplo, um homem observa "Ora, está chovendo!", é só através de *circunstâncias* como a de estar ele olhando pela janela enquanto fala, o que serviria como um índice (mas não, entretanto, como um Símbolo de que está falando deste lugar neste momento, que podemos ter a certeza de que ele não está falando do tempo no satélite de Procion, há cinquenta séculos atrás. Tampouco são suficientes os Símbolos e índices conjuntamente. A disposição das palavras na sentença, por exemplo, deve servir de *ícones*, a fim de que a sentença seja compreensível. A existência dos ícones é necessária, principalmente, a fim de mostrar as Formas da síntese dos elementos do pensamento. Pois, em precisão de discurso, os ícones nada podem representar além de Formas e Sentimentos. Esta é a razão pela qual os diagramas são indispensáveis em toda Matemática, da Aritmética Vulgar para cima, e quase igualmente na Lógica. Pois o Raciocínio, e não somente isto mas a Lógica em termos gerais, gira inteiramente em torno de Formas. O Leitor não necessita que lhe digam ser um Silogismo regularmente enunciado e um Diagrama; e se escolher ao acaso uma meia dúzia dentre os cem lógicos aproximadamente que se gabam de não pertencer à seita da Lógica Formal, e se desta última seita tomar uma outra meia dúzia ao acaso, o Leitor descobrirá que na mesma proporção em que os primeiros evitam os diagramas, utilizam a Forma sintática de suas sentenças. Nenhum ícone puro representa nada além de Formas, nenhuma Forma pura é representada por nada a não ser um ícone. Quanto aos índices, a utilidade deles se evidencia especialmente lá onde outros Signos falham. Se se pretender extrema exatidão na descrição da cor vermelha, eu o chamaria de vermelhão, e poderia ser criticado com base no fato de que o vermelhão diferentemente preparado tem matizes totalmente diferentes, e assim poderia ser impelido ao uso do disco das cores, quando tiver de indicar quatro discos individualmente, ou puder dizer em que proporções a luz de um certo comprimento de onda há de ser

---

2. Símbolos rigidamente puros só podem significar coisas familiares, e isto apenas na medida em que tais coisas são familiares.

misturada à luz branca de modo a produzir a cor que tenho em mente. Sendo o comprimento de onda enunciado na forma de frações de um mícron, ou milionésimo de metro, é referido através de um índice a duas linhas sobre uma barra individual no Pavilhão de Breteuil, numa dada temperatura e sob uma certa pressão medida contra a gravidade numa certa estação e (estritamente) numa certa data, enquanto que a mistura com o branco, depois de o branco ter sido fixado por um índice de uma luz individual, irá requerer pelo menos mais um novo índice. Mas de importância superior na Lógica é o uso dos índices para denotar Categorias e Universos[3], que são classes que, sendo enormemente amplas, bastante promíscuas e só conhecidas em pequena medida, não podem ser satisfatoriamente definidas e, portanto, só podem ser denotadas através de índices. Para não dar mais do que um único exemplo, tal é o caso do conjunto de todas as coisas do Universo Físico. Se alguém, seu filhinho, por exemplo, que é um pesquisador assíduo, e que está sempre perguntando O que é a Verdade (Τί ἐστιν ἀλήθεια) mas que, tal como "Pilatos zombeteiro", nunca espera a resposta, perguntar-lhe o que é o Universo das coisas físicas, o leitor poderá levá-lo, se for conveniente, ao Rigi-Kulm e, ao pôr-do-sol, apontar para tudo aquilo que se pode ver. Montanhas, Florestas, Lagos, Castelos, Cidades e então, quando as estrelas principiarem a aparecer, apontar para tudo o que se pode ver no céu e para tudo o que, embora não se possa ver, lá se encontra pelo que se pode conjeturar razoavelmente; e então dizer-lhe, "Imagine que tudo aquilo que possa ser visto num quintal lá da cidade desenvolva-se até o ponto daquilo que você pode ver aqui, e a seguir deixe que isto que se está vendo agora se desenvolva, na mesma proporção, tantas vezes quantas são as árvores que se pode ver daqui, e aquilo que se teria finalmente seria mais difícil de encontrar-se no Universo do que a mais fina agulha na safra anual de feno dos Estados Unidos". Mas, métodos assim são totalmente fúteis: Universos não podem ser descritos.

545. Oh, posso imaginar o que o Leitor estará dizendo; que um Universo e uma Categoria não são, de modo algum, a mesma coisa, sendo o Universo um receptáculo ou classe de Sujeitos, e uma Categoria, um modo de Predicação, ou classe de Predicados. Eu nunca afirmei que eram a mesma coisa; mas descrevê-los corretamente é uma questão que merece estudo cuidadoso.

546. Principiemos pela questão dos Universos. É muito mais uma questão de ponto de vista apropriado do que à da verdade de uma doutrina. Um universo lógico é, sem dúvida nenhuma, um conjunto de sujeitos *lógicos*, mas não necessariamente de Sujeitos metafísicos, ou "substâncias"; pois pode ser composto por caracteres, por fatos elemen-

---

3. Uso o termo *Universo* num sentido que exclui muitos dos assim chamados "universos do discurso" de que falam Boole (*An Investigation of the Laws of Thought*, etc., págs. 42, 67) DeMorgan (*Cambridge Philosophical Transactions*. VIII. 380, *Formal Logic*, p. 37-8) e muitos outros lógicos posteriores, mas que, sendo perfeitamente definíveis, seriam denotados, no presente sistema, com a ajuda de um grafo.

tares, etc. Ver minha definição no Dicionário de Baldwin[a]. Tentemos, inicialmente, verificar se não podemos pressupor que existe mais de um tipo de Sujeitos que ou são coisas existentes ou então coisas fictícias. Seja um enunciado segundo o qual há alguma mulher casada que se suicidará caso seu marido fracasse nos negócios. Seguramente, essa é uma proposição bem diferente da asserção segundo a qual alguma mulher casada suicidar-se-á se todos os homens casados fracassarem nos negócios. Todavia, se nada é real a não ser as coisas existentes, neste caso, visto que na primeira proposição nada se diz quanto ao que fará ou não fará a mulher se seu marido *não* fracassar nos negócios, e visto que em relação a um dado casal isto só pode ser falso se o fato for contrário à asserção, segue-se que só pode ser falso se o marido *realmente* fracassar nos negócios e se a mulher, neste caso, fracassar no suicídio. Mas a proposição só está dizendo que há *algum* casal no qual a mulher tem esse temperamento. Por conseguinte, há apenas dois modos pelos quais a proposição pode ser falsa, a saber, primeiro, se não houver nenhum casal e, segundo, se *todo* homem casado fracassar nos negócios enquanto mulher *alguma* se suicida. Por conseguinte, tudo o que se requer para tornar verdadeira a proposição é que ou devia haver algum homem casado que não fracassa nos negócios ou então alguma mulher casada que se suicida. Isto é, a proposição equivale simplesmente a asseverar que há uma mulher casada que se suicidará se *todo* homem casado fracassar nos negócios. A equivalência destas duas proposições é o resultado absurdo do fato de não aceitar nenhuma outra realidade a não ser a existência. Se, no entanto, supusermos que dizer que uma mulher se suicidará se seu marido fracassar significa que todo curso *possível* dos acontecimentos seria tal que o marido não fracassaria ou tal que a mulher suicidar-se-ia, neste caso, para tornar falsa essa proposição não seria necessário que o marido realmente fracassasse, bastaria que houvesse circunstâncias *possíveis* sob as quais ele fracassaria, enquanto que, no entanto, sua mulher não se suicidaria. Ora, o leitor observará que há uma grande diferença entre as duas proposições seguintes:

Primeira,   Há *uma* mulher casada que, sob todas as condições possíveis suicidar-se-ia, ou então seu marido não teria fracassado.

Segunda,   Sob todas as cunstâncias possíveis, há uma *ou outra* mulher casada que suicidar-se-ia, ou então seu marido não teria fracassado.

A primeira destas é realmente aquilo que se pretende dizer quando se declara que há alguma mulher casada que se suicidaria se seu marido fracassasse, enquanto que a segunda é aquilo que a negação de quaisquer circunstâncias possíveis exceto aquelas que de fato acontecem, logicamente, leva à nossa interpretação (ou interpretação virtual) da Proposição como afirmativa.

a. 2.536

547. Em outras ocasiões[a] apresentei muitas outras razões para a minha firme crença na existência de possibilidades reais. Acredito também, no entanto, que, além da concretude e da possibilidade, um *terceiro* modo da realidade deve ser reconhecido como aquilo que, tal como a cartomante diz, "certamente se tornará verdadeiro" ou, como podemos dizer, está *destinado*[4], embora não pretenda afirmar que isto é afirmação e não negação deste Modo de Realidade. Não vejo através de que espécie de confusão de pensamento pode alguém persuadir-se de que não acredita que o amanhã está destinado a sobrevir. A questão é que é hoje realmente verdadeiro que amanhã o sol se levantará; ou que, mesmo se ele não o fizer, os relógios, ou *algo*, hão de continuar. Pois se não for real, só pode ser ficção: uma Proposição é Verdadeira ou Falsa. Mas nossa grande tendência é confundir o destino com a impossibilidade do contrário. Não vejo impossibilidade alguma na parada súbita de tudo. A fim de mostrar a diferença, lembro ao leitor que a "impossibilidade" é aquilo que, por exemplo, descreve o modo de falsidade da ideia de que deveria haver um conjunto de objetos tão numeroso que não haveria caracteres suficientes no universo dos caracteres para distinguir todas essas coisas Umas das outras. Há algo dessa espécie no tocante à parada de todo movimento? Há, talvez, uma *lei da natureza* contra isso; mas é só isso que existe. No entanto, adiarei a consideração sobre esse ponto. Pelo menos, *providenciemos* um lugar para um tal modo de ser em nosso sistema de diagramação, pois *pode* suceder que ele venha a ser necessário, o que, como acredito, certamente ocorrerá.

548. Passo a explicar por que, embora eu não esteja preparado para negar que toda proposição possa ser representada, e isso, devo dizer, de uma maneira das mais convenientes, sob o ponto de vista do leitor segundo o qual os Universos são receptáculos apenas dos Sujeitos, eu, não obstante, não posso julgar satisfatório esse modo de analisar as proposições.

E para começar, confio em que o leitor concordará comigo em que análise alguma, quer na lógica, química ou em qualquer outra ciência, é satisfatória a menos que seja perfunctória, isto é, a menos que separe o composto em componentes cada um dos quais é inteiramente homogêneo em si mesmo e, portanto, isento de qualquer mistura, por pouco que seja, com os outros componentes. Segue-se, disto, que na Proposição "Algum judeu é astuto", o Predicado é "Judeu-que-é-astuto", e o Sujeito é *Algo*, enquanto que na proposição "Todo cristão é humilde", o Predicado é "Ou não existe cristão ou então é humilde" enquanto que o Sujeito é *Qualquer*; a menos que, de fato, encontremos uma razão para preferir dizer que esta Proposição significa "É falso dizer que uma pessoa é cristã a respeito da qual é falso dizer que ela é humilde". Neste último modo de

---

a. Por ex., em 1.422. Ver também 580.

4. Considero que se pode dizer adequadamente que está *destinado* aquilo que certamente ocorrerá embora a tanto, uma razão imperiosa. Assim, um par de dados, lançados um número suficiente de vezes, seguramente produzirão o seis alguma vez, embora não seja imperioso que o façam. A probabilidade de que o façam é 1; isso é tudo. *O fado* é esse tipo especial de *destino* pelo qual presume-se que certos eventos ocorrerão *sob certas circunstâncias definidas* que não envolve nenhuma causa imperiosa para tais ocorrências.

análise, quando um Sujeito Singular não está em questão (caso que será examinado posteriormente), o único Sujeito é *Algo*. Qualquer um destes modos de análise diferencia, de maneira bastante clara, o Sujeito de todos os ingredientes Predicativos; e, à primeira vista, qualquer dos dois parece bastante favorável ao ponto de vista segundo o qual são apenas os Sujeitos que pertencem aos Universos. Consideremos, no entanto, as duas formas seguintes de proposição:

A[a] Qualquer alquimista hábil poderia produzir uma pedra filosofal de um tipo ou outro,

B   Há um tipo de pedra filosofal que qualquer alquimista hábil poderia produzir.

Podemos enunciar estas formas no princípio de que os Universos são receptáculos de Sujeitos da seguinte forma:

A[1] Tendo o Intérprete selecionado qualquer individual que preferir, chamando-a de A, é possível encontrar um objeto B tal que, ou A não seria um alquimista hábil, ou B seria uma pedra filosofal de alguma espécie, e A poderia produzir B.

B[1] Poder-se-ia encontrar algo, B, tal que, seja o que for que o Intérprete pudesse escolher e chamar de A, B seria uma pedra filosofal de algum tipo, enquanto que ou A não seria um alquimista hábil, ou então A poderia produzir B.

Nestas formas há dois Universos, o dos individuais escolhidos à vontade pelo intérprete da proposição, e o outro, o dos objetos adequados.

Enunciarei agora as mesmas duas proposições segundo o princípio de que cada Universo consiste, não de Sujeitos, mas um, em asserções Verdadeiras, o outro, em asserções Falsas, mas cada um com o propósito de que haja algo com uma dada descrição.

1. Isto é falso: Que algo, P, é um alquimista hábil, e que isto é falso, que enquanto algo, S, é uma pedra filosofal de alguma espécie, P poderia produzir S.

2. Isto é verdadeiro: Que algo, S, é uma pedra filosofal de alguma espécie; e isto é falso, que algo, P, é um hábil alquimista enquanto que isto é falso, que P poderia produzir S.

Aqui, toda a proposição é, na maior parte, feita da verdade ou falsidade das asserções de que uma coisa desta ou daquela descrição existe, sendo "e" a única conjunção. É evidente que este método é altamente analítico. Ora, dado que toda nossa intenção é produzir um método para a análise perfeita das proposições, a superioridade deste método sobre os outros, para nosso objetivo, é inegável. Além do mais, a fim de ilustrar como esse outro método poderia levar a uma falsa lógica, lançarei o predicado de B[1], nesta forma questionável, sobre o sujeito de A, na mesma forma, e *vice-versa*. Obterei, assim, duas proposições que esse método considera como sendo tão simples quanto as de números 1 e 2. Veremos se realmente o são. Ei-las:[b]

a. A numeração foi modificada para evitar ambiguidade. Originalmente, A, A[1] e 1 tinham todas o mesmo número 1: B, B[1] e 2 eram numeradas 2, e não estavam diferenciadas no texto.

b. 3, 5 e 7 tinham o mesmo número 3; e 4, 6 e 8 portavam todas o número 4 no original, e não eram distinguidas no texto.

3. Tendo o Intérprete designado um objeto qualquer como algo a ser chamado de A, pode-se encontrar um objeto B tal que B é uma pedra filosofal de alguma espécie, enquanto que ou A não é um alquimista hábil ou então A poderia produzir B.
4. Pode-se encontrar algo, B, tal que, não importa o que o intérprete possa escolher, e chamar de A,

Ou A não seria um alquimista hábil, ou B seria uma pedra filosofal de alguma espécie, e A poderia produzir B.

A proposição 3 pode ser enunciada em linguagem comum da seguinte forma: Há uma espécie de pedra filosofal, e se houver um alquimista hábil qualquer, ele poderia produzir uma pedra filosofal de alguma espécie. Isto é, a n. 3 difere de A, A^1 e 1 apenas por acrescentar que há uma espécie de pedra filosofal. Difere de B, B^1 e 2 por não dizer que quaisquer dois alquimistas hábeis poderiam produzir a mesma espécie de pedra (nem que qualquer alquimista hábil poderia produzir qualquer espécie existente); enquanto que B, B^1 e 2 asseveram que alguma espécie é existente como poderia ser feita por todo alquimista hábil.

A proposição 4, em linguagem comum, é: Se houver (ou houvesse) um alquimista hábil, há (ou haveria) uma espécie de pedra filosofal que qualquer alquimista hábil poderia produzir. Isto afirma a substância de B, B^1 e 2, mas apenas de modo condicional em relação à existência de um alquimista hábil; mas assevera, o que A, A^1, e 1 não fazem, que todos os alquimistas hábeis poderiam produzir alguma espécie de pedra, e esta é exatamente a diferença entre nº 4 e A^1.

Para mim, é evidente que as proposições 3 e 4 são, ambas, menos simples que a n. 1, e menos simples que a n. 2, acrescentando cada uma delas algo a um dos pares inicialmente dados e afirmando o outro condicionalmente. Todavia, o método de tratar os Universos como receptáculos apenas para os Sujeitos metafísicos envolve, como consequência, a representação de 3 e 4 como equivalentes a 1 e 2.

Resta demonstrar que o outro método não apresenta o mesmo erro. Se aquilo que está contido nos universos é o estado de coisas afirmado ou negado, as proposições 3 e 4 tornam-se, neste caso:

5. Isto é verdadeiro: que há uma pedra filosofal de alguma espécie, S, e que é falso que existe um alquimista hábil, A, e que é falso que A poderia produzir uma pedra filosofal de alguma espécie, S'. (Onde nem se afirma, nem se nega que S e S' são um mesmo, distinguindo-se assim de 2.)
6. Isto é falso: Que há um alquimista hábil, e que isto é falso: Que há uma pedra de algum tipo, S, e que isto é falso: Que há um alquimista hábil, A', e que isto é falso: Que A' poderia produzir uma pedra de algum tipo, S. (Onde, novamente, nem se afirma, nem se nega que A e A' são idênticos, mas o problema é que esta proposição sustenta-se mesmo que eles não sejam idênticos, distinguindo-se assim de 1.)

Estas formas evidenciam a maior complexidade das Proposições 3 e 4 ao mostrarem que elas realmente se relacionam, cada uma, a *três* individuais; isto é, 3 a duas espécies diferentes possíveis de pedra, bem como a um alquimista hábil; e 4 a dois diferentes possíveis alquimistas hábeis, e a uma espécie de pedra. Realmente, as duas formas 3 e 4[a] são absolutamente idênticas em significado, com as formas diferentes seguintes na mesma teoria. Ora, para dizer o mínimo, constitui uma séria falha num método de análise o fato de ele poder permitir duas análises tão diferentes de um mesmo complexo.

7. Pode-se encontrar um objeto, B, tal que qualquer que seja o objeto que o intérprete possa escolher e chamar de A, um objeto, B', pode, a partir disto, ser encontrado tal que B é uma espécie existente de pedra filosofal, e ou A não seria um alquimista hábil ou então B' é uma espécie de pedra filosofal tal que A poderia produzi-la.

8. Seja qual for o individual que o Intérprete possa escolher chamar de A, um objeto, B, pode ser encontrado tal que, seja qual for o individual que o Intérprete possa escolher chamar de A', Ou A não é um alquimista hábil ou B é uma espécie existente de pedra filosofal, e ou A' não é um alquimista hábil ou então A' poderia produzir uma pedra do tipo B.

Mas, enquanto minhas formas são absolutamente analíticas, a necessidade de diagramas para demonstrar seu significado (melhor que simplesmente atribuir uma linha separada para cada proposição considerada falsa) é dolorosamente premente[5].

549. Direi, a seguir, umas poucas palavras sobre aquilo que o leitor chamou de Categorias, mas para o que prefiro a designação Predicamentos, e que o leitor explicou como sendo predicados de predicados. Essa maravilhosa operação de abstração hipostática pela qual parecemos criar *entia rationis* que são, não obstante, às vezes reais, nos proporciona os meios pelos quais se pode transformar os predicados de signos que pensamos ou *através* dos quais pensamos, em sujeitos pensados. Pensamos, assim, no próprio signo-pensamento, convertendo-o no objeto de um outro signo-pensamento. A partir daqui, podemos repetir a operação de abstração hipostática, e destas segundas intenções derivar terceiras intenções. Será que esta série prossegue indefinidamente? Creio que não. Neste caso, quais são os caracteres de seus diferentes membros? Meus pensamentos sobre o assunto ainda não amadureceram. Direi apenas que o assunto diz respeito à Lógica, mas que as divisões assim obtidas não devem confundir-se com os diferentes Modos de Ser[b]: Concretude, Possibilidade, Destino (ou Liberdade em relação ao Destino). Pelo contrário, a sucessão de Predicados de Predicados difere nos diferentes Modos de Ser. Enquanto isso, conviria que em nosso sistema de diagramação abríssemos lugar para divisão, sempre que necessária, de cada um de nossos

a. Originalmente, "...formas de enunciação de 3 e 4 na outra teoria dos universos..."; uma locução necessária na medida em que 3 e 5, 4 e 6 não eram dislinguidas.

5. Corrigindo as provas, um bom tempo depois que isso foi escrito, vejo-me obrigado a confessar que em certas passagens o pensamento é errôneo; e um argumento bem mais simples poderia ter propiciado a mesma conclusão de um modo mais adequado, embora algum valor deva ser atribuído ao meu argumento aqui exposto, em seu conjunto.

b. Normalmente chamados de categorias, por Peirce. Ver v. 1., livro III. *Collected Papers*.

três Universos de modos de realidade em *Domínios* para os diferentes Predicamentos.

550. Todos os vários significados da palavra "Mente", Lógico, Metafísico e Psicológico são passíveis de serem mais ou menos confundidos, em parte porque se requer considerável perspicácia lógica para distinguir alguns deles, e por causa da ausência de todo instrumental que apoie o pensamento nessa tarefa, em parte porque são tantos, e em parte porque (devido a estas causas) são todos chamados por uma palavra, "Mente". Num de seus mais estritos e mais concretos de seus significados lógicos, uma Mente é aquele Sema da Verdade, cujas determinações se tornam Interpretantes Imediatos de todos os outros Signos cujos Interpretantes Dinâmicos estão dinamicamente conectados[a]. Em nosso Diagrama, a mesma coisa que representa A Verdade deve ser encarada como representando, de um outro modo, a Mente e, de fato, como sendo a Quase-mente de todos os Signos representados no Diagrama. Pois qualquer conjunto de Signos conectados de tal modo que um complexo de dois deles pode ter um interpretante, deve ser Determinações de um Signo que é uma *Quase-Mente*.

551. O pensamento não está necessariamente ligado a um Cérebro. Surge no trabalho das abelhas, dos cristais e por todo o mundo puramente físico; e não se pode negar que ele realmente ali está, assim como não se pode negar que as cores, formas, etc. dos objetos ali realmente estão. Adira consistentemente a essa negativa injustificável e o leitor será levado a alguma forma de nominalismo idealista próximo ao de Fichte. Não apenas o pensamento está no mundo orgânico, como também ali se desenvolve. Mas assim como não pode haver um Geral sem Casos que o corporifiquem, da mesma forma não pode haver Pensamento sem Signos. Devemos, aqui, atribuir a "Signo" um sentido muito amplo, sem dúvida, mas não um sentido tão amplo que venha a cair em nossa definição. Admitindo-se que Signos conectados devem ter uma Quase-Mente, pode-se ulteriormente declarar que não pode haver signos isolados. Além do mais, os signos requerem pelo menos duas Quase-Mentes; um *Quase-elocutor* e um *Quase-intérprete*; e embora estes dois sejam um (*i.e.*, *são* uma mente) no próprio signo, não obstante devem ser distintos. No Signo eles estão, por assim dizer, *soldados*. De modo semelhante, o fato de que toda evolução lógica do pensamento deve ser dialógica não é simplesmente um fato da Psicologia humana, mas sim uma necessidade da Lógica. O leitor poderá dizer que tudo isto é conversa fiada; e admito que, tal como está, encerra uma ampla infusão de arbitrariedade. Poderia ser preenchida com argumentos de modo a remover a maior parte desta falha; mas, em primeiro lugar uma tal ampliação requereria um outro volume – e um volume sem atrativos; e, em segundo lugar, o que venho dizendo só deve aplicar-se a uma leve determinação de nosso sistema de diagramação, o qual será apenas ligeiramente afetado, de tal forma que, mesmo que estivesse incorreto, o efeito mais *certo* será um perigo de que nosso sistema não *possa* representar todas as variedades do pensamento não humano.

---

a. *I.e.*. a. Mente é uma função proposicional do universo mais amplo possível, tal que seus valores são os significados de todos os signos cujos efeitos reais estão numa interconexão efetiva.

B. De "Pragmatismo e Pragmaticismo"

1. A Construção Arquitetônica do Pragmatismo

5. ...O pragmatismo não foi uma teoria que circunstâncias especiais levaram seus autores a alimentar. Foi projetada e construída, para usar a expressão de Kant[a], arquitetonicamente. Assim como um engenheiro civil, antes de construir uma ponte, um navio ou uma casa, considerará as diferentes propriedades de todos os materiais, não usará aço, pedra ou cimento que não tenham sido submetidos a testes, e os reunirá de um modo minuciosamente considerado, da mesma forma, ao construir a doutrina do pragmatismo, as propriedades de todos os conceitos indecomponíveis[b] foram examinadas, bem como os modos pelos quais seria possível combiná-los. Então, tendo sido analisado o objetivo da doutrina proposta, foi ela construída a partir dos conceitos apropriados de forma a preencher aquele objetivo. Deste modo, sua verdade foi provada[c]. Há confirmações subsidiárias de sua verdade; mas acredita-se não existir outro modo independente de prová-la, em termos estritos...

6. Mas, em primeiro lugar, qual é seu objetivo? O que se espera que ela realize? Espera-se que ponha um fim a essas prolongadas controvérsias entre filósofos que não podem ser resolvidas por nenhuma observação dos fatos e em que, todavia, cada uma das partes envolvidas proclama provar que a outra parte está enganada. O Pragmatismo sustenta que, nesses casos, os contendores não se entendem. Eles ou atribuem sentidos diferentes às mesmas palavras, ou então um dos dois lados (ou ambos) usa uma palavra sem um sentido definido. O que se procura, portanto, é

a. Ver *Kritik der reinen Vernunft*, A832, B860.
b. Ver 1.294.
c. Cf. 27, 469.

um método que determine o significado real de qualquer conceito, doutrina, proposição, palavra ou outro signo. O Objeto de um signo é uma coisa; seu significado, outra. Seu objeto e a coisa ou ocasião, ainda que indefinida, a qual ele deve aplicar-se. Seu significado e a ideia que ele atribui àquele objeto, quer através de mera suposição, ou como uma ordem, ou como uma asserção.

7. Ora, toda ideia simples compõe-se de uma dentre três classes; e uma ideia composta é predominantemente, na maioria dos casos, uma dessas classes. A saber, em primeiro lugar ela pode ser uma qualidade de sentimento, que e positivamente tal como é, e é indescritível; que se aplica a um objeto independentemente de qualquer outro; e que e *sui generis* e incapaz, em seu próprio ser, de sofrer uma comparação com qualquer outro sentimento, por que nas comparações o que se compara são representações dos sentimentos e não os próprios sentimentos[a]. Ou, em segundo lugar, a ideia pode ser a de um evento singular ou fato, que é atribuído ao mesmo tempo a dois objetos, tal como uma experiência, por exemplo, é atribuída àquele que experimenta e ao objeto experimentado[b]. Ou, em terceiro lugar, é a ideia de um signo ou comunicação veiculada por uma pessoa para outra pessoa (ou para si mesma num momento posterior) com relação a um certo objeto bem conhecido por ambas...[c] Ora, o significado profundo de um signo não pode ser a ideia de um signo, uma vez que esse último signo deve ter, ele mesmo, um significado que se tornaria, assim, o significado do signo original. Podemos concluir portanto, que o significado último de todo signo consiste, predominantemente, ou numa ideia de sentimento ou predominantemente numa ideia de atuar e ser atuado[d]. Pois não deveria haver hesitação alguma em concordar com o ponto de vista segundo o qual todas essas ideias, que se aplicam essencialmente a dois objetos, se originam da experiência da volição e da experiência da percepção dos fenômenos que resiste a esforços diretos da vontade para anulá-los ou modificá-los.

8. Mas o pragmatismo não se propõe a dizer no que consiste os significados de todos os signos, mas, simplesmente, a estabelecer um método de determinação dos significados dos conceitos intelectuais, isto é, daqueles a partir dos quais podem resultar raciocínios. Ora, todo raciocínio que não é totalmente vago, todo aquele que deveria figurar numa discussão filosófica envolve e gira em torno de um raciocínio necessariamente preciso. Um tal raciocínio esta incluído na esfera da matemática, tal como os modernos matemáticos concebem sua ciência. "Matemática", disse Benjamin Peirce, já em 1870, "é a ciência que extrai conclusões necessárias"[e] e os autores subsequentes aceitaram substancialmente esta definição, limitando-a, talvez, às conclusões precisas. O raciocínio da matemática é agora

a. Cf. 1.303; 41 e segs.
b. Cf. 1.322; 45 e segs.
c. Cf. 1.337; 59 e segs.
d. Cf. 3. 491.
e. "Linear Associative Algebra". § 1. *American Journal of Mathematics*, v. 4. p. 97-229 (1881).

bem compreendido[a]. Consiste na formação de uma imagem das condições do problema, associadas com as quais estão certas permissões gerais para modificar a imagem, bem como certas suposições gerais de que certas coisas são impossíveis. Sob as permissões, certos experimentos são realizados com a imagem, e as supostas impossibilidades envolvem o fato de sempre resultarem num mesmo modo geral. A certeza superior dos resultados do matemático quando comparada, por exemplo, com a do químico, deve-se a duas circunstâncias. Primeira, sendo os experimentos do matemático realizados na imaginação sobre objetos de sua própria criação, quase nada custam, enquanto que os do químico custam muitíssimo. Segunda, a segurança do matemático deve-se ao fato de seu raciocínio dizer respeito apenas a condições hipotéticas, de tal forma que seus resultados têm a generalidade de suas condições: enquanto que as experiências do químico, relacionadas com aquilo que vai realmente ocorrer, estão sempre abertas a dúvida sobre se condições desconhecidas não irão alterar esse evento. Assim, o matemático sabe que uma coluna de números, numa soma, data sempre o mesmo resultado, quer sejam os números escritos com tinta preta ou vermelha, porque ele parte da pressuposição de que a soma de dois números quaisquer, um dos quais é M e o outro um mais do que N. será um mais do que a soma de M e N, e esta pressuposição nada diz a respeito da cor da tinta. O químico pressupõe que, quando mistura dois líquidos num tubo de ensaio, haverá ou não haverá um precipitado, quer a Imperatriz Viúva da China espirre ou não nesse momento, uma vez que sua experiência sempre foi a de que os experimentos em laboratório não são afetados por condições tão distantes. Mesmo assim, o sistema solar está-se movendo no espaço a uma grande velocidade, existe uma mera possibilidade de que ele tenha acabado de entrar numa região onde o ato de espirrar tenha uma força surpreendente.

9. Tais raciocínios, e todos os raciocínios, giram em torno da ideia de que se exercermos certas espécies de volição, experimentaremos, em compensação, certas percepções compulsórias. Ora, esta espécie de consideração, a saber, a de que certas linhas de conduta acarretarão certas espécies de experiências inevitáveis, e aquilo que se chama de "consideração prática". A partir do que, justifica-se a máxima, crença na qual constitui o pragmatismo, a saber,

A fim de determinar o significado de uma concepção intelectual, dever--se-ia considerar quais consequências práticas poderiam concebivelmente resultar, necessariamente, da verdade dessa concepção; e a soma destas consequências constituirá todo o significado da concepção.

10. Poder-se-ia aduzir, facilmente, muitos argumentos plausíveis em favor desta doutrina; mas o único modo até aqui descoberto de realmente provar sua verdade, sem que isso de forma alguma signifique considerar assentada a questão, consiste em seguir o caminho tortuoso que aqui esboçamos tão rudemente.

---

a. Ver também 4.233

2. Os Três Tipos do Bem[a]

1. AS DIVISÕES DA FILOSOFIA[b]

120. ...Já expliquei[c] que, por filosofia, entendo aquele departamento da Ciência Positiva, ou Ciência do Fato, que não se ocupa com reunir fatos, mas simplesmente com aprender o que pode ser aprendido com essa experiência que acossa a cada um de nós diariamente e a todo momento. Não reúne novos fatos porque não necessita deles, e também porque não é possível estabelecer firmemente novos fatos gerais sem a pressuposição de uma doutrina metafísica; e isto, por sua vez, requer a cooperação de todos os departamentos da filosofia, de tal forma que tais fatos novos, por mais notáveis que possam ser, proporcionam um suporte bem mais fraco, e de muito, à filosofia do que essa *experiência comum*, da qual ninguém duvida ou pode duvidar, e de que ninguém jamais *pretendeu* sequer duvidar, exceto como consequência de uma crença tão íntegra e perfeita nessa experiência que deixou de ser consciente de si mesma; tal como um americano, que nunca esteve no exterior, deixa de perceber as características dos americanos; tal como um escritor não tem consciência das peculiaridades de seu próprio estilo; assim como cada um de nós não se pode ver tal como os outros nos veem.

Farei, agora, uma série de asserções que soarão estranhas, pois não posso parar para discuti-las, embora não possa omiti-las, se é que devo expor as bases do pragmatismo em seu verdadeiro aspecto.

a. Terceiro e último esboço; cf. v. 1, livro IV, *Collected Papers*.
b. Cf. v. 1, livro II, Cap. 2 § 5, idem.
c. Ver 61, 1.126.

121. A filosofia tem três grandes divisões. A primeira é a Fenomenologia, que simplesmente contempla o Fenômeno Universal e discerne seus elementos ubíquos, Primeiridade, Secundidade, Terceiridade, juntamente, talvez, com outras séries de categorias. A segunda grande divisão é a Ciência Normativa, que investiga as leis universais e necessárias da relação dos Fenômenos com os *Fins*, ou seja, talvez, com a Verdade, o Direito e a Beleza. A terceira grande divisão é a Metafísica, que se esforça por compreender a Realidade dos Fenômenos. Ora, a Realidade é Terceiridade enquanto Terceiridade, isto é, em sua mediação entre a Secundidade e a Primeiridade. Não duvido que a maioria, senão todos os senhores, sejam nominalistas; e peço que não se ofendam com uma verdade que me parece tão evidente e inegável quanto a verdade segundo a qual as crianças não entendem a vida humana. Ser um nominalista consiste no estado subdesenvolvido da própria mente em relação à apreensão de Terceiridade enquanto Terceiridade. O remédio para isso está em permitir que as ideias da vida humana desempenhem um papel maior na filosofia da pessoa. A metafísica é a ciência da Realidade. A realidade consiste na regularidade. Regularidade real é lei ativa. Lei ativa é razoabilidade eficiente ou, em outras palavras, é uma razoabilidade verdadeiramente razoável. Razoabilidade razoável é Terceiridade enquanto Terceiridade.

Assim, a divisão da Filosofia nestes três grandes departamentos, distinção esta que podemos estabelecer sem nos determos para examinar os conteúdos da Fenomenologia (isto é, sem indagarmos quais possam ser as verdadeiras categorias), resulta ser uma divisão conforme à Primeiridade, Secundidade, Terceiridade, e é, assim, um dos inúmeros fenômenos com que me deparei e que confirmam a lista das categorias.

122. A Fenomenologia trata das Qualidades universais dos Fenômenos em seu caráter fenomenal imediato, neles mesmos enquanto fenômenos. Destarte, trata dos Fenômenos em sua Primeiridade.

123. A Ciência Normativa trata das leis da relação dos fenômenos com os fins; isto é, trata dos Fenômenos em sua Secundidade.

124. A Metafísica, como ressaltei, trata dos Fenômenos em sua Terceiridade.

125. Se, neste caso, a Ciência Normativa não parece ser suficientemente descrita ao dizer-se que ela trata dos fenômenos em sua Secundidade, tal coisa é um indício de que nossa concepção da Ciência Normativa é demasiado estreita; e cheguei à conclusão de que isto é verdadeiro mesmo em relação aos melhores modos de conceber-se a Ciência Normativa que chegaram a obter algum renome, muitos anos antes que eu reconhecesse a divisão adequada da filosofia.

Gostaria de poder conversar durante uma hora com os senhores a respeito da verdadeira concepção da ciência normativa. Mas, só poderei fazer uma poucas asserções negativas que, mesmo se fossem provadas, não iriam muito longe no caminho do desenvolvimento dessa concepção. A Ciência Normativa não é uma prática, nem uma investigação conduzida com vistas à produção de uma prática. Coriolis escreveu um livro sobre a Mecânica Analítica do Jogo de Bilhar[a]. Em nada depõe contra

---

a. *Théorie mathématique des effets du jeu de billard*, G.G. Coriolis Paris 1835.

essa obra o fato de ele não ajudar as pessoas, de modo algum, a jogar bilhar. O livro pretende ser apenas teoria pura. De modo semelhante, mesmo que a Ciência Normativa não tenda, de modo algum, ao desenvolvimento de uma prática, seu valor continua o mesmo. Ela é puramente teórica. Naturalmente, *existem* ciências práticas do raciocínio e da investigação, da conduta da vida e da produção de obras de arte. Estas correspondem às Ciências Normativas, e pode-se presumir que delas recebam ajuda. Mas não são partes integrantes destas ciências; e a razão disso, felizmente, não é um mero formalismo, mas é que, em geral, hão de ser homens bem diferentes – dois grupos de homens incapazes de ligarem-se um ao outro – que conduzirão os dois tipos de indagação. Tampouco é a Ciência Normativa uma ciência *especial*, isto é, uma dessas ciências que descobrem novos fenômenos. Não é nem mesmo auxiliada, por menos que seja, por uma ciência desse tipo, e permitam-me dizer que também é auxiliada mais pela psicologia do que por qualquer outra ciência em especial. Se colocássemos seis fileiras de grãos de café, cada um com sete grãos, num prato de uma balança, e quarenta e dois grãos de café no outro prato da balança, e se verificássemos que os dois pesos mais ou menos se equilibraram, poder-se-ia considerar esta observação como algo que reforça, numa medida excessivamente tênue, a certeza de que seis vezes sete são quarenta e dois; isto porque seria concebível que esta proposição fosse um erro devido a alguma insanidade peculiar que afetasse toda a raça humana, e aquela experiência poderia burlar os efeitos dessa insanidade, supondo-se que fôssemos por ela afetados. De modo semelhante, e *exatamente no mesmo grau*, o fato de os homens, em sua maioria, demonstrarem uma predisposição natural para aprovar quase os mesmos argumentos que a lógica aprova, quase os mesmos atos que a ética aprova, e quase as mesmas obras de arte que a estética aprova, pode ser encarado como um fato tendente a apoiar as conclusões da lógica, ética e estética. Mas, um tal apoio é absolutamente insignificante; e, num dado caso em particular, afirmar que algo e bom e valido logicamente, moralmente ou esteticamente por nenhuma outra razão melhor exceto a de que os homens têm uma tendência natural para assim pensarem, pouco me importando quão forte e imperiosa essa tendência possa ser, constitui uma falácia das mais perniciosas que já se registraram. Naturalmente, é uma coisa totalmente diferente um homem reconhecer que ele não pode perceber que duvida daquilo que ele perceptivelmente não duvida.

126. Num dos modos que indiquei, especialmente o último, a Ciência Normativa é situada muito baixo na escala das ciências pela maior parte dos autores atuais. Por outro lado, alguns estudiosos da lógica exata classificam essa ciência normativa, pelo menos, *alto demais*, ao virtualmente tratá-la como situada ao mesmo nível da matemática pura[a]. Há três excelentes razões que poderiam, qualquer delas, resgatá-los desse erro de opinião. Em primeiro lugar, as hipóteses das quais procedem as deduções da ciência normativa obedecem ao *intuito de conformar-se* à verdade positiva do fato, e essas deduções derivam seu interesse quase

a. Ver 1.247, 4.239.

exclusivamente dessa circunstância; enquanto que as hipóteses da matemática pura são puramente ideais na intenção, e seu interesse é puramente intelectual. Mas, em segundo lugar, o procedimento das ciências normativas *não é puramente dedutivo*, como o é o da matemática, nem mesmo o é de um modo principal. Sua análise peculiar dos fenômenos familiares, análises que se deveriam pautar pelos fatos da fenomenologia de um modo pelo qual a matemática não se pauta de maneira alguma, separam a Ciência Normativa da matemática de uma forma bastante radical. Em terceiro lugar, há um elemento íntimo e essencial da Ciência Normativa que é ainda *mais* próprio dela, e são suas *apreciações peculiares*, às quais nada existe, nos próprios fenômenos, que lhes corresponda. Tais apreciações se relacionam à conformidade dos fenômenos *com fins* que não são imanentes nesses fenômenos.

127. Ha inúmeras outras concepções errôneas, amplamente difundidas, sobre a natureza da Ciência Normativa. Uma delas é que o principal, senão o único, problema da Ciência Normativa é dizer aquilo que é *bom* e aquilo que é *mau*, logicamente, eticamente e esteticamente; ou que grau de excelência atinge uma dada descrição dos fenômenos. Fosse este o caso, a ciência normativa seria, em certo sentido, *matemática*, dado que lidaria inteiramente com uma questão de *quantidade*. Mas, estou fortemente inclinado a crer que este ponto de vista não resiste a um exame crítico. A lógica classifica os argumentos, e ao fazê-lo reconhece diferentes *espécies* de verdades. Também na ética as *qualidades* do bem são admitidas pela grande maioria dos moralistas. Quanto à estética, nesse campo as diferenças qualitativas parecem tão predominantes que, abstraindo-a daí, é impossível dizer que existe alguma aparência que não seja esteticamente boa. Vulgaridade e pretensão, em si mesmas, podem parecer inteiramente aprazíveis em sua perfeição, se pudermos antes sobrepujar nossos escrúpulos a seu respeito, escrúpulos que resultam de uma contemplação delas como qualidades possíveis de nosso próprio trabalho – mas esse é um modo *moral*, e não um modo *estético* de considerá-las. Quase não preciso lembrá-los que o bem, quer na estética, na moral ou na lógica, pode ser ou *negativo* – consistindo em libertar-se do erro – ou *quantitativo*, consistindo no grau que esse bem alcança. Mas numa indagação, tal como aquela em que ora estamos empenhados o bem negativo é o mais importante.

128. Uma estreiteza sutil quase inerradicável na concepção da Ciência Normativa atravessa quase toda a moderna filosofia levando-a a relacionar-se, exclusivamente, com o espírito humano. O belo é concebido como sendo relativo ao gosto humano, o certo e o errado dizem respeito apenas à conduta humana, a lógica lida com o raciocínio humano. Ora, em seu sentido mais verdadeiro, estas ciências são, certamente, ciências do espírito. Só que a moderna filosofia nunca foi de todo capaz de desfazer-se da ideia cartesiana do espírito, como algo que "reside" – tal é o termo[a] – na glândula pineal. Todo mundo zomba desta concepção hoje em dia, e no entanto todo mundo continua a pensar no espírito deste mesmo modo geral, como algo dentro desta ou daquela pessoa, a ela per-

a. Ver *Oeuvres de Descartes*, tomo III, lettre 183, A. et P. Tannery, Paris, 18 97-1910.

tencente e correlativo com o mundo real. Seria necessário um curso todo de preleções para expor este erro. Só posso dizer que se os senhores refletirem sobre isto, sem se deixarem dominar por ideias pré-concebidas, logo se darão conta de que esta é uma concepção muito estreita do espírito. Creio ser assim que essa concepção aparece a todo aquele que se embebeu suficientemente na *Crítica da Razão Pura*.

2. O BEM ÉTICO E O BEM ESTÉTICO[a]

129. Não posso deter-me por mais tempo na concepção geral da Ciência Normativa. Devo descer às Ciências Normativas particulares. Estas são, hoje, normalmente chamadas de lógica, ética e estética. Anteriormente, apenas a lógica e a ética eram reconhecidas como tais. Uns poucos lógicos recusam-se a reconhecer qualquer outra ciência normativa que não a deles mesmos. Minhas próprias opiniões sobre a ética e a estética estão bem menos amadurecidas do que minhas opiniões sobre a lógica. Foi só a partir de 1883 que inclui a ética entre os meus estudos especiais; e até há quatro anos atrás eu não estava preparado para afirmar que a ética fosse uma ciência normativa. Quanto a estética, embora meu primeiro ano de estudo da filosofia tenha sido dedicado exclusivamente ao seu ramo, desde essa época negligenciei a tal ponto essa questão que não me sinto autorizado a manifestar opiniões seguras sobre ela. Estou inclinado a acreditar que existe uma Ciência Normativa desse tipo; mas, de modo algum me senti seguro mesmo quanto a isso.

Supondo-se, no entanto, que a ciência normativa se divide em estética, ética e lógica, percebe-se a seguir, facilmente, a partir de meu ponto de vista, que esta divisão é governada pelas três categorias. Pois, sendo a Ciência Normativa em geral a ciência das leis de conformidade das coisas com seus fins, a estética considera aquelas coisas cujos fins devem incorporar qualidades do sentir, enquanto que a ética considera aquelas coisas cujos fins residem na ação, e a lógica, aquelas coisas cujo fim é o de representar alguma coisa.

130. É exatamente neste ponto que começamos a entrar no caminho que nos leva ao segredo do pragmatismo, depois de uns rodeios longos e aparentemente sem objetivo. Efetuemos uma rápida observação das relações destas três ciências umas com as outras. Seja qual for a opinião que se sustente a respeito da finalidade da lógica, todos estão de acordo, em termo gerais, que o âmago da lógica reside na classificação e na crítica dos argumentos. Ora, é peculiar à natureza do argumento o fato de nenhum argumento poder existir sem que se estabeleça uma referência entre ele e alguma classe especial de argumentos. O ato da inferência consiste no pensamento de que a conclusão inferida é verdadeira porque *em qualquer caso análogo* uma conclusão análoga seria verdadeira. Assim, a lógica é coeva do raciocínio. Todo aquele que raciocina *ipso facto* sustenta virtualmente uma doutrina lógica, sua *logica utens*.[b] Esta classificação não é mera qualificação do argumento. Envolve, essencialmente, *uma*

---

a. Cf. 1.573, 2.196
b. Ver 2.186

aprovação do argumento – uma *aprovação* Qualitativa. Ora, uma tal autoaprovação pressupõe um *autocontrole*. Não que consideremos nossa aprovação como sendo, *ela mesma*, um ato voluntário, mas, sim, sustentamos que o ato da inferência, que aprovamos, é voluntário. Isto é, se não aprovássemos, não inferiríamos. Há operações mentais que se acham tão completamente além de nosso controle quanto o crescimento de nosso cabelo. Aprová-las ou desaprová-las seria inútil. Mas, quando instituímos um experimento a fim de comprovar uma teoria, ou quando imaginamos uma linha extra a ser inserida num diagrama geométrico a fim de determinar uma questão em geometria, estes são *atos voluntários* que nossa lógica, quer seja do tipo natural ou científico, aprova. Ora, a *aprovação de um ato voluntário* é uma aprovação *moral*. *A ética é o estudo sobre quais as finalidades de ação que estamos deliberadamente preparados para adotar.* Isto é a ação correta que está em conformidade com os fins que estamos deliberadamente preparados para adotar. Isso é tudo o que *pode haver* na noção de correção, é o que me parece. O homem correto é o homem que controla suas paixões, e as faz conformarem-se com os fins que ele está deliberadamente preparado para adotar como fins *últimos*. Se fosse da natureza do homem sentir-se totalmente satisfeito com fazer de seu conforto pessoal seu objetivo último, não se poderia culpá-lo mais por isto do que se culpa um porco por comportar-se da maneira que o faz. Um pensador lógico é um pensador que exerce um grande autocontrole sobre suas operações intelectuais; e, portanto, o bem lógico é simplesmente uma espécie particular do bem moral. A Ética – a genuína ciência normativa da ética, enquanto distinta desse ramo da antropologia que, em nossos dias, é conhecida pelo nome de ética – esta ética genuína é a ciência normativa *par excellence*, porque um *fim* – o objeto essencial da ciência normativa – está ligado com um ato voluntário no qual não está ligado a nada mais. É por essa razão que tenho algumas dúvidas quanto à existência de uma verdadeira ciência normativa do belo. Por outro lado, um fim último da ação *deliberadamente* adotada – isto é, *razoavelmente* adotada – deve ser um estado de coisas que *razoavelmente se recomenda a si mesmo em si mesmo*, à parte de qualquer consideração ulterior. Deve ser um *ideal admirável*, tendo o único tipo de bem que um tal ideal *pode ter*, ou seja, o bem estético. Deste ponto de vista, aquilo que é moralmente bom surge como uma espécie particular daquilo que é esteticamente bom.

131. Se esta linha de pensamento for sólida, o bem moral será o bem estético especialmente determinado por um elemento peculiar que se lhe acrescentou; e o bem lógico será o bem moral especialmente determinado por um elemento especial que se lhe acrescentou. Admitir-se-á agora que é, pelo menos, muito provável que, a fim de corrigir ou justificar a máxima do pragmatismo, devamos descobrir aquilo em que consiste, exatamente, o bem lógico; e, a partir daquilo que foi dito, parece que a fim de analisar a natureza do bem lógico precisamos, primeiramente, obter apreensões claras sobre a natureza do bem estético e, especialmente, do bem moral.

132. Portanto, incompetente como o sou para tanto, vejo que se me impõe a tarefa de definir aquilo que é esteticamente bom – tarefa que

tantos artistas filosóficos tentaram realizar. À luz da doutrina das categorias, eu diria que um objeto, para ser esteticamente bom, deve ter um sem-número de partes de tal forma relacionadas umas com as outras de modo a dar uma qualidade positiva, simples e imediata, à totalidade dessas partes; e tudo aquilo que o fizer é, nesta medida, esteticamente bom, não importando qual possa ser a qualidade particular do total. Se essa qualidade for tal que nos provoque náuseas, que nos assuste, ou que de qualquer outro modo nos perturbe ao ponto de tirar-nos do estado de ânimo para o gozo estético, da disposição de simplesmente contemplar a materialização dessa qualidade – tal como, por exemplo, os Alpes afetaram as pessoas da antiguidade, quando o estado da civilização era tal que uma impressão de grande poder era inseparavelmente à apreensão e o terror – neste caso, o objeto permanece, mesmo assim, esteticamente bom, embora as pessoas de nossa condição sejam incapazes de uma tranquila contemplação estética desse mesmo objeto.

Esta sugestão deve ser tomada por aquilo que ela vale, e atrevo-me a dizer que o que ela vale é muito pouco. Se estiver correta, segue-se que não existe algo como um mal estético positivo; e dado que por *bem*, nesta discussão, o que queremos dizer é simplesmente a ausência do mal, ou seja, a perfeição, não haverá algo como um bem estético. Tudo o que pode haver serão várias qualidades estéticas; isto é, simples qualidades de totalidades incapazes de corporificação completa que nas partes, qualidades estas que podem ser mais determinadas e fortes num caso do que no outro. Contudo, a própria redução da intensidade pode ser uma qualidade estética; na verdade, *será* uma qualidade estética; e estou seriamente inclinado a duvidar que exista uma distinção qualquer entre melhor e pior em estética. Minha opinião é que há inúmeras variedades de qualidade estética, mas nenhum grau puro de excelência estética.

133. Mas, no momento em que um ideal estético é proposto como um fim último da ação, nesse momento um imperativo categórico pronuncia-se a favor ou contra ele. Kant, como sabem, propõe-se a admitir que o imperativo categórico permanece incontestado – um pronunciamento eterno. Sua posição é, atualmente, extremamente mal acolhida, e não sem razão. Mesmo assim, não tenho em muita consideração a lógica das tentativas comuns para refutar a tese de Kant. A questão toda reside em saber se esse imperativo categórico está ou não além de todo controle. Se esta voz da consciência não é apoiada por razões ulteriores, não seria simplesmente um bramido irracional insistente, o piar de uma coruja que podemos pôr de lado, se o pudermos fazer? *Por que deveríamos* prestar mais atenção a essa voz do que ao ladrar de um vira-latas? Se *não podemos* pôr de lado a consciência, todas as homílias e máximas morais são absolutamente inúteis. Mas se ela puder ser posta de lado, num certo sentido ela não está além de um controle. Deixa-nos livres para nos controlarmos a nós mesmos. Desta forma, parece-me que todo objetivo que puder ser perseguido de modo consistente coloca-se, tão logo é adotado de uma forma decidida, além de toda crítica possível, a não ser a crítica, de todo impertinente, dos estranhos. Um objetivo que *não pode* ser adotado e perseguido de forma consistente é um mau objetivo. Não pode ser

chamado propriamente, de forma alguma, de fim último. O único mal moral é não ter um objetivo último.

134. Em vista disso, o problema da ética é determinar qual fim é possível. Poder-se-ia supor, irrefletidamente, que uma *ciência especial* poderia ajudar nesta tarefa de determinação. Mas essa opinião estaria baseada na concepção errônea da natureza de um fim absoluto, que é aquele que *seria* perseguido em todas as circunstâncias possíveis – isto é, mesmo que os fatos contingentes determinados pelas ciências especiais fossem inteiramente diferentes daquilo que são. Tampouco, por outro lado, deve a definição de um tal fim ser reduzida a um mero formalismo.

135. É óbvia a importância dessa questão para o pragmatismo. Pois se o significado de um símbolo consiste em *como* poderia levar-nos a agir, é evidente que este "como" não pode referir-se à descrição dos movimentos mecânicos que o símbolo poderia causar, mas deve ser entendido como referente a uma descrição da ação como tendo este ou aquele objetivo. A fim de compreender o pragmatismo, portanto, o bastante para submetê-lo a uma crítica inteligente, cabe-nos indagar o que pode ser um fim último, capaz de ser perseguido no curso indefinidamente prolongado de uma ação.

136. A dedução desse ponto é algo intrincada, em virtude do número de pontos que é preciso levar em consideração; e, naturalmente, não posso descer a detalhes. A fim de que o objetivo pudesse ser imutável sob todas as circunstâncias, sem o que não será um fim último, é necessário que ele esteja em concordância com o livre desenvolvimento da qualidade estética do próprio agente. Ao mesmo tempo, é necessário que, ao final, não tenda a ser perturbado pelas reações sobre o agente provenientes desse mundo exterior pressuposto na própria ideia de ação. É evidente que as duas condições podem ser preenchidas de imediato apenas se acontecer de a qualidade estética, em direção à qual tende o livre desenvolvimento do agente, e a da ação última da experiência sobre o agente, forem partes de uma estética total. O fato de isto ser ou não realmente assim constitui uma questão metafísica cuja resposta não entra no escopo da Ciência Normativa. Se *não for* assim, o fim é essencialmente *inatingível*. Mas, assim como no jogo do uiste, quando faltam jogar apenas três vazas, a regra é pressupor que as cartas estão distribuídas de tal modo que a vaza ímpar possa ser feita, da mesma forma a regra da ética será a de aderir ao fim absoluto possível, e esperar que ele resulte atingível. Entrementes, é reconfortante saber que toda experiência é favorável a essa pressuposição.

3. O BEM DA LÓGICA

137. O campo está, agora, limpo para a análise do bem lógico, ou do bem da representação. Há uma variedade especial do bem estético que pode pertencer a um representâmen, a saber, a *expressividade*. Há também um bem moral especial das representações, a saber, a *veracidade*. Mas, além deste, há um modo peculiar de bem que é o lógico. O que temos a investigar é aquilo em que este modo consiste.

138. O modo de ser de um representâmen é tal que é capaz de repetição. Considere-se, por exemplo, um provérbio qualquer. "As más rela-

ções corrompem as boas maneiras". Toda vez que isto é escrito ou falado em inglês, grego, ou qualquer outra língua, e toda vez que se pensa nesse provérbio, ele é sempre um e o mesmo representâmen. É o mesmo num diagrama ou num quadro. É o mesmo com um signo físico ou sintoma. Se duas ventoinhas são signos diferentes, elas o são apenas na medida em que se referem a partes diferentes do ar. Um representâmen que só tivesse uma única corporificação, incapaz de repetição, não seria um representâmen, mas uma parte do próprio fato representado. Este caráter repetitório do representâmen envolve, como consequência, o fato de que é essencial, para um representâmen, que ele contribua para a determinação de um outro representâmen diferente dele mesmo. Pois, em que sentido seria verdadeiro que um representâmen fosse repetido se ele não fosse capaz de determinar alguns representantes diferentes? "As más relações corrompem as boas maneiras" e φθείρουσιν ἤθη χρήσθ᾽ ὁμιλίαι κακαί são um e o mesmo representâmen. Entretanto, eles o são apenas na medida em que são representados como sendo assim. E é uma coisa dizer que "As más relações corrompem as boas maneiras" e coisa bem diferente dizer que "As más relações corrompem as boas maneiras" e φθείρουσιν ἤθη χρήσθ᾽ ὁμιλίαι κακαί são duas expressões do mesmo provérbio. Assim, todo representâmen deve ser capaz de contribuir para a determinação de um representâmen diferente dele mesmo. Toda conclusão derivada de premissas é um exemplo disso; e o que seria um representâmen que não fosse capaz de contribuir para uma conclusão ulterior qualquer? Denomino um representâmen que é determinado por outro representâmen de *interpretante* deste último. Todo representâmen está relacionado ou é capaz de ser relacionado com uma coisa reagente, seu objeto, e todo representâmen concretiza, em algum sentido, alguma qualidade, que pode ser chamada de sua *significação*, que é aquilo que, no caso de um substantivo comum, J.S. Mill chama de sua *conotação*, uma expressão particularmente questionável[a].

139. Um representâmen (enquanto símbolo) pode ser um *rema*, uma *proposição* ou um *argumento*. Um *argumento* é um representâmen que mostra separadamente qual é o interpretante que ele pretende determinar. Uma *proposição* é um representâmen que não é um argumento, mas que indica separadamente qual objeto pretende representar. Um *rema* é uma representação simples sem essas partes separadas.

140. O bem estético, ou a *expressividade*, pode ser possuído, e num certo grau deve ser possuído, por qualquer tipo de representâmen – rema, proposição ou argumento.

141. O bem moral, ou veracidade, pode ser possuído por uma proposição ou por um argumento, mas não pode ser possuído por um rema. Um juízo mental ou inferência deve possuir algum grau de veracidade.

142. Quanto ao bem lógico, ou *verdade*, os enunciados a respeito nos livros são falhos-, e é da mais alta importância, para nossa investigação, que sejam corrigidos. Os livros distinguem entre a *verdade lógica*, que alguns acertadamente restringem a argumentos que não prometem nada além do que realizam, e *verdade material*, que pertence às proposi-

---

a. Ver 2.317. 2.393

ções, sendo aquilo que a veracidade objetiva ser; e esta é concebida como sendo um grau mais elevado de verdade do que a mera verdade lógica. Eu corrigiria esta concepção do seguinte modo; Em primeiro lugar, todo nosso conhecimento baseia-se em juízos perceptivos. Estes são necessariamente verídicos num grau maior ou menor conforme o esforço feito, mas não há significado em dizer-se que têm outra verdade que não a veracidade, porquanto um juízo perceptivo nunca pode ser repetido. No máximo podemos dizer de um juízo perceptivo, que seu relacionamento com outros juízos perceptivos, é de modo a permitir uma teoria simples dos fatos. Assim, posso julgar que estou vendo uma superfície limpa e branca. Mas, no momento seguinte posso indagar se a superfície estava realmente limpa, e posso tornar a olhar para ela de um modo mais atento. Se este segundo juízo mais verídico ainda afirma que estou vendo uma superfície limpa, a teoria dos fatos será mais simples do que se, numa segunda observação, reparo que a superfície está suja. Todavia, mesmo neste último caso, não tenho o direito de dizer que minha primeira *percepção* foi a de uma superfície suja. Não tenho, de forma alguma, nenhum testemunho a respeito disso a não ser meu juízo perceptivo, e embora esse fosse descuidado e não contivesse um alto grau de veracidade, mesmo assim tenho de aceitar a única evidência de que disponho. Considere-se, agora, qualquer outro juízo que eu possa fazer. Isto é uma conclusão de inferências ulteriormente baseada em juízos perceptivos, e uma vez, que estes são inquestionáveis, toda a verdade que meu juízo pode ler, deve consistir na correção lógica daquelas inferências. Posso colocar essa questão de um outro modo. Dizer que uma proposição é falsa não é verídico, a menos que o elocutor tenha descoberto que ela é falsa. Limitando-nos, portanto, às proposições verídicas, dizer que uma proposição é falsa e que se *descobriu* que ela é falsa são declarações equivalentes, no sentido em que são ambas, necessariamente, ou verdadeiras ou falsas. Por conseguinte, dizer que uma proposição *talvez* seja falsa é o mesmo que dizer que *talvez* se descobrirá que ela é falsa. Donde, negar uma destas é negar a outra. Dizer que uma proposição é certamente verdadeira significa apenas que nunca se pode descobrir que ela é falsa ou, em outras palavras, que ela derivou de juízos perceptivos verídicos através de argumentos logicamente corretos. Por conseguinte, a única diferença entre verdade material e correção lógica de argumentação é que a *última* refere-se a uma linha singular de argumento e a *primeira* a todos os argumentos que poderia ter uma dada proposição ou sua negação como conclusão deles.

Permitam-me dizer-lhes que este raciocínio necessita ser examinado através da mais severa e minuciosa crítica lógica, porque o pragmatismo dele depende em grande parte.

143. Parece, assim, que o bem lógico é simplesmente a excelência do argumento – com seu bem negativo, o mais fundamental, sendo seu peso e solidez, o fato de ter ele realmente a força que pretende ter e o fato de ser grande essa força, enquanto que seu bem quantitativo consiste no grau em que faz, avançar nosso conhecimento. Neste caso, no que consiste a solidez do argumento?

144. A fim de responder a essa questão é necessário reconhecer três tipos radicalmente diferentes de argumentos que assinalei em 1867[a] e que haviam sido reconhecidos pelos lógicos do século XVIII, embora esses lógicos, de modo bastante desculpável, deixassem de reconhecer o caráter inferencial de um deles. De fato, suponho que os três tipos foram dados por Aristóteles no *Prior Analytics*, embora a infeliz ilegibilidade de uma única palavra em seu manuscrito, e sua substituição por uma palavra errada realizada por seu primeiro editor, o imbecil Apellicon, tenha alterado por completo o sentido do capítulo sobre a Abdução[b]. De qualquer forma, mesmo que minhas conjecturas estejam erradas, e o texto deva permanecer tal como está, ainda Aristóteles, nesse capítulo sobre a Abdução, estava, mesmo nesse caso, evidentemente tateando a procura desse modo de inferência que eu chamo por um nome que, de outra forma, seria de todo inútil: Abdução – uma palavra que só é empregada na lógica para traduzir a ἀπαγωγή daquele capítulo.

145. Estes três tipos de raciocínio são a Abdução, Indução e Dedução. A Dedução é o único raciocínio necessário. É o raciocínio da matemática. Parte de uma hipótese, cuja verdade ou falsidade nada tem a ver com o raciocínio; e, naturalmente, suas conclusões são igualmente ideais. O uso comum da doutrina das probabilidades consiste num raciocínio matemático, embora seja um raciocínio referente às probabilidades. A Indução é a verificação experimental de uma teoria. Sua justificativa está em que, embora a conclusão da investigação num estágio qualquer possa ser mais ou menos errônea, mesmo assim a aplicação ulterior do mesmo método deve corrigir o erro. A única coisa que a indução realiza é a determinação do valor de uma quantidade. Parte de uma teoria e avalia o grau de concordância dessa teoria com o fato. Nunca pode dar origem a uma ideia, seja qual for. Tampouco o pode a dedução. Todas as ideias da ciência a ela advêm através da Abdução. A Abdução consiste em estudar os fatos e projetar uma teoria para explicá-los. A única justificativa que ela tem é que se devemos chegar a uma compreensão das coisas algum dia, isso só se obterá por esse modo.

146. Com referência às relações destes três modos de inferência com as categorias e no tocante a certos outros detalhes, confesso que minhas opiniões têm oscilado. Estes pontos são de uma natureza tal que apenas os estudiosos mais interessados naquilo que escrevi notariam as discrepâncias. Um tal estudioso poderia inferir que me permiti certas expressões sem considerá-las devidamente; mas, de fato, nunca, em qualquer escrito de cunho filosófico – com exceção de algumas contribuições anônimas para os jornais – enunciei algo que não estivesse baseado pelo menos numa meia dúzia de tentativas, no papel, de submeter a questão toda a um exame bastante minucioso e crítico, tentativas estas feitas independentemente uma das outras, a intervalos de muitos meses, mas que são subsequentemente comparadas sob um ângulo cuidadosamente crítico, e que se baseiam em pelo menos dois resumos do estado dessa questão que cobrem toda a literatura a respeito, tanto quanto me é ela

a. V. 2, livro III, Cap. 2, parte III, *Collected Papers*.
b. Cap. 25. livro III.

conhecida, sendo que essa observação crítica é realizada sob a mais estrita forma lógica e é levada às últimas consequências, eliminando todas as falhas que fui capaz de discernir com grande esforço; os dois resumos citados são feitos num intervalo de um ano ou mais e são realizados tão independentemente quanto possível, embora sejam a seguir minuciosamente comparados, emendados e reduzidos a um só. Minhas hesitações, assim, não se devem nunca à pressa. Elas podem indicar burrice. Mas, posso dizer que, pelo menos, provam uma qualidade que depõe a meu favor. Ou seja, longe de ficar apegado a opiniões como sendo minhas, sempre dei mostras de uma desconfiança incisiva de qualquer opinião que eu tenha advogado. Isto talvez devesse dar um certo peso adicional àquelas opiniões a respeito das quais nunca manifestei dúvidas – embora eu não precise dizer que é profundamente ilógica e não-científica a ideia de atribuir às opiniões, em filosofia ou na ciência, qualquer peso de autoridade. Entre essas opiniões que eu mantive constantemente está a de que, enquanto que o raciocínio Abdutivo e o Indutivo são inteiramente irredutíveis, quer um ao outro ou em relação à Dedução, ou a Dedução é irredutível em relação a quaisquer deles, mesmo assim a única *rationale* destes métodos é essencialmente Dedutiva ou Necessária. Se, então, pudermos enunciar aquilo em que consiste a validade do raciocínio Dedutivo, teremos definido a base do bem lógico de qualquer tipo.

147. Todo raciocínio necessário, quer seja bom ou mau, é da natureza do raciocínio matemático. Os filósofos gostam de vangloriar-se do caráter puramente conceitual de seu raciocínio. Quanto mais conceitual for, mais se aproximará da verborragia. Não estou dizendo isso a partir de um preconceito. Minhas análises do raciocínio ultrapassam em eficácia tudo o que já apareceu em tipo impresso, quer em palavras ou em símbolos – tudo aquilo que DeMorgan, Dedekind, Schröder, Peano, Russell e outros já fizeram – e isto num tal grau que se poderia falar na diferença existente entre um esboço a lápis de uma cena e uma fotografia dessa mesma cena. Dizer que eu analiso a passagem das premissas à conclusão de um silogismo em Barbara para sete ou oito passos inferenciais distintos é dar apenas uma ideia bastante inadequada da perfeição de minhas análises.[a] Que se apresente uma pessoa responsável que garanta ir até o fim da questão e examiná-la ponto por ponto, e ela receberá o manuscrito correspondente.

148. É com base em tais análises que declaro que todo raciocínio necessário, mesmo que seja a mais simples verborragia dos teólogos, tanto quanto possa haver uma aparência de necessidade nesse raciocínio, é raciocínio matemático. Ora, o raciocínio matemático é diagramático. Isto é verdadeiro tanto da álgebra quanto da geometria. Mas, a fim de discernir os traços do raciocínio diagramático, é necessário começar com exemplos que não são muito simples. Em casos simples, os traços essenciais estão de tal forma obliterados que só podem ser distinguidos quando se sabe aquilo que se procura. Mas, começando com exemplos adequados e daí partindo-se para outros, descobre-se que o próprio diagrama, em sua individualidade, não é aquilo com que se preocupa o raciocínio. Da-

a. Ver 4.571.

rei um exemplo que se recomenda apenas pelo fato de sua apreciação requerer apenas um breve momento. Uma linha termina num ponto comum de uma outra linha, formando-se dois ângulos. A soma desses ângulos, é igual à soma de dois ângulos retos como provou Legendre, traçando uma perpendicular à segunda linha no plano das duas e através do ponto de intersecção. Esta perpendicular deve estar num ângulo ou no outro. Supõe-se que o aluno *vê* isto. Ele só o vê num caso especial, mas a suposição é de que ele perceba que isto será assim em qualquer outro caso. O lógico mais cuidadoso pode demonstrar que a perpendicular deve cair num ângulo ou no outro; mas esta demonstração consistirá apenas na substituição, por um diagrama diferente, da figura da Legendre. Mas em qualquer dos casos, quer seja no novo diagrama ou num outro qualquer, e, de modo mais frequente, na passagem de um diagrama para o outro, admite-se que o intérprete da argumentação *verá* algo, algo que apresentará esta pequena dificuldade para a teoria da visão: o fato de ser de uma *natureza geral*.

149. Os discípulos do Sr. Mill dirão que isto prova que o raciocínio geométrico é indutivo. Não quero falar em termos depreciativos do modo de Mill tratar o *Pons Asinorum*[a] porque essa abordagem penetra mais fundo na lógica do assunto do que qualquer outra já o fez. Só que não chega a ir ao fundo do problema. Quanto ao fato de tais percepções gerais serem indutivas, eu poderia tratar da questão a partir de um ponto de vista técnico e demonstrar que os caracteres essenciais da indução se acham ausentes. Contudo, além da extensão interminável, um tal modo de abordar o assunto dificilmente seria esclarecedor. Será melhor observar que a "uniformidade da natureza" não está em questão, e que não há maneira de aplicar esse princípio na sustentação do raciocínio matemático que não me habilite a citar um caso precisamente análogo em todos os particulares essenciais, exceto que será uma falácia que nenhum bom matemático poderia menosprezar. Se os senhores admitirem o princípio de que a lógica se detém onde se detém o autocontrole, ver-se-ão obrigados a admitir que *um fato perceptivo*, uma origem lógica, pode envolver generalidade. Isto pode ser demonstrado em relação à generalidade ordinária. Mas se os senhores já se convenceram de que a continuidade é generalidade, será um tanto mais fácil mostrar que um fato perceptivo pode envolver continuidade do que pode envolver uma generalidade não-relativa.

150. Se os senhores objetarem que não pode haver uma consciência imediata da generalidade, concordo. Se acrescentarem que não se pode ter uma experiência direta do geral, também estou de acordo. A generalidade, a Terceiridade, precipita-se sobre nós em nossos próprios juízos perceptivos, e todo raciocínio, na medida em que depende do raciocínio necessário, isto é, do raciocínio matemático, gira, a todo instante, ao redor da percepção da generalidade e da continuidade.

a. Ver sua *Logic*, livro III, Cap. 4, § 4.

3. Três Tipos de Raciocínio

1. JUÍZOS PERCEPTIVOS E GENERALIDADE

151. Ao final de minha última conferência ressaltei que os juízos perceptivos envolvem a generalidade. O que é o geral? A definição de Aristóteles é bastante boa. *E quod aptum natum est praedicari de pluribus;*[a] λέγω δὲ καθόλου μὲν ὃ ἐπὶ πλειόνων πέφυπε κατηγορεῖσθαι, *De Interp.* 7. Quando a lógica começou a ser estudada com o espírito científico da exatidão, reconheceu-se que todos os juízos ordinários contêm um predicado e que esse predicado é geral. Parecia haver algumas exceções, das quais as únicas perceptíveis eram os juízos expositivos tais como "Túlio é Cícero". Mas a Lógica das Relações, agora, reduziu a lógica à ordem, e percebe-se que uma proposição pode ter um número qualquer de sujeitos mas só pode ter um predicado, que é invariavelmente geral. Uma proposição como "Túlio é Cícero" predica a relação geral de identidade de Túlio e Cícero.[b] Por conseguinte, está claro agora que se houver um juízo perceptivo, ou proposição diretamente expressiva de e que resulta de uma qualidade de um percepto presente, ou imagem-sentido, esse juízo deve envolver a generalidade em seu predicado.

152. Aquilo que não é geral é singular; e o singular é aquilo que reage. O ser de um singular pode consistir no ser de outros singulares que são suas partes. Assim, céu e terra é um singular; e seu ser consiste no ser do céu e no ser da terra, cada um dos quais reage e é portanto um singular que perfaz uma parte do céu e terra. Se eu tivesse negado que todo juízo

a. Cf. 2.367
b. Cf. 2.440

perceptivo se refere, quanto a seu sujeito, a um singular, que esse singular reage efetivamente sobre o espírito ao formar o juízo, reagindo efetivamente também sobre o espírito ao interpretar o juízo, eu teria dito um absurdo. Pois qualquer proposição que seja se refere, quanto a seu sujeito, a um singular que reage efetivamente sobre o elocutor da proposição e que reage efetivamente sobre o intérprete da proposição. Todas as proposições se relacionam com o mesmo sempre reagente singular; a saber, com a totalidade de todos os objetos. É verdade que quando o escritor árabe nos diz que houve uma dama chamada Scherazade, ele não quer ser entendido como alguém que está falando do mundo das realidades externas, e há uma grande dose de ficção naquilo que ele está dizendo. Pois o *fictício* é aquilo cujos caracteres dependem de quais sejam os caracteres que alguém atribui a esse fictício; e a estória é, naturalmente, mera criação do pensamento do poeta. Não obstante, uma vez que imaginou Scherazade, dando-lhe um feitio jovem, belo, e dotado do dom de inventar estórias, torna-se um fato real que ele a tenha assim imaginado, fato que não pode destruir pretendendo ou pensando que a imaginou de forma diferente. O que ele quer que compreendamos é aquilo que poderia ter expresso em prosa simples dizendo. "Imaginei uma mulher, Scherazade é seu nome; é jovem, bela e uma incansável contadora de estória, e vou imaginar quais foram as estórias que ela contou". Esta teria sido uma expressão clara de um fato professo relacionado com a soma total de realidades[a].

153. Como já disse antes, as proposições têm, normalmente, mais do que um sujeito; e quase toda proposição, se não todas, têm um ou mais sujeitos singulares, com os quais algumas proposições não se relacionam. Estas são as partes especiais do Universo de toda Verdade ao qual se refere, especialmente, a proposição dada. É uma característica dos juízos perceptivos o fato de cada um deles relacionar-se com algum singular com o qual nenhuma outra proposição se relaciona diretamente; mas, se este relacionamento existe, só existe através de um relacionamento com aquele juízo perceptivo. Quando expressamos em palavras uma proposição, deixamos inexpressos a maior parte de seus sujeitos singulares, pois as circunstâncias da enunciação mostram, de modo suficiente, qual é o sujeito que se pretende indicar, e as palavras, devido à sua generalidade habitual, não se adaptam bem à designação de singulares. O pronome, que se pode definir como uma parte da fala destinada a preencher a função de índice, nunca é inteligível se tomado em si mesmo, à parte das circunstâncias que cercaram sua elocução; e o nome, que se pode definir como uma parte da fala posta em lugar no pronome, é sempre passível de constituir um equívoco[b].

154. Um sujeito não precisa ser singular. Se não o for, neste caso quando a proposição é expressa na forma canônica usada pelos lógicos, este sujeito apresentará uma ou outra dentre duas imperfeições[c].

a. Ver 448, 4.539.
b. Cf. 2.287
c. Cf. 2.324, 2.357.

Por um lado, pode ser *indesignativo*, de forma a que a proposição signifique que um singular do universo poderia substituir este sujeito ao mesmo tempo em que a verdade é preservada, ao mesmo tempo em que falha na designação de qual é esse singular: como ao dizermos "Algum bezerro tem cinco patas."

Ou, por outro lado, o sujeito pode ser *hipotético*, isto e, pode permitir qualquer singular, a ser substituído por ele, que preencha certas condições, sem garantir que há um singular que preenche estas condições; como quando dizemos: "Qualquer salamandra poderia viver no fogo" ou "Qualquer homem que fosse mais forte do que Sansão poderia fazer tudo que Sansão fez."

Um sujeito que não tem nenhuma destas duas imperfeições é um sujeito *singular* que se refere a uma coleção singular existente em sua integralidade.

155. Se uma proposição tem dois ou mais sujeitos, um dos quais é *indesignativo* e o outro *hipotético*, neste caso faz diferença saber qual é a ordem em que se afirma ser possível a substituição por singulares. Por exemplo, é uma coisa afirmar que "Qualquer católico que possa haver venera alguma mulher ou outra" e coisa bem diferente afirmar que "Há alguma mulher que qualquer católico venera." Se o primeiro sujeito geral é indesignado, a proposição diz-se particular. Se o primeiro sujeito geral é hipotético, a proposição diz-se universal[a].

Uma proposição particular afirma a existência de algo com uma dada descrição. Uma proposição universal simplesmente afirma a não-existência de qualquer coisa de uma dada descrição[b].

156. Portanto, se eu tivesse afirmado que um juízo perceptivo poderia ser uma proposição universal, teria caído em grosseiro absurdo. Pois reação é existência e o juízo perceptivo é o produto cognitivo de uma reação.

Mas, assim como da proposição particular "há alguma mulher que qualquer católico que se possa encontrar venerará" podemos inferir, com segurança, a proposição universal "qualquer católico que se possa encontrar venerará alguma mulher ou outra", da mesma forma se um juízo perceptivo envolve quaisquer elementos gerais, como certamente o faz, a presunção é que uma proposição universal pode ser dele necessariamente deduzida.

157. Ao dizer que juízos perceptivos envolvem elementos gerais eu, naturalmente, nunca pretendi dar a entender que estivesse enunciando uma proposição em psicologia. Pois meus princípios proíbem-me, de modo absoluto, de fazer o menor uso que seja de psicologia em lógica. Estou inteiramente cingido aos fatos inquestionáveis da experiência cotidiana, junto com o que deles se pode deduzir. Tudo o que posso entender por juízo perceptivo é um juízo imposto em termos absolutos à minha aceitação, e isto através de um processo que sou completamente incapaz de controlar e, por conseguinte, incapaz de criticar. Tampouco posso pretender uma certeza absoluta a respeito de qualquer assunto de fato.

a. Cf. 3.532
b. Ver 3.532, onde o acima exposto é interpretado como sendo um caso de subalternação.

Se, com o exame mais minucioso de que sou capaz, um juízo parece ter os caracteres que descrevi, devo reconhecê-lo como estando entre os juízos perceptivos até uma opinião ulterior em contrário. Ora, seja o juízo de que um evento C *parece ser* subsequente e um outro evento A. Por certo, posso ter inferido isto, porque talvez tenha observado que C era subsequente a um terceiro evento B que era subsequente, ele próprio, a A. Mas, neste caso, estas premissas são juízos da mesma descrição. Não parece possível que eu possa ter realizado uma série infinita de atos de crítica, cada um dos quais deve exigir um esforço distinto. O caso é bem diferente do de Aquiles e a tartaruga porque Aquiles não precisa fazer uma série infinita de esforços distintos. Parece, portanto, que eu devo ter feito algum juízo de que um evento *parecia ser* subsequente a um outro sem que esse juízo tenha sido inferido de qualquer premissa, *i.e.*, sem qualquer ação de raciocínio *controlada* e *criticada*. Se assim for, trata-se de um juízo perceptivo no único sentido que o lógico pode reconhecer. Mas, dessa proposição de que um evento, Z, é subsequente a um outro evento, J, posso deduzir de imediato, através do raciocínio necessário, uma proposição universal. A saber, a definição da relação de subsequência aparente é bem conhecida, ou, pelo menos, suficientemente conhecida para nossos propósitos. Z parecerá ser subsequente a Y e se somente se Z parecer estar numa relação peculiar, R, com Y, tal que nada possa estar na relação R com ele mesmo, e se, mais ainda, um evento qualquer, X, com o qual Y está na relação R, com esse mesmo X, Z também está numa relação R[a]. Estando isto implícito no significado de subsequência, em relação ao qual não há margem para dúvida, segue-se facilmente que tudo o que for subsequente a C é subsequente a qualquer coisa, A, a que C é subsequente – o que é uma proposição universal.

Dessa forma, minha asserção ao final da última conferência parece assim justificar-se amplamente. A Terceiridade se derrama sobre nós através de todos os caminhos dos sentidos.

2. O PLANO E OS ESTÁGIOS DO RACIOCÍNIO

158. Podemos agora, proveitosamente, perguntarmo-nos o que é o bem lógico. Vimos que qualquer tipo de bem consiste na adaptação de seu sujeito ao seu *fim*. Pode-se assentar isto como sendo um truísmo. Na verdade, é um pouco mais do que isso, embora as circunstâncias possam ter impedido uma apreensão clara dessa questão.

Se os senhores chamarem isto de utilitarismo não me envergonharei do título. Pois não conheço outro sistema filosófico que tenha trazido tanto bem para o mundo quanto esse mesmo utilitarismo. Bentham pode ser um lógico superficial; mas as verdades que ele divisou foram distinguidas de um modo bastante nobre. Quanto ao utilitário vulgar, seu erro não está no fato de insistir demasiado na questão referente ao que constituiria o bem disto ou daquilo. Pelo contrário, seu erro está em insistir apenas pela metade nessa questão ou, antes, no fato de, na verdade, nunca levantar a questão de modo algum. Ele simplesmente repousa em seus

---

a. Cf. 3.562

desejos presentes como se o desejo estivesse além de toda dialética. Talvez queira ir para o céu. Mas se esquece de indagar que bem traria sua ida para o céu. Seria feliz ali, ele acha. Mas isso é uma mera palavra. Não é uma resposta real à questão.

159. Nossa pergunta é: Qual é a utilidade do pensar? Já ressaltamos que apenas o argumento é que é o sujeito primário e direto do bem e do mal em lógica. Portanto, temos de indagar qual seja o fim da argumentação, aquilo a que ela, ao final, conduz.

160. Os alemães, cuja tendência é ver todas as coisas de um modo subjetivo e também exagerar o elemento da Primeiridade, sustentam que o objeto é, simplesmente, a satisfação de nosso Sentimento lógico, e sustentam também que o bem do raciocínio consiste apenas nessa satisfação estética[a]. Isto poderia ser assim se fôssemos deuses e não estivéssemos sujeitos à força da experiência.

Ora, se a força da experiência fosse mera compulsão cega, e se fôssemos estranhos absolutos no mundo, então, mais uma vez, poderíamos pensar apenas para aprazer a nós mesmos; porque, neste caso, nunca poderíamos fazer com que nossos pensamentos se conformassem a essa mera Secundidade.

Mas a verdade é que há uma Terceiridade na experiência, um elemento da Racionalidade, em relação ao qual podemos exercitar nossa própria razão a fim de que ela se lhe adeque cada vez mais. Se não fosse este o caso, não poderia existir algo como um bem ou um mal lógicos; e, portanto, não precisaríamos esperar até ser provado que há uma razão operativa na experiência, da qual nossa própria razão pode aproximar-se[b]. Deveríamos, ao mesmo tempo, esperar que isto assim seja, porquanto nessa esperança reside a única possibilidade de todo conhecimento.

161. O raciocínio divide-se em três tipos, Dedução, Indução e Abdução[c]. Na dedução, ou raciocínio necessário, partimos de um estado de coisas hipotético que definimos sob certos aspectos abstratos. Entre os caracteres aos quais não prestamos nenhuma atenção neste modo de argumento está o seguinte: se a hipótese de nossas premissas adequa-se ou não, mais ou menos, ao estado de coisas no mundo externo. Consideramos este estado de coisas hipotético e somos levados a concluir que, não importa como ele possa estar com o universo sob outros aspectos, onde quer que e quando quer que a hipótese possa realizar-se, alguma outra coisa não explicitamente suposta nessa hipótese será invariavelmente verdadeira. Nossa inferência é válida se apenas se houver realmente uma tal relação entre o estado de coisas suposto nas premissas e o estado de coisas enunciado na conclusão. O fato de isto ser ou não realmente assim é uma questão de realidade, e nada tem a ver com o modo pelo qual estamos inclinados a pensar. Se uma dada pessoa é incapaz de ver a conexão, mesmo assim o argumento é válido, desde que essa relação de fatos reais realmente subsista. Se toda a raça humana fosse incapaz de ver a conexão, mesmo assim o argumento seria sólido, embora não fosse humanamente

a. Ver 2.152.
b. Cf. 2.654
c. Cf. 2.100; 2.266; 2.649

claro. Vejamos, em termos precisos, como é que nos asseguramos quanto à realidade da conexão. Aqui, como em toda a lógica, o estudo dos relativos tem prestado os maiores serviços. Os silogismos simples, que são os únicos a serem considerados pelos antigos e inexatos lógicos, são formas tão rudimentares que é praticamente impossível neles discernir os traços essenciais da inferência dedutiva antes de nossa atenção voltar-se para esses traços nas formas mais elevadas da dedução.

162. Todo raciocínio necessário, sem exceção, é diagramático[a]. Isto, é, construímos um ícone de nosso estado de coisas hipotético e passamos a observá-lo. Esta observação leva-nos a suspeitar que algo é verdadeiro, algo que podemos ou não ser capazes de formular com precisão, e passamos a indagar se é ou não verdadeiro. Para realizar-se este objetivo é necessário formar um plano de investigação e esta é a parte mais difícil de toda a operação. Não apenas temos de selecionar os traços do diagrama ao qual será pertinente prestar atenção, como também é da maior importância voltar mais de uma vez a certos traços. Caso contrário, embora nossas conclusões possam estar corretas, não serão as conclusões particulares que estamos visando. A habilidade maior, porém, consiste na introdução de *abstrações* adequadas. Com isto quero dizer uma tal transformação de nossos diagramas de modo a que caracteres de um diagrama possam aparecer em outro diagrama como sendo coisas. Um exemplo conhecido surge lá, nas análises, onde tratamos das operações como sendo elas mesmas o sujeito das operações. Permitam-me dizer que o estudo dessa operação de planejar uma demonstração matemática constituiria um plano para toda uma vida[b]. Inúmeras máximas esporádicas existem entre os matemáticos, e muitos livros de valor têm sido escritos sobre o assunto, mas nada que seja amplo e magistral. Com a moderna matemática reformada e com meus próprios e outros resultados lógicos por base, uma tal teoria do plano da demonstração não é mais uma tarefa sobre-humana.

163. Tendo assim determinado o plano do raciocínio, passamos ao próprio raciocínio, e este, como afirmei, pode ser reduzido a três tipos de passos[c]. O primeiro consiste na ligação (cópula) de proposições separadas de modo a formarem uma proposição composta. O segundo consiste em omitir algo de uma proposição sem que haja uma possibilidade de nela introduzir um erro. O terceiro consiste em inserir algo em uma proposição sem com isso introduzir um erro.

164. Os senhores podem ver exatamente no que consiste estes passos elementares da inferência no *Dictionary* de Baldwin sob o tópico Lógica Simbólica[d]. Pode-se considerar o que segue como um espécime do que sejam tais passos:

A é um cavalo baio.
Portanto, A é um cavalo.

a. Ver v. 4, livro II, *Collected Papers*, para um estudo detalhado dos diagramas.
b. Ver 3.363; 3.559; 4.233.
c. Ver 579; 2.442; 4.505; 4.565.
d. Ver v. 4, livro II, Cap. 2, *Collected Papers*.

Se alguém se perguntar como é que se sabe que isto é certo, provavelmente esse alguém responderá que se imagina um cavalo baio e que, contemplando-se essa imagem, vê-se que é um cavalo. Mas isso só se aplica à imagem singular. Qual o tamanho do cavalo representado por esta imagem? Essa imagem seria a mesma se o cavalo fosse de tamanho diferente? Qual a idade do cavalo representado? Seu rabo estava cortado? Seria a mesma se o cavalo tivesse tapa-olhos, e se fosse tem o senhor certeza de que seria a mesma se o cavalo estivesse com uma das muitas doenças que afligem os cavalos? Temos certeza absoluta de que nenhuma destas circunstâncias poderia afetar a questão, por pouco que fosse. É muito fácil formular razões às dezenas; mas a dificuldade é que elas são bem menos evidentes do que a inferência original. Não vejo como pode o lógico dizer outra coisa senão que *percebe* que, quando uma proposição copulativa é dada, como "A é um cavalo e A é da cor baia" qualquer membro da cópula pode ser omitido sem que isso mude a proposição de verdadeira para falsa. Num sentido psicológico, estou propenso a aceitar a palavra do psicólogo se ele disser que uma tal verdade geral não pode ser *percebida*. Mas, o que de melhor podemos fazer na lógica?

165. Alguém pode responder que a proposição copulativa contém a conjunção "e" ou algo equivalente; e que o *significado* deste "e" é que toda a cópula é verdadeira se e apenas se cada um de seus membros for singularmente verdadeiro, de tal forma que está implícito no próprio *significado* da proposição copulativa que qualquer membro pode ser posto de lado.

Concordo com isto plenamente. Mas, afinal de contas, o que significa dizer tal coisa? É uma outra forma de dizer que aquilo que chamamos de *significado* de uma proposição abarca toda dedução necessária e óbvia que dela resulte. Considerando-a como um começo de análise sobre qual seja o significado da palavra "significado", trata-se de uma observação valiosa. Mas, o que pergunto é como pode ajudar-nos na passagem de um juízo aceito A para um outro juízo C a respeito do qual nos sentimos não apenas confiantes como *estamos* de fato igualmente seguros, com exceção de um possível erro que poderia ser corrigido assim que nos despertasse a atenção, e com exceção de um outro erro equivalente?

A isto, o defensor da explicação através da concepção de "significado" pode responder; aquilo que é *significado* é aquilo que é pretendido ou objetivado; que um juízo é um ato voluntário, e nossa intenção é não empregar a forma do juízo A, exceto na interpretação de imagens as quais os juízos, correspondentes a C, na forma, podem aplicar-se.

166. Dizer que se trata de juízos perceptivos referentes aos nossos próprios propósitos talvez possa reconciliar o psicólogo com a admissão do fato de os juízos perceptivos envolverem a generalidade. Certamente, acredito que a certeza da matemática pura e de todo raciocínio necessário se deve à circunstância de que ele se relaciona com objetos que são as criações de nossos próprios espíritos, e que o conhecimento matemático deve ser classificado junto com o conhecimento de nossos próprios propósitos. Quando nos deparamos com um resultado surpreendente na matemática pura, como frequentemente acontece, em virtude de um raciocínio débil que nos levou a supor que tal resultado era impossível, trata-se essencialmente do mesmo tipo de fenômeno que se tem quando,

perseguindo um objetivo, somos levados a fazer algo de que nos surpreendemos ao nos darmos conta de que o estamos fazendo, por ser algo contrário, ou aparentemente contrário, a algum propósito mais fraco.

Mas, se se supor que considerações desse tipo permitem uma justificação lógica dos princípios lógicos primários, devo dizer que, pelo contrário, tais considerações *dão o assunto por provado* ao admitir premissas bem menos certas do que a conclusão a ser estabelecida.

3. RACIOCÍNIO INDUTIVO[a]

167. Uma geração e meia de modas evolucionárias na filosofia não bastou de lodo para extinguir o fogo da admiração por John Stuart Mill – esse filósofo vigoroso porém filisteu cujas inconsistências caíam-lhe tão bem que se transformou no chefe de uma escola popular – e, por conseguinte, ainda haverá aqueles que se proponham a explicar os princípios gerais da lógica formal, que, como já se demonstrou, são princípios matemáticos, através da indução, lodo aquele que se apega a esse ponto de vista, atualmente, pode ser encarado como alguém que possui uma noção muito vaga da indução; de tal forma que aquilo que essa pessoa pretende dizer e que os princípios gerais em questão derivam-se de imagens da imaginação através de um processo que é, *grosso modo* análogo à indução. Compreendendo-a desse modo, concordo plena mente com essa pessoa. Mas ela não pode esperar que eu, em 1903, sinta mais do que uma admiração histórica por concepções da indução que esclareceram de forma brilhante esse assunto em 1843. A indução é tão manifestamente inadequada para explicar a certeza desses princípios que seria perda de tempo discutir uma tal teoria.

168. No entanto, já é hora de passar à consideração do Raciocínio Indutivo. Quando digo que por raciocínio indutivo entendo um curso de investigação experimental, não estou tomando "experimento" no sentido estreito de uma operação pela qual se varia as condições de um fenômeno quase a nossa vontade. Muitas vezes ouvimos estudiosos das ciências, que não são experimentais nesta acepção estreita, lamentar-se de que em seus departamentos eles se vejam privados deste auxílio. Não há dúvida de que há muita razão nessa queixa; todavia, tais pessoas não estão de modo algum impedidas de seguir exatamente o mesmo método lógico, embora não com a mesma liberdade e facilidade. Um experimento, diz Stöckhardt, em seu excelente *School of Chemistry*, é uma pergunta feita à natureza[b]. Como todo interrogatório, baseia-se numa suposição. Se essa suposição estiver correta, cabe-se esperar um certo resultado sensível sob certas circunstâncias que é possível criar ou com as quais, de qualquer forma, haverá encontro. A pergunta é; Será este o resultado? Se a Natureza responder: "Não!", o experimentador obteve um importante conhecimento. Se a Natureza disser; "Sim!", as ideias do experimentador permanecem como estão, apenas um pouco mais profundamente enraizadas. Se a Natureza responder "Sim" às primeiras vinte perguntas, embora essas perguntas

---

a. Cf. vol. 2, livro 111. B, *Collected Papers*.
b. Ver *Die Schule der Chemie*, Julius A. Stockhardt, parte 1, § 6.

fossem elaboradas de modo a tornar essa resposta tão surpreendente quanto possível, o experimentador estará seguro de se encontrar no caminho certo, uma vez que 2 à potência 20 ultrapassa um milhão.

169. Laplace era da opinião que os experimentos afirmativos atribuem uma probabilidade definida à teoria; e essa doutrina é ensinada até hoje na maioria dos livros sobre probabilidades, embora conduza aos mais ridículos resultados e seja inerentemente autocontraditória. Baseia-se numa noção muito confusa do que seja probabilidade. A probabilidade aplica-se à questão de se um tipo específico de evento ocorrerá quando certas condições predeterminadas são preenchidas; e é a razão entre o número de vezes, a longo prazo, nas quais aquele resultado específico se apresentaria a partir do preenchimento dessas condições, e o número total de vezes nas quais aquelas condições foram preenchidas no curso da experiência. Refere-se essencialmente a um curso da experiência ou, pelo menos, de eventos reais, porque meras possibilidades não são passíveis de serem contadas. Os senhores podem, por exemplo, perguntar qual a probabilidade de que um dado tipo de objeto seja vermelho, contanto que definam suficientemente o que seja o vermelho. A probabilidade é simplesmente a razão entre o número de objetos desse tipo que são vermelhos e o número total de objetos desse tipo. Contudo, perguntar em abstrato qual a probabilidade de que um tom de cor seja vermelho é absurdo, porque os tons de cores não são individuais capazes de serem contados. Os senhores podem perguntar qual é a probabilidade de que o próximo elemento químico a ser descoberto apresente um peso atômico superior a cem. Mas não podem perguntar qual a probabilidade de que a lei da atração universal seja a do inverso do quadrado até que possam atribuir algum significado à estatística dos caracteres dos universos possíveis. Quando Leibniz disse que este mundo era o melhor possível, ele pode ter tido um vislumbre do significado, mas quando Quételet[a] diz que se um fenômeno foi observado em m ocasiões, a probabilidade que ele ocorra na $(m+1)^a$ ocasião é $\dfrac{M+1}{M+2}$, ele está dizendo um perfeito absurdo.

O Sr. F.Y. Edgworth afirma que de todas as teorias encetadas, a metade está correta. Isso não é absurdo, porém é ridiculamente falso. Pois, teorias dotadas de elementos bastantes que as recomendem à discussão séria, existem, em média, em número superior a duas para cada fenômeno a ser explicado. Poincaré, de outro lado, parece acreditar que todas as teorias estão erradas, e a única questão é saber quão erradas estão.

170. A indução consiste em partir de uma teoria, dela deduzir predições de fenômenos e observar esses fenômenos a fim de ver *quão de perto* concordam com a teoria. A justificativa para acreditar que uma teoria experimental, que foi submetida a um certo número de verificações experimentais, será no futuro próximo sustentada quase tanto por verificações ulteriores quanto o tem sido até agora, essa justificativa está em que seguindo firmemente esse método devemos descobrir, a longo prazo, como é que o problema realmente se apresenta. A razão pela qual devemos assim proceder é que nossa teoria, se ela for admissível mesmo como

a. Ver *Lettres sur la théorie des probabilités*, 3ª carta

teoria, consiste simplesmente em supor que tais experimentos apresentarão, a longo prazo, resultados de uma certa natureza. Contudo, não quero que pensem que estou dizendo que a experiência pode ser exaurida, ou que se pode aproximar de uma exaustão. O que quero dizer é que se houver uma série de objetos, digamos cruzes e círculos, tendo esta série um começo mas não um fim, neste caso, seja qual for o arranjo ou desejo de arranjo destas cruzes e círculos em toda a série interminável, esse arranjo deve ser passível de ser descoberto, com um grau indefinido de aproximação, através do exame de um número suficientemente finito de arranjos sucessivos a começar no início da série. Este é um teorema passível de uma demonstração estrita. O princípio da demonstração é que tudo aquilo que não tem fim não pode ter outro modo de ser exceto o da lei e, portanto, seja qual for a natureza geral que possa ter, deve ser descritível, mas o único modo de descrever uma série interminável consiste em enunciar explícita ou implicitamente a lei da sucessão de um termo após o outro. Mas cada um desses termos tem um lugar ordinal finito desde o começo e, portanto, se apresenta uma regularidade para todas as sucessões finitas a partir do começo, apresenta a mesma regularidade do começo ao fim. Assim, a validade da indução depende da relação necessária entre o geral e o singular. É exatamente isto que constitui a base do Pragmatismo.

4. INSTINTO E ABDUÇÃO[a]

171. A respeito da validade da inferência Abdutiva, há pouco a dizer, embora esse pouco seja pertinente ao problema com que estamos lidando.

Abdução é o processo de formação de uma hipótese explanatória. É a única operação lógica que apresenta uma ideia nova, pois a indução nada faz além de determinar um valor, e a dedução meramente desenvolve as consequências necessárias de uma hipótese pura.

A Dedução prova que algo *deve* ser; a Indução mostra que alguma coisa *é realmente* operativa; a Abdução simplesmente sugere que alguma coisa *pode ser*.

Sua única justificativa é que a partir de suas sugestões a dedução pode extrair uma predição que pode ser verificada por indução, e isso, se é que nos é dado aprender algo ou compreender os fenômenos, deve ser realizado através da abdução.

Não há quaisquer razões que lhe possam ser atribuídas, tanto quanto sei; e ela não necessita de razões, visto que simplesmente oferece sugestões.

172. Um homem deve estar cabalmente louco para negar que a ciência efetuou muitas descobertas verdadeiras. Contudo, cada um dos itens singulares da teoria científica que estão hoje formados deve-se à Abdução.

Mas como é que toda essa verdade foi iluminada por um processo no qual não existe compulsão, nem tende para a compulsão? Será por acaso? Considere-se a multidão de teorias que poderiam ter sido sugeridas. Um físico depara-se com um novo fenômeno em seu laboratório. Como é que ele sabe se as conjunções dos planetas têm algo a ver com

a. Cf. 1.118, 2.623, 2.753.

isso, ou se isso é assim porque, talvez, a imperatriz viúva da China, no mesmo momento há um ano atrás, pronunciou alguma palavra com um poder místico, ou se o fato se deve à presença de algum espírito invisível? Pense-se nos trilhões e trilhões de hipóteses que se poderiam formular e das quais apenas uma é verdadeira; todavia, após duas ou três, no máximo uma dúzia de conjeturas, o físico dá, bastante aproximadamente, com a hipótese correta. Se fosse ao acaso, não é provável que pudesse fazê-lo nem ao transcurso de todo o tempo decorrido desde que a terra se solidificou. Os senhores poderão dizer que de início se recorria a hipóteses astrológicas e mágicas e que só aos poucos aprendemos certas leis gerais da natureza em consequência das quais os físicos procuram a explicação de seus fenômenos dentro das quatro paredes do laboratório. Mas quando se observa mais de perto essa questão, não é possível explicá-la de forma alguma desse modo. Vejam o assunto em uma perspectiva ampla. O homem não está metido com problemas científicos por mais de vinte mil anos ou coisa assim. Mas seja dez vezes esse tempo, se quiserem. Mesmo assim, não é nem a centésima milésima parte do tempo que se poderia esperar que estivesse à procura de sua primeira teoria científica.

Os senhores podem apresentar esta ou aquela excelente explicação psicológica da questão. Mas permitam-me dizer-lhes que toda a psicologia do mundo deixará o problema lógico exatamente onde ele estava. Eu poderia passar horas desenvolvendo esse ponto. Devo pô-lo de lado.

Podem dizer que a evolução explica o fato. Não duvido que seja a evolução. Mas quanto a explicar a evolução pelo acaso, não houve tempo suficiente para tanto.

173. Seja como for que o homem tenha adquirido sua faculdade de adivinhar os caminhos da Natureza, certamente não o foi através de uma lógica crítica e autocontrolada. Mesmo agora ele não consegue dar uma razão precisa para suas melhores conjecturas. Parece-me que a formulação mais clara que podemos fazer a respeito da situação lógica – a mais livre de toda a mescla questionável de elementos – consiste em dizer que o homem tem uma certa Introvisão (*Insight*), não suficientemente forte para que ele esteja com mais frequência certo do que errado, mas forte o suficiente para que esteja, na esmagadora maioria das vezes, com mais frequência certo do que errado, uma Introvisão da Terceiridade, os elementos gerais, da Natureza. Denomino-o de Introvisão porque é preciso relacioná-la com a mesma classe geral de operações a que pertencem os Juízos Perceptivos. Esta Faculdade pertence, ao mesmo tempo, à natureza geral do Instinto, assemelhando-se aos instintos dos animais, na medida em que estes ultrapassam os poderes gerais de nossa razão e pelo fato de nos dirigir como se possuíssemos fatos situados inteiramente além do alcance de nossos sentidos. Assemelha-se também ao instinto em virtude de sua pequena susceptibilidade ao erro, pois, embora esteja mais frequentemente errado do que certo, a frequência relativa com que está certo é, no conjunto, a coisa mais maravilhosa de nossa constituição.

174. Mais uma pequena observação e deixarei este tópico de lado. Se perguntarem a um pesquisador por que não tenta esta ou aquela teoria estranha, ele dirá; "Não parece *razoável*." É curioso que raramente usemos

esta palavra ali onde a lógica estrita de nosso procedimento é claramente divisada. Não dizemos que um erro matemático não é razoável. Só chamamos de razoável aquela opinião que se baseia apenas no instinto...

5. SIGNIFICADO DE UM ARGUMENTO

175. Já analisamos algumas razões para sustentar que a ideia de *significado* é tal que envolve alguma referência a um *propósito*. Mas, Significado só se atribui a representâmens, e o único tipo de representamen que tem um definido propósito confesso é um "argumento". O propósito confesso de um argumento é o de determinar uma acolhida de sua conclusão, e chamar a conclusão de um argumento de seu significado é algo que está em concordância com os usos gerais. Mas, devo observar que a palavra "significado" não tem sido reconhecida, até aqui, como sendo um termo técnico da lógica e, ao propô-la como tal (coisa que me é dado o direito de fazer uma vez que tenho uma nova concepção a exprimir, a da conclusão de um argumento como sendo seu interpretante declarado) deveriam reconhecer-me o direito de desvirtuar ligeiramente a aceitação da palavra "significado" de modo a ajustá-la a expressão de uma concepção científica. Parece natural usar a palavra *significado* para denotar o interpretante declarado de um símbolo[a].

176. Posso supor que todos os senhores estão familiarizados com a reiterada insistência de Kant segundo a qual o raciocínio necessário nada faz, além de explicar o *significado* de suas premissas[b]. Ora, a concepção que Kant tem da natureza do raciocínio necessário e uma concepção profundamente errônea, como o demonstra claramente a lógica das relações, e a distinção por ser estabelecida entre os juízos analíticos e sintéticos, aos quais denomina em outras ocasiões e mais apropriadamente de juízos *explanatórios* (*erläuternde*) e *ampliativos* (*erweiternde*), que se baseia naquela concepção inicial, é tão visceralmente confusa que é difícil ou impossível fazer alguma coisa com ela. Não obstante, creio que procederemos bem em aceitar a afirmação de Kant segundo a qual o raciocínio necessário é meramente explanatório do significado dos termos das premissas, só que invertendo o uso a ser feito dessa afirmação. A saber, em vez de adotarmos a concepção de significado dos lógicos wolfianos, tal como ele o faz, e utilizar esse dito para exprimir aquilo que o raciocínio necessário pode fazer, algo sobre o qual estava profundamente enganado, procederemos melhor compreendendo o raciocínio necessário tal como a matemática e a lógica das relações compele-nos a compreendê-lo, e usar aquele dito, o de que o raciocínio necessário explica apenas os significados dos termos das premissas, para fixar nossas ideias quanto àquilo que devemos entender por *significado* de um termo.

177. Kant e os poucos lógicos com cujos textos se achava familiarizado – estava longe de ser um estudioso perfunctório da lógica, não obstante seu grande poder natural como lógico – consistentemente negligenciaram a lógica das relações; e, como consequência, a única ex-

a. Ver 166.
b. Ver, por ex., *Kritik der Reinen Vernunft*. A7, B10. II.

plicação do significado de um termo que estavam em condições de dar, "significação" do termo, na expressão deles, era que o significado era composto por todos os termos que poderiam ser essencialmente predicados daquele termo. Por conseguinte, ou a análise da significação deveria estar em condições de ser impelida cada vez mais à frente, sem limites – opinião que Kant[a] exprime numa passagem muito conhecida mas que ele não desenvolveu – ou, o que era mais comum, acabava-se chegando a certas concepções absolutamente simples, tais como Ser, Qualidade, Relação, Atuação, Liberdade, etc., que eram encaradas como absolutamente incapazes de uma definição e como sendo luminosas e claras no mais alto grau. É espantosa a aceitação que esta opinião teve, a saber, a de que essas concepções excessivamente abstratas eram em si mesmas simples e fáceis no mais alto grau, e isto apesar de repudiarem, como o faziam, o bom senso. Um dos muitos serviços importantes que a lógica das relações têm prestado é o de demonstrar que essas assim chamadas concepções simples, não obstante o fato de não serem afetadas pelo tipo particular de combinação reconhecida na lógica não-relativa, são, mesmo assim, passíveis de análise em virtude de implicarem vários modos de relacionamento. Por exemplo, concepção alguma é tão simples quanto as de Primeiridade, Secundidade e Terceiridade; mas isto não me impediu de defini-las, e defini-las de um modo bastante efetivo, uma vez que todas as asserções que fiz a seu respeito foram deduzidas dessas definições.

178. Um outro efeito da negligência cometida em relação à lógica das relações foi que Kant imaginou que todo raciocínio necessário era do tipo de um silogismo em *Barbara*. Nada poderia estar mais ridiculamente em conflito com fatos que são bem conhecidos[b]. Pois se esse tivesse sido o caso, qualquer pessoa com uma boa cabeça lógica seria capaz, instantaneamente, de ver se uma dada conclusão derivava ou não das premissas dadas; e, além do mais, o número de conclusões a partir de um pequeno número de premissas seria muito moderado. Ora, é verdade que quando Kant escreveu, Legendre e Gauss ainda não haviam demonstrado que um número incontável de teoremas são deduzíveis a partir de umas poucas premissas da aritmética. Suponho, portanto, que devemos desculpá-lo por não saber disto. Mas é difícil compreender o estado de espírito a respeito desta questão por parte de lógicos que eram ao mesmo tempo matemáticos, como Euler, Lambert e Ploucquet. Euler inventou os diagramas lógicos que são conhecidos pelo seu nome, uma vez que as reivindicações feitas em favor de alguns de seus precursores podem ser postas de lado como despidas de fundamento[c]; e Lambert utilizou-se de um sistema equivalente[d]; Ora, não necessito dizer que ambos estes homens eram matemáticos de grande poder. E sentimo-nos simplesmente atônitos diante do fato de parecerem eles dizer que todos os raciocínios da matemática poderiam ser representados por qualquer desses modos. Pode-se supor que Euler nunca prestou muita atenção à lógica. Mas Lambert escreveu um

a. Ibidem, A656. B684.
b. Cf. 4.427.
c. Ver 4.353.
d. Ver seu *Neues Organon*, Bd. I.S. 111.

extenso livro, em dois volumes, sobre o assunto, e é uma obra bastante superficial. Sente-se uma certa dificuldade em conceber que o autor dessa obra foi o mesmo homem que chegou tão perto da descoberta da geometria não-euclidiana. A lógica dos relativos está agora apta a demonstrar, numa forma estritamente lógica, o raciocínio da matemática. Os senhores encontrarão um exemplo disso – embora um exemplo simples demais para ressaltar todos seus traços – naquele capítulo da lógica de Sehröderd[a], no qual ele remodela o raciocínio de Dedekind em sua brochurc *Was sind und was sollen die Zahlen*; e se se objetar que esta análise cru, fundamentalmente, o trabalho de Dedekind, que não empregou o instrumental da lógica das relações , respondo que todo o livro de Dedekind não passa de uma elaboração sobre um texto por mim publicado muitos anos antes do *American Journal of Mathematics*[b], texto este que era resultado direto de meus estudos da lógica. Estas análises mostram que, embora a maioria dos estágios do raciocínio apresentem uma considerável semelhança com Barbara, a diferença de efeito é, na verdade, bastante grande.

179. No conjunto, portanto, se por *significado* de um termo, proposição ou argumento, entendermos a totalidade do interpretante geral pretendido, neste caso o significado de um argumento é explícito. E sua conclusão; ao passo que o significado de uma proposição ou termo é tudo aquilo com que essa proposição ou termo poderia contribuir para a conclusão de um argumento demonstrativo. Mas, conquanto se possa considerar útil esta análise, ela não é suficiente para eliminar todo o absurdo ou para habilitar-nos a julgar quanto ao máximo do pragmatismo. Aquilo de que necessitamos é uma explicação do significado *último* de um termo. É a este problema que nós devemos dedicar.

---

a. *Vorlesungen über die Algebre der Logik* (*Exakte Logik*), Bd. III, t 2.
b. Ver vol. 3, nº VII.

4. Pragmatismo e Abdução

1. AS TRÊS PROPOSIÇÕES COTÁRIAS

180. Ao final de minha última conferência enunciei três proposições que me parecem dar ao pragmatismo seu caráter peculiar. A fim de referir-me a elas brevemente esta noite, vou chamá-las, por ora, de proposições cotárias. *Cos, cotis* é uma pedra de amolar. Essas proposições me parecem *afiar* a máxima do pragmatismo.

181. Estas proposições *cotárias* são as seguintes:

(1) *Nihil est in intellectus quod non prius fuerit in sensu.* Tomo esta proposição num sentido algo diferente do de Aristóteles[a]. Por *intellectus* entendo o significado de qualquer representação em qualquer tipo de cognição, virtual, simbólica ou seja como for. Berkeley[b] e os nominalistas de seu tipo negam que tenhamos uma ideia, qualquer que seja, de um triângulo em geral, que não seja nem equilátero, isósceles ou escaleno. Mas ele não pode negar que existam proposições sobre os triângulos em geral, proposições estas que são falsas ou verdadeiras; e desde que este é o caso, o fato de termos ou não uma *ideia* de um triângulo em algum sentido psicológico, a mim, como lógico, não importa. Temos um *intellectus*, um significado do qual o triângulo em geral é um elemento. Quanto ao outro termo, *in sensu* tomo-o no sentido de *num juízo perceptivo*, o ponto de partida ou primeira premissa de todo o pensamento crítico e controlado. Passo agora a enunciar aquilo que concebo como sendo

a. Ver *de Anima*, livro HI, Cap. 8
b. Ver *The Principles of Human Knowledge*. § 13.

a evidência da verdade desta primeira proposição cotaria. Prefiro, porém, começar por lembrar-lhes quais são as três proposições.

(2) A segunda é que os juízos perceptivos contêm elementos gerais, de tal forma que proposições universais são dedutíveis a partir deles segundo a maneira pelo qual a lógica das relações mostra que as proposições particulares normalmente, para não dizer invariavelmente, permitem que as proposições universais sejam necessariamente inferidas a partir deles. Isto eu já coloquei de modo suficiente em minha última conferência. Esta noite, já tomo como certa a verdade dessa proposição.

(3) A terceira proposição cotaria é que a inferência abdutiva se transforma no juízo perceptivo sem que haja uma linha clara de demarcação entre eles; ou em outras palavras, nossas primeiras premissas, os juízos perceptivos, devem ser encarados como um caso extremo das inferências abdutivas, das quais diferem por estar absolutamente além de toda crítica. A sugestão abdutiva advém-nos como num lampejo. É um ato de introvisão (*insight*), embora de uma introvisão extremamente falível. É verdade que os diferentes elementos da hipótese já estavam em nossas mentes antes; mas é a ideia de reunir aquilo que nunca tínhamos sonhado reunir que lampeja a nova sugestão diante de nossa contemplação.

Por sua parte, o juízo perceptivo é o resultado de um processo, embora um processo não suficientemente consciente para ser controlado ou, para enunciar as coisas de um modo mais verdadeiro, não controlável e, portanto, não totalmente consciente. Se fôssemos submeter este processo subconsciente a uma análise lógica, descobriríamos que ele termina naquilo que a análise representaria como sendo uma inferência abdutiva, que se apoia sobre o resultado de um processo similar que uma análise lógica similar representaria como terminando numa inferência abdutiva similar, e assim por diante *ad infinitum*. Esta análise seria exatamente análoga àquela que o sofisma de Aquiles e a Tartaruga aplica à perseguição da Tartaruga por Aquiles, e deixaria de representar o processo real pela mesma razão. Ou seja, assim como Aquiles não tem de realizar a série de esforços distintos que ele faz na sua representação, da mesma forma este processo de formação de juízo perceptivo, por ser subconsciente e, portanto, não passível de uma crítica lógica, não tem de realizar atos separados de inferência, mas realiza seu ato num único processo contínuo.

2. ABDUÇÃO E JUÍZOS PERCEPTIVOS

182 Já apresentei meu sumário de motivos em favor de minha segunda proposição cotaria e naquilo que vou agora dizer tratarei esse fato como suficientemente provado. Ao discutir aquela proposição, evitei todo recurso a coisas como fenômenos especiais, sobre os quais não creio que a filosofia deva basear-se, de modo algum. Mesmo assim, não há mal algum em utilizar observações especiais num modo meramente abdutivo para lançar luz sobre doutrinas já estabelecidas e para ajudar o espírito a apreendê-las; e há alguns fenômenos que, creio, realmente nos ajudam a ver o que é que se entende com a afirmação de que os juízos perceptivos contêm elementos gerais, e que também conduzirão, naturalmente, a uma consideração da terceira proposição cossal.

183. Vou apresentar-lhes uma figura que me lembro ter meu pai (Benjamin Peirce) desenhado em uma de suas conferências. Não me lembro o que essa figura pretendia mostrar; mas não posso imaginar que outra coisa poderia ser exceto minha proposição cotaria nº 2. Se assim for, ao

manter essa proposição estarei, substancialmente, seguindo suas pegadas, embora não reste dúvida que ele teria colocado essa proposição de uma forma bem diferente da minha. Eis a figura (ainda que eu não possa desenhá-la tão bem quanto ele o fez). Consiste numa linha em forma de serpentina. Mas, no momento em que é completada, parece ser uma muralha de pedra. O fato é que há dois modos de conceber-se o assunto. Ambos, peço que observem, são *modos gerais de classificar a linha*, classes gerais nas quais a linha é classificada. Mas a preferência resoluta de nossa percepção por um modo de classificar o percepto demonstra que esta classificação está contida no juízo perceptivo. É o que acontece com aquela figura esboçada, sem sombra e bem conhecida, de alguns degraus* vistos em perspectiva. De início, temos a impressão de estar olhando os degraus de cima; mas alguma parte inconsciente de nossa mente parece cansar-se de receber essa forma e de repente parecemos ver os degraus por baixo, e desta forma o juízo perceptivo, e o próprio percepto, parece ficar oscilando de um aspecto geral para o outro num ciclo contínuo.

Em todas as ilusões visuais desse tipo, das quais umas trinta são bem conhecidas, a coisa mais notável é que uma certa teoria da interpretação da figura dá sempre a impressão de ser dada na percepção. Da primeira vez em que nos é apresentada, ela parece estar tão completamente além do controle da crítica racional quanto o está qualquer percepto; mas, após muitas repetições da experiência agora familiar, a ilusão desgasta-se, tornando-se inicialmente menos definida e acabando, ao fim, por desaparecer por completo. Isto demonstra que estes fenômenos são verdadeiros elos conectivos entre abduções e percepções.

184. Se o percepto ou o juízo perceptivo fosse de uma tal natureza que estivesse de todo desligada da abdução, seria de esperar que o percepto fosse inteiramente livre dos caracteres que são próprios às *interpretações*, enquanto que dificilmente pode deixar de apresentar tais caracteres se for meramente uma série contínua daquilo que, discreta e conscientemente realizadas, seriam as abduções. Temos aqui, desta forma, quase uma verificação crucial da minha terceira proposição cotaria. Neste caso, qual é o fato? O fato é que não há necessidade de ir além das observações comuns da vi da comum para encontrar uma variedade de modos amplamente diferentes pelos quais a percepção é interpretativa.

185. Toda a série dos fenômenos hipnóticos, muitos dos quais pertencem ao domínio da observação ordinária de todos os dias – tal como o fato de acordarmos na hora em que queremos acordar, e isto em termos mais precisos do que nosso eu interno poderia supor – envolve o fato de

---

* A ilusão da escada reversível, em psicologia da percepção. (N. do T.)

que percebemos aquilo que estamos preparados para interpretar, embora seja bem menos perceptível do que qualquer esforço expresso poderia habilitar-nos a perceber; enquanto isso, deixamos de perceber aquilo para cuja interpretação não estamos preparados, embora exceda em intensidade aquilo que deveríamos perceber com a maior facilidade se nos importássemos com sua interpretação. Para mim, é surpreendente que o relógio de meu gabinete soe a cada meia hora do modo mais audível possível e mesmo assim eu nunca o ouça. Eu não saberia dizer se o mecanismo que o faz soar está funcionando ou não, a menos que esteja desarranjado e soe fora de hora. E se isso acontecer seguramente hei de ouvi-lo tocar. Outro fato familiar é que percebemos, ou parecemos perceber, certos objetos diversamente daquilo que realmente são, acomodando-os à sua intenção manifesta. Os revisores de provas recebem altos salários porque as pessoas comuns deixam de ver erros, de imprensa, uma vez que seus olhos os corrigem. Podemos repetir o *sentido* de uma conversa, mas frequentemente nos enganamos a respeito das palavras que foram pronunciadas. Alguns políticos acham que é esperteza veicular uma ideia que eles cuidadosamente se abstêm de enunciar em palavras. O resultado é que um repórter qualquer poderá jurar sinceramente que determinado político lhe disse algo que o político teve o maior cuidado em não dizer.

Iria cansá-los se me estendesse mais a respeito de algo tão conhecido, particularmente pelos estudiosos da psicologia, quanto a interpretatividade do juízo perceptivo. Trata-se na verdade de nada mais que o caso extremo dos Juízos Abdutivos.

186. Se se admitir esta terceira proposição cotaria, a segunda, a de que o juízo perceptivo contém elementos gerais, também há de ser admitida; e quanto à primeira, segundo a qual todos os elementos gerais são dados na percepção, essa perde a maior parte de sua importância. Pois se um elemento geral fosse dado de outro modo que não através do juízo perceptivo, só poderia aparecer primeiramente numa sugestão abdutiva, e isto parece redundar agora, substancialmente, na mesma coisa. Não apenas opino, no entanto, que todo elemento geral de toda hipótese, por mais extravagante e sofisticado que possa ser, é dado em alguma parte da percepção, mas aventuro-me mesmo a afirmar que toda *forma* geral de reunir conceitos é, em seus elementos, dada na percepção. A fim de decidir se isto é ou não assim, cumpre formar uma noção clara da diferença exata entre juízo abdutivo e juízo perceptivo, que é seu caso-limite. O único sintoma pelo qual é possível distinguir os dois é que não podemos formar a menor concepção do que seria negar o juízo perceptivo. Se julgo que uma imagem perceptiva é vermelha, posso conceber que um outro homem não tenha esse mesmo percepto. Posso conceber também que ele possui este percepto mas nunca pensou se ele é vermelho ou não. Posso conceber que, mesmo figurando as cores entre suas sensações, ele nunca teve sua atenção dirigida para elas. Ou posso conceber que, em vez da vermelhidão, uma concepção algo diferente surja em sua mente; por exemplo, que ele julgue que este percepto tenha uma certa quentura de cor. Posso imaginar que a vermelhidão de meu percepto seja excessivamente esmaecida e opaca de tal forma que dificilmente se pode ter certeza de se tratar ou não de

vermelho. Mas, que um homem qualquer tenha um percepto similar ao meu e se pergunte se este percepto é *vermelho*, o que implicaria que ele julgou que algum percepto é vermelho, e que, à base de um cuidadoso exame deste percepto, declare que o percepto decidida e claramente *não é* vermelho, quando eu o julgo preponderantemente vermelho, *isso* eu não posso compreender. Uma sugestão abdutiva, entretanto, é algo cuja verdade *pode* ser questionada ou mesmo negada.

187. Somos levados assim a admitir que a *prova da inconceptibilidade* é o único meio de distinguir entre uma abdução e um juízo perceptivo. Ora, concordo com tudo aquilo que Stuart Mill tão convincentemente disse em seu *Examination of Hamilton* a respeito da profunda impossibilidade de confiar na prova da inconceptibilidade[a]. Aquilo que, hoje, é para nós inconcebível pode, amanhã, demonstrar-se concebível e mesmo provável; de tal forma que nunca podemos estar absolutamente seguros de que um juízo é perceptivo e não abdutivo; e isto pode aparentemente constituir dificuldade no caminho de nos satisfazermos com o fato de que a primeira proposição cotária seja verdadeira.

Eu poderia demonstrar-lhes facilmente que esta dificuldade, embora teoricamente formidável, na prática equivale a nada ou quase nada para uma pessoa destra na formulação de investigações desse tipo. Mas isto é desnecessário, dado que a objeção que sobre ela se baseia não tem força lógica alguma.

188. Não há dúvida, em relação à primeira proposição cotária, que esta proposição decorre, como consequência necessária, da possibilidade de que aquilo que são na verdade abduções foram confundidas com percepções. Pois a questão é se aquilo que é realmente um resultado abdutivo pode conter elementos estranhos a suas premissas. Deve-se lembrar que a abdução, embora se veja bem pouco embaraçada pelas normas da lógica, é, não obstante, uma inferência lógica, que afirma sua conclusão de um modo apenas problemático ou conjetural, é verdade, mas que, mesmo assim possui uma forma lógica perfeitamente definida.

189. Muito antes de eu ter classificado a abdução como uma inferência, os lógicos reconheceram que a operação de adotar uma hipótese explicativa – que é exatamente aquilo em que consiste a abdução – estava sujeita a certas condições. Ou seja, a hipótese não pode ser admitida, mesmo enquanto hipótese, a menos que se suponha que ela preste contas dos fatos ou de alguns deles. A forma da inferência, portanto, é esta:

Um fato surpreendente, C, é observado;
Mas se A fosse verdadeiro, C seria natural,
Donde, há razão para suspeitar-se que A é verdadeiro.

Assim, A não pode ser inferido abdutivamente ou, se preferirem uma outra expressão, não pode ser abdutivamente conjeturado até que todo seu conteúdo esteja presente na premissa, "Se A fosse verdadeiro, C seria natural".

190. Quer esta seja ou não uma explicação correta da questão, a mera sugestão de sua possibilidade mostra que o simples fato de as abduções poderem ser confundidas com as percepções não afeta, necessa-

---

a. Cap. XXI

riamente, a força que um argumento tem de mostrar que não é possível obter concepções inteiramente novas a partir da abdução.

191. Mas quando a explicação dada de abdução é proposta como prova de que todas as concepções devem ser substancialmente dadas na percepção, encetam-se três objeções. A saber, em primeiro lugar, pode-se dizer que mesmo que esta seja a forma normativa da abdução, a forma com a qual a abdução *deveria* conformar, pode ser que novas concepções surjam de uma maneira que desafie as normas da lógica. Em segundo lugar, deixando de lado esta objeção, pode-se dizer que o argumento demonstraria ser excessivo, pois se fosse válido, seguir-se-ia que hipótese alguma poderia ser tão fantástica a ponto de não se apresentar totalmente na experiência. Em terceiro lugar, pode-se dizer que admitindo-se que a conclusão abdutiva "A é verdadeiro" baseia-se na premissa "Se A é verdadeiro, C é verdadeiro", ainda assim seria contrário ao conhecimento comum afirmar que os antecedentes de todos os juízos condicionais são dados na percepção e, assim, é quase certo que algumas concepções têm origem diferente.

192. Em resposta à primeira destas objeções, cumpre observar que é apenas na dedução que não existe diferença alguma entre um argumento *válido* e um argumento *forte*. Um argumento é válido se possui a espécie de força que professa ter e se tende para o estabelecimento da conclusão no modo pelo qual pretende fazê-lo. Mas a questão de sua força não diz respeito à comparação do devido efeito do argumento com suas pretensões mas, simplesmente, a questão de qual a grandeza de seu devido efeito. Um argumento não deixa de ser lógico por ser fraco, desde que não finja possuir uma força que não possui. Suponho que é à vista destes fatos que os melhores lógicos modernos que não pertencem à escola inglesa nunca dizem uma palavra a respeito das falácias. Entendem que não existe algo do tipo de um argumento ilógico em si mesmo. Um argumento só é falacioso na medida em que errônea embora não ilogicamente, se infere que ele professou algo que não realizou. Talvez se possa dizer que se todos nossos raciocínios se conformam com as leis da lógica, isto, em todo caso, nada é exceto uma proposição em psicologia que meus princípios me impedem de reconhecer. Mas não o estou apresentando apenas como um princípio da psicologia. Pois um princípio da psicologia é uma verdade contingente, enquanto que este, como sustento, è uma verdade necessária. Ou seja, se uma falácia nada envolve em sua conclusão que não se achava em suas premissas, isto é, nada que não se achava num conhecimento prévio qualquer que contribuiu para sua sugestão, neste caso as formas da lógica invariavelmente e necessariamente nos habilitarão logicamente a explicá-la como devida a um erro oriundo do uso de uma argumentação lógica porém fraca[a]. Na maioria dos casos, isto se deve a uma abdução. A conclusão de uma abdução é problemática ou conjetural, mas não está necessariamente no grau mais baixo da conjetura, e aquilo que chamamos de juízos assertivos são, mais precisamente, juízos problemáticos com um alto grau de esperança. Portanto, não há dificuldade alguma em sustentar que as falácias se devem apenas a erros que são logicamente válidos, em-

a. Cf. 280.

bora sejam fracas argumentações. Se, entretanto, uma falácia contiver algo na conclusão que não estava nas premissas de modo algum, isto é, que não estava em nenhum conhecimento anterior ou em nenhum conhecimento que influenciasse o resultado, neste caso de novo se cometeu um erro, devido, tal como antes, a uma inferência fraca; só que, neste caso, o erro consiste em considerar como sendo uma inferência aquilo que, com relação a este novo elemento, não é de modo algum uma inferência. Essa parte da conclusão que introduz o elemento totalmente novo pode ser separada do resto com o qual não tem nenhuma ligação lógica, nem aparência de ligação lógica. A primeira emersão deste novo elemento à consciência deve ser encarada como um juízo perceptivo. Somos irresistivelmente levados a julgar que temos consciência dele. Mas a conexão desta percepção com outros elementos deve ser uma inferência lógica ordinária, sujeita a erro tal como toda inferência.

193. Quanto à segunda objeção, a de que, segundo minha explicação da abdução, toda hipótese, por mais fantástica que seja, deve ter-se apresentado inteiramente na percepção, tenho a dizer apenas que isto só poderia surgir na mente de alguém de todo inexperiente na lógica das relações, e aparentemente esquecido de qualquer outro modo de inferência salvo a abdução. A dedução realiza, primeiramente, a coligação simples dos diferentes juízos perceptivos em um todo copulativo e, a seguir, com ou sem a ajuda de outros modos de inferência, é inteiramente capaz de transformar esta proposição copulativa de modo a colocar algumas de suas partes numa conexão mais íntima.

194. Todavia, a terceira objeção é, realmente, a mais séria. Nela reside o nó da questão; e para refutá-la, seria necessário todo um tratado. Se o antecedente não é dado num juízo perceptivo, neste caso ele deve primeiro emergir na conclusão de uma inferência. Neste ponto, somos obrigados a traçar a distinção entre a forma material e a forma lógica. Com a ajuda da lógica das relações, seria fácil demonstrar que toda a matéria lógica de uma conclusão deve estar contida, em qualquer dos modos da inferência, gradativamente, nas premissas. Em última instância, portanto, deve provir da parte não controlada da mente, porque uma série de atos controlados precisa ter um começo. Mas, quanto à *forma* lógica, seria de qualquer modo extremamente difícil de apresentá-la da mesma maneira. Uma indução, por exemplo, conclui uma razão de frequência; mas não há nada a respeito de uma tal razão nos casos singulares em que ela se baseia. De onde vêm as concepções de necessidade dedutiva, de probabilidade indutiva, de expectabilidade abdutiva? De onde vem a própria concepção de inferência? Essa é a única dificuldade. Mas, o autocontrole é o caráter que distingue os raciocínios dos processos pelos quais os juízos perceptivos são formados, e o autocontrole, de qualquer espécie, é puramente *inibitório*. Não dá origem a nada. Portanto, não pode ser no ato da adoção de uma inferência, no ato de declará-la razoável, que as concepções formais em questão podem emergir pela primeira vez. Deve ser na primeira percipiência que o fato deve acontecer. E qual é a natureza disso? Vejo que instintivamente descrevi o fenômeno como uma "percipiência". Não quero argumentar a partir de palavras; mas uma palavra pode fornecer uma valiosa sugestão. O que pode ser nosso primeiro contato com uma inferên-

cia, quando ela ainda não está adotada, a não ser uma percepção do mundo das ideias? Em sua primeira sugestão, a inferência deve ser pensada como uma inferência, porque quando é adotada sempre há o pensamento de que assim se poderia raciocinar em toda uma classe de casos. Mas o mero ato da inibição não pode propor este conceito. Portanto, a inferência deve ser pensada como uma inferência em sua primeira sugestão. Ora, quando uma inferência é pensada *como* uma inferência, a concepção torna-se uma parte da *matéria* do pensamento. Por conseguinte, o mesmo argumento que usamos com relação à matéria em geral aplica-se à concepção da inferência. Mas, estou pronto a mostrar em detalhes, e de fato virtualmente já mostrei, que todas as formas da lógica podem ser reduzidas a combinações da concepção de inferência, da concepção de outridade e da concepção de um caráter. Há, é óbvio, simplesmente formas de Terceiridade, Secundidade e Primeiridade, das quais as duas últimas são inquestionavelmente dadas na percepção. Por conseguinte, toda a forma lógica do pensamento é assim dada em seus elementos.

3. PRAGMATISMO – A LÓGICA DA ABDUÇÃO

195. Parece-me, portanto, que minhas três proposições cotárias têm uma base satisfatória. Todavia, como outras pessoas podem não considerá-las tão certas quanto eu o faço, proponho-me a, em primeiro lugar, não levá-las em conta e mostrar que, mesmo que sejam postas à parte como duvidosas, cumpre reconhecer e seguir uma máxima que praticamente pouco difere, na maioria de suas aplicações, da máxima do pragmatismo; e feito isto, mostrarei como o reconhecimento das proposições cotárias afetarão o assunto…[a]

196. Se os senhores examinarem com atenção a questão do pragmatismo, verão que ela nada mais é exceto a questão da lógica da abdução. Isto é, o pragmatismo propõe uma certa máxima que, se sólida, deve tornar desnecessária qualquer norma ulterior quanto à admissibilidade das hipóteses se colocarem como hipóteses, isto é, como explicações dos fenômenos consideradas como sugestões auspiciosas; e, mais ainda, isto é *tudo* o que a máxima do pragmatismo pretende realmente fazer, pelo menos na medida em que está restrita à lógica e em que não é compreendida como uma proposição em psicologia. Pois a máxima do pragmatismo é que uma concepção não pode ter efeito lógico algum, ou importância a diferir do efeito de uma segunda concepção salvo na medida em que, tomada em conexão com outras concepções e intenções, poderia concebivelmente modificar nossa conduta prática de um modo diverso do da segunda concepção. Ora, é indiscutível que filósofo *algum* admitiria qualquer regra que proibisse, em bases formalistas, uma investigação sobre como deveríamos, com consistência, moldar nossa conduta prática. Portanto, uma máxima que vise apenas considerações possivelmente práticas não necessitará de qualquer suplemento a fim de excluir uma hipótese qualquer como sendo inadmissível. Todos os filósofos estão de acordo em que toda hipótese que ela admitir, deveria ser admitida. Por outro lado, se

a. Ver 363.

for verdade que nada além dessas considerações tem um efeito ou importância lógica qualquer, é evidente que a máxima do pragmatismo não pode descartar qualquer tipo de hipótese que se deveria admitir. Assim, a máxima do pragmatismo, se verdadeira, *recobre* totalmente toda a lógica da abdução. Resta indagar se esta máxima não pode ter um efeito lógico *ulterior*. Se tiver, de alguma forma deve afetar a inferência indutiva ou dedutiva. Mas é evidente que o pragmatismo não pode interferir na indução, porque a indução simplesmente nos ensina aquilo que temos de esperar como resultado da experimentação, e é evidente que qualquer expectativa desse tipo *pode* concebivelmente dizer respeito à conduta prática. Num certo sentido, ela *deve* afetar a dedução. Tudo aquilo que atribuir uma regra à abdução, impondo desta forma um limite sobre as hipóteses admissíveis, destruirá as *premissas* da dedução, com isso tornando possível uma *reductio ad absurdum* e outras formas equivalentes da dedução que, de outro modo, não seriam possíveis. Mas, neste momento, pode-se fazer três observações. Primeira, afetar as *premissas* da dedução não é afetar a lógica da dedução. Pois no processo da dedução em si mesmo não se apresenta nenhuma concepção contra a qual se poderia esperar que o pragmatismo objetasse, a não ser os atos de abstração. A respeito disso, tenho tempo apenas para dizer que o pragmatismo não deveria fazer objeções desse tipo. Segunda, nenhum efeito do pragmatismo que *for a consequência de seu efeito sobre a abdução* pode demonstrar que o pragmatismo é algo mais do que uma doutrina a respeito da lógica da abdução. Terceira, se o pragmatismo é a doutrina de que toda concepção é uma concepção de efeitos práticos concebíveis, isto faz com que a concepção tenha um alcance muito além da prática. Permite qualquer voo da imaginação, contanto que esta imaginação se depare, em última instância, com um efeito prático possível; assim, à primeira vista pode parecer que muitas hipóteses são excluídas pela máxima pragmática, quando não o são.

197. Admitindo, então, que a questão do Pragmatismo é a questão da Abdução, consideremo-la sob esta forma. O que é a boa abdução? Como deveria ser uma hipótese explanatória a fim de merecer a classificação de hipótese? Naturalmente, ela deve explicar os fatos. Mas, que outras condições deve preencher para ser boa? A questão da excelência de alguma coisa depende de se essa coisa preenche seus objetivos. Portanto, qual é o objetivo de uma hipótese explanatória? Seu objetivo é, apesar de isto estar sujeito à prova da experiência, o de evitar toda surpresa e o de levar ao estabelecimento de um hábito de expectativa positiva que não deve ser desapontada. Portanto, qualquer hipótese pode ser admissível, na ausência de quaisquer razões especiais em contrário, contanto que seja capaz de ser verificada experimentalmente, e apenas na medida em que é passível de uma tal verificação. É esta, aproximadamente, a doutrina do pragmatismo. Mas exatamente aqui se coloca, diante de nós, uma ampla questão. O que devemos entender por verificação experimental? A resposta a isso envolve toda a lógica da indução.

198. Permitam-me indicar-lhes as diferentes opiniões que, sobre este assunto, encontramos atualmente defendidas por muita gente – talvez não de um modo consistente, mas acreditando defendê-las. Em primeiro lugar, temos pessoas que sustentam que não se deveria admitir hipótese

alguma mesmo como hipótese, a não ser na medida em que sua verdade ou falsidade for *capaz* de ser diretamente percebida. Isto, tanto quanto posso entender, é o que tinha em mente Augusto Comte[a], considerado em geral o primeiro a formular esta máxima. Naturalmente, esta máxima da abdução pressupõe que, como as pessoas dizem, "só devemos acreditar naquilo que realmente vemos"; e há escritores muito conhecidos, e escritores de não pequena força intelectual, que sustentam que não é científico fazer predições – que, portanto, não é científico esperar alguma coisa. E que deveríamos restringir nossas opiniões àquilo que realmente percebemos. Quase não preciso dizer que essa posição não pode ser mantida de forma consistente. Ela se refuta a si mesma, pois *ela mesma* é uma opinião que se relaciona com mais do que aquilo que realmente está no campo da percepção momentânea.

199. Em segundo lugar, estão aqueles que sustentam ser possível esperar que uma teoria que suportou um certo número de verificações experimentais, poderá suportar um outro número de outras verificações similares e ter uma verdade geral aproximada, sendo a justificativa disto o fato de que este tipo de inferência deveria, a longo prazo, mostrar-se correto, como expliquei numa conferência anterior[b]. Mas, estes lógicos recusam-se a admitir que jamais possamos ter o direito de concluir definitivamente que uma hipótese é *exatamente* verdadeira, ou seja, que ela seria capaz de suportar provas experimentais um número infinito de vezes; pois, dizem, nenhuma hipótese pode ser submetida a uma série interminável de comprovações. Querem que digamos que uma teoria é verdadeira porque, sendo todas nossas ideias mais ou menos vagas e aproximadas, o que pretendemos dizer quando afirmamos que uma teoria é verdadeira é que ela é muito aproximadamente verdadeira. Mas não nos permitirão dizer que qualquer coisa proposta como uma antecipação da experiência poderia afirmar-se exata, porque a exatidão na experiência implicaria experiências numa série interminável, o que é impossível.

200. Em terceiro lugar, grande parte dos homens de ciência sustenta que é demais dizer que a indução deve restringir-se àquilo para o que pode haver evidência experimental *positiva*. Frisam que a *rationale* da indução, tal como é entendida pelos lógicos do segundo grupo, autoriza-nos a sustentar uma teoria, contanto que ela seja tal que se implicar alguma falsidade, algum dia a experiência detectará essa falsidade. Portanto, temos o direito, dirão eles, de inferir que alguma coisa *nunca* ocorrerá, desde que seja de uma natureza tal que não poderia ocorrer sem ser detectada.

201. Quero evitar, nesta conferência, *discutir* quaisquer desses pontos, porque a substância de toda argumentação sólida sobre o pragmatismo já foi apresentada, tal como a concebo, nas conferências anteriores, e não há um fim para as formas pelas quais ela poderia ser enunciada. Entretanto, devo extrair desta colocação os princípios lógicos que pretendo enunciar na conferência de amanhã[c] sobre multiplicidade e conti-

---

a. Ver *Cours de philosophie positive*, lição 28.
b. Ver 170.
c. Há uma gravação da quinta das conferências de Lowell. "A doutrina da multiplicidade, da infinitude e da continuidade", pronunciada a 7 de dezembro de 1903. Não

nuidade; e a fim de tornar clara a relação entre esta terceira posição e as posições de números quatro e cinco, preciso antecipar um pouco algo que explicarei melhor amanhã.

202. O que as pessoas que sustentam esta terceira posição deveriam dizer sobre o sofisma de Aquiles? Ou melhor... o que se veriam obrigadas a dizer quanto ao fato de Aquiles alcançar a tartaruga (com Aquiles e a tartaruga sendo pontos geométricos) supondo-se que nosso único conhecimento foi derivado indutivamente de observações das posições relativas de Aquiles e da tartaruga naqueles estádios do desenvolvimento que o sofisma supõe, e admitindo-se que Aquiles realmente se move duas vezes mais depressa do que a tartaruga? Elas deveriam dizer que *se* não pudesse acontecer de Aquiles, num daqueles estádios de seu progresso, acabar por enfim chegar a uma certa distância finita da tartaruga que ele seria incapaz de dividir ao meio, *sem que soubéssemos desse fato*, neste caso teríamos o direito de concluir que ele poderia dividir ao meio *toda* distância e, por conseguinte, que lhe seria dado tornar a distância que o separa da tartaruga menor do que *todas* as frações dotadas de uma potência de dois para denominador. Portanto, a menos que esses lógicos supusessem uma distância menor do que qualquer distância mensurável, o que seria contrário a seus princípios, ver-se-iam obrigados a dizer que Aquiles poderia reduzir a distância que o separa da tartaruga a *zero*.

203. A razão pela qual seria contrário a seus princípios admitir uma distância menor do que uma distância mensurável é que o modo pelo qual defendem as induções implica em que diferem dos lógicos da segunda classe pelo fato de estes lógicos da terceira classe admitirem que podemos inferir uma proposição que implique uma multiplicidade infinita e que, portanto, implique a realidade da própria multiplicidade infinita, enquanto que seu modo de justificar a indução excluiria toda multiplicidade infinita com exceção do grau mais baixo desta, o da multiplicidade de todos os números inteiros. Isto porque, com referência a uma multiplicidade maior do que esta não seria verdadeiro que aquilo que não ocorre numa posição ordinal finita numa série não poderia ocorrer em qualquer lugar dentro da série infinita – que é a única razão por eles admitida para a conclusão indutiva.

Mas, consideremos agora uma outra coisa que esses lógicos seriam obrigados a admitir. A saber, suponhamos que um polígono regular qualquer tenha todos os vértices ligados ao centro através de raios. Neste caso, se houvesse um número finito particular qualquer de lados para um polígono regular com raios assim traçados, que apresentassem a propriedade singular de que fosse impossível bissectar todos os ângulos por novos raios iguais aos outros e pela conexão das extremidades de cada novo raio com as dos dois raios antigos adjacentes a fim de perfazer um novo polígono com o dobro do número de ângulos – se, digo eu, houvesse um *número finito* qualquer de lados em relação aos quais isto não pudesse ser feito – pode-se admitir que seriamos capazes de descobri-lo. A questão que estou propondo supõe arbitrariamente que eles admitem isso. Portanto, os referidos lógicos da terceira classe teriam de admitir que todos

---

parece possível, em virtude de uma discrepância de datas, que esta seja a conferência a que se alude, mas nenhuma outra foi descoberta. No entanto, ver vol. 4, livro I- n. VI.

os polígonos desse tipo poderiam ter seus lados duplicados desta forma e que, por conseguinte, haveria um polígono de uma multiplicidade infinita de lados que, pelos seus princípios, não poderia ser outra coisa a não ser o círculo. Mas, prova-se facilmente que o perímetro desse polígono, isto é, a circunferência do círculo, seria incomensurável, de modo que uma medida incomensurável é real, e portanto segue-se, facilmente, que todas essas extensões são reais ou possíveis. Mas estas excedem em multiplicidade a única multiplicidade que tais lógicos admitem. Sem se recorrer à geometria, poder-se-ia obter o mesmo resultado, supondo-se apenas que tenhamos uma quantidade indefinidamente bissectível.

204. Somos assim levados a uma quarta opinião muito comum entre os matemáticos, que geralmente sustentam que toda quantidade real irracional (digamos de extensão, por exemplo), quer seja algébrica ou transcendental em sua expressão geral, e tão possível e admissível quanto qualquer quantidade racional, mas que em geral raciocinam que se a distância entre dois pontos é menor do que uma distância determinável, isto é, menor do que uma quantidade finita, neste caso essa distância não é nada. Se for este o caso, é-nos possível conceber, com precisão matemática, um estado de coisas a favor de cuja realidade concreta pareceria não haver argumento sólido algum, por mais fraco que fosse. Por exemplo, podemos conceber que a diagonal de um quadrado é incomensurável com seu lado. Isto é, se primeiro declararmos uma extensão qualquer comensurável com seu lado, a diagonal diferirá dessa por uma quantidade finita (e por uma quantidade comensurável), e no entanto, por mais acuradamente que possamos medir a diagonal de um quadrado aparente, sempre haverá um limite para nossa precisão, e a medida sempre será comensurável. Desta forma, nunca poderíamos ter uma razão para pensar isso de outro modo. Além do mais, se não houver, como eles parecem sustentar, nenhum outro ponto numa linha além daqueles situados a distâncias determináveis com uma aproximação infinita, segue-se que se uma linha possui uma extremidade, pode-se conceber esse ponto extremo como se retirado a fim de deixar a linha sem uma extremidade, enquanto se deixa todos os outros pontos tais como estão. Neste caso, todos os pontos permanecem discretos e separados; e a linha poderia ser quebrada num número qualquer de posições sem se perturbar as relações dos pontos uns com os outros. Sob esse ponto de vista, cada ponto tem uma existência independente, e não pode haver a fusão de um ponto com outro. Não existe uma continuidade de pontos no sentido em que a continuidade implica na generalidade.

205. Em quinto lugar, é possível sustentar que podemos estar certos ao inferir uma verdadeira generalidade, uma verdadeira continuidade. Mas não vejo como podemos estar certos ao fazer isso, a menos que admitamos as três proposições cotarias e em particular a de que uma tal continuidade é dada na percepção; isto é, seja qual for o processo físico subjacente, parecemos perceber um genuíno fluxo de tempo tal que os instantes se fundem uns nos outros sem manterem uma individualidade separada.

Não me seria necessário negar uma teoria psíquica que faria disto algo ilusório, num sentido tal que se poderia dizer que tudo quanto está além de uma crítica lógica é ilusório, mas confesso suspeitar muito que uma tal teoria psicológica envolveria uma inconsistência lógica; e, na melhor das hipóteses, ela nada poderia fazer para resolver a questão lógica.

4. AS DUAS FUNÇÕES DO PRAGMATISMO

206. Há duas funções que podemos exigir propriamente que o Pragmatismo realize; ou, se não o pragmatismo, seja qual for a doutrina verdadeira da Lógica da Abdução, ela deveria prestar estes dois serviços.

Ou seja, em primeiro lugar, deveria desembaraçar-nos rapidamente de todas as ideias essencialmente obscuras. Em segundo lugar, deveria apoiar, e ajudar a tornar distintas, ideias essencialmente claras mas cuja apreensão é mais ou menos difícil; e, em particular, deveria assumir uma atitude satisfatória em relação ao elemento da terceiridade.

207. Destes dois ofícios do Pragmatismo, atualmente não se necessita tanto do primeiro quanto dele se precisava há um quarto de século atrás quando enunciei aquela máxima. O estado do pensamento lógico melhorou bastante. Há trinta anos atrás[a], quando, como consequência de meus estudos de lógica das relações, eu disse aos filósofos que todas as concepções devem ser definidas, com a única exceção das concepções concretas e familiares da vida cotidiana, esta minha opinião foi considerada, por todas as escolas, como profundamente incompreensível. Na época, a doutrina era, tal como continua a ser em dezenove dentre vinte tratados de lógica que atualmente aparecem, a de que não há modo algum de definir-se um termo a não ser através da enumeração de todos seus predicados universais, cada um dos quais é mais abstrato e geral do que o termo definido. Assim, a menos que este processo possa continuar indefinidamente, o que se constituía numa doutrina pouco seguida, a explicação de um conceito deve deter-se em ideias puras tais como Ser Puro, Ação, Substância e coisas do gênero, que eram consideradas ideias tão perfeitamente simples que não se podia dar explicação alguma delas. Esta doutrina grotesca foi destruída pela lógica das relações, que demonstrou que as concepções mais simples, como Qualidade, Relação, Autoconsciência eram definíveis e que seria de grande utilidade lidar com tais definições[b]. Atualmente, embora sejam bem poucos os que de fato estudam a lógica das relações, raramente nos deparamos com um filósofo que continue a julgar que a maioria das relações gerais são particularmente simples em todos os sentidos com exceção de um sentido técnico; e, por certo, a única alternativa é considerar como sendo as mais simples as noções aplicadas na prática da vida familiar. Dificilmente encontraríamos hoje um homem do nível de Kirchhoff, na ciência, dizendo que sabemos exatamente o que a energia *faz*, mas nada sabemos, por menos que seja, sobre o que *é* a energia.[c] Pois a resposta seria que, sendo a energia um termo numa equação dinâmica, se soubermos como aplicar essa equação, sabemos com isso o que é a energia, embora possamos suspeitar que haja uma lei mais fundamental subjacente às leis do movimento.

a. Ver 400.
b. Ver. por ex., 3.217
c. Ver *Voriesungen ümath.Physik*, bd.I.Vorrede, de Kirchhoff. Leipzig. 1874-6

208. Na presente situação da filosofia, é muito mais importante que nossa máxima da abdução lide adequadamente com a terceiridade. A pertinência urgente da questão da terceiridade, neste momento de colapso da calma agnóstica, quando vemos que a principal diferença entre os filósofos diz respeito à extensão em que concedem em suas teorias um lugar aos elementos da terceiridade, essa pertinência, como dizíamos, é evidente demais para que se insista nesse ponto.

209. Admitirei como certo que, no que se refere ao *pensamento*, demonstrei suficientemente que a terceiridade é um elemento não redutível à secundidade e à primeiridade. Mas mesmo que se admita isso, pode-se tomar três atitudes a respeito:

(1) Que a terceiridade, embora seja um elemento do fenômeno mental, não deve ser admitida numa teoria do real porque não é experimentalmente verificável;

(2) Que a terceiridade é experimentalmente verificável, ou seja, é inferível por indução (abdução?) embora não possa ser diretamente percebida;

(3) Que é diretamente percebida, e da qual as outras proposições cotárias dificilmente podem ser separadas.

210. A pessoa que assumir a primeira posição não deve admitir lei geral alguma como sendo realmente operativa. Acima de tudo, portanto, não deve admitir a lei das leis, a lei da uniformidade da natureza. Deve abster-se de fazer qualquer predição, embora qualificada por uma confissão de falibilidade. Mas essa posição praticamente não pode ser mantida.

211. A pessoa que assumir a segunda posição sustentará que a terceiridade é uma adição que a operação da abdução introduz a mais sobre aquilo que suas premissas de alguma forma contêm, e que este elemento, embora não percebido na experiência, é justificado *pela* experiência. Neste caso, sua concepção da realidade deve ser tal que separe completamente o real da percepção; e o enigma; para ela, será o fato de conceder-se tamanha autoridade à percepção com respeito àquilo que é real.

Não creio que pessoa alguma possa sustentar de maneira consistente que há lugar no tempo para um evento entre dois eventos quaisquer separados no tempo. Mas mesmo que o pudesse sustentar, seria forçada a reconhecer (se pudesse apreender as razões) que o conteúdo do tempo consiste em estados separados, independentes e imutáveis, e nada mais. Não haveria nem mesmo uma ordem determinada de sequência entre esses estados. Essa pessoa poderia insistir que uma ordem de sequência é, por nós, mais prontamente apreendida; porém, nada além disso. Toda pessoa satisfaz-se plenamente com o fato de haver algo como a verdade, do contrário não faria pergunta alguma. *Que* a verdade consiste numa conformidade com algo, *independentemente de ela pensar que assim seja*, ou independentemente da opinião de qualquer outra pessoa sobre o assunto. Mas para a pessoa que sustenta esta segunda opinião, a única realidade que poderia haver seria a da conformidade com o resultado último da investigação. Mas não haveria caminho algum de investigação possível a não ser no sentido em que seria mais fácil para ela interpretar o fenômeno; e, ao final, a pessoa seria forçada a dizer que não havia realidade alguma com exceção de que agora, neste instante, ela considera mais fácil um certo modo de pensar do que outro. Mas isso viola a própria ideia de realidade e de verdade.

212. A pessoa que assume a terceira posição e que aceita as proposições cotárias apegar-se-á, do modo mais firme possível, ao reconhecimento de que a crítica lógica está limitada àquilo que podemos controlar. No futuro talvez possamos controlar mais, mas devemos considerar aquilo que podemos controlar agora. Alguns elementos, podemos controlar de uma maneira limitada. Mas o conteúdo do juízo perceptivo não pode ser controlado sensivelmente agora, nem há uma esperança racional de que possa vir a sê-lo. As máximas lógicas têm tão pouco a ver com essa parte da mente, de todo incontrolada, quanto com o crescimento do cabelo e das unhas. Podemos ser vagamente capazes de ver que, em parte, depende dos acidentes do momento, em parte daquilo que é pessoal ou racial, em parte é comum a todos os organismos bem ajustados cujo equilíbrio tem estreita margem de estabilidade, em parte de tudo aquilo que se compõe de vastas coleções de elementos independentemente variáveis, em parte de tudo aquilo que reage, e em parte de tudo aquilo que tem um modo de ser. Mas a soma disso tudo é que nossos pensamentos logicamente controlados compõem uma pequena parte da mente, uma simples florescência de um vasto complexo, que podemos chamar de mente instintiva, na qual esta pessoa não dirá ter *fé*, porque isso implica na possibilidade de desconfiança, mas sobre a qual ela elabora, competindo a sua lógica ser verdadeira com aquela.

Está bastante claro que essa pessoa não terá dificuldade alguma com a Terceiridade, porque ela sustentará que a conformidade da ação com as intenções gerais é dada na percepção tanto quanto o elemento da própria ação, que realmente não é separável de uma tal intencionalidade geral. Não pode haver dúvida de que tal pessoa permitirá amplamente às hipóteses todo o campo de ação que lhes deve ser permitido. A única questão consiste em saber se ela conseguirá excluir das hipóteses tudo aquilo que não for claro e que não fizer sentido. Pergunta-se se essa pessoa não manifestará uma propensão chocante para as concepções antropomórficas. Devo confessar que receio que essa pessoa estará inclinada a ver um elemento antropomórfico, ou mesmo zoomórfico, se não fisiomórfico, em todas as nossas concepções. Mas ela estará protegida de todas as hipóteses obscuras e absurdas. O pragmatismo será mais essencialmente significativo para tal pessoa do que para qualquer outro lógico, pela razão de que é na ação que a energia lógica retorna às partes incontroladas e não criticáveis da mente. Sua máxima será a seguinte:

Os elementos de todo conceito entram no pensamento lógico através dos portões da percepção e dele saem pelos portões da ação utilitária; e tudo aquilo que não puder exibir seu passaporte em ambos esses portões deve ser apreendido pela razão como elemento não autorizado.

A digestão destes pensamentos é demorada, senhoras e senhores; mas quando, no futuro, forem refletir sobre tudo aquilo que eu disse, tenho confiança em que não lhes parecerão desperdiçadas as sete horas que passaram ouvindo estas ideias.

5. Questões Referentes a Certas Faculdades Reivindicadas Pelo Homem[a]

Questão 1, *Se, através da simples contemplação de uma cognição, independentemente de qualquer conhecimento anterior e sem raciocinar a partir de signos, estamos corretamente capacitados a julgar se essa cognição foi determinada por uma cognição prévia ou se se refere imediatamente a seu objeto.*

213. Neste texto, o termo *intuição* será tomado como significando uma cognição não determinada por uma cognição prévia do mesmo objeto, e que, portanto, está determinada por algo exterior a consciência[1]. Que me seja permitido chamar a atenção do leitor para este ponto. *Intuição*,

---

a. *Journal of Speculative Phylosophy*, vol. 2, p. 103-114 (1868); planejado como Ensaio IV do "Search for a Method", 1893.

1. A palavra *intuitos* aparece pela primeira vez como um termo técnico no *Monologium* de Santo Anselmo. (*Monologium*, LXV1; cf. Prantl, 111. S.332. 746). Este autor pretendia estabelecer uma distinção entre nosso conhecimento de Deus e nosso conhecimento das coisas finitas (e. no mundo seguinte, de Deus também); e pensando num dito de São Paulo, "*Videmus nunc per speculum in aenigmate: tunc atilem facie ad faciem*," (LXX), chamou a primeira de *especulação* e a última de *intuição*. Este uso de "especulação" não proliferou, uma vez que a palavra já tinha um outro significado exalo e bem diferente. Na Idade Média, o termo "cognição intuitiva" tinha dois sentidos principais; primeiro, em oposição à cognição abstrativa significava o conhecimento do presente enquanto presente, e é este o sentido que tem em Anselmo; mas, em segundo lugar, como não se permitia que uma cognição intuitiva fosse determinada por uma cognição prévia, passou a ser usado como sendo o oposto de cognição discursiva (ver Scotus, *In sentent.*, livro 2, questão 9) e é quase este o sentido em que emprego esse termo. É também quase o mesmo sentido em que Kant o utiliza, sendo a primeira distinção expressa através de seu *sensório* e *não sensório*. (*Ver Werke*, herausg. Rosekranz, Thl. 2. S. 713, 31, 41. 100). Uma enumeração dos seis significados de intuição pode ser encontrada no *Reid*, de Hamilton, p. 759.

aqui, será quase a mesma coisa que "premissa que não é, ela mesma, uma conclusão"; sendo a única diferença o fato de que as premissas e conclusões são juízos, enquanto que uma intuição, tal como se enuncia sua definição, pode ser um tipo qualquer de cognição. Mas assim como uma por suas premissas, da mesma forma cognições que não sejam juízos podem ser determinadas por cognições prévias; e uma cognição que não é assim determinada, e que portanto é determinada diretamente pelo objeto transcendental, deve ser denominada de *intuição*.

214. Ora, é evidente que é uma coisa ter uma intuição, e outra saber intuitivamente que é uma intuição, e a questão consiste em saber se estas duas coisas, distinguíveis no pensamento, estão, de fato, invariavelmente conectadas, de forma tal que podemos sempre distinguir intuitivamente entre uma intuição e uma cognição determinada por uma outra. Toda cognição, enquanto algo presente, é, por certo, uma intuição de si mesma. Mas a determinação de uma cognição por uma outra cognição ou por um objeto transcendental não faz parte, pelo menos na medida em que assim parece obviamente a princípio, do conteúdo imediato daquela cognição, embora parecesse ser um elemento da ação ou paixão do *ego* transcendental, que não está imediatamente, talvez, na consciência; todavia, esta paixão ou ação transcendental pode invariavelmente determinar uma cognição de si mesma, de modo que, de fato, a determinação ou não-determinação da cognição por uma outra pode ser uma parte da cognição. Neste caso, eu diria que tivemos um poder intuitivo de distinguir uma intuição de uma outra cognição.

Não há evidências de que temos esta faculdade, exceto que parecemos *sentir* que a temos. Mas o peso desse testemunho depende inteiramente do fato de se supor que nos é dado o poder de distinguir neste sentimento, se o sentimento é o resultado de educação, velhas associações, etc. ou se é uma intuição cognitiva; ou, em outras palavras, depende de se pressupor a própria matéria sobre a qual versa o testemunho. É este sentimento infalível? E é o juízo que a ele diz respeito infalível, e assim por diante, *ad infinitum*? Supondo-se que um homem realmente pudesse encerrar-se numa fé desse tipo, ele seria, por certo impermeável à verdade, à "prova-evidência".

215. Mas, comparemos a teoria com os fatos históricos. O poder de intuitivamente distinguir as intuições de outras cognições não impediu que se debatesse acaloradamente a respeito de quais as cognições que são intuitivas. Na Idemde Média, a razão e a autoridade externa eram consideradas como duas fontes coordenadas do conhecimento, assim como o são, agora, a razão e a autoridade da intuição; a única diferença é que o feliz artifício de considerar-se as enunciações da autoridade como sendo essencialmente indemonstráveis ainda não fora descoberto. As autoridades não eram todas consideradas infalíveis, não mais do que o são as razões; mas quando Berengarius disse que a autoritariedade de uma autoridade particular deve basear-se na razão, a proposição foi desprezada como sendo opinativa, ímpia e absurda[a]. Assim, a credibilidade da autoridade era encarada, pelos homens daquela época, como sendo simples-

a. Ver Prantl. II, 73.

mente uma premissa última, como uma cognição não determinada por uma cognição prévia do mesmo objeto ou, em nossos termos, como uma intuição. É estranho que eles tenham pensado dessa forma se, como a teoria ora em discussão supõe, podiam ter visto que ela não era uma premissa última simplesmente contemplando a credibilidade da autoridade, tal como um faquir faz com seu deus! Ora, e se nossa autoridade *interna* tivesse de suportar o mesmo destino, na história das opiniões, tal como aconteceu com aquela autoridade externa? Será que se pode dizer que é absolutamente certo aquilo de que muitos homens sãos, bem informados e meditativos já duvidaram?[2]

216. Todo advogado sabe como é difícil para as testemunhas estabelecer uma distinção entre aquilo que viram e aquilo que inferiram. Isto se observa particularmente no caso de uma pessoa que está descrevendo os atos de um *medium* espírita ou de um ilusionista perito. A dificuldade é tamanha que frequentemente o próprio ilusionista se surpreende com a discrepância entre os fatos reais e as declarações de uma testemunha inteligente que não entendeu o truque. Uma parte do truque, bastante complicada, dos anéis chineses consiste em pegar-se dois sólidos anéis encadeados, falar deles como se estivessem separados – tomando-se esse fato como se fosse certo – e então fingir que estão sendo encadeados, entregando-os imediatamente a um espectador para que este possa ver como são sólidos. A arte disto consiste, primeiramente, em suscitar a forte suspeita de que um deles está quebrado. Vi McAlister realizar este ato com tamanho sucesso que uma pessoa sentada perto dele, com todas suas

---

2. A proposição de Berengarius está contida na seguinte citação de seu *De Sacra Coena*, "*Maximi plane cordis est, per omnia ad dialecticam confugere, quia confugere ad eam ad rationem est confugere, quo qui non confugit, cum secudum rationem sit fact us ad imaginem dei, suam honorent reliquit, nec potest renovari de di in diem ad imaginet dei.* "A mais notável característica do pensamento medievo, em geral, é o eterno recurso á autoridade. Quando Fredigisus e outros pretendem provar que a escuridão e uma coisa, embora tenham evidentemente derivado essa opinião das meditações nominalistico--platônicas, colocam o assunto nos seguintes termos: "Deus chamou a escuridão de noite"; neste caso, ela é certamente uma coisa, caso contrário antes de ter ela um nome nada haveria, nem mesmo uma ficção a denominar. (Ver Prantil, II, 19). Abelardo (*Ouvrages*, p. 179) acha válido citar Boécio, quando este diz que o espaço conta três dimensões e quando diz que um indivíduo não pode estar em dois lugares ao mesmo tempo. O autor de *De Generibus et Speciebus* (*ibid*, p. 517), trabalho de superior qualidade, ao argumentar contra uma doutrina platônica, diz que se tudo o que é universal é eterno, a *forma* e a matéria de Sócrates, sendo rigorosamente universais, são ambas eternas e. portanto, Sócrates não foi criado por Deus, mas, sim teve apenas juntadas suas partes, "*quod quantum a vero devict, palam est*," A autoridade é o último tribunal de apelação. O mesmo autor, quando numa passagem duvida de uma colocação de Boécio (*ibid.*, p. 535), acha necessário indicar uma razão especial do por quê, neste caso, não é absurdo assim proceder. *Exceptio probat regulam in casibus non exceptis*. Autoridades reconhecidas eram às vezes, sem dúvida, discutidas no século XII; as mútuas contradições entre elas asseguram esse fato; e a autoridade dos filósofos era considerada inferior à dos teólogos. Mesmo assim, seria impossível descobrir uma passagem onde a autoridade de Aristóteles é diretamente negada a respeito de uma questão lógica qualquer. "*Sunt et multi errores eius*". diz John de Salisbury (Metalogicon. livro IV, Cap. XXVIII) "*qui in scripluris tant ethnicis, quant fidelibus poterunt inveniri; vertim in lógica parent habuisse non legitttr*". "*Sed nihii adversas Aristotelem*". diz Abelardo, e. em outra passagem. "*Sed si Aristolelem Feripalelieortini principem culture possttmus, quant amplius in hacarte recepimus*"! A ideia de prosseguir sem uma autoridade, ou de subordinar a autoridade à razão, não lhe ocorre.

faculdades empenhadas em detectar a ilusão, estaria pronta a jurar que viu os anéis sendo reunidos e, talvez, se o ilusionista não houvesse realizado declaradamente uma ilusão, essa pessoa teria considerado uma dúvida a respeito desse fato como sendo uma dúvida de sua própria veracidade. Isto certamente parece mostrar que nem sempre é muito fácil distinguir entre uma premissa e uma conclusão, que não dispomos do poder infalível de fazer isso, e que de fato nossa única segurança em casos difíceis reside em alguns signos a partir dos quais podemos inferir que um dado fato deve ter sido visto ou deve ter sido inferido. Ao tentar relatar um sonho, toda pessoa acurada frequentemente deve ter sentido que era tarefa sem esperança tentar separar as interpretações da vigília e os preenchimentos dos vazios e estabelecer uma distinção entre estes e as imagens fragmentárias do próprio sonho.

217. A menção aos sonhos sugere um outro argumento. Um sonho, até onde chega seu conteúdo, é exatamente como uma experiência real. E confundido com uma experiência real. No entanto, todo mundo acredita que os sonhos são determinados, conforme a lei da associação de ideias, etc., por cognições prévias. Se se disser que a faculdade de reconhecer intuitivamente as intuições está adormecida, responderei que isso é mera suposição, sem qualquer fundamento. Além do mais, mesmo, quando acordamos, não achamos que o sonho diferiu da realidade, a não ser por certos *traços*, como a obscurescência e a fragmentariedade. Não é incomum que um sonho seja tão vivido que uma sua recordação é confundida com a recordação de um evento real.

218. Tanto quanto sabemos, uma criança possui todos os poderes perceptivos do homem adulto. Todavia, que seja ela interrogada sobre *como* sabe aquilo que ela sabe. Em muitos casos, a criança lhe dirá que nunca aprendeu sua língua pátria; sempre a conheceu, ou soube-a desde que passou a ter consciência. Parece, assim, que *ela* não possui a faculdade de distinguir, por simples contemplação, entre uma intuição e uma cognição determinada por outras.

219. Não pode haver dúvida de que, antes da publicação do livro de Berkeley sobre a Visão[a], geralmente se acreditava que a terceira dimensão do espaço era imediatamente intuída embora, atualmente, quase todos admitam que ela é conhecida através da inferência. Estivemos *contemplando* o objeto desde a criação mesma do homem, mas esta descoberta não foi feita até que começamos a *raciocinar* sobre ela.

220. O leitor está informado sobre o ponto cego da retina? Pegue um exemplar desta revista, vire a capa para cima de modo a expor o papel branco, coloque-a lateralmente sobre a mesa à qual deve estar sentado e ponha duas moedas sobre ela, uma perto da beirada esquerda e outra na beirada direita. Ponha a mão esquerda sobre o olho esquerdo e com o olho direito olhe *fixamente* para a moeda à esquerda. A seguir, com a mão direita, mova a moeda da direita (que agora é vista claramente) *em direção à* mão esquerda. Quando ela chegar a um lugar perto do meio da página, desaparecerá – o leitor não a poderá ver sem virar o olho. Leve essa moeda para mais perto da outra, ou afaste-a desta e ela reaparecerá;

a. *An Essay Towards a New Theory of Vision*, 1709.

mas naquele ponto particular não se consegue vê-la. Assim, parece que há um ponto cego quase no meio da retina; e isto é confirmado pela anatomia. Segue-se que o espaço que vemos de imediato (quando nosso olho está fechado) não e, como imaginávamos, uma oval contínua, mas sim um anel, cujo preenchimento deve ser obra do intelecto. Que exemplo mais notável se poderia desejar da impossibilidade de distinguir entre resultados intelectuais e dados intuitivos, através da mera contemplação?

221. Uma pessoa pode distinguir entre diferentes texturas de tecido pelo tato; mas não de imediato, pois é necessário com que seus dedos se movam sobre o pano, o que demonstra que ela é obrigada a comparar as sensações de um dado momento com as de um outro.

222. A altura de um tom depende da rapidez da sucessão das vibrações que atingem o ouvido. Cada uma dessas vibrações produz um impulso sobre o ouvido. Produza-se um impulso singular desse tipo sobre o ouvido e sabemos, experimentalmente, que ele é percebido. Portanto, há um bom motivo para crer que cada um dos impulsos que forma um tom é percebido. Nem há razão para que assim não seja. De modo que esta é a única suposição admissível. Portanto, a altura de um tom depende da rapidez com que certas impressões são sucessivamente transmitidas para a mente. Estas impressões devem existir anteriormente a qualquer tom; por conseguinte, a sensação de altura é determinada por cognições prévias. Não obstante, isto jamais seria descoberto através da mera contemplação daquela sensação.

223. Pode-se aduzir um argumento similar com referência à percepção de duas dimensões do espaço. Esta parece ser uma intuição imediata. Mas se fôssemos *ver* de imediato uma superfície extensa, nossas retinas deveriam espalhar-se por essa superfície extensa. Ao invés disso, a retina consiste em inúmeros pontos apontando na direção da luz, e cujas distâncias entre uma e outra são decididamente maiores do que o *mínimo visível*. Suponha-se que cada uma dessas extremidades de nervos veicule a sensação de uma superfície ligeiramente colorida. Mesmo assim, aquilo que vemos de imediato deve ser não uma superfície contínua, mas uma coleção de manchas. Quem poderia descobrir isto por mera intuição? Mas todas as analogias do sistema nervoso são contra a suposição de que a excitação de um nervo singular possa produzir uma ideia tão complicada quanto a de espaço, por menor que seja. Se a excitação de nenhuma destas extremidades de nervos pode transmitir de imediato a impressão de espaço, a excitação de todas também não pode fazê-lo. Pois a excitação de cada uma produz alguma impressão (conforme as analogias do sistema nervoso) e, por conseguinte, a soma dessas impressões é uma condição necessária de toda percepção produzida pela excitação de todos; ou, em outras palavras, uma percepção produzida pela excitação de todos é determinada pelas impressões mentais produzidas pela excitação de cada um. Este argumento é confirmado pelo fato de que a existência da percepção do espaço poder explicar-se totalmente pela ação das faculdades que sabemos existirem, sem supor que ela seja uma impressão imediata. Para isto, devemos ter em mente os seguintes fatos da fisiopsicologia: 1) A excitação de um nervo em si mesma não nos informa onde está situada sua extremidade. Se, através de uma operação cirúrgica, certos nervos

são deslocados, nossas sensações desses nervos não nos informam sobre o deslocamento. 2) Uma sensação singular não nos informa quantos nervos ou extremidades de nervos são excitados. 3) Podemos distinguir entre as impressões produzidas pelas excitações de diferentes extremidades de nervos. 4) As diferenças de impressões produzidas por diferentes excitações de extremidades de nervos similares são similares. Seja uma imagem momentânea que se forma na retina. Pela n. 2, a impressão com isso produzida seria indistinguível daquilo que se poderia produzir pela excitação de algum nervo singular concebível. Não é concebível que a excitação momentânea de um nervo singular devesse produzir a sensação de espaço. Portanto, a excitação momentânea de todas as extremidades de nervos da retina não pode, imediata ou mediatamente, produzir a sensação de espaço. O mesmo argumento se aplicaria a toda imagem imutável na retina. Suponha-se, entretanto, que a imagem se mova sobre a retina. Neste caso, a excitação peculiar que num momento afeta uma extremidade de nervo, num momento posterior afetará uma outra extremidade. Estas transmitirão impressões que são muito similares, de acordo com 4, e que todavia são distinguíveis, de acordo com 3. Por conseguinte, as condições para a recognição de uma relação entre estas impressões estão presentes. Entretanto, como há um número muito grande de extremidades de nervos afetadas por um número muito grande de excitações sucessivas, as relações das impressões resultantes serão quase inconcebivelmente complicadas. Ora, é lei conhecida da mente que, quando fenômenos de uma extrema complexidade se apresentam, que todavia se reduziriam à *ordem* ou à simplicidade mediata através da aplicação de uma certa concepção, esta concepção mais cedo ou mais tarde surge na aplicação daqueles fenômenos. No caso em exame, a concepção da extensão reduziria os fenômenos à unidade e, portanto, sua gênese é totalmente explicada. Resta explicar, apenas, por que as cognições prévias que a determina não são mais claramente apreendidas. Para esta explicação, farei referência a um estudo acerca de uma nova lista de categorias, Seção 5[3], acrescentando apenas que, assim, como somos capazes de reconhecer nossos amigos através de certas aparências embora não possamos dizer o que são essas aparências e embora não tenhamos consciência de um processo qualquer do raciocínio, da mesma forma, em todo os casos em que o raciocínio for fácil e natural para nós, por mais complexas que possam ser as premissas, elas mergulham na insignificância e esquecimento na proporção da satisfatoriedade da teoria nelas baseada. Esta teoria do espaço confirma-se pela circunstância de que uma teoria exatamente similar é imperativamente exigida pelos fatos com referência ao tempo. É obviamente impossível que o percurso do tempo seja imediatamente sentido. Pois, neste caso, deve haver um elemento desse sentimento em cada instante. Mas num instante não há duração e, portanto, nenhuma sensação imediata de duração. Por conseguinte, nenhuma destas sensações elementares é uma sensação imediata da duração e, por conseguinte, a soma de todas elas também não o é. Por outro lado, as impressões de qualquer momento são muito complicadas – contendo todas as imagens

---

3. *Proceedings of the American Academy*, 14 de maio de 1867 (1.549).

(ou elementos de imagens) de sentido e memória, e cuja complexidade é reduzível à simplicidade mediata através da concepção do tempo[4].

224. Portanto, temos uma variedade de fatos, todos os quais são rapidamente explicados através da suposição de que não temos faculdade intuitiva alguma de distinguir o intuitivo das cognições mediatas. Alguma hipótese arbitrária poderá explicar de outro modo qualquer um desses fatos; está é a única teoria que os faz apoiarem-se uns nos outros. Além do mais, fato algum requer a suposição da faculdade em questão. Quem quer que já tenha estudado a natureza da prova verá que há razões muito fortes para não acreditar na existência desta faculdade. Estas razões hão

4. A teoria acima do espaço e do tempo não conflita tanto com a de Kant quanto parece. Na verdade, constituem soluções para questões diferentes. Kant, é verdade, faz do espaço e do tempo intuições, ou melhor, formas de intuição, mas não é essencial à sua teoria que a intuição signifique mais do que "representação individual". A apreensão do espaço e do tempo resulta, segundo ele, de um *processo* mental – a "Synthesis der Apprehension in der Anschauung" (Ver *Critik d. reinen Vernunft* ed. 1781, p. 98 *ei sea.*) Minha teoria é simplesmente uma explicação desta hipótese.

A essência da Estética Transcendental de Kant está contida em dois princípios. Primeiro, que as proposições universais e necessárias não são dadas na experiência. Segundo, que os fatos universais e necessários são determinados pelas condições da experiência em geral. Por proposição universal entende-se simplesmente aquela que afirma algo do *todo* de uma esfera – e não necessariamente aquela em que todos os homens acreditam. Por proposição necessária entende-se aquela que afirma aquilo que afirma, não simplesmente a respeito das condições reais das coisas, mas de todo possível estado de coisas; isto não significa que essa proposição seja uma proposição em que não possamos deixar de ver. A experiência, no primeiro princípio de Kant, não pode ser usada como produto do entendimento objetivo, mas cumpre torná-la considerada como sendo as primeiras impressões do sentido com consciência reunidas e elaboradas pela imaginação em imagens, junto com tudo aquilo que daí se deduz logicamente. Neste sentido, pode-se admitir que as proposições universais e necessárias não são dadas na experiência. Mas, nesse caso, tampouco não são dadas na experiência quaisquer conclusões indutivas que se poderia extrair da experiência. De fato, constitui uma função peculiar na indução produzir proposições universais e necessárias. Kant ressalta, na verdade, que a universalidade e a necessidade das induções científicas são apenas os análogos da universalidade e da necessidade filosóficas; e isto é verdadeiro, na medida em que não se permite nunca aceitar uma conclusão científica sem uma certa desvantagem indefinida. Mas isto se deve à insuficiência do número de casos; e seja quais forem os casos que se possam ter, na quantidade que se desejar, *ad infinitum*, uma proposição verdadeiramente universal e necessária é inferível. Quanto ao segundo princípio de Kant, o de que a verdade das proposições universais e necessárias depende das condições da experiência geral, ele é, nada mais, nada menos, que o princípio da Indução. Vou a um parque de diversões e tiro doze pacotes de um saco de surpresas. Ao abri-los, descubro que cada um deles contém uma bola vermelha. Aqui está um fato universal. Depende, portanto, das condições da experiência. Qual é a condição da experiência? Consiste apenas em que as bolas sejam o conteúdo dos pacotes tirados do saco, isto é, a única coisa que determinou a experiência foi o ato de retirar os pacotes do saco. Infiro, neste caso, conforme o princípio de Kant, que aquilo que for retirado do saco conterá uma bola vermelha. Isto é indução. Aplique-se a indução não a uma experiência limitada qualquer mas a todas as experiências humanas e ter-se-á a filosofia kantiana, na medida em que for corretamente desenvolvida.

Os sucessores de Kant, no entanto, não se contentaram com esta doutrina. Nem deveriam fazê-lo. Pois existe um terceiro princípio: "Proposições absolutamente universais devem ser analíticas." Pois tudo aquilo que for absolutamente universal está privado de todo conteúdo ou determinação, pois toda determinação existe através da negação. O problema, portanto, não é como podem ser sintéticas as proposições universais, mas sim como é que as proposições universais aparentemente sintéticas podem ser desenvolvidas pelo pensamento apenas a partir do puramente indeterminado.

de tornar-se ainda mais fortes quando as consequências da rejeição dessa faculdade, neste texto e no seguinte, forem esboçadas de um modo mais completo.

Questão 2. *Se temos uma autoconsciência intuitiva.*

225. A Autoconsciência, tal como o termo é aqui utilizado, deve ser distinguida tanto da consciência em termos gerais, quanto do sentido interno e da pura apercepção. Toda cognição é uma consciência do objeto tal como é ele representado; por autoconsciência entende-se um conhecimento de nós mesmos. Não mera sensação das condições subjetivas da consciência, mas de nossas interioridades pessoais. A pura apercepção é a auto asserção do *ego*; a autoconsciência, tal como aqui se entende, é a recognição de minha interioridade *privada*. Sei que *eu* (não apenas o eu) existo. A questão é: como sei disso: por uma faculdade intuitiva especial ou esse conhecimento é determinado por cognições prévias?

226. Ora, não é evidente por si que tenhamos uma tal faculdade intuitiva, pois acabamos de mostrar que não dispomos de nenhum poder intuitivo de distinguir uma intuição de uma cognição determinada pelas outras. Portanto, a existência ou não existência deste poder deve ser determinada a partir da evidência, e a questão consiste em saber se é possível explicar a autoconsciência pela ação de faculdades conhecidas sob certas condições que sabidamente existem, ou se é necessário supor uma causa desconhecida para esta cognição e, neste caso, se uma faculdade intuitiva da autoconsciência é a causa mais provável que se pode supor.

227. Deve-se observar inicialmente que não há, ao que se sabe, autoconsciência em crianças de bem pouca idade. Kant já ressaltou[5] que o emprego atrasado da palavra muito comum "eu", nas crianças, indica nelas a presença de uma autoconsciência imperfeita e que, portanto, na medida em que nos é admissível extrair alguma conclusão com respeito ao estado mental daqueles que são ainda mais jovens, esta há de depor contra a existência de qualquer autoconsciência nelas.

228. Por outro lado, as crianças manifestam muito cedo os poderes do pensamento. De fato, é quase impossível indicar um período em que as crianças já não apresentem decidida atividade intelectual em direções nas quais o pensamento é indispensável ao seu bem-estar. A complicada trigonometria da visão, e os delicados ajustes dos movimentos coordenados são amplamente dominados bem cedo. Não há razão para se pôr em dúvida um grau semelhante de pensamento com referência a elas mesmas.

229. Pode-se observar sempre que uma criança de tenra idade já examina seu próprio corpo com muita atenção. Há todas as razões para que isso assim seja, pois, do ponto de vista da criança, seu corpo é a coisa mais importante do universo. Só aquilo que ela toca é que tem uma sensação concreta e presente; só aquilo que ela encara é que tem cor concreta; só aquilo que está em sua língua é que tem um gosto concreto.

230. Ninguém questiona que, quando uma criança ouve um som, ela pensa não em si mesma na condição de ouvinte, mas sim no sino ou em outros objetos na condição de soantes. E o que acontece quando ela

---
5. *Werke*, vii (2). 11.

quer mover uma mesa? Será que pensa em si mesma como desejosa desse ato ou apenas na mesa como algo adequado para se mover? Está fora de dúvida que é o segundo pensamento que nela ocorre; e até que seja provada a existência de uma autoconsciência intuitiva, deve-se considerar como uma suposição arbitrária e sem fundamento a resposta que aponte para a primeira destas duas alternativas. Não há nenhuma razão válida para pensar que ela seja menos ignorante de sua própria condição peculiar do que o adulto irado que nega estar tomado de paixão.

231. No entanto, a criança logo deve descobrir, pela observação, que as coisas que são adequadas para serem mudadas estão na verdade aptas a sofrer essa mudança, depois de um contato com aquele corpo particularmente importante chamado Marinho ou Joãozinho. Tal consideração torna este corpo ainda mais importante e central, uma vez que estabelece uma conexão entre a aptidão de uma coisa para ser mudada e a tendência nesse corpo para tocá-la antes de ela ser mudada.

232. A criança aprende a compreender a linguagem; isto é, em sua mente se estabelece uma conexão entre certos sons e certos fatos. Ela já havia percebido anteriormente a conexão entre esses sons e os movimentos dos lábios de corpos algo semelhante ao corpo central, e já havia tentado a experiência de pôr sua mão sobre aqueles lábios e descobrira que o som, nesse caso, ficara abafado. Assim, a criança liga essa linguagem a corpos que são um tanto semelhantes ao corpo central. Através de esforços, tão pouco energéticos que deveriam talvez, ser chamados antes de instintivos do que tentativos, aprende a produzir aqueles sons. E assim começa a conversar.

233. Deve ser por essa época que a criança começa a descobrir que aquilo que as pessoas ao seu redor dizem é a melhor evidência do fato. Tanto que o testemunho é inclusive uma marca mais forte do fato do que o são *os próprios fatos*, ou melhor, do que aquilo que é mister pensar agora como sendo as próprias *aparências*. (Devo ressaltar, aliás, que isto permanece assim no curso da vida; um testemunho pode convencer um homem que ele está louco.) Uma criança ouve dizer que o fogão está quente. Mas não está, ela diz; e de fato aquele corpo central não está tocando o fogão, e frio ou quente só está aquilo que esse corpo toca. Mas ela toca o fogão, e descobre que aquele testemunho se confirma de um modo notável. Assim, ela se torna consciente da ignorância, e é necessário supor um *eu* ao qual essa ignorância pode ser inerente. Destarte, o testemunho dá o primeiro esboço da autoconsciência.

234. Mais ainda, embora normalmente as aparências sejam apenas confirmadas ou meramente suplementadas pelo testemunho, há uma certa classe notável de aparências que são continuamente contrariadas pelo testemunho. Estes são aqueles predicados que *sabemos* serem emocionais, mas que *ela* distingue através da conexão destes com os movimentos daquela pessoa central, ela mesma (que a mesa quer mover-se, etc.) Estes juízos são geralmente negados por outros. Além do mais, ela tem razões para acreditar que também os outros possuem tais juízos que são inteiramente negados por todo o resto. Assim, ela acrescenta à concepção de aparência como sendo concreção do fato, a concepção disso

como sendo algo *privado* e válido apenas para um corpo. Em suma, o *erro* surge, e só se explica com o pressuposto de um *eu* que é falível.

235. A ignorância e o erro são tudo aquilo que distingue nossos eus privados do *ego* absoluto da pura apercepção.

236. Ora, a teoria que, a bem da clareza, foi assim enunciada de uma forma específica, pode ser resumida como segue: Na idade que as crianças são sabidamente autoconscientes, sabemos que elas se tornaram conscientes da ignorância e do erro; e sabemos que, com essa idade, possuem poderes de compreensão suficientes para capacitá-las a inferir, da ignorância e do erro, suas próprias existências. Assim, descobrimos que faculdades conhecidas, atuando sob condições que se sabe que existem, emergiriam à autoconsciência. O único defeito essencial na explicação deste assunto está em que, embora saibamos que as crianças exercem tanta compreensão quanto aqui se supõe, não sabemos se elas a exercem exatamente deste modo. Mesmo assim, a suposição de que elas assim procedem está infinitamente mais apoiada nos fatos do que a suposição de uma faculdade totalmente peculiar da mente.

237. O único argumento que vale a pena ressaltar quanto a existência de uma autoconsciência intuitiva é o seguinte: Estamos mais certos de nossa própria existência do que de qualquer outro fato; uma premissa não pode determinar que uma conclusão seja mais certa do que ela mesma é; por conseguinte, nossa própria existência não pode ter sido inferida de qualquer outro fato. A primeira premissa deve ser admitida, mas a segunda premissa baseia-se numa teoria desacreditada da lógica. Uma conclusão não pode ser mais certa do que algum dos fatos cujo suporte é verdadeiro, mas ela pode facilmente ser mais certa do que qualquer um daqueles fatos. Suponhamos, por exemplo, que umas doze testemunhas depõem sobre uma ocorrência. Neste caso, minha crença nessa ocorrência repousa sobre a crença de que em geral é preciso acreditar em cada um desses homens quando sob juramento. Todavia, o fato atestado torna-se mais certo do que o crédito a ser em geral dado a qualquer daqueles homens. Do mesmo modo, para a mente desenvolvida do homem, sua própria existência é sustentada por *todos os outros fatos*, sendo, portanto, incomparavelmente mais certa do que qualquer destes fatos. Mas não se pode dizer que ela seja mais certa do que o fato de existir um outro fato, posto que não há dúvida alguma perceptível em qualquer dos casos.

Deve-se concluir, portanto, que não há necessidade de supor-se uma autoconsciência intuitiva, dado que a autoconsciência pode, facilmente, ser o resultado de inferência.

Questão 3. Se *temos um poder intuitivo de distinguir entre os elementos subjetivos de diferentes tipos de cognições.*

238. Toda cognição envolve algo representado, ou aquilo de que estamos conscientes, e alguma ação ou paixão do eu pelo qual ela se torna representada. O primeiro deve ser denominado de elemento objetivo, e o segundo de elemento subjetivo da cognição. A própria cognição é uma intuição de seu elemento objetivo, que portanto, pode também ser denominado de objeto imediato. O elemento subjetivo não é, necessariamente,

conhecido de imediato, mas é possível que uma tal intuição do elemento subjetivo de uma cognição de seu caráter, quer seja sonhar, imaginar, conceber, acreditar, etc., devesse acompanhar toda cognição. A questão consiste em saber se isto é assim.

239. Poderia parecer, a primeira vista, que há um rol esmagador de evidência a favor da existência de um tal poder. É imensa a diferença entre ver uma cor e imaginá-la. Há vasta diferença entre o mais vivido dos sonhos e a realidade. E se não dispuséssemos de nenhum poder intuitivo para distinguir entre aquilo que acreditamos e aquilo que meramente concebemos, jamais poderíamos ao que parece distingui-los; dado que se o fizéssemos através do raciocínio, colocar-se-ia a questão de saber se o próprio argumento foi acreditado ou concebido, e isto deve ser respondido antes que a conclusão possa ter alguma força. E assim, haveria um *regressus ad infinitum*. Além do mais, se não sabemos que acreditamos, neste caso, de acordo com a natureza do caso, não acreditamos.

240. Mas, cumpre notar que não sabemos intuitivamente da existência desta faculdade. Pois é uma faculdade intuitiva, e não podemos saber intuitivamente que uma cognição é intuitiva. Portanto, a questão consiste em saber se é necessário supor a existência desta faculdade, ou se os fatos são explicáveis sem esta suposição.

241. Em primeiro lugar, portanto, a diferença entre aquilo que é imaginado ou sonhado e aquilo que é concretamente experimentado não constitui argumento a favor da existência de tal faculdade. Pois não se questiona que existam distinções naquilo que está presente na mente, mas a questão é saber se, independentemente de quaisquer distinções desse tipo nos objetos *imediatos* da consciência, nos é dado um poder imediato qualquer de distinguir entre diferentes modos de consciência. Ora, o próprio fato da imensa diferença nos objetos imediatos do sentido e da imaginação explica de modo suficiente o fato de distinguirmos entre essas faculdades; e ao invés de ser um argumento a favor da existência de um poder intuitivo de distinguir os elementos subjetivos da consciência, constitui antes uma poderosa réplica a tal argumento, na medida em que se faz referência à distinção do sentido e da imaginação.

242. Passando à distinção de crença e concepção, deparamo-nos com a afirmação de que o conhecimento da crença é essencial para sua existência. Ora, podemos, de modo inquestionável, distinguir uma crença de uma concepção, na maioria dos casos, através de um sentimento peculiar de convicção; e é mera questão de palavras se definimos a crença como aquele juízo que é acompanhado por este sentimento ou como aquele juízo a partir do qual um homem agirá. De modo conveniente, podemos chamar a primeira de crença *sensorialista* e a segunda de crença *ativa*. Admitir-se-á seguramente, sem que haja necessidade de relacionar-se fatos a respeito, que nenhuma destas envolve necessariamente a outra. Considerando-se a crença no sentido sensorialista, o poder intuitivo de reorganizá-la equivalerá simplesmente à capacidade para a sensação que acompanha o juízo. Esta sensação, como outra qualquer, é um objeto da consciência e, portanto, a capacidade dessa sensação não implica em recognição intuitiva alguma de elementos subjetivos da consciência. Se se considerar a crença no sentido ativo, pode-se descobri-la pela observação

dos fatos externos e pela inferência a partir da sensação de convicção que normalmente a acompanha.

243. Assim, os argumentos a favor deste poder peculiar de consciência desaparece e a presunção é, novamente, contra uma tal hipótese. Além do mais, como se deve admitir, que os objetos imediatos de duas faculdades quaisquer são diferentes, os fatos não tornam essa suposição necessária em qualquer grau.

Questão 4. *Se temos algum poder de instropecção, ou se todo nosso conhecimento do mundo interno deriva da observação dos fatos externos.*

244. Não se pretende aqui tomar por certa a realidade do mundo externo. Apenas, há um certo conjunto de fatos que são normalmente considerados como externos, enquanto outros são considerados como internos. A questão consiste em saber se os últimos são conhecidos de outro modo que não seja através da inferência a partir dos primeiros. Por introspecção entendo uma percepção direta do mundo interno, mas não necessariamente uma percepção interna desse mundo. Nem pretendo limitar a significação dessa palavra à intuição, mas sim a ampliaria a todo conhecimento do mundo interno que não deriva da observação externa.

245. Há um sentido em que qualquer percepção tem um objeto interno, a saber o sentido em que toda sensação é parcialmente determinada por condições internas. Assim, a sensação de vermelhidão é aquilo que é, devido à constituição da mente; e neste sentido é uma sensação de algo interno. Por conseguinte, podemos derivar um conhecimento da mente a partir de uma consideração desta sensação, mas esse conhecimento seria, de fato, uma inferência da vermelhidão como sendo um predicado de algo externo. Por outro lado, há certos outros sentimentos – as emoções, por exemplo – que parecem surgir em primeiro lugar, não como predicados, e que parecem referir-se apenas a mente. Poderia parecer, neste caso, que por meio destes sentimentos pode-se obter um conhecimento da mente, e que não é inferido a partir de nenhum caráter das coisas externas. A questão está em saber se isto realmente é assim.

246. Embora a introspecção não seja necessariamente intuitiva, o fato de possuirmos esta capacidade não é evidente por si mesmo, pois não temos faculdade intuitiva alguma de distinguir entre diferentes modos subjetivos da consciência. Esse poder, se existe, deve ser conhecido através da circunstância de que os fatos não são explicáveis sem ele.

247. Com referência ao argumento acima sobre as emoções, cumpre admitir que se um homem está furioso, sua ira, em geral, não implica nenhum caráter constante e determinado em seu objeto. Mas, por outro lado, dificilmente se pode questionar que exista algum caráter relativo na coisa externa que o torna furioso, e um pouco de reflexão bastará para mostrar que sua ira consiste em dizer ele, para si mesmo, "esta coisa é vil, abominável, etc." e que dizer "estou furioso" é antes sinal de uma razão em segundo grau. Da mesma forma, qualquer emoção é uma predicação concernente a algum objeto, e a principal diferença entre isto e um juízo

intelectual objetivo é que enquanto este é relativo à natureza humana ou à mente em geral, o primeiro é relativo às circunstâncias particulares e à disposição de um homem particular num momento particular. Aquilo que aqui se diz das emoções em geral, é particular mente verdadeiro, no tocante ao sentido de beleza e ao senso moral. Bom e mau são sentimentos que surgem inicialmente como predicados e que portanto são predicados ou do não-eu ou são determinados por cognições prévias (não havendo poder intuitivo algum de distinguir os elementos subjetivos da consciência).

248. Resta apenas, portanto, indagar, se é mister supor um poder particular de introspecção que dê conta do sentimento de querer. Ora, a volição, enquanto distinta do desejo, não é senão o poder de concentrar a atenção, de abstrair. Por conseguinte, o conhecimento do poder de abstrair pode ser inferido a partir de objetos abstratos, tal como o conhecimento do poder de ver se infere a partir de objetos coloridos.

249. Parece, portanto, que não há razão para supor-se um poder de introspecção e, por conseguinte, o único modo de se investigar uma questão psicológica é por inferência a partir de fatos externos.

Questão 5. *Se podemos pensar sem signos*.

250. Esta é uma questão familiar, mas, até agora, não há melhor argumento afirmativo do que o fato de que o pensamento deve preceder todo signo. Isto pressupõe a impossibilidade de uma série infinita. Mas Aquiles, é um fato, irá ultrapassar a tartaruga. *Como* isto acontece é uma pergunta que não precisa necessariamente ser respondida agora, na medida em que isso certamente acontece.

251. Se seguirmos o enfoque dos fatos externos, os únicos casos de pensamento que nos é dado encontrar são de pensamento em signos. Não há, de modo claro, qualquer outro pensamento que possa ser evidenciado pelos fatos externos. Mas já vimos que só através dos fatos externos é que o pensamento pode ser em geral conhecido. Desta forma, o único pensamento possivelmente conhecível é o pensamento em signos. Mas um pensamento que não se pode conhecer não existe. Todo pensamento, portanto, deve necessariamente estar nos signos.

252. Um homem diz a si mesmo: "Aristóteles é um homem; *portanto*, é falível". Neste caso, não pensou ele aquilo que não disse para si mesmo, *i.e.*, que todos os homens são falíveis? A resposta é que ele assim o fez, na medida em que isto está dito em seu *portanto*. De acordo com isto, nossa questão não se relaciona com o fato, mas é mera solicitação de distintividade para o pensamento.

253. Da proposição de que todo pensamento é um signo, segue-se que todo pensamento deve endereçar-se a algum outro pensamento, deve determinar algum outro pensamento, uma vez que essa é a essência do signo. Assim, esta não passa de uma outra forma do axioma familiar segundo o qual na intuição, *i.e.*, no presente imediato, não há pensamento ou que tudo aquilo sobre que se reflete tem um passado. *Hinc loquor inde est*. O fato de que a partir de um pensamento deve ter havido um outro pensamento tem um análogo no fato de que a partir de um momento passado qualquer, deve ter havido uma série infinita de momentos. Por-

tanto, dizer que o pensamento não pode acontecer num instante, mas que requer um tempo, não é senão outra maneira de dizer que todo pensamento deve ser interpretado em outro, ou que todo pensamento está em signos.

Questão 6. *Se um signo pode ler algum significado uma vez que, por esta definição, é o signo de algo absolutamente incognoscível.*
254. Pareceria que pode, e que as proposições universais e hipotéticas são exemplos disso. Assim, a proposição universal "todos os ruminantes são fissípedes" fala de uma possível infinidade de animais e não importa quantos ruminantes possam ter sido examinados, deve remanescer a possibilidade de haver outros animais que não o foram. No caso de uma proposição hipotética, a mesma coisa é ainda mais manifesta, pois uma tal proposição não fala apenas do estado real de coisas, mas de todo possível estado de coisas, todos os quais não são conhecíveis, na medida em que apenas um deles pode existir.
255. Por outro lado, todas nossas concepções são obtidas por abstrações e combinações de cognições que ocorrem inicialmente nos juízos da experiência. Por conseguinte, não pode haver uma concepção do absolutamente incognoscível, uma vez que nada disso ocorre na experiência. Mas o significado de um termo é a concepção que ele veicula. Por conseguinte, um termo não pode ter um significado desse tipo.
256. Se se disser que o incognoscível é um conceito composto do conceito *não* e do conceito *cognoscível*, pode-se responder que *não* é um simples termo sincategoremático e não um conceito em si mesmo.
257. Se penso "branco" não irei tão longe quanto Berkeley[a] ao ponto de dizer que penso numa pessoa vendo, mas direi que aquilo que penso é da natureza de uma cognição e, portanto, de qualquer outra coisa que pode ser experimentada. Por conseguinte, o mais elevado conceito que se pode atingir por abstrações a partir de juízos da experiência – e, portanto, o mais elevado conceito que pode ser atingido em geral – é o conceito de algo que é da natureza de uma cognição. Neste caso, *não* ou *aquilo que é outro que não*, se é um conceito, é um conceito do cognoscível. Por conseguinte, o não-cognoscível, se conceito, é um conceito da forma "A, não-A", e é, pelo menos, autocontraditório. Assim, a ignorância e o erro só podem ser concebidos como correlativos a um conhecimento real e à verdade, sendo estes da natureza das cognições. Contra qualquer cognição há uma realidade desconheci da porém cognoscível; mas contra todas as possíveis cognições há apenas aquilo que é autocontraditório. Em suma, *cognoscibilidade* (em seu sentido mais amplo) e *ser* não são metafisicamente, a mesma coisa, mas são termos sinônimos.
258. Ao argumento das proposições universais e hipotéticas a resposta é que embora a verdade delas não possa ser conhecida com certeza absoluta, ela pode ser conhecida em termos prováveis por indução.

a. Cf. *A treatise concerning human knowledge*, §§ 1-6

Questão 7. *Se há alguma cognição não determinada por uma cognição anterior.*

259. Pareceria que há ou que houve, pois uma vez que temos cognições, que são determinadas por cognições anteriores, e estas por cognições anteriores, deve ter havido uma cognição *primeira* nesta série ou então o estado de nossa cognição num momento qualquer é completamente determinado, de acordo com as leis da lógica, pelo nosso estado num momento anterior. Mas há muitos fatos contra esta última suposição e, portanto, a favor das cognições intuitivas.

260. Por outro lado, dado que é impossível saber intuitivamente que uma dada cognição não é determinada por uma cognição anterior, o único modo pelo qual se pode tomar conhecimento disto é por inferência hipotética a partir dos fatos observados. Mas indicar a cognição pela qual uma dada cognição foi determinada é explicar as determinações daquela cognição. E este é o único modo de explicá-las. Pois algo inteiramente fora da consciência e que se pode supor que a determinada só pode, como tal, ser conhecido e portanto indicado na cognição determinada em questão. Deste modo, supor que uma cognição é determinada apenas por algo absolutamente externo é supor que suas determinações não são passíveis de explicação. Ora, esta é uma hipótese que não tem fundamento em circunstância alguma, na medida em que a única justificativa possível para uma hipótese é que ela explica os fatos, e dizer que eles são explicados e ao mesmo tempo supô-los inexplicáveis é autocontraditório.

261. Se se objetar que o caráter peculiar do *vermelho* não é determinado por nenhuma cognição anterior responderei que esse caráter não é um caráter do vermelho como cognição, pois se houver um homem para o qual as coisas vermelhas tiverem a mesma aparência que as azuis têm para mim, e vice-versa, os olhos desse homem lhe estão indicando os mesmos fatos que indicariam se ele fosse como eu.

262. Além do mais, não conhecemos poder algum pelo qual se pudesse conhecer uma intuição. Pois, como a cognição está começando, e se acha portanto num estado de mudança, apenas no primeiro instante ela seria uma intuição. E, portanto, sua apreensão deve não ocorrer em momento algum e deve ser um evento que não ocupa momento algum[6]. Além do mais, todas as faculdades cognitivas que conhecemos são relativas e, por conseguinte, seus produtos são relações. Mas a cognição de uma relação é determinada por cognições prévias. Portanto, não se pode conhecer cognição alguma que não seja determinada por uma cognição anterior. Portanto, ela não existe primeiro porque é absolutamente incognoscível e, segundo, porque uma cognição só existe na medida em que é conhecida.

263. A réplica ao argumento de que deve haver uma primeira cognição é a seguinte: Refazendo nosso percurso a partir das conclusões para as premissas, ou a partir de cognições determinadas para as que as determinam, chegamos, em todos os casos, a um ponto além do qual a consciência na cognição determinada é mais vivida do que na cognição

---

6. Este argumento, entretanto, cobre apenas parte da questão. Ele não demonstra que não existe uma cognição não determinada exceto por outra como ela.

que a determina. Temos uma consciência menos vivida na cognição que determina nossa cognição da terceira dimensão do que nesta última cognição; uma consciência menos vivida na cognição que determina nossa cognição de uma superfície contínua (sem um ponto cego) do que nesta última cognição; e uma consciência menos vivida das impressões que determinam a sensação de tom do que nessa própria. De fato, quando chegamos suficientemente perto do mundo externo esta é a regra universal. Ora, seja uma linha horizontal que represente uma cognição e que a extensão da linha sirva para medir (por assim dizer) a vivacidade da consciência nessa cognição. Como um ponto não tem extensão, com base neste princípio ele representará um objeto totalmente fora da consciência. Seja uma linha horizontal sob a primeira que represente uma cognição que determina a cognição representada pela primeira linha e que tem o mesmo objeto desta última. Que a distância finita entre essas duas linhas represente que se trata de duas cognições diferentes. Com esta ajuda ao nosso pensamento, vejamos se "deve haver uma primeira cognição". Suponhamos que um triângulo invertido ▽ seja gradualmente mergulhado na água. Num momento ou instante qualquer, a superfície da água traça uma linha horizontal através desse triângulo. Esta linha representa uma cognição. Num momento subsequente, passa a haver uma linha seccional dessa forma constituída, numa parte superior do triângulo. Esta representa uma outra cognição do mesmo objeto determinada pela primeira, e que tem uma consciência mais vivida. O vértice do triângulo representa o objeto externo à mente que determina ambas estas cognições. O estado do triângulo antes de atingir a água representa um estado de cognição que nada contém que determine estas cognições subsequentes. Neste caso, dizer que se houver um estado de cognição pelo qual todas as cognições subsequentes de um certo objeto não são determinadas, deve haver subsequentemente alguma cognição desse objeto não determinada por cognições anteriores do mesmo objeto, equivale a dizer que, quando o triângulo é mergulhado na água, deve haver uma linha seccional produzida pela superfície da água abaixo da qual nenhuma linha de superfície fora produzida desse modo. Mas trace alguém a linha horizontal onde ele quiser, tantas linhas horizontais quanto lhe aprouver podem ser especificadas a distâncias finitas abaixo dela e uma abaixo da outra. Pois qualquer uma dessas secções está a alguma distância acima do vértice, caso contrário, não é uma linha. Seja a essa distância. Neste caso, houve secções similares nas distâncias l/2a, l/4a, l/8a, 1/16a, acima do vértice, e assim por diante tanto quanto se quiser. Assim, não é verdade que deve haver uma primeira cognição. Que o leitor explique as dificuldades lógicas deste paradoxo (são idênticas às do paradoxo de Aquiles) do modo como quiser. Contento-me com o resultado, na medida em que os princípios do leitor sejam totalmente aplicados ao caso particular das cognições que se determinam uma às outras. Negue o movimento, se parecer adequado fazê-lo; só que, neste caso, negue o processo de determinação de uma cognição por outra. Diga que instantes e linhas são ficções; só que diga, neste caso, que estados de cognição e juízos são ficções. O ponto sobre o qual aqui se insiste não é esta ou aquela solução lógica da dificuldade, mas simplesmente o de que a cognição surge por um *processo* de começar, tal como ocorre qualquer outra mudança.

Num texto subsequente levantarei as consequências destes princípios, com referência às questões da realidade, da individualidade e da validade das leis da lógica.

6. Algumas Consequências de Quatro Incapacidades[a]

1. O ESPÍRITO DO CARTESIANISMO

264. Descartes é o pai da filosofia moderna, e o espírito do cartesianismo – aquele que o distingue principalmente do escolasticismo que ele substituiu – pode ser resumidamente enunciado como segue:

1. O cartesianismo ensina que a filosofia deve começar com a dúvida universal, ao passo que o escolasticismo nunca questionou os princípios fundamentais.

2. Ensina que a comprovação final da certeza encontra-se na consciência individual, ao passo que o escolasticismo se baseou no testemunho dos doutos e da Igreja Católica.

3. A argumentação multiforme da Idemde Média é substituída por uma linha singular de inferência que frequentemente depende de premissas imperceptíveis.

4. O escolasticismo tinha seus mistérios de fé, mas empreendeu uma explicação de todas as coisas criadas. Todavia, há muitos fatos que o cartesianismo não apenas não explica como também torna absolutamente inexplicáveis, a menos que dizer que "Deus os fez assim" há de ser considerado como uma explicação.

265. Com efeito, a maioria dos filósofos modernos tem sido cartesiana em alguns ou todos estes aspectos. Agora, sem querer retornar ao escolasticismo, parece-me que a ciência e a lógica modernas exigem que nos coloquemos sobre uma plataforma bem distinta da que ele oferece.

a. *Journal of Speculative Philosophy*, v. 2, p. 140-157 (1868); planejado como o ensaio V do "Search for a Method", 1893.

1. Não podemos começar pela dúvida completa. Devemos começar com todos os preconceitos que realmente temos quando encetamos o estudo da filosofia. Estes preconceitos não devem ser afastados por uma máxima, pois são coisas a respeito das quais não nos ocorre que *possam* ser questionadas. Por conseguinte, este ceticismo inicial será mero autoengano, e não dúvida real; e ninguém que siga o método cartesiano jamais ficará satisfeito enquanto não recuperar formalmente todas aquelas crenças que, formalmente, abandonou. Portanto, é uma preliminar tão inútil quanto seria ir ao Polo Norte a fim de chegar a Constantinopla baixando-se regularmente por um meridiano. No decorrer de seus estudos, é verdade, uma pessoa pode achar razões para duvidar daquilo em que começou acreditando; mas neste caso ela duvida porque tem uma razão positiva para tanto, e não em virtude da máxima cartesiana. Não pretendemos duvidar, filosoficamente, daquilo de que não duvidamos em nossos corações.

2. O mesmo formalismo aparece no critério cartesiano, que consiste no seguinte: "Tudo aquilo de que eu estiver claramente convencido é verdadeiro". Se eu estivesse realmente convencido, não necessitaria do raciocínio e não exigiria comprovação de certeza alguma. Mas fazer assim de individuais singulares os juízes da verdade é coisa bastante perniciosa. O resultado é que os metafísicos concordarão todos que a metafísica alcançou um grau de certeza muito além das ciências físicas – só que não podem concordar a respeito de nada mais. Em ciências em que os homens chegaram a um acordo, quando uma teoria é trazida à baila, considera-se que ela está em prova até que este acordo seja alcançado. Conseguido isto, a questão da certeza torna ociosa, porque não resta ninguém que duvide da teoria. Individualmente, não podemos razoavelmente esperar atingir a filosofia última que perseguimos; só podemos procurá-la, portanto, para a *comunidade* dos filósofos. Por conseguinte, se mentes disciplinadas e imparciais examinarem cuidadosamente uma teoria e se recusarem a aceitá-la, isto deveria criar dúvidas na mente do próprio autor da teoria.

3. A filosofia deveria imitar as ciências bem sucedidas em seus métodos, ao ponto de só proceder a partir de premissas tangíveis que possam ser submetidas a um exame cuidadoso, e confiar antes no grande número e na variedade de seus argumentos do que no caráter conclusivo de um argumento qualquer. Seu raciocínio não deve formar uma cadeia que não seja mais forte do que o mais fraco de seus elos, mas sim um cabo cujas fibras podem ser muitíssimo finas, contanto que sejam suficientemente numerosas e estejam intimamente conectadas.

4. Toda filosofia não idealista pressupõe algum fim último absolutamente inexplicável, não analisável; em suma, algo resultante de uma mediação que não é, por sua vez, suscetível de mediação. Ora, o fato de algo *ser* assim inexplicável só pode ser conhecido através do raciocínio a partir dos signos. Mas a única justificativa para uma inferência a partir de signos é que a conclusão explique o fato. Supor que o fato seja absolutamente inexplicável é não o explicar e, por conseguinte, esta suposição nunca é permitida. No último número desta revista aparece um trabalho intitulado "Questões referentes a certas faculdades reivindicadas pelo homem" (Texto n. 1) que foi escrito com este espírito de oposição ao car-

tesianismo. Aquela crítica a certas faculdades resultou em quatro negativas que, por conveniência, podem ser aqui repetidas:
1. Não temos poder algum de Introspecção mas sim, todo conhecimento do mundo interno deriva-se, por raciocínio hipotético, de nosso conhecimento dos fatos externos.
2. Não temos poder algum de Intuição mas, sim, toda cognição é determinada logicamente por cognições anteriores.
3. Não temos poder algum de pensar sem signos.
4. Não temos concepção alguma do absolutamente incognoscível.

Estas proposições não podem ser encaradas como certas e, a fim de submetê-las a mais uma verificação, propomo-nos agora a desenvolvê-las até suas consequências. De início, podemos considerar apenas a primeira delas; a seguir, traçar as consequências da primeira e da segunda; depois, ver o que resultará se assumirmos também a terceira; e, finalmente, acrescentar a quarta a nossas premissas hipotéticas.

2. AÇÃO MENTAL

266. Aceitando a primeira proposição, precisamos deixar de lado todos os preconceitos que derivam de uma filosofia que baseia nosso conhecimento do mundo externo em nossa autoconsciência. Não podemos admitir colocação alguma concernente àquilo que se passa dentro de nós, a não ser como hipótese necessária para explicar o que acontece naquilo que habitualmente chamamos de mundo externo. Além do mais, quando aceitamos sobre tais bases uma faculdade ou modo de ação da mente não podemos, naturalmente, adotar qualquer outra hipótese com o propósito de explicar qualquer fato que possa ser explicado através de nossa primeira proposição, mas devemos levar esta última tão longe quanto possível. Em outras palavras, devemos, tanto quanto nos é dado fazer sem o auxílio de hipóteses adicionais, reduzir todos os tipos de ação mental a um tipo geral.

267. A classe de modificações da consciência com a qual devemos começar nossa investigação deve ser uma classe cuja existência seja indubitável, e cujas leis sejam bem conhecidas e que, portanto (dado que este conhecimento vem do exterior) que segue mais de perto os fatos externos; isto é, deve ser algum tipo de cognição. Aqui podemos admitir hipoteticamente a segunda proposição daquele texto inicial, segundo a qual não há absolutamente uma primeira cognição de um objeto, mas, sim, que a cognição surge através de um processo contínuo. Devemos começar, portanto, com um *processo* de cognição, e com aquele processo cujas leis são melhor compreendidas e que seguem mais de perto os fatos externos. Outro processo não há além do processo de inferência válida, que procede de suas premissas. A, para sua conclusão, B, somente se, de fato, uma proposição como B for sempre ou habitualmente verdadeira quando uma proposição como A for verdadeira. Portanto, é uma consequência dos dois primeiros princípios, cujos resultados devemos levantar, o fato de que devemos, tanto quanto podemos, sem qualquer outra suposição exceto a das razões da mente, reduzir toda ação mental à fórmula do raciocínio válido.

268. Mas será que a mente passa de fato por um processo silogístico? O fato de que uma conclusão – como algo que exista na mente de modo independente, tal como uma imagem – repentinamente substitua de modo similar duas premissas existentes na mente constitui algo de que seguramente se pode duvidar. Mas constitui tema de constante experimentação o fato de que se um homem acredita nas premissas, no sentido em que ele agirá segundo elas e dirá que elas são verdadeiras, sob certas condições favoráveis também estará pronto a agir conforme a conclusão e a dizer que esta é verdadeira. Portanto, algo acontece, dentro do organismo, que é equivalente ao processo silogístico.

269. Uma inferência válida pode ser *completa* ou *incompleta*[a]. Uma inferência incompleta é aquela cuja validade depende de alguma matéria de fato não contida nas premissas. Este fato implícito poderia ter sido enunciado com uma premissa, e sua relação com a conclusão é a mesma quer seja explicitamente colocado ou não, uma vez que ele é, pelo menos virtualmente, considerado como certo; de forma tal que todo argumento válido incompleto é virtualmente completo. Os argumentos completos dividem-se em *simples* e *complexos*[b]. Um argumento complexo é aquele que, a partir de três ou mais premissas, conclui aquilo que poderia ter sido concluído através de passos sucessivos de raciocínios que seriam, cada um dos quais, simples. Assim, uma inferência complexa, ao final, vem a ser a mesma coisa que uma sucessão de inferências simples.

270. Um argumento completo, simples e válido, ou silogismo, pode ser *apodítico* ou *provável*[c]. Um silogismo apodítico ou dedutivo é aquele cuja validade depende incondicionalmente da relação do fato inferido com os fatos colocados nas premissas. Um silogismo cuja validade dependesse não apenas de suas premissas, mas da existência de algum outro conhecimento, seria impossível; pois ou este outro conhecimento seria colocado, caso em que seria parte das premissas, ou seria aceito implicitamente, caso em que a inferência seria incompleta. Mas em silogismo cuja validade depende em parte da *não-existência* de algum outro conhecimento é um silogismo *provável*.

271. Alguns exemplos tornarão claro este ponto. Os dois argumentos seguintes são apodíticos ou dedutivos:

1. Série alguma de dias dos quais o primeiro e o último sejam dias diferentes da semana excede, em um, um múltiplo de sete dias; ora, o primeiro e o último dia de qualquer ano bissexto são dias diferentes da semana e, portanto, ano bisssexto algum consiste em um número de dias maior do que um múltiplo de sete.

2. Entre as vogais não existe letras duplas; mas uma das letras duplas (w) é composta de duas vogais; por conseguinte, uma letra composta por duas vogais não é necessariamente, ela mesma uma vogal.

Em ambos estes casos é evidente que, enquanto as premissas forem verdadeiras, seja o que for que outros fatos possam ser, as conclusões serão verdadeiras. Por outro lado, suponha-se que raciocinemos do seguinte

a. Cf. 2.466.
b. Cf. 2.470.
c. Cf. 2.508.

modo: "Um certo homem contraiu cólera asiática. Achava-se em colapso, lívido, frio, e sem pulso perceptível. Foi copiosamente sangrado. Durante o processo, ele saiu do colapso, e na manhã seguinte estava bom o suficiente para ficar de pé. Portanto, os sangramentos tendem a curar a cólera". Esta é uma inferência bastante provável, contanto que as premissas representem todo nosso conhecimento sobre o assunto. Mas se soubéssemos, por exemplo, que a recuperação de um estado de cólera tende a ser repentina, e que o médico que relatou este caso tinha conhecimento de uma centena de outras tentativas desse método de cura sem ter comunicado o resultado destas, então a, inferência perderia toda sua validade.

272. A ausência de conhecimento que é essencial para a validade de qualquer argumento provável relaciona-se com alguma questão que é determinada pelo próprio argumento. Esta questão, como outra qualquer, consiste em se certos objetos possuem certos caracteres. Por conseguinte, a ausência de conhecimento consiste, ou em se além dos objetos que, conforme as premissas, possuem certos caracteres, outros objetos quaisquer os possuem; ou se além dos caracteres que, conforme as premissas, pertencem a certos objetos, quaisquer outros caracteres não necessariamente implicados nestes pertencem aos mesmos objetos. No primeiro caso, o raciocínio procede como se todos os objetos dotados de certos caracteres fossem conhecidos, e isto é *indução*; no segundo caso, a inferência procede como se todos os caracteres necessários para a determinação de um certo objeto ou classe fossem conhecidos, e isto é *hipótese*. Pode se tornar mais clara esta distinção por meio de exemplos.

273. Suponha-se que contemos o número de ocorrências das diferentes letras em um certo livro inglês, que podemos denominar A. Naturalmente, cada nova letra que acrescentamos à nossa lista alterará o número relativo de ocorrências das diferentes letras; mas conforme prosseguimos com nossa contagem, esta modificação será cada vez menor. Suponha-se que descubramos que à medida que aumentamos o número de letras contadas, o número relativo de *e*'s aproxima-se de 11 1/4% do total, o de *t*'s 8 1/2%, o de *a*'s, 8%, o de *s*'s, 7 1/2%, etc. Suponha-se que repitamos as mesmas observações com uma meia dúzia de outros textos em inglês (que podemos designar por B, C, D, E, F, G) com resultados similares. Neste caso, podemos inferir que em todo texto inglês, de uma certa extensão, as diferentes letras ocorrem aproximadamente com essas mesmas frequências relativas.

Ora, este argumento depende, para sua validade, do fato de *não* conhecermos a proporção de letras num texto em inglês qualquer além de A, B, C, D, E, F e G. Pois se conhecermos essa proporção com relação a H, e ela não for aproximadamente a mesma que nos outros casos, nossa conclusão é de pronto destruída; se for a mesma, a inferência legítima é de A, B, C, D, E, F, G e H, e não apenas dos primeiros sete. Isto, portanto, é uma *indução*.

Suponha-se, a seguir, que um trecho de um texto cifrado nos seja entregue, sem a chave para sua decifração. Suponha-se que descubramos que esse texto contém pouco menos de 26 caracteres, um dos quais ocorre com uma frequência de 11%; outro, 8 1/2%, outro, 8% e um quarto, 7 1/2%. Suponha-se que ao substituirmos estes caracteres por *e*, *t*, *a* e *s* respectivamente, percebemos como é possível substituir os outros caracteres por letras singulares de modo a fazerem sentido em inglês, contanto que admitamos que esses termos sejam soletrados de forma errada em alguns casos. Se o texto for de alguma extensão considerável, podemos inferir com grande probabilidade qual seja o significado do código.

A validade deste argumento depende do fato de não haver outros caracteres conhecidos do texto cifrado que pudessem ter alguma importância no caso, pois se houver – se soubermos, por exemplo, se há ou não uma outra solução para o texto – deve-se admitir que exercerá seus efeitos apoiando ou enfraquecendo a conclusão. *Hipótese*, portanto, é isto.

274. Todo raciocínio válido é dedutivo, indutivo, ou hipotético; ou então, combina duas ou mais destas características. A dedução é bastante bem abordada na maioria dos manuais de lógica, mas será necessário dizer umas poucas palavras sobre a indução e a hipótese a fim de tornar mais inteligível o que se segue.

275. A indução pode ser definida como um argumento que se desenvolve a partir da presunção de que todos os membros de uma classe ou agregado possuem todos os caracteres que são comuns a todos aqueles membros da classe a cujo respeito isto é conhecido, tenham ou não seus membros tais caracteres; ou, em outras palavras, aquilo que pressupõe ser verdadeiro de toda uma coleção aquilo que é verdadeiro de um certo número de casos nela tomados ao acaso. Poder-se-ia chamar isto de argumento estatístico. A longo prazo, este argumento deve, em geral, permitir conclusões bastante corretas a partir de premissas verdadeiras. Se temos um saco de feijões em parte brancos e em parte pretos, contando as proporções relativas das duas cores existentes em vários punhados diferentes, podemos aproximar-nos mais ou menos das proporções relativas das duas cores no saco todo, uma vez que uma quantidade suficiente de punhados constituiria todos os feijões existentes no saco. A característica central e chave da indução é que, tomando-se a conclusão assim obtida como premissa maior de um silogismo e se essa proposição enuncia tais e tais objetos da classe em questão como sendo premissas menores, a outra premissa da indução decorrerá das outras dedutivamente.[a] Assim, no exemplo acima, concluímos que todos os livros em inglês têm cerca de 11 1/4% de suas letras constituídos por *e*'s. A partir daí como premissa maior, junto com a proposição de que A, B, C, D, E, F e G são livros em inglês, segue-se dedutivamente que A, B, C, D, E, F e G têm cerca de 11 1/4% de suas letras que são *e*'s. De acordo com esta colocação a indução foi definida por Aristóteles[b], como sendo a inferência da premissa maior de um silogismo a partir de suas premissas menores e da conclusão. A função de uma indução é substituir uma série de muitos sujeitos por uma série única que os abarca a todos e mais uma quantidade indefinida de outros. Assim, é uma espécie de "redução da variedade à unidade".

276. A hipótese pode ser definida como um argumento que se desenvolve a partir da suposição de que um caráter do qual se sabe que envolve necessariamente uma certa quantidade de outros caracteres, pode

a. Cf. 2.623.
b. Cf. Aristóteles, *Analytica Priora*, livro III, cap. 23.

ser provavelmente predicado de qualquer objeto possuidor de todos os caracteres que se sabe envolvidos por esse caráter. Assim como a indução pode ser considerada a inferência da premissa maior de um silogismo, da mesma forma a hipótese pode ser considerada a inferência de uma premissa menor, a partir das outras duas proposições. Assim, o exemplo acima citado consiste de duas inferências das premissas menores dos seguintes silogismos.

1. Todo texto em inglês de alguma extensão no qual tais e tais caracteres denotam *e*, *t*, *a* e *s* tem cerca de 11 1/4% de sua totalidade constituídos pelo primeiro tipo desses traços, 8 1/2 do segundo, 8 % do terceiro e 7 1/2% do quarto.

Este texto secreto é um texto inglês de alguma extensão, no qual tais e tais caracteres denotam *e*, t, *a* e 5, respectivamente: ∴ Este texto secreto tem cerca de 11 1/4% de seus caracteres do primeiro tipo, 8 1/2% do segundo, 8% do terceiro e 7 1/2% do quarto.

2. Um trecho escrito com um alfabeto dessa espécie faz sentido quando tais e tais letras são individualmente substituídas por tais e tais caracteres.

Este texto secreto está escrito com um tal alfabeto...

∴ Este texto secreto faz sentido quando tais e tais substituições são feitas.

A função da hipótese é substituir uma grande série de predicados, que não formam em si mesmos unidade alguma, por uma série singular (ou pequena quantidade) que os envolve a todos, junto (talvez) com uma quantidade indefinida de outros predicados. Portanto, também é uma redução da variedade à unidade[1]. Todo silogismo dedutivo pode ser colocado sob a forma

1. Muitas pessoas versadas em lógica objetaram que apliquei, aqui, o termo *hipótese* de um modo absolutamente errôneo, e que aquilo que designo por esse nome é um argumento a partir da analogia. Será suficiente replicar que o exemplo do texto cifrado foi dado como uma ilustração adequada da hipótese segundo Descartes (Normal 10 *Oeuvres choisies*, Paris, 1865, p. 334), Leibniz (*Nouv.Ess*-, livro 4, Cap. 12, § 13, Ed. Erdmann, p. 383) e (como soube através de D. Stewart: *Works*, v. 3, p. 305 *et seq*.) Gravesande, Boscovich, Hartley e G.L.Le Sage. O termo Hipótese foi utilizado nos seguintes sentidos: 1. Pelo tema ou proposição que forma o assunto de um discurso. 2. Por uma suposição. Aristóteles divide as suposições, ou proposições adoradas sem nenhuma razão, em definições e hipóteses. Estas são proposições que enunciam a existência de algo. Assim, o geômetra diz: "Seja um triângulo". 3. Por uma condição em sentido geral. Diz-se que procuramos outras coisas que não a felicidade ἐξ ὑποθέσεως, condicionalmente. A melhor república é a idealmente perfeita; a segunda, a melhor na terra; a terceira, a melhor ἐξ ὑποθέσεως nas circunstâncias. Liberdade é ὑπόθεσις ou condição da democracia. 4. Pelo antecedente de uma proposição hipotética. 5. Por uma questão oratória que supõe fatos. 6. Na *Synopsis* de Psellus, pela referência de um sujeito às coisas que ele denota. 7. Mais comumente nos tempos modernos, pela conclusão de um argumento a partir da consequência e do consequente para o antecedente. É este o uso que faço desse termo. 8. Por uma tal conclusão quando fraca demais para constituir uma teoria aceita no corpo de uma ciência. (Cf. 2.511, 2.707).

Cito algumas autoridades em apoio do sétimo uso:

Chauvin – Lexicon Rationale, 1. ed. – "Hypothesis est propositio, quae assumitur ad probandum aliam veritatem incognitam. Requirunt multi, ut haec hypothesis vera esse cognoscatur, etiam antequam appareat, an alia ex ea deduci possint. Verum aiunt alii, hoc unum desiderari, ut hypothesis pro vera admittatur, quod nempe ex hac talia deducitur. quae respondent phaenomenis, et satisfaciunt omnibus difficultatibus, que hac parte in re. el in iis quae de ea apparent, oceurrebant."

Se A, então B;
Mas A:
∴ B

E como a premissa menor desta forma surge como antecedente ou razão de uma proposição hipotética, a inferência hipotética pode ser denominada de raciocínio a partir do consequente para o antecedente.

277. O argumento a partir da analogia, que um popular estudioso da lógica[a] denomina de raciocínio a partir de particulares para particulares, deriva sua validade do fato de combinar os caracteres da indução e da hipótese, sendo analisável quer numa dedução ou numa indução, ou numa dedução e numa hipótese[b].

Newton – "Hactenus phaenomena coelorum et maris nostri per vim gravitatis exposui, sed causam gravitatis nondum assignavi... Rationem vero harum gravitatis proprietatum ex phaenomenis nondum potui deducere et hypotheses non fingo. Quicquid enim ex phaenomenis non deducitur, *hypothesis* vocanda est... In hac Philosophia Propositiones deducuntur ex phaenomenis, et redduntur generates per in-ductionem." *Principia. Ad fin.*

Sir Wim Hamilton –"*Hipóteses*, isto é, proposições que são assumidas com probabilidade a fim de explicar ou provar algo que de outra forma não pode ser explicado ou provado." *Lectures on Logic* (ed. am.), p. 188.

"O nome *hipótese* é atribuído, de modo mais enfático, a suposições provisórias que servem para explicar os fenômenos enquanto são observados, mas que só são aceitas como verdadeiras se forem ao final confirmadas através de uma indução completa" – *ibid.*, p. 364.

"Quando se apresenta um fenômeno que não pode ser explicado por princípio algum dos possibilitados pela experiência, sentimo-nos descontentes e inquietos; e surge um esforço de descobrir alguma causa que possa, pelo menos provisoriamente, explicar este fenômeno; e esta causa é ao final reconhecida como válida e verdadeira se, através dela, descobre-se que esse fenômeno obtém uma explicação completa e perfeita. O juízo no qual um fenômeno se relaciona com uma tal causa problemática é de nominado de Hipótese". Ibidem p. 449, 450. Ver também *Lectures on Metaphysics*. p. 117.

J.S.Mill – "Uma hipótese é uma suposição qualquer que aventamos (quer sem provas reais, quer a partir de provas confessadamente insuficientes) a fim de tentar a partir dela deduzir conclusões em acordo com falos que sabemos serem reais; com a ideia de que se as conclusões a que as hipóteses levam são verdades conhecidas, a própria hipótese deve ser ou verdadeira ou provavelmente verdadeira." – *Logic* (6. ed). v. 2, p. 8 (livro III. Cap. XIV. § 4).

Kant – "*Se todos os consequentes de uma cognição são verdadeiros, a própria cognição é verdadeira*... Portanto, nos é permitido concluir do consequente para uma razão, sem que sejamos capazes de determinar esta razão. Do complexo de todos os consequentes só podemos concluir a verdade de uma razão determinada. A dificuldade deste modo de inferência *positivo* e *direto* (modus ponens) é que a totalidade dos consequentes não pode ser apoditicamente reconhecida, e que portanto, por este modo de inferência somos levados apenas a uma cognição provável e *hipoteticamente* verdadeira (*Hipóteses*)." – *Logik* por Jasche; Werke. Ed. Rosenk. e Sch., v. 3. p. 221.

"Uma hipótese é o julgamento da verdade de uma razão com base na suficiência dos consequentes." – *ibid.*, p. 262

Herbert – "Podemos levantar hipóteses, daí deduzir consequentes e depois verá ficar se estes estão de acordo com a experiência. Tais suposições denominam-se hipóteses." – *Einleitung*; Werke. V. 1. p. 53.

Beneke – "Inferências afirmativas a partir do consequente para o antecedente, ou hipóteses." – *System der Logik*. V. 2. 103.

Não seria difícil multiplicar estas citações.

a. Ver J.S. Mill. *Logic*, livro II. Cap. 3. § 3.
b. Ver 2.513.

278. Mas embora a inferência seja, assim, de três espécies essencialmente diferentes, pertence também a um gênero. Vimos que não se pode derivar legitimamente conclusão alguma que não possa ser alcançada através de sucessões de argumentos que têm, cada um, duas premissas, e que não implicam em nenhum fato não afirmado.

279. Cada uma dessas premissas é uma proposição que afirma que certos objetos têm certos caracteres. Cada termo de uma tal proposição representa ou certos objetos ou certos caracteres. A conclusão pode ser encarada como uma proposição substituída em lugar de cada uma das premissas, justificando-se a substituição pelo fato enunciado na outra premissa. Consequentemente, a conclusão é derivada de uma das premissas através da substituição do sujeito da premissa por um novo sujeito, ou do predicado da premissa por um novo predicado, ou por ambas as substituições. Ora, a substituição de um termo por outro pode justificar-se apenas na medida em que o termo substituído representa apenas aquilo que é representado no termo substituído. Portanto, se a conclusão for denotada pela fórmula

$$S \text{ é } P$$

e se esta conclusão derivar, por uma mudança de sujeito, de uma premissa que pode ser expressa pela fórmula

$$M \text{ é } P,$$

neste caso a outra premissa deve afirmar que tudo aquilo que for representado por S é representado por M, ou que

$$\text{Todo } S \text{ é um } M;$$

enquanto que, se a conclusão, S é P, é derivada de uma das premissas por uma mudança de predicado, essa premissa pode ser escrita

$$S \text{ é } M;$$

e a outra premissa deve afirmar que todos os caracteres implicados em P estão implicados em M, ou que

$$\text{Tudo o que é } M \text{ é } P.$$

Em qualquer dos casos, portanto, o silogismo deve ser capaz de exprimir-se na forma

$$S \text{ é } M; M \text{ é } P;$$
$$\therefore S \text{ é } P$$

Finalmente, se a conclusão difere de uma ou outra de suas premissas, tanto no sujeito como no predicado, a forma do enunciado da conclusão e da premissa pode ser alterada de modo que tenham um termo comum. Isto sempre é possível fazer, pois se P é a premissa e C a conclusão, podem ser assim enunciadas:

O estado de coisas representado em P é real, e
O estado de coisas representado em C é real.

Neste caso, a outra premissa deve virtualmente afirmar, de alguma forma, que todo estado de coisas tal como é representado por C é o estado de coisas representado em P.

Por conseguinte, todo raciocínio válido tem uma forma geral; e ao tentar reduzir toda ação mental às fórmulas da inferência válida, procuramos reduzi-la a um único tipo singular.

280. Um obstáculo aparente à redução de toda ação mental ao tipo de inferências válidas é a existência do raciocínio falacioso. Todo argu-

mento implica na verdade de um princípio geral de procedimento inferencial (quer envolva alguma matéria de fato referente ao assunto de um argumento ou simplesmente uma máxima relacionada com um sistema de signos), de acordo com o qual é um argumento válido. Se este princípio é falso, o argumento é uma falácia; mas nem um argumento válido a partir de premissas falsas, nem uma indução ou hipótese excessivamente fraca, porém não ilegítima, por mais que sua força possa ser superestimada, por mais falsa que seja sua conclusão, é uma falácia.

281. As palavras, tomadas tal como se apresentam, embora na forma de um argumento, implicam qualquer fato que possa ser necessário para tornar conclusivo o argumento; de modo que para o lógico formal, que só se interessa pelo significado das palavras de acordo com os princípios adequados de interpretação, e não pela intenção do elocutor adivinhada a partir de outras indicações, as únicas falácias que existem são as simplesmente absurdas e contraditórias, seja porque suas conclusões são absolutamente inconsistentes com suas premissas, ou porque conectam proposições através de uma espécie de conjunção ilativa, modo pelo qual elas não podem ser validamente conectadas em circunstância alguma.

282. Mas para o psicólogo, um argumento só é válido se as premissas das quais deriva a conclusão mental forem insuficientes, embora verdadeiras, para justificar a conclusão, quer em si mesmas ou com o auxílio de outras proposições anteriormente tidas como verdadeiras. Mas é fácil mostrar que todas as inferências feitas pelo homem, que não são válidas neste sentido, pertencem a quatro classes, a saber: 1. Aquelas cujas premissas são falsas; 2. Aquelas que têm um pouco de força, embora um pouco apenas; 3. Aquelas que resultam da confusão de uma proposição com uma outra; 4. Aquelas que resultam da apreensão indistinta, aplicação errônea, ou falsidade, de uma regra da inferência. Pois, se uma pessoa cometesse uma falácia que não pertencesse a alguma destas classes, ela, a partir de premissas verdadeiras concebidas com perfeita clareza, sem ser desviada de seu caminho por um preconceito qualquer ou outro juízo que sirva de regra da inferência, estaria tirando uma conclusão que na verdade não teria a menor relevância. Se isto pudesse acontecer, a consideração serena e o cuidado seriam de pouca utilidade para o pensamento, pois o cuidado só serve para assegurar que estamos levando em conta todos os fatos e para tornar claros aqueles que não levamos em conta; nem pode a frieza fazer nada além de permitir-nos ser cuidadosos, e também impedir que sejamos afetados por uma paixão ao inferir como verdadeiro aquilo que gostaríamos que fosse verdadeiro, ou que tememos possa ser verdadeiro, ou ao seguir alguma outra regra errada da inferência. Mas a experiência demonstra que a consideração calma e cuidadosa das mesmas premissas claramente concebidas (incluindo os preconceitos) assegurará o pronunciamento do mesmo juízo por todos os homens. Ora, se uma falácia pertence à primeira daquelas quatro classes e se suas premissas são falsas cabe presumir que o procedimento da mente a partir dessas premissas rumo a uma conclusão é ou correto ou erra em um dos outros três modos; pois não se pode supor que a simples falsidade das premissas deva afetar o procedimento da razão quando essa falsidade não é do conhecimento da razão. Se a falácia pertence à segunda classe e tem

alguma força, por pouca que seja, constitui um provável argumento legítimo, e pertence ao tipo da inferência válida. Se é da terceira classe e resulta da confusão de uma proposição com outra, esta confusão deve ocorrer devido a uma semelhança entre as duas proposições, isto é, raciocinando a pessoa, e vendo que uma proposição apresenta alguns dos caracteres pertencentes à outra, conclui que possui todos os caracteres essenciais da outra e é equivalente desta. Ora, isto é uma inferência hipotética que, embora possa ser fraca, e embora sua conclusão seja falsa, pertence ao tipo da inferência válida; e, portanto, como o *nodus* da falácia reside na confusão, o procedimento da mente nestas falácias da terceira classe está em conformidade com a fórmula da inferência válida. Se a falácia pertence à quarta classe, resulta ou da aplicação errada ou apreensão errônea de uma regra da inferência, e portanto é uma falácia de confusão, ou resulta da adoção de uma regra errada da inferência. Neste último caso, esta regra é, de fato, tomada como uma premissa e, portanto, a conclusão falsa deve-se apenas à falsidade de uma premissa. Portanto, em toda falácia possível à mente do homem, o procedimento da mente está em conformidade com a fórmula da inferência válida.

3. SIGNOS-PENSAMENTO

283. O terceiro princípio cujas consequências nos cumpre deduzir é que, sempre que pensamos, temos presente na consciência algum sentimento, imagem, concepção ou outra representação que serve como signo. Mas segue-se de nossa própria existência (o que está provado pela ocorrência da ignorância e do erro[a]) que tudo o que está presente a nós é uma manifestação fenomenal de nós mesmos. Isto não impede que haja um fenômeno de algo sem nós, tal como um arco-íris é simultaneamente uma manifestação tanto do sol quanto da chuva. Portanto, quando pensamos, nós mesmos, tal como somos naquele momento, surgimos como um signo. Ora, um signo tem, como tal, três referências: primeiro, é um signo *para* algum pensamento que o interpreta; é um signo *de* algum objeto ao qual, naquele pensamento, é equivalente; terceiro, é um signo, *em* algum aspecto ou qualidade, que o põe em conexão com seu objeto. Verifiquemos quais são os três correlatos aos quais um signo-pensamento se refere.

284. (I) Quando pensamos, a que pensamento se dirige aquele signo-pensamento que é nós mesmos? Através de uma expressão exterior, a que chega talvez só depois de considerável desenvolvimento-interno, esse signo-pensamento pode vir a dirigir-se ao pensamento de uma outra pessoa. Mas quer isto aconteça ou não, é sempre interpretado por um pensamento subsequente nosso mesmo. Se, depois de um pensamento qualquer, a corrente de ideias flui livremente, esse fluir segue as leis da associação mental. Nesse caso, cada um dos pensamentos anteriores sugere algo ao pensamento que se segue, *i.e.*, é o signo de algo para este último. Nossa corrente de pensamento, é verdade, pode ser interrompida, mas devemos lembrar-nos que, além do elemento principal de pensamento num momento qualquer, há uma centena de coisas em nossa

a. Ver 233.

mente às quais apenas uma pequena fração de atenção ou consciência é atribuída. Daí não se segue, portanto, em virtude de um novo constituinte do pensamento receber a parte principal dessa atenção, que a corrente de pensamento que ele desloca é, com isso, rompida. Pelo contrário, de nosso segundo princípio, segundo o qual não há intuição ou cognição que não seja determinada por cognições prévias, segue-se que o aparecimento repentino de uma nova experiência não é nunca um caso instantâneo, mas é um *evento* que ocupa tempo, e que vai passar por um processo contínuo. Sua proeminência na consciência, portanto, provavelmente deve ser a consumação de um processo crescente; e se for assim, não há causa suficiente para o pensamento, que fora até ali dominante, cessar abrupta e instantaneamente. Mas se uma sequência de pensamentos cessa por extinção gradual, essa sequência segue livremente sua própria lei de associação enquanto durar, e não há momento algum em que exista um pensamento que pertença a esta série, subsequentemente ao qual não exista um pensamento que o interprete ou repita. Portanto, não há exceção à lei de que todo signo-pensamento é transladado para ou interpretado num signo-pensamento subsequente, a menos que todo pensamento tenha um fim abrupto e definitivo na morte.

285. (2) A questão seguinte é: O que representa o signo-pensamento – que designa ele – qual é seu *suppositum*? A coisa exterior, sem dúvida, quando se está pensando numa coisa exterior. Mesmo assim, como o pensamento é determinado por um pensamento anterior do mesmo objeto, ele se refere a essa coisa através da denotação deste pensamento anterior. Suponhamos, por exemplo, que Toussaint seja aquilo em que estamos pensando, e que ele seja inicialmente pensado como *negro*, mas não claramente como um homem. Se esta distintividade é posteriormente acrescentada, isto acontece através do pensamento de que um *negro* é um *homem*; isto é, o pensamento subsequente, *homem*, refere-se à coisa externa, ao ser predicado daquele pensamento anterior, *negro*, que tivemos daquela coisa. Se a seguir pensarmos em Toussaint como um general, neste caso pensamos que este negro, este homem, era um general. E assim em todos os casos o pensamento subsequente denota aquilo que foi pensado no pensamento anterior.

286. (3) O signo-pensamento representa seu objeto sob o aspecto em que ele é pensado; isto é, este aspecto é o objeto imediato da consciência no pensamento ou, em outras palavras, é o próprio pensamento ou, pelo menos, aquilo que se pensa ser o pensamento no pensamento subsequente para o qual ele é um signo.

287. Devemos agora considerar duas outras propriedades dos signos que são da maior importância para a teoria da cognição. Uma vez que um signo não é idêntico à coisa significada, diferindo desta sob alguns aspectos, ele deve ter claramente alguns caracteres que lhe pertençam em si mesmo, e que nada têm a ver com sua função representativa. Denomino estas de qualidades *materiais* do signo. Como exemplos de tais qualidades, considere-se a palavra "homem", que consiste em cinco letras num quatro, ela é achatada e não tem relevo. Em segundo lugar, um signo deve ser capaz de estar conectado (não na razão, mas na realidade) a um outro signo do mesmo objeto, ou ao próprio objeto. Assim, as palavras não te-

riam utilidade alguma a menos que pudessem ser conectadas em sentenças através de uma cópula real que ligue signos de uma mesma coisa. A utilidade de alguns signos – como uma ventoinha, um marco, etc. – consiste inteiramente no fato de estarem realmente conectados com as próprias coisas que significam. No caso de uma imagem, tal conexão não é evidente, mas existe no poder de associação que liga a imagem ao signo-cérebro que a rotula. Esta conexão física, real, de um signo com seu objeto, quer imediatamente ou através de sua conexão com um outro signo, é por mim denominada de *aplicação demonstrativa pura* do signo. Ora, a função representativa de um signo não reside nem em sua qualidade material, nem em sua aplicação demonstrativa pura, porque é algo que o signo é, não em si mesmo ou numa relação real com seu objeto, mas que é *para um pensamento*, enquanto que ambos os caracteres recém-definidos pertencem ao signo independentemente de se dirigirem a qualquer pensamento. Todavia, se pego todas as coisas que possuem certas qualidades e as conecto fisicamente com uma outra série de coisas, uma a uma, elas se tornam aptas a serem signos. Se não são lidas como tais, não são realmente signos, mas o são no mesmo sentido em que, por exemplo, se pode dizer que uma flor que não está sendo vista é *vermelha*, sendo este também um termo relativo a uma afeição mental.

288. Seja um estado mental que é uma concepção. E uma concepção em virtude de ter um *significado*, uma compreensão lógica; e se é aplicável a um objeto qualquer, é porque esse objeto tem os caracteres contidos na compreensão dessa concepção. Ora, diz-se que a compreensão lógica de um pensamento consiste nos pensamentos nela contidos; mas os pensamentos são eventos, atos da mente. Dois pensamentos são dois eventos separados no tempo, e um não pode, literalmente, estar contido no outro. Pode-se afirmar que todos os pensamentos exatamente similares podem ser encarados como sendo um único pensamento; e que, dizer que um pensamento contém um outro significa que ele contém um pensamento exatamente similar àquele outro. Mas como podem dois pensamentos serem similares? Dois objetos só podem ser *considerados* similares se forem comparados e reunidos na mente. Os pensamentos não têm existência a não ser na mente-, só na medida em que são considerados é que existem. Por conseguinte, dois pensamentos não podem *ser* similares a menos que sejam reunidos na mente. Mas, quanto à sua existência, dois pensamentos estão separados por um intervalo de tempo. Somos também capazes de imaginar que podemos conceber um pensamento similar a um pensamento passado ao compará-lo com este último, como se esse pensamento passado ainda estivesse presente em nós. Mas é evidente que o conhecimento de que um pensamento é similar ou, de algum modo, verdadeiramente representativo de outro, não pode ser derivado da percepção imediata, mas deve ser uma hipótese (sem dúvida alguma de todo justificável pelos fatos) e que, portanto, a formação de um tal pensamento representante deve depender de uma força real efetiva por trás da consciência e não simplesmente de uma comparação mental. Portanto, o que é preciso entender quando se diz que um conceito está contido em outro é que normalmente representamos um deles como estando no outro; isto

é, que formamos um tipo particular de juízo[2], do qual o sujeito significa um conceito e o predicado o outro.

289. Assim, nenhum pensamento em si mesmo, nenhum sentimento em si mesmo contém um outro, sendo, na verdade, absolutamente simples e não analisável; e dizer que esse pensamento ou sentimento se compõe de outros pensamentos e sentimentos é como dizer que um movimento sobre uma linha reta se compõe dos dois movimentos dos quais é a resultante; ou seja, é uma metáfora, ou ficção, paralela à verdade. Todo pensamento, por mais artificial e complexo, é, na medida em que está imediatamente presente, mera sensação sem as partes e, portanto, em si mesmo, não tem similaridade com qualquer outro, sendo incomparável com qualquer outro e absolutamente *sui generis*[3]. Tudo aquilo que for totalmente incomparável a alguma outra coisa é totalmente inexplicável porque a explicação consiste em colocar as coisas sob leis gerais ou sob classes naturais. Por conseguinte, todo pensamento, na medida em que é um sentimento de um tipo peculiar, é simplesmente um fato último, inexplicável. Todavia, ele não entra em conflito com meu postulado segundo o qual se deve permitir que esse fato permaneça inexplicável, pois, de um lado, nunca podemos pensar "Isto está presente em mim", visto que, antes que tenhamos tempo para a reflexão, a sensação já passou e, por outro lado, uma vez passada, nunca podemos trazer de volta a qualidade do sentimento tal como ele era *em e para si mesmo* ou saber como era ele *em si mesmo*, ou mesmo descobrir a existência desta qualidade, exceto através de um corolário a partir de nossa teoria geral de nós mesmos, e neste caso não em sua idiossincrasia mas apenas como algo presente. Mas, enquanto algo presente os sentimentos são todos semelhantes e não exigem explicação, dado que contêm apenas aquilo que é universal. Assim sendo, nada que possamos verdadeiramente predicar dos sentimentos remanesce inexplicado, mas, sim, apenas aquilo que não podemos conhecer através da reflexão. Assim sendo, não caímos na contradição de tornar o Mediato imediável. Finalmente, nenhum pensamento presente concreto (que é um mero sentimento) tem significado algum, valor intelectual algum, pois estes residem não naquilo que é realmente pensado mas naquilo a que este pensamento pode ser conectado numa representação através de pensamentos subsequentes; de forma que o significado de um pensamento é, ao mesmo tempo, algo virtual[a]. Poder-se-á objetar que se pensamento algum tem significado, todo pensamento está desprovido de significado. Mas esta é uma falácia similar à que consiste em dizer que, se em nenhum dos espaços sucessivos que um corpo ocupa não há lugar para o movimento, não haverá lugar para o movimento em toda a série. Em momento

---

2. Um juízo referente a um mínimo de informação; ver teoria a respeito em meu texto sobre a Compreensão e a Extensão (2.409).

3. Observe-se que digo *em si mesmo*. Não sou tão insensato ao ponto de negar que minha sensação de vermelho, hoje, é semelhante a minha sensação de vermelho de ontem. Digo apenas que a similaridade pode *consistir* apenas na força psicológica por trás da consciência – o que me leva a dizer que reconheço este sentimento como o mesmo sentimento anterior, não consistindo, portanto, numa comunidade de sensações (Cf. 1.313, 1.383. 1.388; 3.419, 4.157).

a. Ver 504.

algum, em meu estado mental, há cognição ou representação, mas na relação dos meus estados mentais, em momentos diferentes, há[4]. Em suma, o Imediato (e, portanto, aquilo que é em si mesmo insuscetível de mediação – o Inanalisável, o Inexplicável, o Inintelectual) segue numa corrente contínua através de nossas vidas; é a soma total da consciência, cuja mediação, que constitui a sua continuidade, é provocada por uma força efetiva real que está por trás da consciência.

290. Assim, temos, no pensamento, três elementos; primeiro, a função representativa que o torna uma *representação*; segundo, a aplicação puramente denotativa, ou conexão real, que põe um pensamento em *relação* com um outro; e, terceiro, a qualidade material, ou a maneira pela qual ele é sentido, que dá ao pensamento sua *qualidade*[5];

291. O fato de uma sensação não ser necessariamente uma intuição, ou primeira impressão do sentido, é bastante evidente no caso do senso de beleza; e já foi demonstrado (em 222) no caso do som. Quando a sensação de belo é determinada por cognições prévias, sempre surge como predicado; isto é, pensamos que algo é belo. Sempre que, desta forma, uma sensação surge como consequência de outras, a indução mostra que essas outras sensações são mais ou menos complicadas. Assim, a sensação de um tipo particular de som surge em consequência de impressões sobre os vários nervos do ouvido que são combinadas de um modo particular, e que se seguem umas às outras com certa rapidez. Uma sensação de cor depende de impressões causadas sobre o olho que se seguem umas às outras de um modo regular, e com uma certa rapidez. A sensação de beleza surge a partir de uma multiplicidade de outras impressões. E pode-se verificar que esta colocação se mantém válida em todos os casos. Em segundo lugar, todas estas sensações são, em si mesmas, simples, ou são mais simples do que as sensações que as suscitam. Conformemente, uma sensação é um predicado simples que se toma no lugar de um predicado complexo; em outras palavras, preenche a função de uma hipótese. Mas o princípio geral de que tudo aquilo a que tal e tal sensação pertence tem tais e tais séries complicadas de predicados não é um princípio determinado pela razão (como já vimos) mas sim um princípio de natureza arbitrária. Por conseguinte, a classe das inferências hipotéticas, a que se assemelha o aparecimento de uma sensação, é a classe do raciocínio que parte da definição para o *definitum*, no qual a premissa maior é de natureza arbitrária. E só neste modo de raciocínio que esta premissa é determinada pelas convenções da linguagem, e expressa a ocasião na qual uma palavra deve ser usada; e na formação de uma sensação, é determinada pela constituição de nossa natureza, e exprime a ocasião na qual a sensação, ou um signo mental natural, surge. Assim, a sensação, na medida em que representa algo, é determinada, de acordo com uma lei lógica, por cognições prévias; isto equivale a dizer que estas cognições de terminam que deverá haver uma sensação. Mas na medida em que a sensação é um mero sentimento de uma espécie particular, só é determinada por um

---

4. Conformemente, assim como dizemos que um corpo está em movimento e não que o movimento está num corpo, deveríamos dizer que estamos em pensamento e não que o pensamento está em nós.

5. Sobre qualidade, relação e representação, ver. 1.553.

poder inexplicável, oculto; e enquanto tal, não é uma representação, mas apenas a qualidade material de uma representação. Pois tal como no raciocínio da definição para o *definitum*, é indiferente ao lógico a maneira pela qual a palavra soará, ou quantas letras deve ela conter, da mesma forma no caso da palavra constitucional uma lei interna não determina como se sentirá ela em si mesma. Um sentimento, portanto, enquanto sentimento, é simplesmente a *dualidade material* de um signo mental.

292. Mas não existe sentimento que não seja também uma representação, um predicado de algo determinado logicamente pelos sentimentos que o precedem. Pois se existem quaisquer sentimentos assim não predicados, são as emoções. Ora, toda emoção tem um sujeito. Se um homem está irado, ele está dizendo a si mesmo que isto ou aquilo é vil e ultrajante. Se está alegre, está dizendo "isto é formidável". Se está surpreso, ele está dizendo a si mesmo "isto é estranho". Em suma, sempre que um homem sente, está pensando em *algo*. Mesmo as paixões que não têm um objeto definido como a melancolia – só chegam à consciência tingindo os *objetos do pensamento*. O que nos leva a encarar as emoções mais como afeições do ego do que como outras cognições é que descobrimos que são mais dependentes de nossa situação acidentai nesse momento do que as outras cognições; mas isto significa apenas dizer que são cognições estreitas demais para serem úteis. As emoções, como uma observação superficial demonstrará, surgem quando nossa atenção é fortemente atraída para circunstâncias complexas e inconcebíveis. O medo surge quando não podemos predizer nosso destino; a alegria, no caso de certas sensações indescritíveis e peculiarmente complexas. Se há algumas indicações de que algo que é muito de meu interesse, e que previ que iria acontecer, pode não acontecer; e se, depois de pesar as probabilidades, inventar defesas, e esforçar-me por obter maiores informações, vejo-me incapaz de chegar a alguma conclusão fixa quanto ao futuro, no lugar daquela inferência hipotética intelectual que procuro surge o sentimento de *ansiedade*. Quando acontece algo que não posso explicar, eu me *admiro*. Quando tento realizar aquilo que nunca posso fazer, um prazer no futuro, *tenho esperanças*. "Não o compreendo", é a frase de um homem irado. O indescritível, o inefável, o incompreensível normalmente excitam emoções. Mas nada é tão desanimador quanto uma explicação científica. Assim, uma emoção é sempre um predicado simples que substitui, através de uma operação da mente, um predicado altamente complicado[a]. Ora, se considerarmos que um predicado bastante complexo exige explicação por meio de uma hipótese, que essa hipótese deve ser um predicado mais simples a substituir o predicado complexo; e que, quando temos uma emoção, uma hipótese, em termos estritos, é difícil de ocorrer – a analogia entre os papéis representados pela emoção e pela hipótese é bastante notável. Há, é verdade, esta diferença entre uma emoção e uma hipótese intelectual, a saber, que nos assiste razão em dizer, no caso desta última, que de tudo aquilo a que esse predicado hipotético simples pode aplicar-se, disso é verdadeiro o predicado complexo; enquanto que, no caso da emoção, esta é uma proposição para a qual não se pode dar razão alguma,

a. Cf. 2.643.

mas que é determinada meramente por nossa constituição emocional. Mas isto corresponde exatamente à diferença entre hipótese e raciocínio a partir da definição para o *definitum*, e assim poderia parecer que a emoção não é outra coisa que sensação. Entretanto, parece haver uma diferença entre emoção e sensação, e eu a enunciaria como segue;

293. Há alguma razão para pensar que, correspondendo a todo sentimento em nós, algum movimento ocorre em nossos corpos. Esta propriedade do signo-pensamento, dado que ele não tem nenhuma dependência racional do significado do signo, é comparável àquilo que denominei de qualidade material do signo; mas difere desta na medida em que não é essencialmente necessário que ela deva ser sentida a fim de que haja algum signo-pensamento. No caso de uma sensação, a multiplicidade de impressões que a precedem e determinam não são de uma só espécie; correspondendo o movimento corpóreo àquilo que provém dos gânglios maiores ou do cérebro, e provavelmente por este motivo a sensação não produz nenhuma grande comoção no organismo do corpo; e a própria sensação não é um pensamento que exerce uma influência muito forte sobre a corrente do pensamento exceto em virtude da informação que ela pode possibilitar. Uma emoção, por outro lado, surge muito mais tarde no desenvolvimento do pensamento – quero dizer, depois do começo da cognição de seu objeto – e os pensamentos que a determinam já têm movimentos que lhes correspondem no cérebro, ou no gânglio principal; por conseguinte, produz amplos movimentos no corpo e, independentemente de seu valor representativo, afeta fortemente a corrente do pensamento. Os movimentos animais a que faço alusão, aqui, são, em primeiro lugar e obviamente, enrubescer, empalidecer, fitar, sorrir, franzir a testa, soluçar, suspirar, fungar, dar de ombros, palpitação do coração, amuar-se, rir, chorar, menear a cabeça, vacilar, tremer, ficar petrificado, gemer, temer, etc., etc. A estas talvez se possa acrescentar, em segundo lugar, outras ações mais complicadas que, não obstante, derivam de um impulso direto e não da deliberação.

294. Aquilo que distingue tanto as sensações propriamente ditas e as emoções do sentimento de um pensamento é que no caso das duas primeiras a qualidade material é importante, porque o pensamento não tem relação de razão com os pensamentos que o determinam, coisa que existe no último caso e que prejudica a atenção dada ao mero sentimento. O que quero dizer com o fato de não haver relação de razão com os pensamentos determinadores é que nada há, no conteúdo do pensamento, que explique por que deve ele surgir apenas por ocasião destes pensamentos determinadores. Se houver uma tal relação de razão, se o pensamento for essencialmente limitado, em sua aplicação, a estes objetos, neste caso o pensamento compreende um pensamento outro que não ele mesmo; em outras palavras, ele é, neste caso, um pensamento complexo. Um pensamento incomplexo, portanto, não pode ser outra coisa que uma sensação ou emoção, não tendo qualquer caráter racional. Isto é muito diferente da doutrina comum, segundo a qual as mais altas e mais metafísicas concepções são absolutamente simples. Perguntar-me-ão como há de ser analisada uma tal concepção do *ser* ou se posso eu definir *um*, *dois*, e *três* sem o auxílio de um dialeto. Ora, admitirei, de imediato que ne-

nhuma destas concepções é separável em duas outras maiores que ela mesma; e neste sentido, portanto, admito plenamente que certas noções altamente metafísicas e eminentemente intelectuais são absolutamente simples. Mas embora estes conceitos não possam ser definidos através do gênero e da diferença, há um outro modo pelo qual é possível defini-los. Toda determinação é feita através da negação; de início, só podemos reconhecer os caracteres de algo submetendo o objeto que os possui a uma comparação com um objeto que não os possua. Portanto, uma concepção que fosse de todo universal sob todos os aspectos seria irreconhecível e impossível. Não obtemos a concepção de Ser, no sentido implicado na cópula, pela observação de que todas as coisas em que podemos pensar têm algo em comum, pois não existe uma tal coisa a ser observada. Conseguimos essa concepção através de uma reflexão sobre os signos – palavras ou pensamentos; observamos que diferentes predicados podem ser atribuídos a um mesmo sujeito, e que cada um deles torna alguma concepção aplicável ao sujeito; a seguir, imaginamos que um sujeito possui algo que é verdadeiro a seu respeito simplesmente porque um predicado (não importa qual) está a ele ligado – e a isso chamamos Ser. Portanto, a concepção de Ser é uma concepção a respeito de um signo – um pensamento, ou palavra; e uma vez que não se aplica a todo signo, não é primordialmente universal, embora o seja em sua aplicação mediata às coisas. Portanto, o Ser pode ser definido; pode ser definido, por exemplo, como aquilo que é comum aos objetos incluídos numa classe qualquer, e aos objetos não incluídos nessa mesma classe[a]. Mas não é novidade dizer que as concepções metafísicas são principalmente, e no fundo, pensamentos sobre palavras, ou pensamentos sobre pensamentos; esta é a doutrina tanto de Aristóteles (cujas categorias são partes do discurso) como de Kant (cujas categorias são os caracteres de diferentes tipos de proposição).

295. A sensação e o poder de abstração ou atenção podem ser considerados, num sentido, como os únicos componentes de todo pensamento. Tendo examinado as duas primeiras, tentemos agora uma análise da segunda. Pela forma da atenção, dá-se ênfase a um dos elementos objetivos da consciência. Portanto, esta ênfase não é, ela mesma, um objeto da consciência imediata; e, sob este aspecto, difere totalmente de um sentimento. Portanto, visto que a ênfase não obstante, consiste em algum efeito sobre a consciência, e assim sendo só pode existir na medida em que afeta nosso conhecimento; e visto que não se pode supor que um ato determine aquilo que o precede no tempo, este ato só pode consistir na capacidade que a cognição enfatizada tem de produzir um efeito sobre a memória ou, então, de influenciar um pensamento subsequente. Isto é confirmado pelo fato de a atenção ser uma questão de quantidade contínua, pois a quantidade contínua, na medida em que a conhecemos, reduz-se a si mesma, e em última análise, ao tempo. Por conseguinte, vemos que, de fato, a atenção produz um efeito muito grande sobre o pensamento subsequente. Em primeiro lugar, afeta fortemente a memória, sendo um pensamento recordado por tanto mais tempo quanto maior a

a. Cf. 1.550; 3.7, 3.44.

atenção que a ele originalmente se prestou. Em segundo lugar, quanto maior a atenção, mais estreita será a conexão e mais acurada a sequência lógica do pensamento. Em terceiro lugar, através da atenção pode-se recuperar um pensamento que tenha sido esquecido. A partir destes fatos concluímos que a atenção é o poder pelo qual um pensamento, num dado momento, é ligado e relacionado a outro pensamento num outro momento; ou, aplicando a concepção do pensamento como um signo, a atenção é a *aplicação demonstrativa pura* de um signo-pensamento,

296. A atenção é despertada quando o mesmo fenômeno se apresenta repetidamente em diferentes ocasiões, ou o mesmo predicado em diferentes sujeitos. Vemos que A tem uma certa característica, que B a tem também, e que C também; e isto desperta nossa atenção, de tal modo que dizemos "*Estes* têm esta característica". Assim, a atenção é um ato de indução; mas é uma indução que não aumenta nosso conhecimento, porque nosso "estes" nada cobre além dos casos experimentados. Em suma, é um argumento a partir da enumeração.

297. A atenção produz efeitos sobre o sistema nervoso. Estes efeitos são hábitos, ou associações nervosas[a]. Um hábito surge quando, tendo tido a sensação de realizar um certo ato, m, em diversas ocasiões a, b, c, o realizamos em toda ocorrência do evento geral P, do qual a, b, e c são casos especiais. Isto é, através da cognição de que

Todo caso de a, b, ou c é um caso de m, determina-se a cognição de que

Todo caso de l, é um caso de m.

Assim, a formação de um hábito é uma indução e, portanto, está necessariamente ligado à atenção ou abstração. Ações voluntárias resultam de sensações produzidas por hábitos, tal como ações instintivas resultam de nossa natureza original.

298. Vimos assim que toda espécie de modificação da consciência – Atenção, Sensação e Compreensão – é uma inferência. Mas pode-se objetar que a inferência só lida com termos gerais, e que uma imagem ou representação absolutamente singular, não pode, portanto, ser inferida.

299. "Singular" e "individual" são termos equívocos[b]. Um singular pode significar aquilo que só pode estar num único lugar num dado momento. Neste sentido, não se opõe a geral. *O sol* é um singular neste sentido mas, como se explica em todo bom tratado de lógica, é um termo geral. Posso ter uma concepção muito geral de Hermolaus Barbarus, mas ainda assim só o concebo como capaz de estar num só lugar num dado momento. Quando se declara que uma imagem é singular, o que se pretende dizer é que ela é absolutamente determinada sob todos os aspectos. Todos os caracteres possíveis, ou a negativa destes, devem ser verdadeiros, de uma tal imagem. Nas palavras dos mais eminentes expositores da doutrina, a imagem de um homem "deve ser ou a de um branco, ou de um preto ou moreno; de um honesto ou de um trapaceiro; de um homem alto, baixo ou de estatura média"[c]. Deve ser a de um homem de boca

---

a. Cf. 372, 394, 1.351, 1.390, 2.711, 3.155.
b. Cf. 3.93.
c. C. Berkeley, *Principles of Human Knowledge*, § 10 da Introdução.

aberta ou fechada, cujo cabelo apresenta exatamente este ou aquele tom, e cujo rosto tem exatamente tais e tais proporções. Nenhuma colocação de Locke foi tão desprezada por todos os amantes das imagens quanto sua negativa de que a "ideia" de um triângulo deve ser ou a de um triângulo de ângulo obtuso, de ângulo reto ou de ângulo agudo. De fato, a imagem de um triângulo deve ser a de um triângulo, cujos ângulos têm, cada um, um certo número de graus, minutos e segundos.

300. Sendo assim, é evidente que homem algum possui uma imagem *verdadeira* do caminho para seu escritório, ou de qualquer outra coisa real. De fato, não possui imagem alguma dessas coisa a menos que possa não apenas reconhecê-la mas imaginá-la (de um modo verdadeiro ou falso) em todos seus infinitos detalhes. Se for este o caso, torna-se muito duvidoso que jamais tenhamos, algo do tipo de uma imagem em nossa imaginação. Que o leitor olhe, por favor, para um livro vermelho brilhante, ou para qualquer outro objeto de cor viva, e a seguir feche os olhos e diga se está *vendo* essa cor, quer de um modo nítido ou esmaecido – diga se, na verdade, nesse momento existe algo como uma visão. Hume e os outros seguidores de Berkeley sustentam que não há diferença entre a visão e a memória do livro vermelho a não ser em "seus diferentes graus de força e vivacidade". "As cores que a memória emprega", diz Hume, "são esmaecidas e obscuras quando comparadas com as que envolvem nossas percepções originais"[a] Se esta fosse uma colocação correta da diferença existente, deveríamos nos recordar do livro como sendo menos vermelho do que é; quando, de fato, nos recordamos da cor com grande precisão por uns poucos momentos (que o leitor comprove este ponto, por favor) embora não vejamos nada como ela. Da cor real não levamos absoluta-

---

a. Cf. seu *Treatise of Human Nature*, parte I. § 3 e parte III. § 5.

6. Nenhuma pessoa cuja língua nativa seja o inglês necessitará ser informada de que a contemplação é essencialmente (1) prolongada, (2) voluntária e (3) uma ação, e que nunca é usada para aquilo que é apresentado à mente nesse ato. Um estrangeiro pode convencer-se disso através do estudo adequado dos autores ingleses. Assim, Locke (*Essay concerning Human Understanding* livro II, cap. 19, § I) diz que "Se (uma ideia) é ali mantida (em vista) prolongadamente sob atenta consideração, é a *Contemplação*", e novamente (*ibid.*, livro II, cap. 10, § 1) "conservando-se a *Idemia* nela introduzida (na mente) realmente em vista por algum tempo, o que se denomina *Contemplação*". Portanto, o termo não é adequado para traduzir *Anschauung*, pois este não implica um ato que é necessariamente prolongado ou voluntário, e com mais frequência denota uma apresentação mental, por vezes uma faculdade, menos frequentemente a recepção de uma impressão na mente, e raramente, se é que o faz alguma vez, uma ação. A tradução de *Anschauung* por intuição não há, pelo menos, uma objeção assim tão insuportável. Do ponto de vista etimológico, as duas palavras se correspondem com precisão. O significado filosófico original de intuição era uma cognição da multiplicidade presente naquele caráter, e agora é normalmente utilizada, como diz um autor moderno, "para incluir todos os produtos das faculdades perceptivas (externas e internas) e imaginativas; em suma, todo ato da consciência cujo objeto imediato é um *individual*, coisa, ato ou estado mental, apresentado na condição de existência distinta no espaço e no tempo". Finalmente, temos a autoridade do próprio exemplo de Kant ao traduzir seu *Anschauung* por *Intuitos*; e, de fato, é este o uso comum entre os alemães que escrevem em latim. Além do mais, *intuitivo* substitui amiúde *anschauend* ou *anschaulich*. Se esta for uma interpretação errônea de Kant, será uma interpretação compartilhada por ele mesmo e por quase todos seus conterrâneos. Ver um comentário anônimo sobre esta nota no *Journal of Speculative Philosophy*, v. II, p. 191.

mente nada a não ser a *consciência de que poderíamos reconhecê-la*. Como mais uma prova disto, pedirei ao leitor que tente uma pequena experiência. Que o leitor traga à mente, se puder, a imagem de um cavalo – não de um cavalo que tenha visto, mas de um cavalo imaginário – e antes de continuar a ler, fixe a imagem em sua memória através da contemplação[6]... [sic]. Fez o leitor o que lhe foi pedido? Pois insisto em que não é justo continuar a ler sem tê-lo feito. – Agora, o leitor pode dizer qual era a cor desse cavalo, se cinza, baio ou preto. Mas provavelmente o leitor não conseguirá dizer qual era *exatamente* o tom dessa cor. Não poderá dizê-lo tão exatamente como o poderia logo após ter *visto* esse cavalo. Mas por que, se tinha na sua mente uma imagem que tanto possuía a cor geral como o tom particular, desapareceu este último tão depressa de sua memória enquanto a primeira ainda permanece? Poder-se-ia responder que sempre nos esquecemos dos pormenores antes de esquecer os caracteres mais gerais; mas o fato de que esta resposta é insuficiente é demonstrado, penso, pela extrema desproporção entre a duração de tempo em que o tom exato de algo observado é lembrado quando comparado com o esquecimento imediato do tom exato da coisa imaginada, e a vividez ligeiramente superior da memória da coisa vista quando comparada com a memória da coisa imaginada.

301. Os nominalistas, suspeito, confundem pensar um triângulo sem pensar que ele é equilátero, isósceles ou escaleno, com pensar um triângulo sem pensar se ele é equilátero, isósceles ou escaleno.

302. Importante lembrar que não dispomos de poder intuitivo algum de distinguir entre um modo subjetivo de cognição e outro[a]; e, por conseguinte, muitas vezes pensamos que algo nos é apresentado como uma imagem, quando na verdade é construído pela compreensão a partir de ligeiros dados. E o que acontece com os sonhos, tal como demonstra a frequente impossibilidade de fazer-se um relatório inteligível de um sonho sem se acrescentar algo que sentimos que não estava no próprio sonho. Muitos sonhos, com os quais a memória desperta compõem teorias elaboradas e consistentes, provavelmente devem ter sido de fato uma simples mistura destes sentimentos da habilidade de reconhecer isto e aquilo a que acabei de aludir.

303. Direi mesmo, agora, que não temos imagens quaisquer, mesmo na percepção concreta. Para prová-lo é suficiente o caso da visão; pois se não vemos quadro algum quando olhamos para um objeto, não podemos dizer que a audição, o tato e os outros sentidos sejam superiores à visão sob este aspecto. Que esse quadro não está pintado nos nervos da retina é absolutamente certo se, tal como os fisiólogos nos informam, tais nervos são terminais apontando na direção da luz e situados a distâncias consideravelmente maiores do que o *mínimo visível*. A mesma coisa se demonstra pelo fato de não sermos capazes de perceber que existe uma grande mancha cega perto do centro da retina. Neste caso, se temos um quadro, ou imagem, à nossa frente quando vemos algo, trata-se de algo construído pela mente a partir da sugestão de sensações anteriores. Supondo-se que essas sensações sejam signos, a compreensão pelo raciocí-

a. Ver 238.

nio a partir delas poderia atingir todo o conhecimento das coisas exteriores que derivamos da visão, enquanto que as sensações são de todo inadequadas à formação de uma imagem ou representação absolutamente determinada. Se temos uma tal imagem ou quadro, devemos ter em nossas mentes uma representação de uma superfície que é apenas uma parte de cada superfície que vemos, e devemos ver que cada parte, por menor que seja, tem esta ou aquela cor. Se olhamos de alguma distância para uma superfície mosqueada, parece como se não estivéssemos vendo se ela está mosqueada ou não; mas se temos uma imagem à nossa frente, ela deve apresentar-se-nos ou como mosqueada ou como não mosqueada. Mas uma vez, através da educação o olho acaba distinguindo pequenas diferenças de cor; mas se só vemos imagens absolutamente determinadas, devemos não menos antes do que depois de nossos olhos estarem treinados, ver cada cor de um modo tão particular como tal e tal tom. Assim, supor que temos uma imagem à nossa frente quando vemos algo é não apenas uma hipótese que nada explica, como também é uma hipótese que na verdade cria dificuldades que requerem novas hipóteses a fim de explicá-las.

304. Uma destas dificuldades surge do fato de que os detalhes são menos facilmente distinguidos do que as circunstâncias gerais, e esquecidos antes destas. A partir desta teoria, os traços gerais existem nos detalhes: os detalhes são, de fato, a imagem toda. Neste caso, parece muito estranho que aquilo que só existe secundariamente na imagem acabe por produzir uma impressão mais forte do que a própria imagem. É verdade que numa pintura antiga os pormenores não são facilmente distinguidos; mas isto é porque sabemos que o obscurecimento é resultado do tempo, e não uma parte da própria pintura. Não há dificuldade alguma em discernir os detalhes do quadro tal como ele se apresenta agora; a única dificuldade está em adivinhar como foram antes. Mas se temos uma imagem na retina, os menores detalhes ali se acham tanto quanto, ou mesmo mais do que o esboço geral e sua significação. Todavia, aquilo que realmente deve ser visto é extremamente difícil de reconhecer-se, enquanto que aquilo que é apenas abstraído daquilo que é visto é bastante óbvio.

305. Mas o argumento definitivo contra o fato de termos imagens, ou representações absolutamente determinadas na percepção, é que, nesse caso, temos os materiais, em cada uma dessas representações, para uma quantidade infinita de cognições conscientes, das quais, no entanto, nunca nos tornamos conscientes. Ora, não há sentido em dizer que possuímos algo em nossas mentes que nunca exerce o menor efeito sobre aquilo que, temos consciência, conhecemos. O máximo que se pode dizer é que, quando vemos, somos colocados numa condição na qual somos capazes de obter uma quantidade bastante grande e talvez infinitamente grande de conhecimento sobre as qualidades visíveis dos objetos.

306. Além do mais, é obvio, que as percepções não são absolutamente determinadas e singulares se se levar em conta o fato de que cada sentido é um mecanismo abstrativo. A visão, em si mesma, informa-nos apenas sobre cores e formas. Ninguém pode pretender que as imagens resultantes da visão sejam determinadas com referência ao gosto. Por-

tanto, elas são tão gerais que não são nem doces nem não doces, amargas ou não-amargas, nem tendo sabor nem sendo insípidas.

307. A questão seguinte é se temos concepções gerais a não ser nos juízos. Na percepção, em que conhecemos uma coisa como existindo, é evidente que existe um juízo de que a coisa existe, uma vez que um mero conceito geral de uma coisa em caso algum é uma cognição dessa coisa enquanto existindo. Entretanto, tem-se dito, habitualmente, que podemos invocar qualquer conceito sem efetuar um juízo; mas parece que neste caso o que fazemos é, apenas, supor arbitrariamente que estamos tendo uma experiência. A fim de conceber o número 7, suponho, isto é, arbitrariamente levanto uma hipótese ou faço um juízo, que existem certos pontos diante de meus olhos, e julgo que sejam o sete. Esta parece ser a explicação mais simples e racional deste assunto, e posso acrescentar que esta é a que tem sido adotada pela maioria dos lógicos. Se for este o caso, aquilo que se conhece sob o nome de associação de imagens é, na realidade, uma associação de juízos. Diz-se que a associação de ideias procede de acordo com três princípios – os de semelhança, contiguidade e causalidade. Mas seria igualmente verdadeiro dizer que os signos denotam aquilo que denotam a partir dos três princípios da semelhança, contiguidade e causalidade. Não pode haver dúvida de que alguma coisa *é* um signo de qualquer outra que à primeira estiver associada por semelhança, contiguidade, ou por causalidade: nem pode haver dúvida alguma de que um signo qualquer relembra a coisa significada. Neste caso, portanto, a associação de ideias consiste no seguinte: um juízo ocasiona outro juízo, do qual é o signo. Ora, isto não é nada mais, nada menos do que a inferência.

308. Tudo aquilo em que temos algum interesse, por menor que seja, cria em nós sua própria emoção particular, por mais superficial que possa ser. Esta emoção é um signo e um predicado da coisa. Ora, quando uma coisa semelhante a esta coisa nos é apresentada, uma emoção similar apresenta-se; por conseguinte, imediatamente inferimos que a última é semelhante à primeira. Um lógico formal da velha escola poderia dizer que, em lógica, termo algum pode estar na conclusão se não estiver contido nas premissas e que, portanto, a sugestão de algo novo deve ser essencialmente diferente da inferência. Mas responderei que essa norma da lógica aplica-se apenas àqueles argumentos que são tecnicamente chamados de completos. Podemos raciocinar, e realmente o fazemos, da seguinte forma:

Elias era um homem
∴ *Ele era mortal*

E este argumento é tão válido quando o silogismo completo, embora o seja apenas porque acontece de a premissa maior do último ser verdadeira. Se passar do juízo "Elias era um homem" ao juízo "Elias era mortal", sem realmente nos dizermos a nós mesmos que "Todos os homens são mortais", não é inferência, neste caso o termo "inferência" está sendo usado num sentido tão restrito que as inferências dificilmente chegam a ocorrer fora de um livro de lógica.

309. O que dissemos sobre a associação por semelhança é verdadeiro para todas associações. Toda associação é feita através de signos. Tudo tem suas qualidades subjetivas ou emocionais, que são atribuídas de um modo absoluto ou de um modo relativo, ou através de uma imputação convencional a tudo aquilo que for um signo dessa coisa. E, assim, raciocinamos

> *O signo é isto e aquilo;*
> ∴ *O signo é aquela coisa.*

Esta conclusão, no entanto, recebe uma modificação, devido as outras considerações, de forma a tornar-se:
O signo é quase (é representativo de) aquela coisa.

7. O Que é o Pragmatismo[a]

1. A CONCEPÇÃO DE ASSERÇÃO DOS EXPERIMENTALISTAS

411. O autor deste artigo foi levado a acreditar, através de muitas experiências, que todo físico e todo químico, em suma, todo mestre em qualquer ramo da ciência experimental, tem sua mente moldada por sua vida no laboratório, e isto num grau de que ele pouco suspeita. O próprio experimentalista dificilmente pode estar totalmente consciente desse fato, pela razão de que os homens cujos intelectos ele realmente conhece são muito semelhantes a ele sob este aspecto. Nunca ele se tornará realmente íntimo dos intelectos com um treinamento inteiramente diferente do seu, com intelectos cuja educação foi feita em grande parte através dos livros, e isto por mais familiares que sejam as relações que mantém com eles; pois o experimentalista e estes últimos são como óleo e água, e embora possam ser agitados um com o outro é notável quão depressa voltam a seguir seus diversos caminhos mentais, sem terem extraído dessa rápida associação mais do que um ligeiro sabor. Se estes outros homens procedessem a análises cuidadosas da mente do experimentalista – coisa para a qual não estão qualificados, em sua grande maioria – logo descobririam que, com exceção talvez de certos tópicos a respeito dos quais sua mente se vê atrapalhada por sentimentos pessoais ou por sua educação, a tendência do experimentalista é a de pensar todas as coisas do modo como tudo é pensado no laboratório, isto é, como uma questão de experimentação. Naturalmente, homem algum possui em sua totalidade todos os

a. *The Monist*, v. I 5. p. 161 –181 (1 905). Primeiro de três artigos. O segundo artigo segue-se a este, enquanto que o terceiro é o Cap. 6 do livro II. v. 4 dos *Collected Papers*.

atributos característicos deste tipo; não é o doutor típico que se vê passar todo dia em sua charrete, nem é o pedagogo típico com que se depara na primeira sala de aula em que se entra. Mas quando se encontra, ou idealmente se elabora a partir da observação, o experimentalista típico, descobre-se que qualquer asserção que se lhe faça, ele a entenderá como significando que, se uma dada prescrição para um experimento pode alguma vez ser efetivada, resultará uma experiência de uma dada descrição, ou então ele não verá sentido algum naquilo que se lhe está dizendo. Se se falar com ele como o sr. Balfour falou, há não muito tempo, na Associação Britânica[a], dizendo que "o físico... investiga algo mais profundo do que as leis que ligam objetos possíveis da experiência", que "seu objeto é a realidade física" não revelada nos experimentos, e que a existência de tal realidade não-experimental "é a fé inamovível da ciência", se perceberá que a mente do experimentalista não distingue esse significado ontológico. O que se pode acrescentar a esta crença, e que o presente autor deve a conversas com experimentalistas, é que quase se pode dizer que ele mesmo morou num laboratório desde a idade de seis anos até bem depois da maturidade, e tendo toda sua vida relacionada na maior parte com experimentalistas, sempre teve a sensação de compreendê-los e de ser por eles compreendido.

412. Essa vida de laboratório não impediu o presente autor (que aqui e no que se segue simplesmente exemplifica o tipo experimentalista) de tornar-se interessado nos métodos do pensamento; e quando veio a ler metafísica, embora boa parte dela lhe parecesse sair de um raciocínio frouxo e determinado por predisposições acidentais, mesmo assim nos escritos de alguns filósofos, especialmente Kant, Berkeley e Spinoza, deparou-se com fluxos do pensamento que lembravam os modos do pensar no laboratório, de tal modo que sentiu que podia confiar neles; e tudo isto tem-se demonstrado verdadeiro a respeito de outros homens de laboratório.

Tentando, como um homem desse tipo naturalmente faria, formular aquilo que aprovava, arquitetou a teoria de que uma *concepção*, isto é, o teor racional de uma palavra ou outra expressão reside, exclusivamente, em sua concebível influência sobre a conduta da vida; de modo que, como obviamente nada que não pudesse resultar de um experimento pode exercer influência direta sobre a conduta, se se puder definir acuradamente todos os fenômenos experimentais concebíveis que a afirmação ou negação de um conceito poderia implicar, ter-se-á uma definição completa do conceito, e *nele não há absolutamente nada mais*. Para esta doutrina o presente autor inventou o nome de *pragmatismo*. Alguns de seus amigos queriam que ele a denominasse de *practicismo* a *praticalismo* (talvez com o fundamento de que πρακτικός, é grego mais perfeito do que πραγματικός). Mas para alguém que aprendeu filosofia com Kant, tal como o autor, junto com dezenove dentre cada vinte experimentalistas que se voltaram para a filosofia, e que ainda pensava mais rapidamente nos termos kantianos, *praktisch* e *pragmatisch* estavam tão distantes um do outro como os dois polos da terra, pertencendo o primeiro a uma região do pensa-

---

a. *Reflections Suggested by the New Theory of Matter*, discurso presidencial. British Association for the Advancement of Science. 17 de agosto de 1904.

mento na qual nenhuma mente do tipo experimentalista pode sentir terreno firme sob os pés, e exprimindo o segundo uma relação com algum propósito humano definido. Ora, o traço, mais notável da nova teoria era seu reconhecimento de uma conexão inseparável entre a cognição racional e o propósito racional: e foi essa consideração que determinou a preferência pelo nome *pragmatismo*.

2. NOMENCLATURA FILOSÓFICA[a]

413. A respeito do assunto da nomenclatura filosófica há umas poucas considerações evidentes as quais durante muito tempo o autor quis submeter ao julgamento daqueles poucos colegas estudiosos da filosofia, que deploram a condição atual desse estudo e que tencionam resgatá-lo desse estado e colocá-lo numa condição como a das ciências naturais, onde os investigadores, em vez de desprezar cada um o trabalho dos outros por estar mal dirigido do começo ao fim, cooperam uns com os outros, ajudam-se mutuamente e multiplicam resultados incontestáveis; onde cada observação é repetida e observações isoladas pouco valem; onde toda hipótese que merece atenção é submetida a um exame severo porém justo, e na qual só se confia depois que as predições que ela proporciona foram corroboradas pela experiência, confiando-se nela, mesmo assim, em termos provisórios; onde um passo radicalmente falso raramente é dado, e mesmo a mais falha daquelas teorias que obtêm um amplo êxito, sendo verdadeira em suas principais predições experimentais. A esses estudiosos submete-se o fato de que estudo algum pode tornar-se científico no sentido descrito até que se equipe com uma nomenclatura técnica adequada, da qual cada um dos termos possua um único significado definido universalmente aceito entre os estudiosos do assunto, e cujos vocábulos não tenham a suavidade ou os encantos que tentem escritores menos disciplinados a lançar mão deles – o que é uma virtude bem pouco apreciada da nomenclatura científica. Submete-se também a noção de que a experiência das ciências que superaram as maiores dificuldades de terminologia, e que são sem dúvida as ciências taxonômicas como a química, mineralogia, botânica, zoologia, mostrou de forma conclusiva que o único modo pelo qual é possível obter a unanimidade necessária e as rupturas necessárias com hábitos e preferências individuais é moldar de tal forma os cânones da terminologia que eles hão de conquistar o apoio do *princípio moral* e o apoio do senso de decência de todo homem; e que, em particular (sob restrições definidas) o sentimento geral seja o de que aquele que introduz uma nova concepção na filosofia tem a obrigação de inventar termos aceitáveis para exprimir essa concepção e, uma vez que ele o tenha feito, será dever de seus colegas estudiosos aceitar tais termos, e considerar todo desvirtuamento desses termos de seu significado original não apenas como uma grande descortesia para com aquele a quem a filosofia deve essa concepção, mas também como uma ofensa à própria filosofia; e, mais, uma vez que a concepção esteja equipada com palavras adequadas e suficientes para sua expressão, não

---

a. Cf. Apêndice, § 4; v. 2, livro II. Cap. 1.

serão permitidos outros termos *técnicos* que denotem as mesmas coisas, consideradas nas mesmas relações. Se esta sugestão for aceita, poder-se-á considerar necessário que os filósofos, reunidos em congresso, adotem, após as devidas deliberações, cânones convenientes para limitar a aplicação deste princípio. Assim, tal como se faz em química, seria inteligente designar significados fixos para certos prefixos e sufixos. Por exemplo, poder-se-ia chegar a um acordo segundo o qual, talvez, o prefixo *prope* indicaria uma extensão mais ampla e indefinida do significado do termo ao qual foi prefixado; o nome de uma doutrina terminaria, naturalmente, em *ismo*, enquanto que *icismo* designaria uma acepção mais estritamente definida daquela doutrina, etc. E assim como na biologia não se leva em consideração os termos que datam de antes de Lineu, da mesma forma em filosofia se poderia chegar à conclusão de que seria melhor não ir além da terminologia escolástica. Para ilustrar uma outra espécie de limitação, talvez nunca tenha acontecido que um filósofo haja tentado dar um nome geral a uma sua doutrina em que esse nome logo adquira, no uso filosófico comum, uma significação bem mais ampla do que aquela que originalmente se pretendia. Assim, sistemas especiais receberão nomes como kantianismo, benthamismo, comteanismo, spencerianismo, etc., enquanto que transcendentalismo, utilitarismo, positivismo, evolucionismo, filosofia sintética, etc., foram irrevogavelmente, e convenientemente, elevados a áreas mais amplas.

3. PRAGMATICISMO

414. Depois de esperar em vão, durante uns bons anos, por alguma conjuntura particularmente oportuna de circunstâncias que poderia servir para recomendar suas noções sobre a ética da terminologia, o presente autor consegue, por fim, introduzi-las, numa ocasião em que não tem nenhuma proposta específica a fazer e tampouco sentimento algum a respeito a não ser a satisfação pelo uso corrente que passaram a ter sem quaisquer cânones ou resoluções de congressos. A palavra que o autor propôs, "pragmatismo", obteve reconhecimento geral num sentido generalizado que parece ser demonstração de poder de crescimento e vitalidade. O famoso psicólogo, James, foi o primeiro a empregá-la[a], vendo que seu "empiricismo radical" correspondia substancialmente à definição de pragmatismo do autor, embora com uma certa diferença de ponto de vista. Em seguida, o admiravelmente claro e brilhante pensador, Ferdinand C.S. Schiller, procurando um nome mais atraente para o "antropomorfismo" de seu *Riddle of the Sphinx*, deparou-se, em seu notável ensaio sobre *Axioms as Postulates*[b] com a mesma designação "pragmatismo" que, em seu sentido original, concordava em termos genéricos com sua própria doutrina, para a qual posteriormente ele encontrou a especificação mais apropriada de "humanismo", embora ainda mantenha "pragmatismo" com um sentido um tanto mais amplo. Até aqui, tudo correu bem. Mas, atualmente, começamos a encontrar essa palavra ocasionalmente

---

a. Ver seu *Pragmatism*, p. 47.
b. Em *Personal Idemalism*, ed. por H. Sturt, p. 63 (1902).

nas revistas literárias, onde são cometidos com ela os abusos impiedosos que as palavras devem esperar quando caem sob as garras literárias. Por vezes, os modos dos ingleses efloresceram em repreensões contra essa palavra como um vocábulo mal escolhido – mal escolhida, isto é, para exprimir algum significado que lhe incumbia, antes, excluir. Assim, pois, o autor, vendo este seu filho o "pragmatismo" promovido a tal ponto, sente que já é tempo de lhe dar um beijo de despedida e abandoná-lo a seus destinos mais elevados: enquanto que, a fim de servir aos propósitos precisos de expressar a definição original, o autor anuncia o nascimento da palavra "pragmaticismo", que é suficientemente feia para estar a salvo de raptores[1].

415. Por maiores que sejam os benefícios que o autor conseguiu da leitura atenta daquilo que outros pragmatistas escreveram, ainda acredita que há uma vantagem decisiva em sua concepção original da doutrina. De sua forma original, toda verdade que decorre de qualquer uma das outras formas pode ser deduzida, enquanto alguns erros, em que incorreram outros pragmatistas, podem ser evitados. O enfoque original parece ser, também, uma concepção mais compacta e unitária do que as outras. Mas seu principal mérito, no entender do autor, é que se relaciona mais prontamente com uma prova crítica de sua verdade. Totalmente de acordo com a ordem lógica da investigação, em geral acontece de inicialmente se formar uma hipótese que parece cada vez mais razoável quanto mais é ela examinada, mas que só muito tempo depois é coroada com uma prova adequada. Tendo o presente autor meditado sobre a teoria pragmatista por muito mais tempo do que a maioria dos adeptos dessa teoria, naturalmente teria dedicado maior atenção a comprová-la. De qualquer modo, tentando explicar o pragmatismo, ele poderá ser desculpado por limitar-se àquela forma dessa teoria que melhor conhece. No presente artigo, só haverá espaço para explicar em que consiste esta teoria (que, nas mãos daqueles em que agora está, provavelmente poderá desempenhar um papel importante nas discussões filosóficas dos anos que se seguirão). Se tal exposição fosse do interesse dos leitores do *The Monisi*, estes certamente se interessariam mais por um segundo artigo que exemplifica algumas das múltiplas aplicações do pragmaticismo (admitindo-o como verdadeiro) na solução de problemas de diferentes tipos. Depois disso, os leitores poderiam estar preparados para interessar-se pela prova de que a doutrina é verdadeira – uma prova que, ao ver do autor, não deixa dúvida alguma sobre o assunto e é a única contribuição de valor que ele tem a fazer para a filosofia. Pois ela envolveria essencialmente o estabelecimento da verdade do sinecismo.[a]

---

1. Para demonstrar quão recente é o uso da palavra "pragmatismo", o autor poderia mencionar que, tanto quanto pode imaginar, nunca a utilizou em texto impresso anteriormente, a não ser, por pedido especial, no *Baldwin's Dictionary* (Ver 1-4). Por volta do final de 1890, quando esta parte do *Century Dictionary* apareceu, o autor não julgou que a palavra dispusesse de *status* suficiente para aparecer naquele trabalho. [Mas ver 13.] No entanto, ele a tem usado constantemente em discussões filosóficas desde talvez meados da década de setenta.

a. v. 6. livro I, B.

416. A mera definição do pragmaticismo não poderia proporcionar uma compreensão satisfatória deste para as mentes mais penetrantes, mas exige o comentário a ser feito abaixo. Além do mais, esta definição não toma conhecimento de uma ou duas outras doutrinas sem cuja aceitação prévia (ou aceitação virtual) o próprio pragmaticismo seria uma nulidade. Elas são incluídas como parte do pragmatismo de Schiller, mas o presente autor prefere não misturar proposições diferentes. Será melhor que as proposições preliminares sejam apresentadas imediatamente.

A dificuldade em fazê-lo reside em que nenhuma lista formal dessas proposições jamais foi, até aqui, elaborada. Todas poderiam figurar sob a máxima imprecisa "Recusem os faz-de-conta" – Filósofos das mais diversas facções propõem que a filosofia deve ter como ponto de partida um ou outro estado de espírito em que homem algum, e menos ainda um principiante em filosofia, realmente se encontra. Um deles propõe que comecemos por duvidar de tudo, e por dizer que só há uma coisa de que não podemos duvidar, como se duvidar fosse "tão fácil quanto mentir". Um outro propõe que comecemos por observar "as primeiras impressões dos sentidos", esquecendo-se de que nossos próprios perceptos são resultados de elaboração cognitiva. Mas na verdade, há apenas um único estado de espírito do qual o leitor pode "partir", a saber, o próprio estado de espírito em que o leitor realmente se encontrar no momento em que efetivamente for "partir" – um estado no qual o leitor se acha carregado com imensa massa de cognições já formadas, da qual não consegue despir-se mesmo que quisesse; e quem sabe se, caso pudesse fazê-lo, não tornaria com isso todo conhecimento impossível para si mesmo? O leitor chama *duvidar* o ato de escrever, num pedaço de papel, que duvida? Se a resposta for afirmativa, a dúvida nada tem a ver com qualquer assunto mais sério. Mas não faça de conta; se o pedantismo não lhe corroeu todo o sentido de realidade, reconheça, como deve fazer, que há muitas coisas de que ele não duvida, por pouco que seja. Ora, o leitor deve encarar aquilo de que não duvida de modo algum como sendo uma verdade infalível e absoluta. Aqui desponta o Senhor Faz-de-Conta; "O quê! Acha dizer que se deve acreditar naquilo que não é verdade, ou que aquilo de que alguém não duvida é, *ipso facto*, verdadeiro?" Não, mas a menos que possa fazer com que alguma coisa seja branca e preta ao mesmo tempo, *ele* tem de encarar aquilo de que não duvida como sendo absolutamente verdadeiro. Seja você, leitor, *per hypothesiu*, esse alguém. "Mas você me diz que há uma porção de coisas de que não duvido. Realmente, não consigo persuadir-me de que não haja uma só dessas coisas a cujo respeito estou enganado." Você está, aqui, aduzindo um de seus fatos faz-de-conta, o qual, mesmo se estabelecido, só demonstraria que a dúvida tem um *limen* isto é, só é gerado por certos estímulos finitos. Falando desta "verdade" metafísica e desta "falsidade" metafísica, a respeito das quais nada sabe, a única coisa que conseguirá fazer será embaraçar a si mesmo. Todas as coisas com que você tem quaisquer negócios são suas dúvidas e crenças[2], com o curso da vida que lhe impõe novas crenças e lhe dá o

---

2. É necessário dizer que "crença" é sempre aqui usada como o contrário de dúvida, sem se levar em consideração graus de certeza ou a natureza da proposição que se sustenta ser válida, *i.e.*, que é "acreditada".

poder de duvidar de velhas crenças. Se os termos "verdade" e "falsidade" usados por você forem tomados em acepções que sejam definíveis em termos de dúvida e crença e de curso da experiência (tal como, por exemplo, eles o seriam se você definisse "verdade" como uma crença para a qual a crença tenderia se tendesse indefinidamente para uma fixidez absoluta) muito bem; nesse caso, você só estaria falando de dúvida e crença. Contudo, se por verdade e crença você entender algo que não seja de modo algum definível em termos de dúvida e crença, neste caso estará falando de entidades de cuja existência você nada pode saber, e que a navalha de Ocam eliminaria de imediato. Os problemas seriam muitos simplificados se, em vez de dizer que deseja conhecer a "Verdade", você dissesse simplesmente que deseja alcançar um estado de crença inatacável pela dúvida.

417. A crença não é um modo momentâneo da consciência; é um hábito da mente que, essencialmente, dura por algum tempo e que é em grande parte (pelo menos) inconsciente; e tal como outros hábitos, é (até que se depare com alguma surpresa que principia sua dissolução) auto satisfatório. A dúvida é de um gênero totalmente contrário. Não é um hábito, mas privação de um hábito. Ora, a privação de um hábito, a fim de ser alguma coisa, deve ser uma condição de atividade errática que de alguma forma precisa ser superada por um hábito.

418. Entre as coisas de que o leitor, como pessoa racional que é, não duvida, é que não apenas tem hábitos como também pode exercer um certo autocontrole sobre suas ações futuras; o que significa, no entanto, *não* que possa atribuir a elas algum traço arbitrariamente designável, mas, pelo contrário, que um processo de autopreparo tenderá a atribuir à ação (quando se apresentar o ensejo) um traço fixo, que é indicado e talvez grosseiramente avaliado pela ausência (ou leveza) do sentimento de autocensura, que a reflexão subsequente induzirá. Ora, esta reflexão subsequente é parte da autopreparo para a ação na ocasião seguinte. Por conseguinte, há uma tendência, na medida em que a ação é repetida diversas vezes, de a ação aproximar-se indefinidamente da perfeição daquele traço fixo, que seria marcado pela absoluta ausência de autocensura. Quanto mais perto se chega deste ponto, menos lugar haverá para autocontrole; e onde o autocontrole não é possível, não haverá autocensura.

419. Estes fenômenos parecem constituir as características fundamentais que distinguem um ser racional. A culpa, em todos os casos, parece ser uma modificação, quase sempre complementada por uma transferência, ou "projeção", do sentimento primário de autocensura. Por conseguinte, nunca culpamos alguém por algo que estava além de seu poder de prévio autocontrole. Ora, o pensamento é uma espécie de conduta que se acha em larga escala submetido ao autocontrole. Em todos os seus traços (que não cabe descrever aqui) o autocontrole lógico é um espelho perfeito do autocontrole ético – a menos que seja, antes, uma espécie daquele gênero[a]. De acordo com esta colocação, aquilo em que o leitor não se pode impedir de acreditar não é, em termos precisos, uma crença errônea. Em outras palavras, para o leitor será a verdade absoluta.

a. Cf. 440; 1.606.

É certo que aquilo em que o leitor não se pode impedir de acreditar hoje poderá amanhã ser inteiramente desacreditado pelo próprio leitor. Mas, neste caso, há uma certa distinção entre as coisas que o leitor "não pode" fazer, simplesmente no sentido em que nada o estimula para efetuar o grande esforço que seria necessário, e as coisas que o leitor não pode fazer porque, em suas próprias naturezas, elas são insuscetíveis de serem postas em prática. Em cada estádio de suas cogitações há algo a respeito do que o leitor só pode dizer "Não posso pensar de outra forma", e sua hipótese baseada na experiência é que a impossibilidade é daquele segundo tipo.

420. Por aquilo que se acaba de dizer, não há razão alguma pela qual o "pensamento" devesse ser tomado naquele sentido estreito em que o silêncio e a obscuridade são favoráveis ao pensamento. Ele deveria, antes ser entendido como algo que cobre toda a vida racional, de forma a que um experimento possa ser uma operação do pensamento. Naturalmente, aquele estado último do hábito para o qual a ação de autocontrole tende em última análise, onde não há lugar para autocontroles ulteriores, é, no caso do pensamento, o estado de crença fixa, ou conhecimento perfeito.

421. Há aqui duas coisas muito importantes de que nós devemos certificar e lembrar. A primeira é que uma pessoa não é, em absoluto, um individual. Seus pensamentos são aquilo que ela está "dizendo a si mesma", ou seja, aquilo que está dizendo ao outro ego que está surgindo para a vida no fluxo do tempo. Quando raciocinamos, é esse ego crítico que estamos tentando persuadir; e todo pensamento, seja qual for, é um signo, e é fundamentalmente da natureza de linguagem. A segunda coisa a lembrar é que o círculo de sociedade de alguém (no sentido mais amplo ou mais estrito em que esta frase possa ser entendida) é uma espécie de pessoa frouxamente compactada e, sob alguns aspectos, de um grau mais elevado do que a pessoa de um organismo individual. São estas duas coisas apenas que tornam possível ao leitor – mas apenas num sentido abstrato, num sentido pickwickiano – distinguir entre a verdade absoluta e aquilo de que o leitor não duvida.

422. Passemos agora rapidamente à exposição do próprio pragmaticismo. Será conveniente, aqui, imaginar uma pessoa, para quem esta doutrina seja nova, mas que tenha uma perspicácia preternatural, que faça perguntas a um pragmaticista. Tudo aquilo que possa dar uma ilusão dramática deve ser posto de lado, de modo que o resultado seja uma espécie de cruzamento entre um diálogo e um catecismo, pendendo bem mais, no entanto, para o lado deste último – que seja, antes, algo dolorosamente reminiscente das *Historical Questions* de Mangnall.

Questionador: Fiquei surpreso com sua definição de seu pragmatismo, uma vez que, há apenas um ano, uma pessoa que está acima de toda suspeita de torcer a verdade – e que é, ela mesma, um pragmatista – me assegurou que sua doutrina consistia precisamente em que "uma concepção deve ser comprovada através de seus efeitos práticos". Neste caso, você deve ter mudado inteiramente sua definição, e isto bem recentemente.

Pragmatista: Se você procurar nos volumes VI e VII da *Revue Philosophique*, ou no *Popular Science Monthly* de novembro de 1877 e de janeiro de 1878 [Ensaios n. IV e V] poderá julgar por si próprio se a interpretação que está mencionando já não era ali claramente excluída. As palavras exatas do enunciado em inglês (mudando apenas a primeira pessoa para a segunda) eram: "Considere quais os efeitos que possivelmente pode ter a influência prática que você concebe que o objeto de sua concepção tem. Neste caso, sua concepção desses efeitos é o TODO de sua concepção do objeto"[a].

Questionador: Neste caso, qual sua razão para afirmar que isto é assim?

Pragmatista: É exatamente sobre isto que lhe quero falar. Mas seria melhor adiar essa pergunta até que você compreenda claramente o que essas razões pretendem provar.

423. *Questionador*: Neste caso, qual é a *raison d'être* da doutrina? Qual é a vantagem que se espera que ela proporcione?

Pragmatista: Servirá para mostrar que quase toda proposição da metafísica ontológica ou é um balbucio sem sentido – com uma palavra sendo definida por outras palavras, e estas por outras ainda, sem que nunca se chegue a uma concepção real – ou então é um absurdo total: de forma que assim que todo esse lixo for posto de lado, aquilo que restar da filosofia será uma série de problemas passíveis de serem investigados através dos métodos de observação das verdadeiras ciências – problemas cuja verdade pode ser atingida sem aqueles intermináveis mal-entendidos e controvérsias que têm feito da mais elevada das ciências positivas um mero divertimento de intelectos inúteis, uma espécie de xadrez – do prazer inútil, sua finalidade, e da leitura de um livro, seu método. Sob este aspecto, o pragmaticismo é uma espécie de prope-positivismo. Mas o que o distingue de outras espécies é, primeiro, a retenção que faz de uma filosofia purificada; segundo, sua total aceitação do corpo principal de nossas crenças instintivas e, em terceiro lugar, sua vigorosa insistência sobre a verdade do realismo escolástico (ou uma grande aproximação disso, como foi colocado pelo falecido Dr. Francis Ellingwood Abbot na introdução ao seu *Scientific Theism*). Desta forma, ao invés de simplesmente zombar da metafísica, como procedem outros prope-positivistas, através de longas paródias ou de outros modos, o pragmaticista dela extrai uma preciosa essência, que servirá para dar vida e luz à cosmologia e à física. Ao mesmo tempo, as aplicações morais da doutrina são positivas e poderosas; e há muitos outros usos que dela se pode fazer e que não são facilmente classificáveis. Em outro ocasião, poderão ser dados exemplos que mostram que ela realmente produz estes efeitos.

424. *Questionador*: Não é muito necessário que me convençam de que sua doutrina exterminaria a metafísica. Não é da mesma forma óbvio que ela deva exterminar toda proposição da ciência e tudo o que influa sobre a conduta da vida? Pois você diz que, para você, o único significado que uma asserção tem é que um certo experimento resultou de uma certa forma: Nada além de um experimento entra num significado. Neste caso, diga-me como pode um experimento, em si mesmo, revelar algo mais exceto que alguma coisa alguma vez aconteceu a um objeto individual e que, subsequentemente, algum outro evento individual ocorreu?

---

a. Ver 402.

Pragmatista: De fato, essa questão vem a propósito – e o propósito é o de corrigir quaisquer concepções errôneas do pragmaticismo. Você fala de um experimento em si mesmo, enfatizando o *"em si mesmo"*. Evidentemente, você pensa cada experimento como algo isolado de todos os demais. Não lhe ocorreu, por exemplo, que seria possível aventurar-se a supor, que toda série ligada de experimentos constitui um experimento coletivo singular? Quais são os ingredientes essenciais de um experimento? Primeiramente, é claro, um experimentador de carne e osso. Em segundo lugar, uma hipótese verificável. Esta é uma proposição[3] que se relaciona com o universo que cerca o experimentador, ou que se relaciona com alguma parte bem conhecida desse universo e que deste, apenas, afirma ou nega alguma possibilidade ou impossibilidade experimental. O terceiro ingrediente indispensável é uma dúvida sincera no espírito do experimentador quanto à verdade daquela hipótese.

Passando por cima de vários ingredientes a cujo respeito não precisamos demorar-nos, o propósito, o plano e a resolução, chegamos ao ato de escolha pelo qual o experimentador isola determinados objetos identificáveis sobre os quais operar. O passo seguinte é o ATO externo (ou quase externo) pelo qual ele modifica aqueles objetos. A seguir vem a subsequente *reação* do mundo sobre o experimentador numa percepção; e finalmente, seu reconhecimento das lições do experimento. Enquanto que as duas partes principais do evento em si mesmo são a ação e a reação, a unidade de essência do experimento está em seu propósito e em seu plano, ingredientes a respeito dos quais se passou por cima na enumeração anterior.

425. Outra coisa: ao representar o pragmaticista como alguém que considera o significado racional como algo que consiste num experimento (do qual você fala como sendo um evento no passado) você, de um modo notável, deixa de captar o estado de espírito do pragmaticista. Na verdade, diz-se que o significado consiste, não em experimento, mas sim nos *fenômenos experimentais*. Quando um experimentalista fala de um *fenômeno*, tal como o "fenômeno de Hall", "o fenômeno de Zeemann" e sua modificação, "o fenômeno de Michelson", ou o "fenômeno do tabuleiro de xadrez", não entende por isso um evento particular qualquer que realmente aconteceu a alguém no passado morto, mas que *seguramente acontecerá* a todos que, no futuro vivo, preencham certas condições. O fenômeno consiste no fato de que, quando um experimentalista vier a *agir* de acordo com um certo plano que ele tenha em mente, neste caso alguma outra coisa acontecerá que destruirá as dúvidas dos céticos, como o fogo no altar de Elias.

426. E não negligencie o fato de que a máxima pragmaticista nada diz sobre experimentos singulares ou sobre fenômenos experimentais

---

3. O presente autor, como a maioria dos lógicos ingleses, invariavelmente usa a palavra *proposição* não do modo como os alemães definem seu equivalente. *Satz*. como sendo a linguagem-expressão de um juízo (*Urtheil*), mas sim como aquilo que está relacionado a qualquer asserção, quer mental e auto endereçada ou expressa exteriormente, assim como toda possibilidade está relacionada com sua atualização. A dificuldade na melhor das hipóteses, difícil problema da natureza essencial de uma Proposição foi aumentada, pelos alemães, com seu *Urdwil*. confundindo, numa única designação, a *asserção* mental com o *assertivel*. (Cf. 2.315).

singulares (pois aquilo que condicionalmente é verdade *in futuro* dificilmente pode ser singular), mas só fala das *espécies gerais* de fenômenos experimentais. O adepto desta doutrina não se esquiva de falar dos objetos gerais como sendo reais, uma vez que tudo o que é verdadeiro representa um real. Ora, as leis da natureza são verdadeiras.

427. O significado racional de toda proposição está no futuro. Como pode ser isso? O significado de uma proposição é, ele mesmo, uma proposição. Na verdade, não é outro senão a própria proposição da qual é o significado: é uma tradução desta. Mas, dentre a miríade de formas em que uma proposição pode traduzir-se, qual é aquela que deve ser chamada de seu significado próprio? De acordo com o pragmaticista, é a forma na qual a proposição se torna aplicável à conduta humana, não nestas ou naquelas circunstâncias especiais, nem quando se tem este ou aquele propósito em especial, mas sim aquela forma que é mais diretamente aplicável ao autocontrole em todas as situações, e que é aplicável a todos os propósitos. E por isto que ele situa o significado num tempo futuro; pois a conduta futura é a única conduta que está sujeita ao autocontrole. Contudo, a fim de que a forma da proposição a ser considerada como seu significado seja aplicável a todas as situações e a todos os propósitos em que a proposição exerce alguma influência, ela deve ser simplesmente a descrição geral de todos os fenômenos experimentais que a asserção da proposição virtualmente prediz. Pois um fenômeno experimental é o fato afirmado pela proposição de que a ação de uma certa descrição terá uma certa espécie de resultado experimental; e resultados experimentais são os únicos resultados capazes de afetar a conduta humana. Sem dúvida, alguma ideia imutável pode vir a influenciar uma pessoa mais do que o resultado experimental o tenha feito; mas isto apenas porque alguma experiência equivalente a um experimento o conduziu à verdade de um modo mais íntimo do que antes. Sempre que uma pessoa agir intencionalmente, age sob a crença em algum fenômeno experimental. Por conseguinte, a soma de fenômenos experimentais que uma proposição implica constitui toda o alcance deste fenômeno sobre a conduta humana. Portanto, sua pergunta sobre como pode um pragmaticista atribuir a uma asserção um significado que não o de uma ocorrência singular está substancialmente respondida.

428. *Questionador:* Vejo que o pragmaticismo é um fenomenalismo extremado. Só que, por que se limitaria você aos fenômenos da ciência experimental em vez de abarcar todas as ciências da observação? Afinal de contas, o experimento é um informante não comunicativo. Ele nunca expia[a]; apenas responde "sim" ou "não"; melhor, normalmente apenas vocifera "Não!" ou, na melhor dos hipóteses, apenas pronuncia um resmungo inarticulado pela negação de seu "não". O experimentalista típico não é muito um observador. É o estudioso da história natural para o qual a natureza abre os tesouros de suas confidencias, enquanto trata o experimentalista duplamente inquisitivo com a reserva que merece. Por que deveria seu fenomenalismo tocar a esquálida gaita de boca em vez, do glorioso órgão da observação?

---

a. Aparentemente, um erro de impressão: o certo seria *expatiates* (discorre prolixamente) e não *expiates* (expiar).

Pragmaticista: Porque o pragmaticismo não é definível como sendo um "fenomenalismo extremado", embora esta última doutrina possa ser uma espécie de pragmatismo. A *riqueza* dos fenômenos reside em sua qualidade sensória. O pragmatismo não pretende definir os equivalentes fenomenais das palavras e das ideias gerais, mas, pelo contrário, elimina o elemento sensório destas e tenta definir o propósito racional, e isto ele descobre na conduta utilitária da palavra ou proposição em questão.

429. *Questionador*: Pois bem, se você está decidido, a transformar o Fazer na Coisa Essencial e no Objetivo Final da vida humana, por que é que você não faz o significado consistir simplesmente no fazer? O Fazer tem que ser feito num certo momento com respeito a um certo objeto. Os objetos singulares e os eventos singulares cobrem toda a realidade, como sabem todos, e é um ponto em que o praticalista devia ser o primeiro a insistir. Todavia, o significado, tal como você o descreveu, é *geral*. Portanto, é da natureza de uma mera palavra e não uma realidade. Você mesmo diz que, para você, o significado de uma proposição é apenas a mesma proposição sob uma outra roupagem. Mas o significado de um homem prático é a própria coisa que ele significa. Qual é o significado que você dá a "George Washington"?

Pragmaticista: Muito bem colocado! Certamente, uma boa meia dúzia dos pontos que você levantou devem ser admitidos. Em primeiro lugar, deve-se admitir que o pragmaticismo realmente transforma o Fazer na Coisa Essencial e no Objetivo Final da vida, isso seria sua morte. Pois dizer que vivemos pela ação enquanto ação, independentemente do pensamento que ela veicula, equivaleria a dizer que não existe algo como um propósito racional[a]. Em segundo lugar, deve-se admitir que toda proposição professa ser verdadeira a respeito de um certo objeto individual real, quase sempre o universo circundante. Em terceiro, deve-se admitir que o pragmaticismo deixa de propiciar uma tradução ou significado de um nome próprio, ou outra designação de um objeto individual. Em quarto, o significado pragmaticístico é, sem dúvida, geral; e é também indiscutível que o geral é da natureza de uma palavra ou signo. Quinto, deve-se admitir que só os individuais existem; e sexto, pode-se admitir que o significado mesmo de uma palavra ou objeto significante deveria ser a própria essência da realidade daquilo que ela significa. Mas uma vez admitido isto, sem" reservas, se você verificar que o pragmaticista continua seriamente compelido a negar a força de sua objeção, você deveria inferir que há alguma consideração que lhe escapou. Reunindo o que foi acima admitido, perceberá que o pragmaticista concede que um nome próprio (embora não seja usual dizer que ele possui um *significado*) tem uma certa função denotativa peculiar, em cada caso, a esse nome e a seus equivalentes; e que ele concede também que toda asserção contém uma tal função denotativa ou indicativa. Dada a individualidade peculiar desta, o pragmaticista exclui isto do propósito racional da asserção, embora o que é *semelhante* nela, sendo comum a todas as asserções e, portanto, sendo geral e não individual, possa entrar no propósito pragmaticista. Tudo aquilo que existe, *ex-sists*, isto é, realmente atua sobre outros existentes,

---

a. Ver 3,402.

obtém assim uma auto identidade e é definitivamente individual. Quanto ao geral, será de ajuda para o pensamento observar que há dois modos de algo ser geral. Uma estátua de soldado no monumento de alguma aldeia, com seu casacão e seu mosquete, é, para cada uma das cem famílias do lugar, a imagem de seu tio, de seu sacrifício pela União. Neste caso, aquela estátua, embora ela mesma seja um singular, representa todo homem de quem um certo predicado pode ser verdadeiro. Ela é *objetivamente* geral. A palavra "soldado", quer falada ou escrita, é geral do mesmo modo: enquanto que o nome, "George Washington" não o é. Mas cada um destes dois termos permanece um e o mesmo nome, quer seja falado ou escrito, e sempre que é onde quer que seja falado ou escrito. Este nome não é uma coisa existente: é um *tipo*[a], ou *forma*, com o qual os objetos, tanto os que são externamente existentes quanto os que são imaginados, podem *conformar-se*, mas o qual nenhum deles pode ser em termos precisos. Isto é generalidade subjetiva. O propósito pragmaticista é geral em ambos os modos.

430. Quanto à realidade, vemo-la definida de várias formas; mas se aquele princípio da ética terminológica que foi proposto for aceito, a linguagem equívoca logo desaparecerá. Pois *realis* e *realitas* não são palavras antigas. Foram inventadas como termos filosóficos no século XIII[b], e o significado que pretendiam exprimir é perfeitamente claro. É *real* aquilo que tem tais e tais caracteres, quer alguém pense ou não que essa coisa tem esses caracteres. De qualquer forma, é esse o sentido em que o pragmaticista usa a palavra. Ora, assim como a conduta controlada pela razão ética tende a fixação de certos hábitos de conduta, cuja natureza (para ilustrar o significado, hábitos pacatos e não irascíveis) não depende de nenhuma circunstância acidental, e *nesse sentido* pode-se dizer que ela está *destinada*; do mesmo modo, o pensamento, controlado por uma lógica experimental racional, tende à fixação de certas opiniões, igualmente destinadas, cuja natureza será a mesma ao final, por mais que a perversidade de pensamento de gerações inteiras possa provocar o adiamento da fixação última. Se for assim, tal como cada um de nós virtualmente supõe, que seja, com relação a cada assunto cuja verdade ele discute seriamente, neste caso, de acordo com a definição adotada de "real", o estado de coisas em que se acreditará naquela opinião última é real. Contudo, na maioria, tais opiniões serão gerais. Por conseguinte, *alguns* objetos gerais são reais. (Naturalmente, ninguém nunca pensou que *todos* os gerais fossem reais; mas os escolásticos costumavam supor que os gerais eram reais quando tinham pouca, senão nenhuma, evidência experimental que suportasse essa suposição; e o erro deles reside justamente aí, e não no fato de sustentarem que os gerais podiam ser reais.) Ficamos surpresos com a inexatidão de pensamento mesmo de analistas poderosos quando se voltam para os modos do ser. Deparamo-nos, por exemplo, com a presunção virtual de que aquilo que é relativo ao pensamento não pode ser real. Mas por que não, exatamente? *Vermelho* é relativo à visão,

a. Ver 4.537.
b. Ver Prantl. *Geschichte iter Logik*, 111. 9 1, Amm. 362.

mas o fato de isto ou aquilo estar nessa relação com a visão que chamamos de vermelho não é, *em si mesmo*, relativo à visão; é um fato real.

431. Não apenas os gerais podem ser reais como também podem ser *fisicamente eficientes*, não em todo sentido metafísico, mas na acepção do senso comum na qual os propósitos humanos são fisicamente eficientes[a]. Agora o absurdo metafísico, nenhum homem sadio duvida que se estou sentindo que o ar em meu escritório está abafado, esse pensamento pode fazer com que a janela seja aberta. Meu pensamento, aceitemo-lo, foi um evento individual. Mas aquilo que o levou a assumir a determinação particular que assumiu foi em parte o fato geral de que o ar abafado é prejudicial, e em parte outras *Formas*, no tocante às quais o Dr. Carus[b] fez com que tantas pessoas refletissem com proveito – ou, melhor, *pelas quais*, e a verdade geral a cujo respeito a mente do Dr. Carus foi levada à convincente enunciação de tanta verdade. Pois as verdades, têm, em média, maior tendência para serem acreditadas do que as falsidades. Se não fosse assim, considerando que há miríades de falsas hipóteses, para explicar qualquer fenômeno, contra uma única hipótese que é verdadeira (ou, se você preferir, contra toda hipótese verdadeira), o primeiro passo na direção do conhecimento genuíno deve ter sido vizinho de um milagre. Destarte, quando minha janela foi aberta, em virtude da verdade de que ar abafado não é sadio, um esforço físico foi criado pela eficiência de uma verdade geral e não-existente. Isto soa estranho porque não é algo familiar; mas a análise exata está a favor deste fato e não contra ele; além do mais, ele apresenta a imensa vantagem de não nos cegar para os grandes fatos – tais como o fato de que as ideias de "justiça" e "verdade", não obstante a iniquidade do mundo, são das mais poderosas forças que o movem. A generalidade é, com efeito, um ingrediente indispensável da realidade; pois a simples existência individual ou concretude sem qualquer regularidade é uma nulidade. O caos é o puro nada.

432. Aquilo que toda proposição verdadeira afirma é *real*, no sentido de ser tal como é independentemente daquilo que você ou eu possamos pensar a respeito. Seja esta proposição uma proposição condicional geral quanto ao futuro, e neste caso ela será um geral real na medida em que está realmente calculada para influenciar a conduta humana; e na medida em que o pragmaticista sustenta que é o propósito racional de todo conceito.

433. Consequentemente, o pragmaticista não faz com que o *summum bonum* consista na ação, mas faz com que consista naquele processo de evolução pelo qual o existente chega cada vez mais a corporificar aqueles gerais a cujo respeito ainda há pouco se disse que estavam *destinados*, que é aquilo que tentamos exprimir ao chamá-los de *razoáveis*. Em seus estádios mais elevados, a evolução verifica-se, de um modo cada vez mais amplo, através do autocontrole, e isto dá ao pragmaticismo uma espécie de justificativa da colocação que faz do propósito racional como sendo geral.

434. Haveria ainda muitas mais coisas que se poderia dizer a propósito da elucidação do pragmaticismo, não fosse o risco de fatigar o leitor. Por exemplo, seria bom mostrar claramente que o pragmaticista

a. Cf. 1.213, 2.149.
b. "*The Foundations of Geometry*", por Paul Carus. *The Monist*. XIII, p. 370.

não atribui um modo de ser essencial a um evento na forma futura diferente daquele que ele atribuiria a um evento similar no passado, só que a atitude prática do pensador com relação aos dois é diferente[a]. Também teria sido bom mostrar que o pragmaticista não faz das *Formas* as únicas realidades do mundo[b], do mesmo modo como ele não faz do propósito razoável de uma palavra o único tipo de significado que existe[c]. Estas coisas, no entanto, encontram-se implicitamente envolvidas no que aqui foi dito. Há apenas uma observação que deve deter o leitor: a referente à concepção do pragmaticista quanto à relação de sua fórmula com os primeiros princípios da lógica.

435. A definição que Aristóteles dá da predicação universal[d], que normalmente é designada (tal como uma bula papal ou um édito da corte, pelas suas palavras de abertura) como o *Dictum de omni*, pode ser traduzida da seguinte forma: "Denominamos uma predicação (seja afirmativa ou negativa) de *universal* quando, e somente quando, nada há entre os individuais existentes a que o sujeito afirmativamente pertença, mas a que, da mesma forma, o predicado não se referirá (afirmativa ou negativamente, conforme a proposição universal for afirmativa ou negativa)". O enunciado em grego λέγομεν δὲ πό κατὰ παντὸς κατηγορεῖσθαι ὅταν μηδὲν ᾖ λαβεῖν τῶν τοῦ ὑποκειμένου καθ' οὗ θάτερον οὐ λεχθήσεται καὶ τὸ κατὰ μηδενός ὡσαύτως. As palavras importantes, "individuais existentes", foram introduzidas na tradução (a qual o idioma inglês não permite que seja literal); mas é evidente que individuais existentes é aquilo que Aristóteles pretendeu dizer. Os demais afastamentos da literalidade servem apenas para apresentar as modernas formas de expressão inglesas. Ora, é bem sabido que as proposições, na lógica formal, vêm aos pares, com os dois membros de um par sendo conversíveis em outros através do intercâmbio das ideias do antecedente e do consequente, do sujeito e predicado, etc.[e] e O paralelismo chega a um ponto tal que frequentemente se supõe ser ele perfeito; mas não é assim. O par adequado do *Dictum de omni* é a seguinte definição da predicação afirmativa: Dizemos que uma predicação é *afirmativa* (quer seja particular ou universal) quando, e somente quando, nada há entre os efeitos sensoriais que pertencem universalmente ao predicado de que se possa dizer (uni versal ou particularmente, conforme a predicação afirmativa seja universal ou particular) que pertence ao sujeito. Ora, esta é, substancialmente, a proposição essencial do pragmaticismo. Natural mente, seu paralelismo com o *Dictum de omni* só será admitido por uma pessoa que admita a verdade do pragmaticismo.

4. PRAGMATICISMO E O IDEALISMO ABSOLUTO HEGELIANO

436. Permitam-me acrescentar mais uma palavra sobre este ponto. Pois se alguém está realmente interessado em conhecer em que consiste

a. Ver 458.
b. Ver 429, 436.
c. Ver 475, 4.536.
d. *Prior Analytics*, 24b, 28-30.
e. Ver 3.203, 3.493.

a teoria pragmaticista, deverá compreender que não há parte alguma dessa teoria à qual o pragmaticista atribui maior importância como a que diz respeito ao reconhecimento, em sua doutrina, da profunda inadequação da ação ou volição, ou mesmo da resolução ou propósito concreto, como materiais sobre os quais se pode elaborar um propósito condicional ou o conceito do propósito condicional. Se alguma vez tivesse sido escrito, nos primeiros volumes do *The Monist*[a], um artigo relativo ao princípio de continuidade e que sintetizasse as ideias dos outros artigos de uma série,[b] se poderia ter visto como, com cabal consistência, aquela teoria implicava o reconhecimento de que a continuidade é um elemento indispensável da realidade, e que a continuidade é simplesmente aquilo em que se transforma a generalidade na lógica dos relativos e, assim, tal como a generalidade, e mais do que a generalidade, é um caso de pensamento, e é a essência do pensamento. Todavia, mesmo em sua condição truncada, um leitor extra inteligente poderia discernir que a teoria daqueles artigos cosmológicos fizeram com que a realidade consistisse em algo mais do que o sentimento e a ação poderiam proporcionar, na medida em que o caos primevo, em que aqueles dois elementos estavam presentes, era explicitamente apresentado como sendo o puro nada. Ora, o motivo de aludir àquela teoria aqui é que deste modo podemos iluminar acentuadamente a posição que o pragmaticista mantém e que deve manter, quer aquela teoria cosmológica seja sustentada ou destruída, a saber, a posição de que a terceira categoria – a categoria do pensamento, representação, relação triádica, mediação, terceiridade genuína, terceiridade enquanto tal – é um ingrediente essencial da realidade, e todavia por si mesma não constitui a realidade, uma vez que esta categoria (que naquela cosmologia surge como o elemento do hábito) não pode ter um ser concreto sem a ação, como um objeto separado sobre o qual operar seu controle, assim como a ação não pode existir sem o ser imediato do sentimento sobre o qual atuar. A verdade é que o pragmaticismo está intimamente ligado ao idealismo absoluto hegeliano do qual, no entanto, se separa por sua vigorosa negação de que a terceira categoria (que Hegel degrada à condição de mero estado do pensamento) baste para constituir o mundo ou, mesmo, que seja autossuficiente. Tivesse Hegel, em vez de encarar os primeiros dois estádios com esse seu sorriso de desprezo, se apegado a eles como elementos independentes ou distintos da Realidade triuna, os pragmaticistas poderiam tê-lo considerado como o grande vindicador da verdade destes. (Naturalmente, os adornos externos de sua doutrina apenas aqui e ali são de muita importância.) Pois o pragmaticismo pertence essencialmente à classe triádica das doutrinas filosóficas, e o é de um modo bem mais essencial do que o hegelianismo[c]. (Na verdade, pelo menos em uma passagem Hegel alude à forma triádica de sua exposição como sendo uma simples moda no traje.)

Milford, PA, Setembro de 1904.

a. Ver cartas ao juiz Russell no vol. 9.
b. Ver vol. 6, livro I.
c. Cf. 77 e segs.

437. *Post scriptum.* Durante os últimos cinco meses, deparei-me com referência a várias objeções levantadas em relação às opiniões acima enunciadas, mas não tendo sido possível obter o texto dessas objeções, creio que não devo tentar responder a elas. Se os cavalheiros que atacam ou o pragmatismo em geral ou a variedade dele que pratico quiserem enviar-me cópias do que escreveram, poderiam facilmente encontrar leitores mais importantes, mas não conseguiriam encontrar nenhum que examinasse seus argumentos com maior avidez pela verdade ainda não apreendida, nem nenhum que fosse mais sensível à cortesia exemplificada por tal gesto.

9 de fevereiro de 1905.

C. De "Filosofia do Espírito"

1. Consciência e Linguagem[a]

579. Filosofia é a tentativa – pois, tal como está implícito na própria palavra, ela é e deve ser imperfeita – de formar uma concepção geral informada do *Todo*. Todos os homens filosofam; e como diz Aristóteles, devemos fazê-lo nem que seja para provar a futilidade da filosofia. Os que negligenciam a filosofia têm teorias metafísicas tanto quanto os outros – só que têm teorias grosseiras, falsas, e verborrágicas. Alguns acreditam evitar a influência dos erros metafísicos não dando atenção à metafísica; mas a experiência demonstra que estas pessoas, mais do que todas as outras, são mantidas num vício férreo de teoria metafísica em virtude de teorias que nunca questionaram. Pessoa alguma se vê tão escravizada pela metafísica como as totalmente sem cultura; pessoa alguma está tão liberta de sua ascendência como o próprio metafísico. Desta forma, uma vez que todos devem ter concepções das coisas em geral, é muito importante que estas sejam bem elaboradas.

580. Não farei críticas aos diferentes métodos de pesquisa metafísica; direi apenas que, na opinião de vários grandes pensadores, o único modo bem sucedido que até agora se encontrou foi o de adotar nossa lógica como nossa metafísica. Na última conferência[b], tentei mostrar como a

---

a. Da Conferência XI de uma série incompleta de conferências em Widener IB2-10. O editor foi incapaz de proceder a uma identificação positiva destas conferências, mas as referências internas e o tom geral dos textos indicam que provavelmente constituem os manuscritos para as conferências do Lowell Institute de 1866-7 (G-1866-2a). A partir deste fundamento, data-se a Conferência XI como sendo de 1867, aprox. Em Widener IB2-10, estas conferências estão misturadas com os manuscritos de uma série diferente, que provavelmente são os da série de Harvard de 1865-1866 (G-1864-3).

b. Conferência X. Desta, foram encontrados apenas fragmentos.

lógica nos provê de uma classificação dos elementos da consciência. Vimos que todas as modificações da consciência são inferências e que todas as inferências "são inferências válidas. Ao mesmo tempo, vimos que havia três tipos de inferência: Primeiro, Inferência intelectual com suas três variedades. Hipótese, Indução e Dedução; Segundo, Juízos de sensação, emoções e movimentos instintivos que são hipóteses cujos predicados não são analisados na compreensão; e Terceiro, Hábitos, que são Induções cujos sujeitos não são analisados em extensão. Esta divisão leva-nos a três elementos da consciência: Primeiro, *Sentimentos* (*Feelings*) ou Elementos de compreensão; Segundo, *Esforços* (*Efforts*) ou elementos de extensão; e Terceiro, *Noções* (*Notions*) ou Elementos de informação[a], que é a união da extensão e compreensão. Lamento que o tempo não me permita estender-me mais sobre esta teoria; mas quero passar a uma questão mais elevada e mais prática da metafísica a fim de esclarecer mais ainda as vantagens do estudo da lógica. A questão que escolherei é "o que é o homem?". Creio que posso enunciar da seguinte forma a concepção predominante a respeito: O homem é essencialmente uma alma, isto é, uma coisa que ocupa um ponto matemático do espaço, não pensamento mesmo mas o sujeito da inerência do pensamento, sem partes, e que exerce uma certa força material denominada volição. Suponho que a maior parte das pessoas consideram esta crença como sendo intuitiva ou, pelo menos, como instaurada na natureza do homem e que é mais ou menos distintamente sustentada por todos os homens, sempre e em toda parte[b]. Pelo contrário, esta doutrina é bastante moderna. Todos os antigos e muitos dos escolásticos sustentavam que o homem é composto por várias almas; três era o número habitualmente indicado, por vezes duas, quatro ou cinco. Todo leitor atento de São Paulo sabe que, segundo ele, o homem era um ser tripartido. Derivamos de Descartes a noção de que a alma é singular. Mas com Descartes, o que faz o homem é o pensamento em si mesmo: enquanto que, a nosso ver, a consciência não *é* o homem, mas está no homem. Descartes, também, não admite que a vontade do homem exerce alguma força sobre a matéria, tal como fundamentalmente acreditamos. De fato, o ponto de vista predominante atualmente é uma mistura heterogênea das mais contraditórias teorias: estas doutrinas são tomadas de diferentes filósofos, enquanto que as premissas através das quais, e só por elas, esses filósofos eram capazes de sustentar suas doutrinas, são negadas; deste modo, a teoria se vê totalmente desapoiada pelos fatos e, sob vários aspectos particulares, em choque consigo mesma. E isto é admitido pela maioria daqueles que a submeteram a uma crítica severa[c].

581. Uma fonte de toda esta diversidade de opinião tem sido o desejo de uma discriminação acurada entre uma explicação indutiva e uma ex-

a. Cf. 2.407 e segs.

b. O trecho seguinte estava escrito a lápis na margem, com um traço indicando que devia ser inserido aqui:
"Mais ignorante daquilo de que tem mais certeza
Sua essência vítrea".

c. Peirce acrescentou aqui: "A respeito das diversidades das teorias da alma há algumas linhas muito boas de sir John Davies em seu poema sobre a Psicologia", e fez referência à edição de sir William Hamilton dos *Works* de Thomas Reid. p. 203.

plicação hipotética dos fatos da vida humana. Vimos que todo fato requer duas espécies de explicação; uma procede por indução a fim de substituir seu objeto por um objeto mais amplo, e a outra procede por hipótese para substituir seu predicado por um predicado mais profundo[a]. Vimos que estas duas explicações nunca coincidem, que ambas são indispensáveis, e que surgiram controvérsias mesmo nas ciências físicas onde há bem poucos desacordos em consequência da tentativa de fazer com que uma teoria realize ambas as funções. Tenhamos o cuidado de não confundir estas duas investigações separadas com referência à alma. A explicação hipotética nos informará sobre as causas ou antecedentes necessários dos fenômenos da vida humana. Estes fenômenos podem ser encarados do ponto de vista interno ou externo. Considerados internamente, exigem uma explicação interna através de antecedentes internos necessários, isto é, através de *premissas*; e esta explicação foi dada na última conferência. Se forem considerados externamente ou fisicamente, exigem uma explicação física através de antecedentes físicos, e esta investigação deve ser entregue aos fisiólogos, sem quaisquer reservas. Eles encontrarão a verdade no assunto, e podemos ficar tranquilos que nenhuma explicação firmemente baseada numa hipótese legítima a partir dos fatos da natureza entrará em conflito com a explicação puramente indutiva do homem. É verdade que a questão, para os fisiólogos, consiste em saber quais são os antecedentes físicos das ações do homem, isto é, que espécie de autômato é o homem; de modo que é ela tomada como a condição do problema de que o homem é um autômato. Pois o automatismo nesta colocação, admitindo-se naturalmente a consciência, nada significa senão uma antecedência física regular – implica apenas que a natureza é uniforme; e isto, como vimos, não é uma mera lei da natureza ou fato de observação, mas sim um postulado de todo pensamento, que homem algum consistente ou persistentemente nega[b]. Todavia, para muitos este automatismo parece conflitar com a noção do homem como sendo uma alma RESPONSÁVEL e IMORTAL. Mas, neste caso, deveríamos lembrar-nos que, em nossas mentes, as concepções essenciais de responsabilidade e imortalidade estão guardadas sob uma massa de reflexões parasitas derivadas de todas as filosofias e de todas as religiões dos tempos passados; de forma que se nós não podemos conciliar as doutrinas da responsabilidade e da imortalidade com os próprios postulados do pensamento, isto se explica, suficientemente, pela obscuridade e confusão de nossas noções sobre este assunto, e de modo algum somos forçados a adotar aquela que é a única outra alternativa e dizer que estas doutrinas são essencialmente falsas. Estas doutrinas são parte de nossa religião; e uma delas – senão ambas – figuram entre suas mais preciosas consolações, que seria realmente difícil de extirpar do seio de um povo que as alimentou durante mil anos. Digam o que disserem do enfado dos dias ininterruptos, do bálsamo do sono eterno, da nobreza que se atribui à humanidade ao se considerá-la como capaz de lutar e sofrer por aquilo que transcende sua própria res-

---

a. A indução e a hipótese são discutidas no livro II deste volume e em 2.508 e segs. (1867).

b. Cf. 7.131-138, que são da conferência IV da mesma série (ver 579, nota 1).

ponsabilidade e seu próprio tempo de vida: ainda assim nos apegamos, em virtude de uma natureza original ou adquirida, as apreciadas esperanças de nossa antiga religião. Mas já que achei oportuno demorar-me um pouco sobre a possibilidade de sermos incapazes de conciliar a responsabilidade e a imortalidade com a necessidade física, devo acrescentar que, de fato, não somos levados a esse ponto de modo algum. Pelo contrário, os filósofos da escola Brownista demonstraram, de modo irretorquível, que elas são passíveis de serem conciliadas, e seus argumentos estão muito bem colocados num trabalho americano intitulado Liberdade e Necessidade, escrito pelo juiz (Henry) Carleton, de Louisiana, e publicado em Filadélfia em 1857. Pode haver outros modos de conciliar estas concepções[a] além daquele que esses filósofos indicaram mas, ainda assim, eles mostraram que uma conciliação racional é possível.

582. Assim, a explicação hipotética da natureza humana coloca-se por si mesma e não entrará em contradição com a explicação indutiva, que é aquela que desejamos quando perguntamos "o que é o homem". A que tipo real pertence o ser do pensamento, do sentimento e da vontade? Sabemos que, externamente considerado, o homem pertence ao reino animal, ao ramo dos vertebrados e a classe dos mamíferos; mas o que estamos procurando é seu lugar quando considerado internamente, não levando em conta seus músculos, glândulas e nervos e considerando apenas seus sentimentos, esforços e concepções.

583. Já vimos que todo estado da consciência é uma inferência; de modo que a vida não é senão uma sequência de inferências ou um fluxo de pensamentos. Portanto, a todo momento o homem é um pensamento, e como o pensamento é uma espécie de símbolo, a resposta genérica à pergunta "que é o homem?" é que ele é um símbolo. A fim de encontrar uma resposta mais específica, deveríamos comparar o homem com algum outro símbolo.

584. Escrevo aqui a palavra *Seis*. Agora indaguemos de nós mesmos sob que aspectos um *homem* difere dessa palavra. Em primeiro lugar, o corpo de um homem é um mecanismo maravilhoso, enquanto que o da palavra não passa de um risco de giz. Em segundo lugar, o significado da palavra é bem simples, enquanto que o significado de um homem é um verdadeiro enigma da Esfinge. Estas duas diferenças são bastante óbvias – encontram-se à superfície. Mas que outras diferenças há?

585. Um homem tem consciência; uma palavra, não[b]. O que entendemos por consciência, já que esse é um termo bastante ambíguo? Existe aquela emoção que acompanha a reflexão de que temos vida animal. Uma consciência que está obscurecida quando a vida animal está em seu ponto mais baixo, em idade ou no sono, mas que não está obscurecida quando a vida espiritual está em seu ponto mais baixo; que é mais vivida quanto melhor animal for o homem, mas que não o é quanto melhor homem ele for. Tenho certeza que todos podem distinguir esta sensação; atribuímo-la a todos os animais mas não às palavras, porque temos razões para crer que ela depende da posse de um corpo animal. E, portanto, esta diferença

a. Cf. 5.3.19.
b. Compare os parágrafos seguintes com 5.313 e segs. (1868).

inclui-se sob a primeira diferença que mencionamos e não é uma diferença adicional. Em segundo lugar, a consciência é usada para significar o conhecimento que temos daquilo que está em nossas mentes; o fato de que nosso pensamento é um índice de si mesmo para si mesmo na base de uma completa identidade consigo mesmo. Mas o mesmo acontece com toda palavra ou, de fato, com toda coisa, de modo que isto não constitui uma diferença entre a palavra e o homem. Em terceiro lugar, a consciência é usada para denotar o *Eu penso*, a unidade de pensamento; mas a unidade de pensamento não é nada senão a unidade de simbolização; consistência, numa palavra – a implicação do ser – e pertence a qualquer palavra. É muito fácil pensar que temos uma noção *clara* daquilo que entendemos por consciência, e todavia pode ser que a palavra não excite pensamento algum mas, sim, apenas uma sensação, uma palavra mental dentro de nós; e neste caso, por não estarmos acostumados a permitir que a palavra escrita no quadro negro excite essa sensação, podemos pensar que distinguimos entre o homem e a palavra quando não o fazemos.

"*Mais ignorantes daquilo de que temos mais certeza
Nossa essência vítrea!*"

586. A consciência é, também, usada para denotar aquilo que chamo de *sentimento* (*feeling*); tal como o faz o Sr. Bain, que menciono a fim de dizer que ele reconhece a unidade de sensação e emoção sob este termo, embora não leve a termo consistentemente a concepção. Aquela palavra tem sentimento? O homem, dizem os sensorialistas, é uma série de sentimentos; a todo instante, portanto, *existe um sentimento*. O que acontece com a palavra? Os sentimentos, como sabemos todos, dependem do organismo do corpo. O cego de natureza não tem sentimentos como os de vermelho, azul ou qualquer outra cor; e sem um corpo, é provável que não tivéssemos sentimentos em geral; e provavelmente, portanto, a palavra que não tenha um corpo animal não tem sentimentos animais e, naturalmente, se restringirmos a palavra sentimento ao significado de sentimento animal, a palavra não tem sentimentos. Mas será que não tem algo correspondente ao sentimento? Todo sentimento é cognitivo – é uma sensação, e uma sensação é um signo mental ou palavra. Ora, a palavra tem uma palavra; tem a si mesma; e desta forma, se o homem é um sentimento animal, a palavra é, da mesma forma, um sentimento escrito.

587. Mas não há esta diferença? Os sentimentos do homem são percepções, ele é afetado pelos objetos. Vê, ouve, etc. Uma palavra, não. Sim, isso é verdade, mas a percepção, de modo claro, depende de um organismo animal e, portanto, não há aqui mais uma diferença além das duas óbvias mencionadas de início. Todavia, mesmo aqui existe uma correspondência entre a palavra e o homem. Percepção é a possibilidade de adquirir informação, de significar mais; ora, uma palavra pode aprender. Quanto mais não significa hoje a palavra *eletricidade* do que significava ao tempo de Franklin? Quanto mais não significa hoje o termo planeta do que ao tempo de Hiparco? Estas palavras adquiriram informação, tal como o faz o pensamento de um homem através de uma percepção ulterior. Mas não há aqui uma diferença, dado que um homem faz a palavra, e a palavra nada significa senão aquilo que algum homem a fez significar e isso apenas para esse homem? Isto é verdade; porém dado que o homem

pode pensar apenas por intermédio das palavras ou outros símbolos externos, as palavras poderiam replicar dizendo: Você nada significa senão aquilo que lhe ensinamos e isto apenas na medida em que você se dirige a alguma palavra como o interpretante de seu pensamento. Portanto, de fato, os homens e as palavras educam-se reciprocamente uns aos outros; todo aumento de informação do homem é ao mesmo tempo o aumento de informação de uma palavra e vice-versa. De modo que, mesmo aqui, não existe diferença.

588. Podem os senhores ver que, por mais distantes e dissemelhantes quanto possam parecer o homem e a palavra, é terrivelmente difícil enunciar alguma diferença essencial entre eles a não ser uma diferença fisiológica. Um homem tem uma natureza moral, enquanto que a palavra aparentemente não tem nenhuma. Todavia, a moral relaciona-se primordialmente com aquilo que devemos fazer e, portanto, como as palavras são fisiologicamente incapazes de atuar, não deveríamos considerar isto como um ponto separado de distinção. Mas se considerarmos a moralidade como a conformidade a uma lei de adequação de coisas – um princípio daquilo que é conveniente no pensamento, não a fim de torná-lo verdadeiro mas como um pré-requisito a fim de torná-lo espiritual, racional, de torná-lo verdadeiramente um pensamento, temos algo extremamente análogo na boa gramática de uma palavra ou sentença. Boa gramática é aquele mérito de uma palavra pelo qual ela vem a ter boa consciência, a ser satisfatória não simplesmente com referência ao estado concreto de coisas que ela denota, não simplesmente em relação às consequências do ato mas consigo mesma em sua própria determinação interna. A beleza e a verdade pertencem tanto ao espírito quanto à palavra. O terceiro mérito é, de um lado, a moralidade e, de outro, a Gramática.

589. O homem tem o poder do esforço ou atenção; mas como vimos que isto não é senão o poder de denotação, também a palavra o possui.

590. Talvez a mais formidável faculdade da humanidade é aquela que ela possui em comum com todos os animais e, num certo sentido, com todas as plantas, refiro-me à faculdade de procriação. Não estou fazendo alusão às maravilhas fisiológicas, que são bastante sensacionais, mas ao fato da produção de uma nova alma humana. Tem a palavra alguma relação do tipo da relação existente entre pai e filho? Se escrevo "Que *Kax* denote um forno a gás", esta sentença é um símbolo que está criando um outro símbolo dentro de si mesma. Temos, aqui, uma certa analogia com a paternidade, na exata medida, nem mais nem menos, em que um autor fala de seus livros como sendo seus rebentos – uma expressão que não devia ser considerada como metafórica mas simplesmente como geral. Cuvier disse que a Metafísica não é senão Metáfora; uma identidade que é muito bem tipificada naquelas charadas representadas, na primeira das quais dois doutores entram no palco por dois lados opostos, apertam as mãos e terminam assim a primeira cena, e depois repetem a mesma coisa para a segunda cena e mais uma vez para a primeira palavra; e depois fazem a mesma coisa três vezes para as três cenas da segunda palavra; naturalmente, as duas palavras são metafísico e metáfora; e a identidade entre elas sugere que as personagens devem ter sido produto da invenção de alguém que pensava, com Cuvier, que Metafísica é

um outro termo para Metáfora. Se metáfora for entendida como significando literalmente uma expressão de semelhança quando o signo da predicação é utilizado em vez do signo de semelhança – como ao dizermos que este homem é uma raposa, em lugar de dizer que este homem é como uma raposa – nego totalmente que os metafísicos são dados à metáfora; pelo contrário, nenhum outro escritor pode comparar-se-lhes quanto à precisão da linguagem; mas se o próprio Cuvier estava usando uma metáfora, entendendo por metáfora uma comparação ampla com base em caracteres de um tipo formal e altamente abstrato – neste caso, realmente, a metafísica reconhece ser uma metáfora – é exatamente esse seu mérito – tal como foi o mérito do próprio Cuvier na Zoologia...

591. Já se disse o bastante, creio, com o fito de mostrar uma verdadeira analogia entre um homem e uma palavra. Ouso dizer que, para os senhores se afigura bastante paradoxal; lembro-me que foi esta a impressão que tive, de início. Mas tendo pensado repetidas vezes sobre o assunto, o fato me parece ser um simples truísmo. Um homem denota tudo aquilo que seja objeto de sua atenção num dado momento; conota tudo o que sabe ou sente a respeito desse objeto, e é a encarnação desta forma ou espécie inteligível; seu interpretante é a recordação futura desta cognição, seu ego futuro, ou outra pessoa a que ele se dirija, ou uma sentença que escreva, ou um filho que tenha. Em que consiste a identidade do homem e onde é o sítio de sua alma? Parece-me que estas perguntas normalmente recebem respostas muito estreitas. Por que costumávamos ler que a alma reside num pequeno órgão do cérebro que não é maior do que a cabeça de um alfinete? A maioria dos antropólogos dizem, agora, de um modo mais racional, que a alma ou está espalhada por todo o corpo ou está toda em tudo e toda em toda parte. Mas, estaremos encerrados numa caixa de carne e sangue? Quando comunico meu pensamento e meus sentimentos a um amigo que me inspira muita simpatia, de modo que meus sentimentos passem para ele e que eu tenha consciência daquilo que ele está sentindo, será que não estou vivendo tanto em seu cérebro quanto no meu – quase que literalmente? É verdade que minha vida animal não está ali, porém minha alma, meu sentimento, pensamento, atenção, estão. Se assim não for, um homem não será uma palavra, é verdade, mas, sim, algo bem mais pobre. Há uma noção bárbara e miseravelmente material segundo a qual um homem não pode estar em dois lugares ao mesmo tempo; como se ele fosse uma *coisa!* Uma palavra pode estar em vários lugares ao mesmo tempo, Seis Seis, porque sua essência é espiritual; e creio que o homem não é em nada inferior à palavra, sob este aspecto. Todo homem tem uma identidade que transcende em muito o mero animal – uma essência, um *significado*, por mais sutil que possa ser. Ele não pode conhecer sua própria significação essencial; de seu olho é o olhar. Mas o fato de que ele verdadeiramente tem esta identidade projetada – tal como uma palavra – é a verdadeira e exata expressão do fato da simpatia, sentimento de camaradagem – junto com todos os interesses não egoístas – e tudo aquilo que nos faz sentir que ele tem um valor absoluto. Alguém me pedirá *provas* disto. Parece-me que já dei tanto a prova quanto a confirmação deste fato. A prova toda é muito comprida, mas seus *lemmas* principais eram: 1º, "O que é o homem?" é uma pergunta indutiva em seu sentido presente; 2º A explicação indutiva é apenas a ex-

pressão geral dos fenômenos, e não constitui hipótese alguma; 3º, Seja que homem ele for, ele o é em cada momento; 4º, Em cada momento, os únicos fenômenos internos que apresenta são o sentimento, o pensamento e a atenção; 5º Sentimentos, pensamento e atenção são todos cognitivos; 6º Toda cognição é geral, não há intuição[a]; 7º, Uma representação geral é um símbolo; 8º, Todo símbolo tem uma compreensão essencial que determina sua identidade. A confirmação que propus era o fato de que o homem tem consciência de seu interpretante – seu próprio pensamento em outra mente – não digo imediatamente consciente – está feliz nele, sente que em algum grau ele está ali. De modo que acredito que nada senão uma ascendência indevida da vida animal pode impedir a aceitação desta verdade.

592. A essência de que falo não é toda a alma do homem: é apenas seu âmago, que carrega consigo toda a informação que constitui o desenvolvimento do homem, seus sentimentos totais, intenções, pensamentos. Quando eu, isto é, meus pensamentos, entro em outro homem, não levo comigo necessariamente todo meu ser, mas o que levo de fato é a semente da parte que não estou levando – e se carrego a semente de toda minha essência, carrego a de todo meu ser concreto e potencial. Posso escrever sobre papel e, deste modo, nele imprimir uma parte de meu ser; essa parte de meu ser pode envolver apenas aquilo que tenho em comum com todos os homens e, neste caso, eu deveria ter levado comigo a alma da raça, mas não minha alma individual para a palavra ali escrita. Assim, a alma de todo homem é uma determinação especial da alma genérica da família, da classe, da nação, da raça a que ele pertence...

593. O princípio de que a essência de um símbolo é formal, e não material, tem uma ou duas consequências importantes. Suponhamos que eu apague esta palavra (Seis) e escreva Seis. Não se tem aqui uma segunda palavra mas, sim, a primeira palavra novamente; elas são idênticas. Ora, pode a identidade ser interrompida ou devemos dizer que a palavra existia embora não estivesse escrita? Esta palavra seis implica em que *duas vezes três* e *cinco mais um*. Esta é uma verdade eterna; a verdade que sempre é e sempre será verdade; e que seria verdade embora não houvesse seis coisas no universo que pudessem ser contadas, dado que ainda seria verdadeiro que *cinco mais um* teriam sido *duas vezes três*. Ora, esta *verdade* É a palavra, SEIS; se por seis entendemos não este traço de giz, mas aquilo em que concordam *seis, six, sex, sechs, zes, sei*. A verdade, diz-se, nunca deixa de ter uma testemunha; e, de fato, o próprio fato – o estado de coisas – é um símbolo do fato geral através dos princípios da indução; de modo que o símbolo verdadeiro possui um interpretante na medida em que for verdadeiro. E como é idêntico a seu interpretante, sempre existe. Assim, o símbolo necessário e verdadeiro é imortal. E o homem também o deve ser, contanto que seja vivificado pela verdade. Esta é, realmente, uma imortalidade bem diferente daquela que muitos almejam, embora não entre em conflito com esta. Eu não sei se o paraíso maometano não é verdadeiro, apenas não possuo evidências de que o seja. A existência animal é, sem dúvida, um prazer, embora alguns digam que estão cansados dela; mas creio que a maioria das pessoas cultas confessam

a. Cf. (Bibliografia) G-l868-2a (5.213-263).

que essa existência não é imortal; caso contrário, considerariam imortais os rudes. A existência espiritual, tal como a que um homem tem em si, a que ele carrega consigo em suas opiniões e sentimentos, como a simpatia e o amor: é isto que serve como evidência do valor absoluto do homem – e é esta a existência que a lógica descobre ser, sem dúvida, imortal. Não é uma existência impessoal, pois a personalidade reside na unidade do *Eu penso* – que é a unidade de simbolização – a unidade de consistência – e pertence a todo símbolo. Não é uma existência desligada do mundo externo, pois o sentimento e a atenção são elementos essenciais do próprio símbolo. Entretanto, é uma existência mudada; uma existência na qual não se deseja mais as glórias da audição e da visão, pois os sons e as cores exigem um olho animal; e, do mesmo modo, todos os sentimentos serão diferentes.

594. Esta imortalidade é uma imortalidade que depende do homem ser um símbolo verdadeiro. Se em vez de *seis* houvéssemos escrito *Júpiter*, teríamos um símbolo que só tem uma existência contingente; não tem nenhuma testemunha duradoura na natureza das coisas e desaparecerá ou permanecerá apenas na recordação dos homens sem suscitar nenhuma resposta em seus corações. De fato, é verdade na medida em que significa um *ser supremo*; sua alma genérica é verdadeira e eterna, mas sua alma específica e individual não passa de uma sombra.

595. Todo homem tem seu próprio caráter peculiar. Este está presente, em tudo que ele faz. Está presente em sua consciência e não é um simples artifício mecânico, e portanto, pelos princípios expostos na última conferência, é uma cognição; mas como faz parte de todas as cognições desse homem, é uma cognição das *coisas em geral*. Portanto, é a filosofia do homem, seu modo de considerar as coisas; não apenas uma filosofia da cabeça – mas uma filosofia que pervade o homem todo. Esta idiossincrasia é a ideia do homem; e se esta ideia for verdadeira, ela viverá para sempre; se falsa, sua alma individual só terá uma existência contingente.

596. Senhoras e senhores, estou expondo esta teoria da imortalidade pela primeira vez. Foi enunciada em termos pobres, foi pensada em termos pobres; mas seus fundamentos são o rochedo da verdade. E servirá, pelo menos, para ilustrar o que poderia ser feito por mãos mais poderosas desta ciência difamada, a lógica, *nec ad melius vivendum, nec ad commodius disserendum*.

D. De "Resenhas"

1. The Works of George Berkeley[a]: A Edição de Fraser

1. INTRODUÇÃO

7. Esta nova edição das obras de Berkeley é bem superior a qualquer uma das anteriores. Contém alguns textos que não fazem parte das outras edições, e as demais são apresentadas num texto mais cuidadosamente editado. O editor fez bem seu trabalho. As introduções às várias partes contêm análises de seus conteúdos que serão do maior auxílio para o leitor. Por outro lado, as notas explicativas que desfiguram cada uma das páginas nos parecem tanto desnecessárias como inúteis.

8. As teorias metafísicas de Berkeley têm, à primeira vista, um ar de paradoxo e leviandade, que é muito inapropriado para um bispo. Ele nega a existência da matéria, nossa habilidade de divisar a distância, e a possibilidade de formar-se a mais simples das concepções gerais, enquanto admite a existência de ideias platônicas; e argumenta com uma destreza que todo leitor admitirá, mas que a poucos convence. Seus discípulos parecem acreditar que o momento atual é favorável à obtenção, para sua filosofia, de uma audiência mais paciente do que a que essa teoria tem tido até aqui. É verdade que nós, atualmente, somos céticos e não somos dados à metafísica, mas o mesmo acontecia, dizem eles, com a geração a que Berkeley se dirigia, e para a qual ele escolheu seu estilo, enquanto que se espera que o espírito de tranquilidade e investigação perfunctória

---

a. Resenha da edição de Alexander Campbell Fraser de *The Works of George Berkeley, D. D., formerly bishop of Clioyne: including many of his writings hitherto unpublished*, quatro volumes (Clarendon Press. Oxford, 1 87 1). *The North American Review* 11 3 (Outubro de 1 87 I), 449-472. Cf. a resenha de Peirce da edição de 1901, Bibliografia N-1901-10.

que é hoje quase uma moda salvará essa teoria das representações errôneas que anteriormente a assaltaram, levando a um exame justo dos argumentos que, na mente de seus seguidores, colocam a verdade dessa teoria além de toda dúvida. Mas acima de tudo supõe-se que o tratamento que Berkeley deu à questão da validade do conhecimento humano e do processo indutivo da ciência, que agora é tão estudado, é tal que atrai a atenção dos homens de ciência para o sistema idealístico. A nós, estas esperanças parecem vãs. A verdade é que as mentes de que emana o espírito da época não têm, atualmente, interesse algum pelos únicos problemas que a metafísica jamais tentou resolver. O conhecimento abstrato de Deus, da Liberdade e da Imortalidade, afora aqueles sobre outras crenças religiosas (que não podem apoiar-se em bases metafísicas) que são os únicos que as podem animar, é visto agora como desprovido de qualquer consequência prática. O mundo está começando a considerar estas criações da metafísica do mesmo modo como Aristóteles considerava as ideias platônicas: τερετίσματα γάρ ἐστι, καί εἰ ἔστω, οὐδὲν πρὸς τὸν λόγον ἐστώ. A questão sobre os fundamentos da validade da indução, é verdade, tem suscitado um certo interesse, e pode continuar a fazê-lo (embora o argumento tenha-se tornado, atualmente, demasiado difícil para a compreensão popular); mas seja qual for o interesse que tenha tido, isto se deve à esperança de que sua solução proporcionaria as bases para seguras e úteis máximas a respeito da lógica da indução – uma esperança que seria destruída tão logo se demonstrasse que essa questão é uma questão puramente metafísica. Este é o sentimento predominante entre os espíritos avançados. E sua existência é um impedimento efetivo (se não houvessem outros) à aceitação geral do sistema de Berkeley. Os poucos que agora se interessam pela metafísica não pertencem àquela ordem audaciosa de espíritos que se deliciam em sustentar uma posição tão pouco abrigada pelos preconceitos do senso comum quanto a desse bom bispo.

9. Como assunto de história, no entanto, a filosofia sempre deve ser interessante. Ela é o melhor representante do desenvolvimento mental de cada época. O mesmo acontece com relação à nossa, se considerarmos aquilo que nossa filosofia realmente é. A história da metafísica é um dos ramos principais da história, e deve ser exposta lado a lado com a história da sociedade, dos governos e das guerras, pois em suas relações com estas descobrimos a significação dos eventos para o espírito humano. A história da filosofia nas ilhas britânicas é um assunto que possui mais unidade e inteireza em si mesmo do que normalmente se admite. A influência de Descartes nunca foi tão grande na Inglaterra quanto a influência das concepções tradicionais, e podemos traçar uma continuidade entre o pensamento moderno e o medieval nesse país, coisa que não existe na história da França e mais ainda, se isto é possível, na da Alemanha.

10. Desde épocas bem remotas tem sido a principal característica intelectual da Inglaterra o fato de querer-se realizar tudo do modo mais evidente e direto, sem artifícios desnecessários. Na guerra, por exemplo, mais do que qualquer outro povo da Europa confiam na pura temeridade, e desprezam a ciência militar. As principais peculiaridades de seus sistema de leis residem no fato de que todo mal foi retificado quando se tornou

intolerável, sem qualquer medida extremada. A lei que legaliza o casamento com a irmã da mulher morta foi desde logo imposta porque proporciona um remédio para uma inconveniência concretamente sentida; mas ninguém propôs uma lei para legalizar o casamento com o irmão do marido morto. Na filosofia, esta tendência nacional surge como uma forte preferência pelas teorias mais simples, e uma resistência a toda complicação dessa teoria enquanto houver a mais remota possibilidade de que os fatos possam ser explicados de um modo mais simples. E, de conformidade com isto, os filósofos ingleses sempre desejaram extirpar da filosofia todas as concepções que não pudessem ser perfeitamente definidas e que não fossem facilmente inteligíveis, e demonstraram uma forte tendência nominalística desde a época de Eduardo I, ou mesmo antes. Berkeley é um exemplo admirável deste caráter nacional, assim como dessa estranha união entre nominalismo e platonismo que repetidamente apareceu na história, e que tem sido um obstáculo aos historiadores da filosofia.

11. A metafísica medieval está tão inteiramente esquecida, e tem uma tão íntima ligação histórica com a moderna filosofia inglesa, e tamanha influência sobre a verdade da doutrina de Berkeley que talvez nos sejam perdoadas umas poucas páginas sobre a natureza da célebre controvérsia a respeito dos universais. De início, assentemos umas poucas datas. Foi ao final do século XI que a disputa entre nominalismo e realismo, que já existia antes de um modo vago, começou a atingir proporções extraordinárias. Durante o século XII constituiu assunto do maior interesse dos lógicos, quando William de Champeaux, Abelardo, John de Salisbury, Gilbert de la Porrée, e muitos outros defenderam, a respeito, outras tantas posições diferentes. Mas não havia conexão histórica alguma entre esta controvérsia e as do escolasticismo propriamente dito, o escolasticismo de Aquino, Scotus e Ocam. Pelo fim do século XII uma grande revolução do pensamento ocorreu na Europa. Quais foram as influências por ela produzidas é coisa que exige novas pesquisas para se dizer. Sem dúvida essa revolução se deveu em parte às cruzadas. Mas um grande despertar da inteligência realmente ocorreu nessa época. É necessário, de fato, algum exame para distinguir este movimento particular de um despertar geral que começara um século antes, e que continuava a crescer desde então. Mas havia agora um impulso acelerado. O comércio estava alcançando uma nova importância, e estava inventando algumas de suas principais conveniências e salvaguardas. O Direito, que até então fora profundamente bárbaro, começava a ser uma profissão. A lei civil foi adotada na Europa, a lei canônica foi sistematizada; a lei comum tomou certa forma. A Igreja, sob Inocêncio III, estava assumindo as funções sublimes de um moderador acima dos reis. E as ordens de frades mendicantes foram estabelecidas, duas das quais contribuíram tanto para o desenvolvimento da filosofia escolástica. A arte sentiu o espírito de uma nova época, e dificilmente poderia haver maior mudança do que a passagem da arquitetura de arco redondo altamente ornamentada, do século XII, para o gótico comparativamente simples do século XIII. De fato, se alguém quiser saber como é uma exposição escolástica, e qual o tom de seu pensamento, precisa apenas contemplar uma catedral gótica. A primeira qualidade de ambas essas coisas é uma devoção religiosa, verda-

deiramente heroica. Sente-se que os homens que realizaram essas obras realmente acreditavam na religião do mesmo modo como nós não acreditamos em nada. Não podemos entender muito facilmente como Tomás de Aquino podia especular tanto sobre a natureza dos anjos, e se dez mil deles podiam dançar na ponta de uma agulha. Mas era simplesmente porque ele os considerava reais. Se são reais, por que não serão mais interessantes do que a espantosa variedade de insetos que os naturalistas estudam? Ou por que deveriam as órbitas das estrelas duplas atrair mais atenção do que as inteligências espirituais? Dir-se-á que não temos meios de saber coisa alguma sobre elas. Mas isto equivale a censurar os escolásticos por referirem as questões à autoridade da Bíblia e da Igreja. Se realmente acreditavam em sua religião, como acreditavam, o que de melhor podiam fazer? E se nessas autoridades encontravam testemunho a respeito dos anjos, como podiam evitar de admitir esse fato? Na verdade, objeções desta espécie só servem para tornar mais claro que esses tempos eram realmente os tempos da fé. E se o espírito não era inteiramente admirável, é só porque a própria fé tem suas faltas como fundamento para o caráter intelectual. Os homens daquele tempo realmente acreditavam plenamente e pensavam que, a fim de se entregarem de modo absoluto à grande tarefa de construir ou escrever, valia a pena abdicar de todas as alegrias da vida. Que se pense no espírito com o qual Duns Scotus deve ter trabalhado, ele que escreveu seus treze volumes *in folio*, num estilo tão denso quanto as mais densas partes de Aristóteles, e isto antes de contar trinta e quatro anos. Nada é mais notável em qualquer dos grandes produtos intelectuais daquela época do que a completa ausência de vaidade pessoal por parte do artista ou do filósofo. Algo com que nunca algum deles se preocupou foi com o que de valor podia ser acrescentado ao seu católico e sagrado trabalho pelo fato de ter o gosto da individualidade. Seu trabalho não pretende corporificar *suas* ideias, mas sim a verdade universal: não há aí uma só coisa, por mais diminuta que seja, para a qual não tenha uma autoridade anterior que a justifique; e seja qual for a originalidade que aflora é sempre daquele tipo congênito que tanto satura um homem que não consegue percebê-la por si só. O indivíduo sente seu próprio desvalor em comparação com sua tarefa, e não ousa introduzir sua vaidade na feitura desta. E não existe trabalho automático, repetição impensada de coisas. Cada uma das partes é elaborada em si mesma como um problema separado, não importando quão análoga possa ser, em geral, a uma outra parte. E não importa quão pequeno e oculto possa estar um detalhe, ele terá sido conscienciosamente estudado, como se fosse destinado a ser examinado pelo olho de Deus. Aliado a este caráter há uma aversão pela antítese ou pelo equilíbrio estudado de uma coisa em relação a outra, e pelo arranjo demasiado geométrico – um ódio à pose que é um traço tão moral quanto os outros. Finalmente, não há nada em que a filosofia escolástica e a arquitetura gótica se pareçam mais do que no senso cada vez maior da imensidão que impressiona a mente do estudioso na medida em que ele aprende a apreciar as dimensões reais e o custo de cada uma delas. E coisa muito infeliz que os séculos XIII, XIV e XV, sob o nome de Idemde Média, sejam confundidos uns com os outros, uma vez que são tão diferentes, sob todos os aspectos, quanto a

Renascença o é dos tempos modernos. Na história da lógica, a cisão entre os séculos XII e XIII é tão grande que um único autor do século XII é citado no século XIII. Se cabe atribuir isto a um conhecimento maior das obras de Aristóteles, a que se deve atribuir, perguntaríamos, este mesmo conhecimento mais aprofundado, uma vez que agora se sabe que o conhecimento dessas obras não foi importado dos árabes? O século XIII foi realístico, mas a questão relativa aos universais não foi tão agitada quanto tantas outras. Até por volta do fim do século, o escolasticismo era algo um tanto vago, imaturo e inconsciente de seu próprio poder. Seu maior momento de glória verificou-se na primeira metade do século XIV. Nessa época, Duns Scotus, um bretão[2] (pois se discute se ele foi escocês, irlandês ou inglês) enunciou pela primeira vez de um modo consistente, a posição realística, desenvolvendo-a bastante e aplicando-a a todas as diferentes questões que dela dependem. Sua teoria das "formalidades" foi das mais sutis jamais propostas, com exceção talvez da lógica de Hegel, e ele estava separado do nominalismo apenas por um fio de cabelo. Portanto, não é surpreendente que a posição nominalística fosse logo adotada por vários autores, especialmente pelo celebrado William de Ocam, que se pôs à testa dessa facção pela maneira cabal e magistral com que tratou a teoria e a combinou com uma então bastante recente porém agora esquecida adição à doutrina dos termos lógicos. Com Ocam, que morreu em 1 347, pode-se dizer que o escolasticismo chegou a seu ponto culminante. Depois dele, a filosofia escolástica mostrou uma tendência para separar-se do elemento religioso que era o único capaz de dignificá-la e mergulhou, primeiro, num formalismo e num modismo extremos e, depois, no merecido desprezo de todas as pessoas, assim como a arquitetura gótica teve um destino bastante semelhante, quase na mesma época e por quase as mesmas razões.

2. A FORMULAÇÃO DO REALISMO

12. As exposições atuais a respeito da controvérsia realista-nominalista são tanto falsas quanto ininteligíveis. Diz-se que derivam, em última análise, do Dicionário de Bayle; de qualquer forma, não se baseiam num estudo dos autores. "Poucos, muito poucos, nos últimos cem anos", diz Hallam e com razão, "têm rompido o descanso das imensas obras dos escolásticos". Todavia, perfeitamente possível colocar a questão de um modo tal que' ninguém deixe de compreendê-la e de compreender como pode haver duas opiniões a respeito dela. Os universais são reais? Precisamos apenas determo-nos por um momento e considerar o que se pretendia dizer com a palavra *real* para que o problema todo se torne logo transparente. Os objetos estão divididos em ficção, sonho, etc., de um lado, e realidades, de outro. Os primeiros só existem na medida em que o leitor, eu ou alguém os imagine; os últimos possuem uma existência que independe da mente do leitor ou da minha ou da de qualquer outra pessoa. O real é aquilo que não é e que eventualmente pensamos dele, mas não é afetado por aquilo que possamos

pensar dele[a]. A questão, portanto, é se *homem*, *cavalo* e outros nomes de classes naturais, correspondem a algo que todos os homens, ou todos os cavalos, têm em comum, independentemente de nosso pensamento, ou se estas classes se constituem simplesmente por uma semelhança no modo pelo qual nossas mentes são afetadas por objetos individuais que, em si mesmo, não têm semelhança ou relação, qualquer que seja. Ora, que esta é uma questão real que espíritos diferentes naturalmente responderão de modos opostos torna-se claro quando pensamos que há dois pontos de vista largamente separados um do outro a partir dos quais a *realidade*, tal como foi definida, pode ser encarada. Onde se deve encontrar o real, a coisa independente de como a pensamos? Deve haver algo assim, pois vemos que nossas opiniões são de algum modo constrangidas; portanto, há algo que influencia nossos pensamentos e que não é por eles criado. É verdade que não temos nada que nos seja imediatamente presente a não ser os pensamentos. Estes pensamentos, no entanto, foram causados por sensações, e essas sensações são compelidas por algo que está fora da mente. Esta coisa fora da mente, que influi diretamente sobre a sensação e, através da sensação, o pensamento, porque *está* fora da mente, é independente do modo como a pensamos e é, em suma, o real. Esta é uma concepção da realidade, uma concepção bastante familiar. E é a partir deste ponto de vista, está claro, que a solução nominalística à questão dos universais deve ser dada. Pois, enquanto que a partir deste ponto de vista se pode admitir como verdadeiro o enunciado segundo o qual um homem é como um outro, sendo o sentido exato disto o fato de que as realidades externas à mente produzem sensações que podem ser incluídas sob uma concepção, de modo algum se pode admitir, todavia, que os dois homens reais realmente tenham algo em comum, pois dizer que ambos são homens é dizer apenas que um termo mental ou signo-pensamento "homem" representa indiferentemente um ou outro dos objetos sensíveis causados pelas duas realidades externas; de modo que nem mesmo as duas sensações têm, em si mesmas, algo em comum, e muito menos se deve inferir que as duas realidades externas o tenham. Esta concepção da realidade é tão familiar que não é necessário que eu me demore sobre ela; mas a outra, ou a concepção realista, ainda que menos familiar, é ainda mais natural e óbvia. Todo pensamento e opinião humanos contêm um elemento arbitrário, acidental, que depende das limitações das circunstâncias, poder e inclinação do indivíduo; um elemento de erro, em suma. Mas a opinião humana tende universalmente, a longo prazo, para uma forma definida, que é a verdade. Que um ser humano qualquer tenha suficiente informação e pense o suficiente sobre uma questão qualquer, e o resultado será que ele chegará a uma certa conclusão definida, que é a mesma a que chegará qualquer outra mente nas mesmas circunstâncias suficientemente favoráveis. Consideremos dois homens, um surdo e o outro cego. Um ouve um homem dizer que quer matar o outro, ouve o estampido da arma e ouve o grito da vítima; o outro vê o crime ser praticado. As sensações deles são afetadas, no mais alto grau, por suas peculiaridades individuais. A primeira informação que suas sensações lhes

2. Morto em 1.108.
a. Cf. 5..111.

darão, suas primeiras inferências, serão bastante semelhantes, porém mesmo assim diferentes; um deles tem, por exemplo, a ideia de um homem que grita, e o outro a ideia de um homem com um aspecto ameaçador; mas suas conclusões finais, o pensamento mais afastado possível dos sentidos, serão idênticas e estarão livres da unilateralidade de suas idiossincrasias. Existe portanto, para toda questão, uma resposta verdadeira, uma conclusão final, para a qual a opinião de todo homem constantemente tende. Por algum tempo ele poderá perdê-la de vista, mas dê-lhe mais experiência e tempo de estudo e ele há finalmente de atingi-la. O indivíduo pode não viver o bastante para chegar à verdade; existe um resíduo de erro na opinião de todo indivíduo. Não importa; mesmo assim permanece o fato de que há uma opinião definida para a qual tende a mente do homem, no conjunto e a longo prazo. A respeito de muitas questões já se chegou ao acordo final; a respeito de todas as outras se chegará a esse acordo se for dado tempo suficiente. A vontade arbitrária ou outras peculiaridades individuais de um número bastante amplo de mentes poderão adiar indefinidamente o acordo geral sobre essa opinião; mas não afetará o caráter dessa opinião quando ela for atingida. Portanto, esta opinião final é independente não, de fato, do pensamento em geral, mas de tudo o que seja arbitrário e individual no pensamento; é totalmente independente daquilo que o leitor, ou eu ou qualquer número de pessoas possa pensar[a]. Portanto, tudo o que se pensar existir na opinião final é real, e nada além disso. Qual é o PODER que tem as coisas externas de afetar os sentidos? Dizer que depois de tomar ópio as pessoas dormem porque o ópio tem um *poder* soporífero, equivale a dizer alguma outra coisa exceto que as pessoas dormem depois de tomar ópio porque dormem depois de tomar ópio? Afirmar a existência de um poder ou de uma potência é afirmar a existência de algo concreto? Ou dizer que uma coisa tem uma existência potencial é dizer que ela tem uma existência concreta? Em outras palavras, não é a existência presente de um poder outra coisa que não uma regularidade em eventos futuros relacionados com uma certa coisa encarada como um elemento que deve ser considerado de antemão, na concepção daquela coisa? Se não, afirmar que há coisas externas que só podem ser conhecidas na medida em que exercem um poder sobre nossos sentidos não é diferente de afirmar que há um *impulso* geral na história do pensamento humano que o conduz a um acordo geral, um consenso católico. E toda verdade mais perfeita do que esta conclusão destinada, qualquer realidade mais absoluta do que aquilo que é pensado nela, é uma ficção da metafísica. É óbvio como este modo de pensar se harmoniza com uma crença numa Igreja infalível, e quão mais natural ele seria na Idemde Média do que nas épocas protestantes ou positivistas.

13. Esta teoria da realidade é instantaneamente fatal à ideia de uma coisa em si mesma – uma coisa que exista independentemente de toda relação com a concepção que dela tem a mente. Todavia, ela de modo algum nos impede, pelo contrário nos encoraja, de considerar as aparências dos sentidos apenas como signos das realidades. Só que as realidades que representam não seriam a causa incognoscível da sensação, mas sim *números*, ou concepções inteligíveis que são os produtos últimos da ação mental que

a. Cf. 5.311.

é posta em movimento pela sensação. A matéria da sensação é ao todo acidental; exatamente a mesma informação, praticamente, sendo capaz de comunicação através dos diferentes sentidos. E o consenso católico que constitui a verdade não deve, de modo algum, ser limitado ao homem nesta vida terrena ou à raça humana, mas estende-se a toda a comunhão de mentes a que pertencemos, incluindo algumas, provavelmente, cujos sentidos são bem diferentes dos nossos, de forma que desse consenso não pode participar nenhuma predicação de uma qualidade sensível, exceto como uma admissão de que assim certos tipos de sentidos são afetados. Esta teoria também é altamente favorável a uma crença em realidades externas. Ela negará, é certo, que haja uma realidade que seja absolutamente incognoscível em si mesma, de tal modo que não possa participar da mente. Mas observando que "o exterior" significa apenas aquilo que é independente de todo fenômeno imediatamente presente, isto é, de como possamos pensar ou sentir, assim como "o real" significa aquilo que é independente de como possamos pensar ou sentir *a respeito disso*, deve-se admitir que há muitos objetos da ciência verdadeira que são exteriores, porque há muitos objetos do pensamento que, embora sejam independentes daquele raciocínio pelo qual são pensados (isto é, embora reais), são inquestionavelmente independentes de todos os *outros* pensamentos e sentimentos.

14. É claro que esta concepção da realidade é inevitavelmente realística, porque concepções gerais entram em todos os juízos e, portanto, em todas as opiniões verdadeiras. Por conseguinte, uma coisa no geral é tão real quanto no concreto. E absolutamente verdadeiro que todas as coisas brancas têm em si a brancura, pois isto equivale a dizer apenas, em outras palavras, que todas as coisas brancas são brancas; porém, dado que é verdadeiro que coisas reais possuem a brancura, a brancura é real. É um real que só existe em virtude de um ato do pensamento que o conhece, mas esse pensamento não é um pensamento arbitrário ou acidental dependente de uma idiossincrasia qualquer, mas um pensamento que se manterá válido na opinião final.

15. Esta teoria envolve um fenomenalismo. Mas trata-se do fenomenalismo de Kant, e não o de Hume. Realmente, aquilo que Kant chamou de seu passo copernicano foi exatamente a passagem da concepção nominalista para a realística da realidade. Estava na essência de sua filosofia considerar o objeto real enquanto determinado pela mente. Isto não era mais que considerar toda concepção e intuição que necessariamente entra na experiência de um objeto, e que não é transitória e acidental, como validade objetiva. Em suma, significava encarar a realidade como o produto normal da ação mental, e não como sua causa incognoscível.

16. Esta teoria realística é, assim, uma posição altamente prática e do senso comum. Seja qual for o acordo universal que prevaleça, não será o realista que irá perturbar a crença geral por meio de dúvidas inúteis e fictícias. Pois, segundo ele, é um consenso ou confissão comum que constitui a realidade. O que ele pretende, portanto, é que as questões sejam dadas por liquidadas. E se uma crença geral, que é absolutamente estável e inamovível, pode de alguma forma ser produzida, embora custe bastante, falar de erro numa tal crença é algo profundamente absurdo. O realista sustentará que os mesmos objetos que estão imediatamente presentes em

nossas mentes na experiência, realmente existem tal como são experimentados fora da mente; isto é, sustentará uma doutrina da percepção imediata. Portanto, não separará a existência fora da mente e o ser na mente como sendo dois modos totalmente desproporcionais. Quando uma coisa está numa relação tal com a mente individual que a mente a conhece, ela está na mente; e o fato de ela estar assim na mente em nada diminui sua existência externa. Pois o realista não pensa na mente como um receptáculo, no qual se a coisa está dentro, deixa de estar fora. Operar uma distinção entre a verdadeira concepção de uma coisa e a própria coisa é, ele dirá, considerar apenas uma e mesma coisa sob dois pontos de vista diferentes; pois o objeto imediato de pensamento num juízo verdadeiro *é* a realidade. O realista acreditará, portanto, na objetividade de todas as concepções necessárias: espaço, tempo, relação, causa, e semelhantes.

17. Nenhum realista ou nominalista jamais expressou, talvez, em termos tão definidos, como aqui se fez, sua concepção de realidade. É difícil dar uma noção clara de uma opinião de uma época passada sem exagerar o que ela tem de distintivo. Mas um exame cuidadoso das obras dos escolásticos mostrará que a distinção entre esses dois pontos de vista do real – um como a fonte da corrente do pensamento humano, o outro como a forma imóvel em direção à qual flui o pensamento – é exatamente aquilo que ocasiona o desacordo dessas duas correntes quanto à questão dos universais. Descobre-se que a essência de todos os argumentos dos nominalistas relaciona-se com uma *res extra animam*, enquanto que os realistas defendem sua posição apenas pressupondo que o objeto imediato do pensamento, num juízo verdadeiro, é real. A noção de que a controvérsia entre realismo e nominalismo nada tinha a ver com as ideias platônicas é mero produto da imaginação, que o mais superficial exame dos livros bastaria para destruir. Mas a fim de provar que a enunciação que aqui foi feita da essência destas posições é historicamente verdadeira, e não apenas uma concepção ilusória, será melhor acrescentar uma breve análise das opiniões de Scotus e Ocam.

3. SCOTUS, OCAM E HOBBES

18. Scotus vê várias questões confundidas sob o usual *utrum universale est aliquid in rebus*. Em primeiro lugar, há a questão referente às formas platônicas. Mas deixando de lado o platonismo como, no mínimo, não passível de prova, e como uma opinião autocontraditória se se supor que os arquétipos são estritamente universais, há a famosa disputa entre os aristotélicos sobre se o universal está realmente nas coisas ou se apenas deriva sua existência da mente. Universalidade é uma relação de um predicado com os sujeitos de que é predicado. Isso pode existir apenas na mente, que é o único lugar onde acontece o acoplamento entre sujeito e predicado. Mas a palavra *universal* também é usada para denotar aquilo que é denominado com tais termos como *um homem* ou *um cavalo*: estes são chamados universais, porque um homem não é necessariamente este homem, nem um cavalo este cavalo. Neste sentido, é evidente que os universais são reais: realmente existe um homem e realmente existe um cavalo. Toda a dificuldade está no universal concretamente indeterminado,

aquele que apenas não é necessariamente *este* mas que, sendo um objeto singular do pensamento, é predicável de muitas coisas. Com relação a isto cabe-se perguntar, inicialmente, se é necessário para sua existência que ele esteja na mente; e, em segundo lugar: existe ele *in re*? Há dois modos pelos quais uma coisa pode estar na mente – *habitualiter* e *actualiter*. Uma noção está na mente *actualiter* quando é concretamente concebida; está na mente *habitualiter* quando pode produzir diretamente uma concepção. E através da associação mental (nós, modernos, deveríamos dizer) que as coisas estão na mente *habitualiter*. Na filosofia aristotélica, o intelecto é considerado como sendo para a alma aquilo que o olho é para o corpo. A mente *percebe* as semelhanças e outras relações nos objetos dos sentidos, e assim como os sentidos possibilitam imagens sensíveis das coisas, da mesma forma o intelecto permite imagens inteligíveis delas. É assim, como uma *species intelligibilis*, que Scotus supõe que uma concepção exista na mente *habitualiter*, não *actualiter*. Esta *species* está na mente, no sentido de ser o objeto imediato do conhecimento, mas sua existência na mente depende da *consciência*. Ora, Scotus nega que a cognição *concreta* do universal é necessária para sua existência. O sujeito da ciência é universal; e se a existência do universal dependesse daquilo que eventualmente estivéssemos pensando, a ciência não se relacionaria com nada real. Por outro lado, ele admite que o universal deve estar na mente *habitualiter*, de modo que se uma coisa for considerada como independente de ser ela conhecida, não há, nela, universalidade alguma. Pois *in re extra* não existe objeto ininteligível algum atribuído a coisas diferentes. Ele sustenta, portanto, que naturezas (*i.e.*, espécies de coisas) tais como um *homem* e um *cavalo*, que são reais, e que não são necessariamente, elas mesmas, *este* homem e *este* cavalo, embora não possam existir *in re* sem serem algum homem ou cavalo particular, são sempre, nas *species intelligibilis*, representadas de modo positivamente indeterminado, sendo da natureza da mente assim representar as coisas. Por conseguinte, toda natureza deve ser considerada como algo que em si mesma não é nem universal, nem singular, mas é universal na mente e singular nas coisas fora da mente. Se nada houvesse nos diferentes homens ou cavalos que não fosse singular em si mesmo, não haveria uma unidade real além da unidade numérica dos singulares; o que implicaria em consequências absurdas como a de que a única diferença real seria uma diferença numérica, e a de que não haveria semelhança real alguma entre as coisas. Portanto, se se perguntar se o universal está nas coisas, a resposta é que a natureza que na mente é universal, e que não e em si mesma singular, existe nas coisas. E a mesma natureza que na mente é universal e *in re* é singular; pois se não o fosse, ao conhecermos algo de um universal nada estaríamos conhecendo das coisas, mas apenas de nossos próprios pensamentos, e nossa opinião não se converteria de verdadeira em falsa através de uma mudança das coisas. Esta natureza é concretamente indeterminada apenas na medida em que estiver na mente. Mas dizer que um objeto está na mente é apenas uma maneira metafórica de dizer que ele permanece, com o intelecto, numa relação de conhecido para conhecedor. Portanto, a verdade é que aquela natureza real que existe *in re*, à parte de toda ação do intelecto, embora seja em si mesma, à parte de suas relações, singular, é concretamente universal na medida em que existe para a mente. Mas este universal só difere do singular no modo de ser concebido (*formaliter*), porém não no modo de sua existência (*realiter*).

19. Embora este seja um esboço dos mais ligeiros possíveis do realismo de Scotus, e embora deixe de lado um certo número de pontos importantes, é suficiente para mostrar a forma geral de seu pensamento e quão sutil e difícil é sua doutrina. O ponto a respeito de uma mesma natureza pertencer ao grau da singularidade na existência, e ao grau da universalidade na mente, deu origem a extensa doutrina acerca dos vários tipos de identidade e diferença, denominada doutrina dos *formalitates*; e é este o ponto contra o qual Ocam dirigiu seus ataques.

20. Pode-se dizer que o nominalismo de Ocam constitui o período seguinte na formação da opinião inglesa. Assim como o espírito de Scotus discorre sempre sobre formas, o de Ocam o faz sobre termos lógicos; e todas as distinções sutis que Scotus opera através de seus *formalitates*, Ocam explica através de sincategoremáticos implícitos (ou expressões adverbiais como *per se*, etc.) nos termos. Ocam sempre pensa numa concepção mental como um termo lógico que, em vez de existir no papel, ou na voz, está na mente, mas é da mesma natureza geral, ou seja, é um *signo*. A concepção e a palavra diferem sob dois aspectos; primeiro, uma palavra é arbitrariamente imposta, enquanto que uma concepção é um signo natural; segundo, uma palavra significa aquilo que significa apenas indiretamente, através da concepção que significa a mesma coisa diretamente. Ocam enuncia seu nominalismo do seguinte modo; "Dever-se-ia saber que *singular* pode ser tomado em dois sentidos. Num sentido, significa aquilo que é um e não muitos; e neste sentido aqueles que sustentam que o universal é uma qualidade da mente predicável de muitos, permanecendo entretanto nesta predicação não para si mesmo, mas para aqueles muitos (*i.e.*, os nominalistas), devem dizer que todo universal é verdadeiramente e realmente singular; uma vez que, como toda palavra, por mais geral que possamos concordar em considerá-la, é verdadeira e realmente singular e uma em número, porque é uma e não muitas, da mesma forma todo universal é singular. Em outro sentido, o nome *singular* é usado para denotar tudo aquilo que é um e não muitos, é um signo de algo que é singular no primeiro sentido, e que não é adequado para ser signo de muitos. Por conseguinte, usando a palavra *universal* para aquilo que não é um em número – acepção que muitos lhe atribuem – digo que não existe o universal; a menos que, por acaso, se abuse da palavra e se diga que *povo* não é um em número e é universal. Mas isso seria infantil. Deve-se sustentar, portanto, que todo universal é uma coisa singular e, portanto, não há universal a não ser através da significação, isto é, através do fato de ser ele signo de muitos"[a]. Os argumentos com os quais ele defende sua posição não apresentam nenhum interesse.[1] Contra a doutrina de Scotus, segundo a qual os universais es-

---

a. Ver William Ocam. *Summa Logicae, Pars Prima*. Philoteus Boehen Boehner. edi. St. Bonaventure. New York. k 1951, p. 44: cf. Ernest A. Moody, *The Logic of William of Och Ockham*. Sheed and Ward Inc., New York. 1935, notas das páginas 81-82, em relação a uma versão um tanto diferente desta passagem.

tão fora da mente nos individuais mas não são realmente distintos dos individuais, sendo-o apenas formalmente, Ocam objeta que é impossível que haja alguma distinção existente fora da mente a não ser entre as coisas realmente distintas. Todavia, ele não cogita de negar que um individual consiste em forma e matéria, pois estas, embora inseparáveis, são realmente coisas distintas; embora um nominalista moderno pudesse perguntar em que sentido se pode dizer que as coisas são distintas independentemente de qualquer ação da mente, em que sentido se pode dizer que são tão inseparáveis como a forma e a matéria. Contudo, quanto à *relação*, ele nega, da maneira mais enfática e clara, que ela exista enquanto algo diferente das coisas relacionadas; e ele expressamente amplia esta negativa para as relações de concordância e semelhança, bem como para as de oposição. Enquanto, portanto, admite a existência real das qualidades, nega que estas qualidades reais sejam aspectos nos quais as coisas concordam ou diferem; mas coisas que concordam ou diferem, concordam ou diferem em si mesmas e, de modo algum, *extra animam*. Ele admite que coisas fora da mente sejam similares, mas esta similaridade consiste simplesmente no fato de que a mente pode abstrair delas uma noção da contemplação. Portanto, uma semelhança consiste apenas na propriedade da mente pela qual ela naturalmente impõe um signo mental sobre as coisas que se assemelham. Todavia, admite que há algo nas coisas a que este signo mental corresponde.

21. Este é o nominalismo de Ocam tanto quanto pode ser esboçado num único parágrafo, e sem se entrar nas complexidades da psicologia aristotélica e da *parva logicalia*. Ele não é tão profundo quanto poderia ser; todavia, comparado com Durandus e outros nominalistas contemporâneos, dá a impressão de ser bastante radical e profundo. Ele é realmente o *venerabilis inceptor* de um novo modo de filosofar que atualmente se ampliou, e talvez também se tenha aprofundado, no empiricismo inglês.

22. A Inglaterra nunca esqueceu estas lições. Durante o período renascentista, em que os homens acreditavam que o conhecimento humano devia desenvolver-se através da utilização dos lugares-comuns de Cícero, naturalmente não vemos muitos efeitos dessas lições sobre os ingleses; mas uma das primeiras figuras importantes da filosofia moderna é um homem que pôs o espírito nominalista em tudo – religião, ética, psicologia e física, o *plusquam nominalis*, Thomas Hobbes de Malmesbury. Sua lâmina afiada atravessa não apenas formas meramente substanciais como também substâncias incorpóreas. Quanto aos universais, ele não apenas nega sua existência real como também o próprio fato de que haja concepções universais a não ser na medida em que concebemos nomes. Em toda parte em sua lógica, os nomes e o discurso representam um papel importante. A verdade e a falsidade, diz ele, não têm lugar entre criaturas que usam o discurso, pois uma pro posição verdadeira é simplesmente uma proposição cujo predicado é o nome de tudo aquilo de que o sujeito é o nome. "A partir daí se pode deduzir, também, que as verdades primeiras foram arbitrariamente elaboradas por aqueles que, antes dos de-

---

1. O *entia non sunt multiplicanda praeter necessitatem* é o argumento de Durand de St. Pourcain. Mas pode-se supor, com toda tranquilidade, que toda informação popular sobre o escolaticísmo é errônea.

mais, impuseram nomes às coisas, ou os receberam a partir da imposição de outros. Pois é verdade (por exemplo) que o *homem é uma criatura viva*, mas é por esta *razão* que agradou aos homens impor ambos aqueles nomes à mesma coisa"[a]. A diferença entre religião verdadeira e superstição é, simplesmente, que o estado reconhece a primeira e não a última.

23. O amor nominalista pelas teorias simples também se vê em sua opinião de que todo evento é um movimento, e de que as qualidades sensíveis só existem nos seres sensíveis, e em sua doutrina de que o homem é, no fundo, puramente um egoísta em suas ações.

24. Vale a pena atentar para suas concepções sobre a matéria, porque Berkeley, como se sabe, foi um estudioso de Hobbes, tal como o próprio Hobbes admitiu ser um estudioso de Ocam. O parágrafo seguinte expressa sua opinião a respeito:

"Quanto à matéria que é comum a todas as coisas, e que os filósofos, seguindo Aristóteles, habitualmente chamam de *matéria prima*, isto é, *primeira matéria*, ela não constitui um corpo distinto dos outros corpos, nem é um deles. Que é, então? Um simples nome; no entanto, um nome que não é inútil, pois significa uma concepção de corpo sem uma consideração de uma forma qualquer ou outro acidente a não ser a magnitude ou extensão, e a aptidão para receber forma e outro acidente. Assim, se em todas as vezes em que usarmos o nome *corpo em geral*, faremos bem se usarmos o de *matéria prima*. Pois quando um homem, não sabendo o que veio primeiro, se a água ou o gelo, descobrisse qual dos dois é a matéria de ambos, ele se veria obrigado a supor alguma terceira matéria que não fosse nenhuma das duas; assim, aquele que descobrisse qual é a matéria de todas as coisas deveria supor que esta não é a matéria de tudo aquilo que existe. Motivo pelo qual, a *matéria prima* não é nada; e portanto, a ela não se atribui nem a forma nem outro acidente, além da quantidade; enquanto que todas as coisas singulares têm suas formas e certos acidentes.

"*Matéria prima*, portanto, é corpo em geral, isto é, corpo considerado universalmente, não como tendo nem forma ou outro acidente qualquer, mas no qual forma alguma ou qualquer outro acidente além da quantidade são considerados, isto é, não são introduzidos na argumentação". - p. 118[b].

25. O próximo grande nome na filosofia inglesa é o de Locke. Sua filosofia é nominalística, mas de modo algum considera as coisas sob um ponto de vista lógico. Entretanto, o nominalismo aparece na psicologia sob a forma de sensorialismo, pois o nominalismo surge a partir daquela concepção da realidade que encara tudo que está no pensamento como causado por algo nos sentidos, e tudo que está nos sentidos como causado por algo fora da mente. Mas todos sabem que é esta a característica da filosofia de Locke. Ele acreditava que toda ideia surge da sensação e de sua (vagamente explicada) reflexão.

---

a. *The English Works of Thomas Hobbes of Malmesbnrv.* Sir William Molesworth, ed. v. 1. Londres. 1839, p. 36.

b. *The English Works of Thomas Hobbes of Malmesbnrv.* Sir William Molesworth, ed.. v. 1. Londres. 1839, p. 118-119.

4. A FILOSOFIA DE BERKELEY

26. Berkeley é, indubitavelmente, mais produto de Locke que de qualquer outro filósofo. Contudo, a influência de Hobbes, nele, é muito evidente e grande; e Malebranche sem dúvida contribuiu para seu pensamento. Porém ele era, por natureza, um radical e um nominalista. Sua filosofia inteira se baseia em um extremo nominalismo de tipo sensorialista. Ele parte da proposição (supostamente já provada por Locke) de que todas as ideias em nossa mente são simplesmente reproduções de sensações, externas e internas. Sustenta, além do mais, que as sensações podem apenas ser, assim, reproduzidas em combinações tais como poderiam ter sido dadas na percepção imediata. Podemos conceber um homem sem cabeça, porque não existe nada na natureza dos sentidos que impeça que vejamos uma coisa assim; mas não podemos conceber um som sem altura, porque as duas coisas estão necessariamente unidas na percepção. Partindo desse princípio, nega que possamos ter quaisquer ideias gerais abstratas, isto é, que os universais possam existir na mente; se eu pensar em um homem, deve ser ou em um homem baixo ou em um homem alto ou em um de altura mediana, porque se eu vir um homem, ele deve ser um ou outro desses. No primeiro esboço da Introdução aos Princípios do Conhecimento Humano, que é agora publicado pela primeira vez, ele chega mesmo ao ponto de censurar Ocam por este admitir que podemos ter termos gerais em nossa mente sendo a opinião de Ocam que temos em nossa mente concepções, que em si mesmas são singulares, mas que são *signos* de muitas coisas[1]. Mas Berkeley provavelmente conhecia Ocam apenas por ouvir falar e talvez pensasse que ele ocupava uma posição como a de Locke. Locke tinha uma opinião muito singular quanto ao assunto das concepções gerais. Diz ele:

"Se refletirmos bem sobre elas, descobriremos que ideias gerais são ficções, e invenções da mente, que apresentam dificuldades e que não se oferecem tão facilmente quanto tendemos a imaginar. Por exemplo, não é necessário algum trabalho e habilidade para formar-se a ideia geral de um triângulo (que não é das mais abstratas, abrangentes e difíceis), uma vez que ele não deve ser nem oblíquo nem retângulo, nem equilátero, isósceles ou escaleno, mas tudo isso e nada disso ao mesmo tempo? Com efeito, é algo imperfeito que não pode existir, uma ideia em que algumas partes de várias ideias diferentes e inconsistentes são reunidas[a]."

27. A isso responde Berkeley:

---

[1]. A única diferença entre Ocam e Hobbes é que aquele admite que os signos universais na mente são naturais, enquanto que este pensa que eles se seguem apenas à linguagem instituída. A consequência dessa diferença é que, enquanto Ocam considera toda verdade como dependente de a mente impor naturalmente o mesmo signo duas coisas, Hobbes reputa as primeiras verdades como tendo sido estabelecidas por convenção. Mas ambos sem dúvida admitiriam que existe algo *in re* a que tais verdades correspondiam. Mas o sentido da implicação de Berkeley seria que não existem absolutamente signos-pensamento universais. De onde se segue que não existe verdade alguma e juízo algum, mas apenas proposições faladas ou escritas.

[a]. Ver *An Essay Concerning Human Understanding*, de John Locke, editado por Alexandre Campbell Fraser, vol. II, Clarendon Près, Oxford, 1894, p. 247. §.9.

"Muito se diz, aqui, sobre a dificuldade que as ideias abstratas traziam consigo, e o trabalho e habilidade necessários para formá-las. E por toda parte concorda-se em que não é necessário grande esforço e trabalho da mente para emancipar nossos pensamentos dos objetos particulares, e elevá-los àquelas especulações sublimes que estão relacionadas às ideias abstratas. Parecendo ser a consequência natural de tudo isso que uma coisa tão difícil como a formação de ideias abstratas não seria necessária à comunicação, que é tão fácil e familiar a toda espécie de homens. Dizem-nos, porém, que, se elas parecem óbvias e fáceis para os homens crescidos, é apenas porque se tornam assim através do uso constante e familiar. Ora, gostaria de saber qual é o momento em que os homens se empenham na superação dessa dificuldade (e em que fornecem a si mesmos esses auxílios necessários para o discurso). Não pode ser quando são adultos, pois então parece que eles não têm consciência de tais labores; resta, *portanto, ser tarefa de sua infância*. E certamente o grande e múltiplo trabalho de estruturar noções abstratas será considerado como tarefa difícil nessa tenra idade. Não é difícil imaginar que um casal de crianças não possa tagarelar sobre seus doces e chocalhos, e o resto de seus pequenos adornos, até que tenham primeiro juntado inúmeras inconsistências, e assim tenham formado em suas mentes ideias gerais abstratas, e as tenham anexado a cada substantivo comum de que fazem uso?"[a]

28. Em seu caderno de notas particular, Berkeley registra o seguinte;
"*Lemb*. Dar o golpe de misericórdia no último, *e.g.*, na questão da abstração na produção do triângulo geral de Locke"[b].

Por certo havia uma oportunidade para um esplêndido golpe aqui, e ele o deu.

29. A partir desse nominalismo Berkeley deduz sua doutrina idealista. E ele deixa além de toda dúvida que, se esse princípio for admitido, a existência da matéria deve ser negada. Nada que podemos conhecer ou mesmo pensar pode existir fora da mente, pois podemos apenas pensar reproduções de sensações, e o esse destas é *percipi*. Em outras palavras, não podemos pensar em uma coisa como existente sem ser percebida, pois não podemos separar no pensamento o que não pode ser separado na percepção. É verdade, posso pensar em uma árvore em um parque sem alguém ao lado para vê-la; mas não posso pensar nela sem alguém que a imagine; pois tenho consciência de que a estou imaginando todo o tempo. Silogisticamente; árvores, montanhas, rios, e todas as coisas sensíveis são percebidas; e tudo o que é percebido é uma sensação; ora, é impossível, para uma sensação, existir sem ser percebida; portanto, é impossível, para qualquer coisa, existir fora da percepção. Nem pode haver nada fora da mente que *se assemelhe* a um objeto sensível, pois a concepção de semelhança não pode ser separada da semelhança entre ideias, porque essa é a única semelhança que pode ser dada na percepção. Uma ideia não pode ser nada exceto uma ideia, e é absurdo dizer que qualquer coisa inaudível

---

a. No trabalho que está sendo apreciado, este trecho da introdução a "A Treatise Concerning the Principles of Human Knowledge" é encontrado no vol. I. p. 146.

b. No trabalho em apreciação, este trecho está em "Commonplace Book of Occasional Metaphysical Thoughts", vol. IV. p. 44X.

pode assemelhar-se a um som, ou que qualquer coisa invisível pode assemelhar-se a uma cor. Mas o que existe fora da mente não pode nem ser ouvido nem visto; pois percebemos apenas sensações dentro da mente. Diz-se que a *Matéria* existe fora da mente. No entanto, o que se entende por matéria? Reconhece-se que ela é conhecida apenas como *suportando* os acidentes dos corpos; e a palavra "suportando", nesse contexto, é uma palavra sem sentido. Nem existe qualquer necessidade para a hipótese de corpos externos. O que observamos é que temos ideias. Se houvesse qualquer utilidade em supor coisas externas, seria para dar conta desse fato. Mas afirme-se que os corpos existem, e ninguém pode dizer como eles podem de alguma maneira afetar a mente; assim é que, em vez de remover uma dificuldade, essa hipótese apenas forma uma nova.

30. Mas, embora Berkeley pense que não conhecemos nada que esteja fora da mente, ele de forma alguma sustenta que toda nossa experiência tem um caráter meramente fantasmagórico. Ela não é toda um sonho, pois existem duas coisas que distinguem a experiência da imaginação: uma é a vividez superior da experiência; a outra, e a mais importante, é seu caráter conexo. Suas partes estão reunidas na mais íntima e intrincada conjunção, em consequência do que podemos inferir o futuro do passado. "São essas duas coisas", diz Berkeley, efetivamente, "que constituem a realidade. Não nego, portanto, a realidade da experiência comum, embora negue sua exterioridade". Aqui parece que temos uma terceira nova concepção da realidade, diferente de qualquer daquelas que insistimos serem características do nominalista e realista, respectivamente, ou, se isso for para ser identificado com qualquer daquelas, é com a concepção realista. Não é isso algo bem inesperado, vindo de um nominalista tão extremo? Para nós, ao menos, parece que essa concepção é de fato necessária para dar um ar de bom senso à teoria de Berkeley, mas que ela é de uma compleição totalmente diferente do resto. Parece ser algo trazido de fora para a sua filosofia. Examinaremos esse ponto novamente mais adiante. Ele prossegue dizendo que as ideias são de todo inertes e passivas. Uma ideia não produz outra e não existe nela qualquer poder ou capacidade de agir. Daí, como é preciso que exista alguma causa da sucessão de ideias, esta deve ser o *Espírito*. Não existe ideia de um espírito. Mas eu tenho consciência das operações de meu espírito, aquilo que ele chama de uma *noção* de minha atividade ao evocar ideias a meu bel-prazer e, assim, tenho um conhecimento relativo de mim mesmo como um ser ativo. Mas existe uma sucessão de ideias que não dependem de minha vontade, as ideias de percepção. Coisas reais não dependem de meu pensamento, mas têm uma existência distinta do serem percebidas por mim; contudo, o *esse* de tudo é *percipi*; portanto, *deve haver alguma outra mente onde elas existem*. "Com tanta certeza, portanto, quanto o mundo sensível realmente existe, assim também existe um Espírito onipotente infinito que o contém e sustenta"[a]. Isso coloca a pedra-de-toque no arco do idealismo berkeleyano, e fornece uma teoria da relação da

---

a. No trabalho apreciado, esse trecho de "The Second Dialogue between Hylas and Philonous" está no vol. I, p. 304. Ali, o trecho é o seguinte: "Com tanta certeza, portanto, quanto o mundo sensível realmente existe, assim existe um Espírito onipresente infinito, que o contém e sustenta".

mente à natureza externa que, comparada com a Divina Assistência cartesiana, é muito satisfatória. Tem sido bem observado que, se se admitir o dualismo cartesiano, nenhuma *assistência* divina pode permitir que as coisas afetem a mente ou que a mente afete as coisas e, sim, que o poder divino deve fazer o trabalho todo. A filosofia de Berkeley, como muitas outras, originou-se parcialmente de uma tentativa de fugir às inconveniências do dualismo cartesiano. Deus, que criou nossos espíritos, tem o poder de neles, imediatamente despertar ideias e, com sua sabedoria e benevolência, ele o faz com tanta regularidade que essas ideias podem servir como signos umas das outras. Daí, as leis da natureza. Berkeley não explica como nossas vontades agem sobre nossos corpos, mas ele iria talvez dizer que, até um certo ponto limitado, podemos produzir ideias na mente de Deus, como ele pode nas nossas. Porém, sendo uma coisa material apenas uma ideia, ela existe apenas enquanto está em uma mente. Se toda mente deixasse de pensá-la por algum tempo, durante esse intervalo ela cessaria de existir. Sua existência permanente é mantida por ela ser uma ideia na mente de Deus. Aqui vemos de que maneira tão superficial a teoria da realidade que acabamos de mencionar é colocada sobre o corpo de seu pensamento. Se a realidade de uma coisa consiste em sua harmonia com o corpo de realidades, é uma extravagância bem desnecessária dizer que ela cessa de existir no momento em que não é mais pensada. Pois a coerência de uma ideia com a experiência em geral não depende, de forma alguma, de estar realmente presente na mente o tempo todo. Está claro, porém, que quando Berkeley diz que a realidade consiste na conexão da experiência, está simplesmente usando a palavra *realidade* em um sentido particular seu. Jamais chegou a conceber que *a independência de um objeto em relação a nosso pensamento a seu respeito* fosse constituída por sua conexão com a experiência em geral. Pelo contrário, isso, de acordo com ele, é efetuado por estar na mente de Deus. No sentido usual da palavra *realidade*, portanto, a doutrina de Berkeley é que a realidade das coisas sensíveis reside apenas em seus arquétipos na mente divina. Isso é platônico, mas não é realista. Pelo contrário, uma vez que coloca a realidade inteiramente fora da mente na causa de sensações e uma vez que nega realidade (no verdadeiro sentido da palavra) às coisas sensíveis na medida em que são sensíveis, isso é nitidamente nominalista. Historicamente, têm havido exemplos proeminentes de uma aliança entre nominalismo e platonismo. Abelardo e John de Salisbury, os dois únicos defensores do nominalismo da época da grande controvérsia cujas obras chegaram até nós, são ambos platônicos; e Roscellin, famoso autor da *sententia de flatu vocis*, o primeiro na Idemde Média que chamou a atenção para o nominalismo, diz-se e acredita-se (todos seus escritos foram perdidos) ter sido um seguidor de Scotus Erigena, o grande platônico do séc. IX. A razão dessa estranha conjunção de doutrinas pode talvez ser adivinhada. O nominalista, ao isolar sua realidade tão completamente da influência mental como o fez, tornou-a algo que a mente não pode conceber; ele criou a tão frequentemente comentada "desproporção entre a mente e a coisa em si". E é para superar as várias dificuldades a que isso deu origem, que supõe esse *noumenon*, o qual, sendo totalmente desconhecido, permite à imaginação brincar como quiser, como sendo a emanação das ideias arquétipos. A realidade recebe assim uma natureza inteligível novamente, e as inconveniências peculiares do nominalismo são evitadas até um certo ponto.

31. Não nos parece estranho que os escritos idealistas de Berkeley não tenham sido recebidos de maneira muito favorável. Idems contêm boa dose de argumentação de solidez duvidosa, cujo caráter ofuscante nos põe ainda mais em guarda contra ela. Parecem ser produtos de uma mente das mais brilhantes, originais, poderosas, mas não totalmente disciplinada. Berkeley tende a partir de proposições violentamente radicais, as quais qualifica quando o levam a consequências que não está preparado para aceitar, sem ver como é grande a importância daquilo que admite. Ele inicia claramente seus princípios do conhecimento humano com a suposição de que nada temos em nossas mentes além de sensações, externas e internas, e reproduções destas na imaginação. Isso vai muito além de Locke; só é sustentável com o auxílio daquela "química mental" encetada por Hartley. Mas logo o encontramos admitindo várias *noções* que não são *ideias*, ou reproduções de sensações, sendo a mais notável a noção de causa, a qual ele não deixa para si maneira alguma de explicar experimentalmente. Novamente, ele estabelece o princípio de que não podemos ter quaisquer ideias em que as sensações sejam reproduzidas em uma ordem ou combinação diferente da que poderia ter ocorrido na experiência; e que, portanto, não podemos ter concepções abstratas. Bem depressa, porém, admite que podemos considerar um triângulo, sem levar em consideração se é equilátero, isósceles ou escaleno; e não reflete que tal atenção exclusiva constitui uma espécie de abstração. Sua falta de profundo estudo é também mostrada pelo fato de confundir ele tão completamente, como o faz, a função da hipótese da matéria. Pensa que o único propósito desta é dar contas da produção de ideias em nossas mentes, tão ocupado está com o problema cartesiano. Contudo, o papel real que a substância material tem a representar é explicar (ou formular) a conexão constante entre os acidentes. Em sua teoria, essa função é desempenhada pela sabedoria e benevolência de Deus ao suscitar ideias com tanta regularidade que podemos saber o que esperar. Isso torna a unidade de acidentes uma unidade racional; a teoria material a torna uma unidade não de origem *diretamente* intelectual. A pergunta é, então, o que a experiência, o que a ciência decide? Parece que, na natureza, todas as regularidades são diretamente racionais, todas as causas, causas finais; ou parece que as regularidades estendem-se além dos requisitos de um propósito racional, e são produzidas por causas mecânicas? Ora, a ciência, como sabemos todos, é geralmente hostil às causas finais, cuja operação ela restringiria dentro de certas esferas, e ela encontra no universo, decididamente, uma regularidade diversa da diretamente intelectual. De acordo com isso, a alegação feita a favor do berkeleyanismo por Collyns Simon, pelo Prof. Fraser e por Archer Butler, de que ele é especialmente adequado para harmonizar-se com o pensamento científico, está tão longe quanto possível da verdade. O tipo de ciência que seria favorecido por seu idealismo seria aquele que consistiria em dizer para o que é feita cada produção natural. As próprias observações de Berkeley sobre a filosofia natural mostram quão pouco ele simpatizava com os físicos. Todas elas

deveriam ser lidas; temos espaço apenas para citar uma ou duas sentenças isoladas:

"Intentar explicar a produção de cores ou som por figuras, movimento, magnitude, e coisas semelhantes, é trabalho vão. [...]. No que se refere à gravitação ou à atração mútua, em virtude de aparecer ela em muitos casos, alguns incontinenti a pronunciam *universal*; e que atrair e ser atraído por todo corpo é uma qualidade essencial inerente a todos os corpos sem exceção. [...] No caso, não existe nada necessário ou essencial, mas depende inteiramente da vontade do Espírito Dirigente, que faz com que certos corpos adiram uns aos outros ou tendam uns em direção aos outros de acordo com várias leis, enquanto mantém outros a uma distância fixa; e a alguns ele dá uma tendência bem contrária, de voar em separado tal como achar conveniente. [...] Primeiro, está claro que os filósofos divertem-se em vão, quando indagam sobre qualquer causa eficiente natural, distinta da *mente* ou *espírito*. Segundo, considerando-se que toda a criação é obra de um *Agente sábio e bom*, pareceria convir aos filósofos empregar seus pensamentos (ao contrário do que sustentam alguns) sobre as causas finais das coisas; e devo confessar que não vejo razão pela qual apontar os vários fins a que as coisas naturais estão adaptadas, e para os quais elas foram originalmente destinadas com sabedoria indizível, se não se pensar num bom modo de explicá-las e que esteja completamente à altura de um filósofo." – V.I. p. 466/[a].

32. Depois disso, como podem seus discípulos dizer *"que a verdadeira lógica da física é a primeira conclusão que se tira de seu sistema"*!

33. Quanto àquele argumento, que é tão usado por Berkeley e outros, de que uma coisa deste ou daquele modo não pode existir porque não podemos chegar a enquadrar a ideia de uma tal coisa, – que a matéria, por exemplo, é impossível porque é uma ideia abstrata, e não temos ideias abstratas – parece-nos ser um modo de raciocínio a ser usado com extrema cautela. São os fatos tais que, se pudéssemos ter uma ideia da coisa em questão, deveríamos inferir sua existência, ou não são? Se não o forem, nenhum argumento é necessário contra sua existência até que se descubra algo que nos faz suspeitar de que a coisa existe. Mas se devemos inferir que ela existe, se podemos enquadrar sua ideia, por que deveríamos permitir que nossa incapacidade mental nos impedisse de adotar a proposição que a lógica requer? Se tais argumentos tivessem prevalecido na matemática (e Berkeley defendeu-os ali com igual ardor), e se tudo referente a quantidades negativas, à raiz quadrada de *menos*, e os infinitesimais, tivesse sido excluído do assunto com o fundamento de que não podemos formar qualquer ideia de tais coisas, a ciência sem dúvida teria sido simplificada, simplificada através do fato de jamais avançar para as questões mais difíceis. Uma regra melhor para evitar os enganos da linguagem é esta: As coisas preenchem a mesma função na prática? Então, que elas sejam significadas pela mesma palavra. Elas não o fazem? Então, que se faça distinção entre elas. Se eu aprendi uma fórmula em linguagem inarticulada que, de alguma maneira, estimula minha memória de modo

---

[a]. Na obra em apreciação, este trecho de "A Treatise Concerning the Principles of Human Knowledge", 1a. Parte, está no vol. I, p. 208 (§102). p. 210 (§106) e p. 210-211 (§ 107).

que me permite, em cada caso único, agir como seu eu tivesse uma ideia geral, que possível utilidade existe em fazer distinções entre tal linguagem inarticulada e a fórmula e urna ideia? Por que usar o termo *uma ideia geral* com um sentido que separa coisas que, para todos os propósitos da experiência, são as mesmas?[a]

34. A grande inconsistência da teoria berkeleyana, que impede que seus princípios nominalistas apareçam com seu aspecto verdadeiro, é que ele não tratou a mente e a matéria da mesma forma. Tudo que ele disse contra a existência da matéria pode ser dito contra a existência da mente; e a única coisa que o impedia de ver isso era a imprecisão da *reflexão* lockiana, ou faculdade de percepção interna. Foi só depois de ter publicado a exposição sistemática de sua doutrina, que essa objeção lhe ocorreu. Ele faz alusão a ela em um de seus diálogos, mas a resposta que dá é muito tímida. Hume apossou-se desse ponto e, desenvolvendo-o, igualmente negou a existência de mente e matéria, mantendo que só as aparências existem. A filosofia de Hume não é nada além da de Berkeley, com essa alteração feita nela, e escrita por uma mente de tendência mais cética. O inocente bispo gerou Hume; e, como ninguém contesta que Hume deu origem a toda filosofia moderna de toda espécie, Berkeley deveria ter um lugar muito mais importante na história da filosofia do que usualmente lhe é designado. Sua doutrina foi a estação no meio do caminho, ou o necessário local de repouso, entre a de Locke e a de Hume.

35. A grandeza de Hume consiste no fato de que foi ele o homem que teve a coragem de levar seus princípios até suas últimas consequências, sem levar em consideração o caráter das conclusões a que chegou. Mas nem ele, nem qualquer outro, estabeleceu o nominalismo de maneira absolutamente completa; e é seguro dizer que ninguém jamais o fará, a menos que seja para reduzi-lo ao absurdo.

36. Devemos dizer algumas palavras sobre a teoria da visão de Berkeley. Sem dúvida alguma foi um exemplo extraordinário de raciocínio e poderia ter servido de base para a ciência moderna. Historicamente, não teve essa sorte, porque a ciência moderna foi criada principalmente na Alemanha, onde Berkeley é pouco conhecido e grandemente mal interpretado. Podemos dizer, com justiça, que Berkeley ensinou aos ingleses alguns dos princípios mais essenciais da hipótese da visão que agora começa a prevalecer, mais do que um século antes de que eles fossem conhecidos pelo resto do mundo. Isso é muito; mas o que é reivindicado por alguns de seus defensores é espantoso. Um escritor diz que a teoria de Berkeley foi aceita pelos líderes de todas as escolas de pensamento! O Prof. Fraser admite que ela não chamou a atenção na Alemanha, mas pensa que a mente alemã é *a priori* demais para gostar do raciocínio de Berkeley. Mas Helmholtz, que fez mais do que qualquer outro pela aceitação da teoria empiricista, diz: "Nosso conhecimento sobre os fenômenos da visão não e tão completo que nos permita apenas uma teoria e exclua todas as outras. Parece-me que a escolha que diferentes *savants* fazem entre diferentes teorias da visão tem até agora sido governada mais

---

a. Isso é uma antecipação precoce do pragmatismo de Peirce, que e discutido em detalhe em (CP) V. *Pragmatismo e Pragmaticismo*. Ver especialmente 5.402. 5.453, 5.504 nota 1 (p. 353). Cf. também 7.360.

pelas inclinações metafísicas daqueles do que por qualquer poder de coação que os fatos tenham tido[a]. As maiores autoridades, entretanto, preferem a hipótese empiricista, cuja proposição fundamental, como é a de Berkeley, é que as sensações que temos ao ver são signos dos relacionamentos das coisas cuja interpretação tem de ser descoberta indutivamente. Na enumeração dos signos e de seus usos, Berkeley demonstra um considerável vigor nesse tipo de investigação, embora não haja naturalmente, qualquer semelhança muito íntima entre o que ele faz e as modernas explicações sobre o assunto. Não existe fisiólogo moderno que não pense que Berkeley exagerou grandemente o papel representado pelo sentido muscular na visão.

37. A teoria da visão de Berkeley foi um passo importante no desenvolvimento da psicologia associacionista. Ele pensava que todas as nossas concepções de corpo e espaço eram simplesmente reproduções na imaginação de sensações de tato (inclusive do sentido muscular). Isso, se fosse verdade, seria um caso extremamente surpreendente de química mental, isto é, de uma sensação sendo sentida, contudo tão misturada com outras que não podemos, por um simples ato de atenção, reconhecê-la. Sem dúvida essa teoria teve sua influência na produção do sistema de Hartley.

O fenomenalismo de Hume e o associacionismo de Hartley foram aventados quase que ao mesmo tempo por volta de 1750. Eles contém as posições fundamentais do atual "positivismo" inglês. De 1750 a 1830 – oitenta anos – nada de particular importância foi acrescentado à doutrina nominalista. No início desse período. Hume estava suavizando o tom de seu radicalismo anterior, e apareceu a teoria, de Smith, dos Sentimentos Morais. Mais tarde veio o materialismo de Priestley, mas não havia nada de novo nisso: e bem no fim do período, as Conferências de Brown sobre a Mente Humana. O grande corpo da filosofia desses oitenta anos é o da escola escocesa do senso comum. E uma espécie fraca de reação realista, para a qual não há explicação adequada dentro da esfera da história da filosofia. Seria curioso indagar se algo na história da sociedade poderia explicá-la. Em 1829 apareceu a Análise da Mente Humana de James Mill, um livro nominalista realmente importante, novamente. Foi seguido pela Lógica de Stuart Mill em 1843. Desde então, a escola não produziu nada de primeira grandeza; e muito provavelmente irá perder agora seu caráter distintivo por algum tempo, ao ser fundida em um empiricismo de tipo menos metafísico e mais operacional. Já em Stuart Mill o nominalismo é menos saliente do que nos escritores clássicos, embora seja bem inconfundível.

5. CIÊNCIA E REALISMO

38. Assim, vemos como uma grande parte das ideias metafísicas de hoje chegaram até nós por herança de épocas bem antigas, sendo Berkeley um dos ancestrais intelectuais cujos labores fizeram tanto quanto o de qualquer outro para aumentar o valor do legado. A filosofia realista

---

a. Ver *Thertise on Physiological Optics*. § 33. de Helmholtz. (Ed. am.)

do século passado perdeu agora toda sua popularidade, exceto com as mentes mais conservadoras. E a ciência, bem como a filosofia, é nominalista. A doutrina da correlação de forças, as descobertas de Helmholtz, e as hipóteses de Leibig e de Darwin, tem todas aquele caráter de explicar fenômenos familiares aparentemente de um tipo peculiar, pela extensão da operação de simples princípios mecânicos, o que pertence ao nominalismo. Ou, se o caráter nominalista dessas doutrinas em si mesmas não pode ser detectado, ao menos admitir-se-á que se observa que elas carregam consigo estes filhos do nominalismo – sensorialismo, fenomenalismo, individualismo e materialismo. Que a ciência física esteja necessariamente ligada a doutrinas de uma tendência moral degradante é um fato que será acreditado por poucos. Mas, se sustentarmos que tal efeito não será produzido por essas doutrinas em uma mente que realmente as compreende, estamos aceitando essa crença, não pela experiência, que é bastante contrária a ela, mas pela força de nossa fé geral de que é bom crer e mau rejeitar o que é realmente verdadeiro. Por outro lado, é permitido supor que a ciência não tem uma afinidade essencial com os pontos de vista filosóficos com os quais ela parece estar, a cada ano, mais associada. Não se pode sustentar que a história exclua essa suposição; e a ciência, da maneira como existe, é por certo muito menos nominalista do que os nominalistas pensam que deveria ser. Whewell representa-o quase tão bem quanto Mill. Contudo um homem que se interne no pensamento científico de hoje e não tenha tendências materialistas está-ser tornando uma impossibilidade. Enquanto existir uma discussão entre nominalismo e realismo, enquanto a posição que temos nessa questão não for determinada por qualquer prova *indiscutível*, mas for mais ou menos questão de inclinação, um homem, à medida em que gradualmente começa a sentir a profunda hostilidade das duas tendências, tornar-se-á, se não for algo menos do que um homem, comprometido com uma ou com outra e não poderá obedecer a ambas mais do que pode servir a Deus e a Mammon. Se os dois impulsos forem neutralizados dentro dele, o resultado será simplesmente o de que ele será deixado sem qualquer grande motivo intelectual. De fato, não existe razão para supor que a questão lógica é, em sua natureza, não suscetível de solução. Mas esse caminho que leva para fora da dificuldade atravessa os labirintos mais espinhosos de uma ciência tão estéril quanto a matemática. Agora existe uma demanda pela matemática; ela ajuda a construir pontes e impulsionar motores e, portanto, tornar-se tarefa de alguém estudá-la seriamente. Mas ter uma filosofia é questão de luxo; o único uso disso é fazer com que nos sintamos confortáveis e à vontade. É um estudo para as horas de lazer; e queremos que seja fornecido de forma elegante, agradável, interessante. A lei da seleção natural, que é o análogo exato, em outro campo, da lei da oferta e da procura, tem o efeito mais imediato no fomento das outras faculdades do entendimento, pois os homens de poder mental têm êxito na luta pela vida; mas a faculdade de filosofar, exceto na maneira literária, é dispensável; e, portanto, não se pode esperar que uma questão difícil atinja uma solução até que assuma uma forma prática. Se alguém tivesse a sorte de encontrar a solução, ninguém mais se daria ao trabalho de compreendê-la. Embora, porém, a questão de realismo e nominalismo tenha suas raízes nas tecnicalidades da lógica, seus ramos envolvem nossa vida. A questão de se o *genus homo* tem alguma existência exceto enquanto indivíduos, é a questão de se existe algo com maior dignidade, valor e importância do que a felicidade individual, as aspirações individuais e a vida individual. Se os homens realmente têm algo em comum, de modo que a *comunidade* deva ser considerada como um fim em si mesma e, se isso ocorrer, qual é o valor relativo dos dois fatores, é a mais fundamental questão prática em relação a toda instituição pública cuja constituição esteja em nosso poder influenciar.

SEMIOLOGIA E SEMIÓTICA NA PERSPECTIVA

O Sistema dos Objetos – Jean Baudrillard (D070)
Introdução à Semanálise – Julia Kristeva (D084)
Semiótica Russa – Boris Schnaiderman (D162)
Semiótica, Informação e Comunicação – J. Teixeira Coelho Neto (D168)
Morfologia e Estrutura no Conto Folclórico –Alan Dundes (D252)
Semiótica – Charles S. Peirce (E046)
Tratado Geral de Semiótica – Umberto Eco (E073)
A Estratégia dos Signos – Lucrécia D'Aléssio Ferrara (E079)
Lector in Fabula – Umberto Eco (E089)
Poética em Ação – Roman Jakobson (E092)
Tradução Intersemiótica – Julio Plaza (E093)
O Signo de Três – Umberto Eco e Thomas A. Sebeok (E121)
O Significado do Ídiche – Benjamin Harshav (E134)
Os Limites da Interpretação – Umberto Eco (E135)
A Teoria Geral dos Signos – Elisabeth Walther-Bense (E164)
Imaginários Urbanos – Armando Silva (E173)
Presenças do Outro – Eric Landowski (E183)
Autopoiesis. Semiótica. Escritura – Eduardo de Oliveira Elias (E253)
Poética e Estruturalismo em Israel –Ziva Ben-Porat e Benjamin Hrushovski (EL28)

Este livro foi impresso na cidade de Cotia,
nas oficinas da Meta Brasil,
para a Editora Perspectiva.